소설의 윤리와 소설 교육

소설의 윤리와 소설 교육

정진석 지음

사회평론

소설의 윤리와 소설 교육

2014년 12월 22일 초판 1쇄 인쇄
2014년 12월 30일 초판 1쇄 발행

지은이 정진석
펴낸이 윤철호
펴낸곳 (주)사회평론아카데미

편집 김천희, 박서운
디자인 김진운, 황지원
마케팅 이영은, 이경화, 홍은혜, 조서연

등록번호 2013-000247(2013년 8월 23일)
전화 02-2191-1133
팩스 02-326-1626
주소 121-844 서울특별시 마포구 월드컵북로12길 17(2층)

ISBN 979-11-85617-26-8 93710

책머리에

얼마 전 어머니는 이야기 할머니가 되셨다. 유치원이나 도서관을 방문하여 아이들에게 동화나 옛이야기를 들려주는 자원봉사를 하신다는 것이다. 그림책보다 스마트폰에 더 익숙한 요즘 아이들이 이야기를, 그것도 할머니에게 들으려고 할까 싶었는데 그건 기우인 모양이다. 어머니가 보여준 사진 속 아이들은 이야기 할머니가 들려주는 인물과 사건에 푹 빠져 있다. 물론 아이들이 모든 이야기에 매료되는 것은 아니라고 한다. 진짜가 가짜로 전락하고 가짜가 진짜처럼 행세하는 옹고집 이야기를 아이들이 이해하고 공감하기란 쉽지 않다. 그럼에도 이야기 할머니는 초연을 앞둔 배우처럼 이야기 준비에 열정적이다. 가짜 옹고집을 어떻게 연기해야 할까 고민하고 이야기의 끝에서 어떤 놀이로 아이들과 현실로 돌아올지 궁리하느라 분주하다. 그 과정에서 궁금한 질문이 꼬리에 꼬리를 무는데 문학 교육을 연구한다는 이유로 그 질문이 나를 향할 때면 단순하게 여긴 그 이야기의 세계가 만만치 않음을 깨닫고 얼버무릴 때가 적지 않다.

이야기 할머니가 궁금한 질문은 이런 것들이다. 어떤 이야기를 들려줘야 하는가. 이 이야기는 얼마나 진실한 삶을 보여 주는가. 아이들은 어떻게 그 삶의 진실을 경험할 수 있는가. 한편 그 이야기에 비춰 나는 잘 살고 있는가. 내 삶은 아름다운가. 나는 어떻게 좋은 삶을 살 것인가. 그 답이 궁금한 사람은 비단 도서관의 이야기 할머니만은 아닐 것이다. 이야기, 특히 소설을 읽고 가르치는 모든 공간에서 이 질문은 여전히 유효하며 중요한 질문이다. 세계와 불화하다 끝내 패배하는 인물의 운명, 그 패배를 기록함으로써 말할 수 없는 것마저 증언하려는 이야기꾼의 목소리, 때로는 그 목소리를 방관자나 이긴 자에게 내주면서도 끝내 패배한 자에게 거두지 않는 작가의 시선. 이에 대한 체험과 경청에서 어떤 삶이 좋은 삶인가를 묻고 또 응답하지 않기란 쉽지 않다. 무엇보다 그 질문의 답을 구하는 여정은 우리가 삶을 반성하고 또 새롭게 기획하는 과정일 터, "읽는 자의 윤리학(김현)"은 이렇게 도서관에서 듣는 이야기와 문학 교실에서 읽는 소설들 위에서 거듭 무너지고 다시 세워지는 것이다.

이 책은 문학 교실에서 읽는 자의 윤리학을 수립하기 위해 함께 묻고 답해야 할 질문에 대한 것이다. 이러한 질문이 문학 교실에서 새롭거나 처음 제기되는 것은 아니다. 오히려 문학교육에 대한 고민과 함께 시작한 오랜 질문으로 때로는 진부하게 느껴질 정도이다. 다만 이 책에서는 이 오랜 질문이 낡았음에도 여전히 본질적인 것이며 다양하고 새롭게 대답할 수 있는 것임을 증명하고자 하였다. 삶의 반성과 기획을 확장하고 심화할 수 있도록 질문들을 체계적으로 배열하고 좀 더 세공하고자 하였다.

구체적으로, I장에서는 좋은 삶에 대한 소설 교육의 논의와 실천을 살폈다. 1990년대 중반을 기점으로 소설 교육 연구에서는 소설 읽기와 윤리의 관계를 새롭게 조명하기 시작하는데 이 연구는 이러한 소설 교육의 윤리적 전회(ethical turn)에 대한 반성적 검토에서 출발한다. II장에서는 윤리적 가치 중심의 소설 읽기를 위한 이론을 고찰하였다. 소설과 윤리의 관계는 이제 소설론과 윤리학 양편 모두의 관심사이다. 여기에서는 소설론의 성과와 윤리학의 통찰에 기대어 윤리적 가치 중심의 소설 읽기의 개념과 특징을 밝히고 수행 구조의 토대가 될 원리를 제안하였다. III장에서는 윤리적 가치 중심의 소설 읽기의 수행 구조를 구안하였다. 소설 읽기에서 삶의 반성과 좋은 삶의 기획은 단일화된 주제의 암기나 표준화된 요소의 분류가 아니라 인격적 주체로서의 작중 인물, 서술자, 작가, 다른 독자와 상호 작용하는 소통과 체험에 기반을 둔다. 이를 '허구 세계에서 윤리적 가치 갈등의 체험', '서사적 소통에서 윤리적 가치 위계의 탐구', '해석 공동체에서 윤리적 가치 전유의 반성'으로 나눠 수행 단위로 삼고자 하였다. 한편 "한 마리의 제비가 봄을 만드는 것은 아니며 좋은 날 하루가 봄을 만드는 것도 아니듯이(아리스토텔레스)" 한 번의 소설 읽기로 삶의 반성과 기획을 종결하거나 좋은 삶을 완성할 수 없다. 문학 교실의 존재 이유가 여기에 있는데 학습자의 소설 읽기가 막연하거나 자기 지평에 갇힐 때 교사는 학습자가 자신의 지평을 반성하면서 소설의 지평과 보다 잘 융합할 수 있도록 수업을 설계해야 한다. 이와 관련하여 IV장에서는 국어교육학과 문학교육학의 목표론, 방법론을 참고하여 윤리적 가치 중심의 소설 읽기 교육을 위한 전제, 목표, 방법을 제시하였다.

이 책은 '윤리적 가치 중심의 소설 읽기 연구'라는 제목의 박사 학위 논문을 약간의 수정을 거쳐 묶은 것이다. 수정의 초점은 저서의 유연한 체재 안으로 연구의 결과와 함께 연구의 과정을 반영한 것이다. 각 장의 앞뒤에 주가한 '들어가며'와 '더 읽어 보면 좋은 이론'이 여기에 해당한다. '들어가며'에서는 각 장을 집필하기 위해 벼린 문제의식을 짚었다. 이들 문제의식은 여러 방면의 앞선 이론의 도움을 받으며 단련하였는데 이들 논저는 '더 읽어 보면 좋은 이론'에 소개하였다. 글 읽기의 번잡함을 덜어 줄 이정표로 활용되길 기대한다. 글쓰기는 논리의 빈틈과 공부의 부족함을 거듭 확인하는 과정이기도 해서 그때마다 "나는 지금 쓰거나, 그렇지 않으면 아예 쓰질 말아야 하는(요한 하위징아)" 선택의 기로에서 머뭇거렸다. 박사 학위 논문은 더욱 그러했는데 그럼에도 쓸 수 있었던 이유는 채근하고 격려하며 지도해주신 많은 분들 덕분이다. 먼저 모교의 교수님들께 진심으로 감사드린다. 이분들의 논문을 읽고 수업에 참여하는 과정에서 가르치고 학문하는 삶이 좋은 삶임을 실감했다. 학위 논문의 심사를 맡아주신 다섯 분의 선생님들께도 감사드린다. 연구의 고비마다 이제껏 쓴 글을 반성하고 더 좋은 방향을 모색할 수 있었던 것은 이분들의 지도와 격려 덕분이다. 이 책의 출간을 결심하게 된 것은 은사이신 우한용 선생님의 적극적인 권유 때문이다. 선생님과의 만남은 '인상 깊게 읽은 소설'을 묻는 학부 면접장의 질문으로 시작되었다. 그리고 그 질문은 시간이 지날수록 더욱 넓고 깊어지며 지금까지 계속되고 있다. 제대로 된 대답은 드리지 못하면서도 그 질문을 양식 삼아 이 글을 써나갔다. 느릴망정 더 읽고 잘 쓰는 것이 존경하는 선생님의 질문에 답하는 길이라고 믿는다.

양가 부모님에 대한 감사함은 일일이 적을 길이 없다. 읽고 쓰는 일을 가치 있게 여긴 이분들 덕분에 주눅 들지 않고 이 책을 쓸 수 있었다. 그 사랑과 믿음에 보답하는 것은 내가 지향하는 좋은 삶의 가장 중요한 부분이다. 아내 인화와 아들 이현에게도 사랑의 마음을 전한다. 아들 이현에게서 소중한 사람들의 얼굴이 보일 때마다 삶은 신비롭다. 아내는 내가 쓴 모든 글의 첫 번째 독자이자 가장 꼼꼼한 독자이다. 소설 읽기를 좋아하고 가르치기를 존중하는 아내와 함께 걷는 것보다 더 좋은 일이 어디에 있을까. 그래 왔던 것처럼 앞으로도 그러하길 바랄 뿐이다.

사회평론아카데미의 여러 선생님들께 도움을 받았다. 특히 윤철호, 김천희 대표님의 지원과 박서운 씨의 도움이 없었다면, 이 책을 원하는 모습으로 펴내기 어려웠을 것이다. 거듭 감사드린다. 이 책은 문학 교실의 교사와 학생을 위한 것이다. 연구를 진행하며 받았던 도움만큼 돌려드릴 수 있다면 더 바랄 것이 없다.

2014년 10월
정진석

차례

I

소설 교육의 윤리적 전회

들어가며

연구는 질문에서 시작한다. 좋은 질문을 품는 것이 중요한 이유이다. 그런 점에서 '윤리적 가치 중심의 소설 읽기는 왜 중요한가'라는 질문은 이 연구의 출발점이자 긴 탐색의 도착점이었다. 탐색의 대상은 '소설'과 '교육'의 목적. 소설은 왜 읽는가? 그리고 왜 가르치는가?

우선, 교육의 목적. 교육은 왜 하는가? 학습자가 좋은 삶을 영위하도록 돕기 위함이다(화이트헤드). 지식의 형식에 입문하는 것, 경험을 재구성하는 것이 교육의 목표라면 그 목표가 지향하는 곳은 좋은 삶이어야 한다. 살기 위해 배우는 것이지 가르치기 위해 사는 것은 아니다.

다음으로, 소설 읽기의 목표. 소설은 왜 읽는가? 자기를 이해하기 위함이다(리쾨르). 자기를 더 잘 이해하고 달리 이해하여 더 큰 자기를 이해하는 것이다. 이는 삶을 반성하고 더 좋은 삶을 기획하는 것과 다르지 않다.

I장에 '소설 교육의 윤리적 전회'라는 이름을 붙였다. 소설 교육의 관심이 윤리로 이동하고 있으며 그래야 마땅함을 강조한 제목이다. 교육과 소설이 삶을 중심으로 공전하는 모습은 소설 교육의 윤리적 전회가 일시적 유행이 아닌 본질적 지향임을 환기한다. '윤리적 가치 중심의 소설 읽기는 왜 중요한가'라는 질문의 가치도 여기에서 찾을 수 있다.

1. 소설 교육과 좋은 삶

소설 읽기를 통해 삶을 반성하고 기획하는 것은 인류의 오랜 실천 전통 중 하나이다. 우리는 소설의 허구 세계를 체험하면서 '내가 사는 세계는 과연 살 만한 세계인가'를 반성하고[1] '이 소설을 통해 작가가 전하고자 하는 바가 무엇인가'라는 질문을 통해 인간다운 삶의 가치를 진지하게 통찰한다.[2] 더 나아가 해석 공동체의 구성원으로서 소설 해석을 통해 성찰한 좋은 삶의 지평과 전망을 다른 독자와 함께 검토하고 이에 비춰 자기와 공동체를 이해한다. 인간은 소설을 읽고 쓰는 행위가 현실 세계를 모방하거나 정보를 교환하는 것을 넘어서 삶의 진리를 새롭게 인식하는 계기임을 일찍부터 인식했으며 이를 하나의 실천 전통으로 삼아 지속적으로 참여해 왔다.[3] 소설 교육의 존립 근거를 좋은 삶에 대한 학습자의 성찰 및 기획에서 찾아야 하는 이유는 바로 여기에 있다. 교육이 학습자를 가치 있는 실천 전통에 입문시켜 좋은 삶을 영위하도록 하는 것이라면 우리는 소설 교육에서 그러한 실천 전통의 교육적 가능성을 타진할 수 있는 것이다.[4]

1 김현은 이러한 물음과 반성을 "읽는 사람의 윤리학"이라고 표현한다(김현(1988), 「소설을 왜 읽는가」, 『분석과 해석』, 문학과지성사, pp. 221-222).

2 소설의 독자들은 다른 어떤 장르의 독자보다 이러한 질문을 진지하게 제기한다. 이는 독자들이 인간을 비인간으로 몰아가는 원인의 통찰, 인간다운 삶의 가치에 대한 제안 등을 소설에 기대하기 때문이다(조남현(2004), 『소설신론』, 서울대학교 출판부, p. 194).

3 이에 대한 가장 오래된 인식은 아리스토텔레스(Aristotle)의 시학에서 확인할 수 있다. 그에 따르면, 인간은 현실 세계의 삶과 행동을 재현하거나 재현된 것들에서 쾌감을 느끼는 성향이 있다. 이때의 쾌감은 삶의 보편적 진리를 배우고 깨닫는 쾌감이다. 따라서 그는 '시가 연대기보다 더 철학적이고 고귀하다'고 주장한다. 플라톤(Platon)이 주장한 것처럼 소설의 세계는 현실 세계를 '모방'한 타락한 세계가 아니며 오히려 인간은 현실 세계를 '재현'함으로써 삶의 진리로 나아갈 수 있다(Aristotle, *Poétique*, 김한식 옮김(2010), 『시학』, 펭귄클래식코리아, pp. 88-91).

4 J. White(1990), *Education and the Good Life*, 이지헌 · 김희봉 옮김(2002), 『교육목적론』, 학지사. 한편 실천 전통이라는 용어는 매킨타이어(A. C. MacIntyre)의 'a practice'의 번역어이다. 그는

그간 문학 교육은 학습자의 윤리 감각을 일깨우고 실천력을 함양할 수 있는 교과임을 자임해 왔다. 문학 텍스트는 "글쓴이가 가지고 있는 도덕적·윤리적 가치를 실천하는 것"이며 "문학 작품의 윤리적 가치를 인식하고 이런 가치를 평가하여 내면화하는 능력은 문학 능력의 핵심적인 내용의 하나"라는 것이다.[5] 문제는 이와 같은 인식이 그간 실제 수업에서 얼마만큼 구체화되었는가에 있다.

문학 교육에서 소설의 윤리적 가치를 경험하고 자기화해야 할 일차적 주체는 학습자이다. 하지만 지금까지의 문학 교실에서는 '주제'라는 이름으로 암기할 윤리적 가치를 주로 교사가 학습자에게 전수하는 방식을 취해 왔다. 학습자는 소설의 세계를 경험함으로써 윤리적 가치를 능동적으로 자기화하는 것이 아니라 교사가 가르쳐 준 '주제'를 기준으로 소설의 여러 요소를 환원적으로 이해했던 것이다. 이러한 문학 교실에서 학습자의 소설 읽기가 삶의 성찰과 기획으로 이어졌으리라고 기대하기 어렵다. 이를 좀 더 구체적으로 살펴보면 다음과 같다.[6]

....

이 용어를 '사회적으로 확립한 협동적인 인간 활동'이라는 의미로 사용하였다. 이후 이러한 인간 활동과 유리된 좋은 삶은 불가능하다고 판단한 교육학자들은 교육의 목적을 'a practice'의 입문을 통해 성취하고자 한다. 그간 교육계에서는 이 용어를 '사회적 인간 활동', '사회적 실제', '행위 전통', '실천', '실천 전통' 등으로 다양하게 번역하였다. 이 연구에서는 이 중 '실천 전통'이라는 용어를 사용한다. 개인적 의미가 강한 '행위'라는 용어나 실용적인 느낌이 강한 '실제'라는 용어보다는 '실천'이라는 용어가 'a practice'에 함의된 '공동체가 발달시켜온 사회·문화적 활동'의 의미를 포괄하기 때문이다. 다만 실천이라는 용어에는 역사적 전통이라는 의미가 약하기 때문에 '전통'이라는 단어를 결합하였다. 이에 대해서는 다음을 참고. 홍은숙(2006),「후기 허스트의 도덕교육론 고찰」,『도덕교육연구』 17(2), 한국도덕교육학회, pp. 163-165.

5 김대행 외(2000),『문학교육원론』, 서울대학교 출판부, pp. 204-208.

6 국어과의 교육과정이나 교과서에서 '윤리'라는 용어가 본격적으로 나타난 시기는 7차 교육과정기이다. 그 이전까지는 주로 '주제'라는 문학 용어가 이를 대신하였다. 소설에서 윤리적 가치와 주제의 관계 및 주제 교육의 교육과정기별 특성과 문제점에 대해서는 다음을 참고할 수 있다. 정진석(2012),「소설 주제 교육의 변천에 대한 비판적 고찰」,『국어교육』 138, 한국어교육학회, pp. 331-378.

첫째, 소설의 윤리적 가치를 어떻게 경험하고 자기화할 수 있는가에 대한 구체적인 교육 내용을 학습자에게 제공하지 못하였다. 소설이 윤리적 가치를 형상화한 것이며 학습자의 좋은 삶에 기여할 수 있다는 인식은 현대적 국어 교육이 시작된 1차 교육과정기 이후 대부분의 교육과정이나 교과서에서 확인할 수 있다. 특히 7차 교육과정기의 문학 교육과정과 교과서에서는 '문학에는 윤리적 기능이 있음을 인식하고 작품을 윤리적 측면에서 이해하고 감상하며 윤리적 관점에서 문학의 가치를 판단하는 것'을 교육 내용으로 명시하였다.[7] 그러나 문학 교육에서는 이를 구체적으로 실천하기 위해 필요한 소설 읽기의 원리나 교육 방법을 제시하지 못하였다.

소설의 윤리적 가치를 독자가 경험하기 위해서는 소설과 윤리적 가치의 밀접한 관계를 인지하는 것만으로는 부족하다. 게다가 교육은 학습자가 교육 내용을 느슨하고 산만하게 경험하는 것이 아니라 유기적이고 총체적으로 경험하게 하는 것이다. 따라서 문학 교육은 학습자가 소설의 윤리적 가치를 보다 체계적으로 경험하면서 좋은 삶의 문제를 사유할 수 있도록 특정한 읽기의 원리를 제공해야 한다. 이러한 원리가 제공되지 않으면 문학 교육은 윤리적 감각의 활성화나 윤리적 실천력의 함양에 적극적으로 기여할 수 없다. 또한 소설 읽기를 통한 삶의 반성과 기획도 전적으로 학습자의 취향이나 역량에 의해 결정되게 된다.

둘째, 소설의 윤리적 가치를 독자가 경험하는 방식이 중층적임에도 불구

7 이와 관련하여 교육과정의 구체적인 내용은 다음과 같다(교육부 편(2000) 『초·중·고등학교 국어과·한문과 교육과정 기준』, 선명인쇄주식회사, pp. 577-578).

영역	내용
나 문학의 기능	① 문학이 인식적, 미적, 윤리석 기능이 있음을 이해한다.
나 문학의 수용	① 작푼을 인식적, 미적, 유리적 측면에서 이해하고 감상한다.
(가) 문학의 가치 인식	① 인식적, 미적, 윤리적 관점에서 문학의 가치를 판단하는 기준과 원리를 이해한다.

하고 이에 대한 고려가 부족했다. 문학 교육과정에서 윤리적 가치와 관련된 교육 내용은 윤리적 가치의 인지 및 내면화의 필요성에 집중되어 있다. 예를 들어 2011 개정 교육과정에 따른 '고등학교 문학' 영역의 세부 내용에서는 "작품에 나타난 작가의 문제의식과 주제를 이해하고 그의 인식적, 미적, 윤리적 가치를 탐색하며 이러한 가치를 자신의 생각과 비교하여 비판적으로 검토하도록 한다."고 되어 있다.[8]

그런데 소설에서 윤리적 가치는 형상화되어 있기 때문에 독자가 명제 형식으로 직접 인지할 수 없으며 대신 경험과 성찰을 통해 자기화해야 한다. 즉 작품 감상 결과의 내면화에 앞서 독자가 소설의 윤리적 가치를 경험하는 방식이 무엇인가가 먼저 해명되어야 하는 것이다. 문학 교육이 가장 주목하는 윤리적 가치의 형상화 방식은 윤리적 가치 갈등이다. 예를 들어 2011 개정 교육과정에 따른 '고등학교 국어II'의 문학 영역 세부 내용에서는 윤리적 가치의 형상화 방식을 다음과 같이 설명한다.

> 작가는 작품 속의 인물들을 통해서 다양한 가치와 세계관을 형상화한다. 문학 작품 속에 등장하는 인물들은 서로 다른 가치를 가진 인물, 집단, 세계와 충돌하며 갈등에 빠지기도 한다. 작가들은 이러한 갈등을 통해서 당시 사회가 갖고 있는 한계나 모순을 폭로하기도 하고 새로운 대안을 제시한다. 작품을 수용하고 생산하는 활동을 통해서 서로 다른 가치를 가진 다양한 삶을 이해하고 평가하며 갈등을 극복할 수 있는 방안을 모색하게 한다.[9]

8 교육과학기술부(2011), 『교육과학기술부 고시 제2011-361호 국어과 교육과정』, p. 146.
9 위의 책, p. 97.

문학에서 윤리적 가치의 일차적 주체는 인물들이며 허구 세계는 이들이 서로 다른 윤리적 가치를 지향하고 실천하는 과정에서 충돌하고 갈등하는 모습을 재현한 것이다. 따라서 인용된 부분은 윤리적 가치의 형상화 방식을 적절하게 교육 내용으로 정리했다고 평가할 수 있다. 하지만 윤리적 가치의 갈등을 체험하는 것은 독자가 소설의 윤리적 가치를 경험하는 방식 중 일부이다.

윤리적 가치 갈등을 재현하는 장르로는 소설과 함께 희곡도 있지만 소설은 희곡과는 다르게 서술자의 서술을 통해 언어화된다는 특징이 있다. 소설의 서술자는 작중인물의 윤리적 가치를 선택적으로 초점화하고 가치 평가적 논평을 한다는 점에서 윤리적 가치 갈등에 대한 독자의 체험에 강력한 영향을 미친다. 게다가 독자는 자신과 타자, 공동체가 전유한 윤리적 가치를 반성적으로 검토함으로써 소설의 윤리적 가치를 거듭 경험하기도 한다. 이처럼 소설의 윤리적 가치를 경험하는 방식은 중층적이다. 따라서 소설 교육은 학습자가 이러한 방식들을 충분히 이해하고 실천할 수 있도록 체계적인 교육 내용을 제공해야 한다. 이러한 교육 내용은 소설의 윤리적 가치를 풍부하게 경험하는 수행 원리이자 문학 일반이 아닌 소설의 장르적 특성에 입각한 읽기의 원리여야 한다.

셋째, 소설의 윤리적 가치가 독자에 의해 달리 경험되고 전유될 수 있음에도 불구하고 이에 대한 고려가 부족하였다. 그간 문학 교육에서는 윤리적 가치를 주로 텍스트와의 관계에서만 다뤄 왔다.《춘향전》으로 형상화된 윤리적 가치가 무엇인가 또는《난장이가 쏘아올린 작은 공》으로 형상화된 윤리적 가치가 무엇인가를 이해하는 것이 가장 중요한 과제였던 것이다. 하지만 소설 읽기에서 윤리적 가치는 소설뿐만 아니라 독자도 지니고 있다. 현실 세계를 살아가는 독자는 삶의 경험 속에서 어떤 삶이 좋은 삶이고 이를 위해 어떠한 윤리적 가치를 지향해야 하는가를 숙고하는 윤리적 가치의 주체이자 실천적 이해의 수유자이다.

중요한 점은 독자의 윤리적 가치와 실천적 이해에 따라 소설의 윤리적 가치가 상반되게 경험될 수 있다는 사실이다. 문학 교육이 오랫동안 독자에 따른 다양한 해석의 가능성을 인정하는 일에 인색했다는 점을 고려하면 학습자가 실천적 이해를 바탕으로 윤리적 가치를 경험하는 소설 읽기의 다양성을 긍정적으로 수용할 필요가 있다. 무엇보다 학습자가 소설의 윤리적 가치를 어떻게 경험하였으며 왜 그렇게 하였는가를 검토하는 과정에서 좋은 삶에 대한 개인과 공동체의 관점을 이해하고 반성할 수 있다.

인간이 윤리적 가치를 형상화함으로써 소설을 창작하는 한편 소설의 윤리적 가치를 경험하며 삶을 반성하고 기획하는 것은 문학문화의 오랜 실천 전통 중 하나이다.[10] 그럼에도 앞에서 살핀 것처럼 그간의 소설 교육은 이러한 실천 전통을 심화하는 데 부족함이 많았다. 오히려 소설 교육은 이러한 실천 전통의 변화에 영향을 줄 수 있는 가치에 대한 관점의 변화, 즉 '윤리적 가치가 객관적으로 존재하며 모든 사람에게 보편적으로 적용되어야 하는가'를 두고 벌어지는 근대적 가치관과 탈근대적 가치관의 대립에 적극적으로 대응하지 못하고 있다.[11] 그리하여 부정적인 윤리적 가치를 지향하는 인물들을 주로 재현하거나 또는 형상화된 윤리적 가치가 불분명한 현대 소설의 변모 앞에 당혹해 하고 있다. 소설 교육의 목적이 아무리 타당하더라도 이를 가능하

10 다음의 진술에서 확인할 수 있듯이 이는 문학 정전의 성립 조건이자 그 자체로 문학 교육의 목표이기도 하다. "세계가 어떻게 이루어졌으며 삶이란 무엇인지, 그러기에 인간은 어떻게 살아가며, 어떤 삶이 바람직한 것인지를 상징으로 보여 준다는 관점이다. 《심청전》이 만들어지고 그것이 민족의 고전으로 취급되는 것은 심청의 행동 방식을 우리 민족이 이상으로 여긴다는 뜻이다. (중략) 따라서 《춘향전》에 공감하고 〈가시리〉를 함께 외는 것은 우리 민족의 일원으로서 우리의 삶의 방식과 가치관에 동참하는 일이며, 〈이니스프리의 호도〉에 공감하는 것은 인류의 보편성을 공유하는 일이 된다."(김대행 외(2000), 앞의 책, p. 58)

11 근대적 가치관과 탈근대적 가치관의 대립에서 문학 교육의 방향과 내용을 구체적으로 모색한 논의로는 다음을 참고. 남민우(2006), 「텍스트 가치평가 활동을 위한 시교육 연구」, 서울대학교 박사학위논문.

게 하는 교육 내용이 구체적으로 구안되지 않거나 교육적으로 설계되지 못하면 그 교육은 그 목적을 달성하지 못하며 오히려 역기능을 초래할 수 있다.

작가나 독자에게 윤리적 중립성을 요구하거나 미적 가치와 윤리적 가치의 분리를 주장하는 것은 소설의 가장 오랜 기능 중 하나, 즉 '작가가 허구의 양태로 가치들에 대한 실험을 밀고 나가는 어떤 실험실을 구성한다는 기능'을 간과하는 것이다. 소설에서는 '그것이 아무리 사소한 것이라 할지라도 칭찬이나 비난을 불러일으키지 않는 행동이란 없으며' 읽기의 과정에서 누리는 '심미적 즐거움은 작중인물의 윤리적 자질에 대한 공감과 반감으로부터 결코 분리될 수 없기 때문'이다. 이처럼 소설과 윤리적 가치는 밀접한 관계를 맺으며 '윤리적 가치에 대한 이해, 평가, 경험을 전적으로 유보하는 방식의 소설 읽기는 가능하지도 바람직하지도 않다'고 볼 수 있다.[12]

이런 점에서 윤리 교육과의 차별성을 지나치게 의식한 나머지 소설과 윤리의 관계를 외면하는 것은 소설의 윤리적 기능, 그리고 인간 교육을 지향하는 소설 교육의 가능성을 스스로 부정하는 것이다. 문학은 인간의 윤리적 감각을 자극하고 자기의 삶에 대한 성찰을 촉구한다.[13] 특히 소설은 '자아와 세계의 상호 우위에 입각한 윤리적 가치 갈등'을 재현하고 이를 서술자의 가치 평가적 서술로 중개한다는 점에서 윤리적 가치 중심의 읽기를 더욱 강하게 요청하는 양식이다.[14] 따라서 소설 교육이 좋은 삶의 지향이라는 교육 목적을 성취하기 위해서는 소설과 윤리적 가치의 관계에 대한 윤리학의 논의를 적극

12 소설을 비롯한 서사의 윤리적 기능에 대해서는 다음을 참조. P. Ricoeur(1983), *Temps et récit* 1, 김한식 · 이경래 옮김(1999), 『시간과 이야기 1』, 문학과지성사, pp. 137-138.

13 우한용(2006), 「문학교육과 문학에 대한 관점의 전환」, 『국어교육연구』 40, 국어교육학회, pp. 147-154.

14 조동일(1974), 「自我와 世界의 小說的 對決에 관한 詩論」, 『동서문화』 7, 계명대학교 인문과학연구소, pp. 3-56.

수용하면서 상호성을 활용할 필요가 있다.[15]

이상의 문제의식을 바탕으로 이 연구는 소설 교육의 목적으로서 좋은 삶의 성찰과 기획을 가능하게 하는 교육 내용으로 윤리적 가치 중심의 소설 읽기를 제안하고 그 특성과 구조, 교육의 문제를 논의하고자 한다. 이를 구체적으로 밝히면 다음과 같다.

첫째, 이 연구는 윤리적 가치 중심의 소설 읽기를 위한 이론적 기초를 마련하고자 한다. 이를 위해 '윤리적 가치'의 특성과 '소설'과의 관계를 검토하여 윤리적 가치 중심의 소설 읽기의 개념, 특징, 수행 원리를 밝힐 것이다.

둘째, 윤리적 가치 중심의 소설 읽기의 수행 구조를 규명하고자 한다. 학습자가 소설의 윤리적 가치를 경험함으로써 삶을 반성하고 좋은 삶을 기획하기 위해서는 소설 읽기 자체가 윤리성을 갖춰야 한다. 이를 위해 '소설 읽기에서 윤리적 가치를 경험하는 방식'과 '소설 읽기의 윤리적 수행 과정'을 검토할 것이며 이를 바탕으로 윤리적 가치 중심의 소설 읽기를 구조화할 것이다.

셋째, 윤리적 가치 중심의 소설 읽기를 내용으로 하는 교육적 구도를 설계하고자 한다. 교육의 설계에 대한 논의는 윤리적 가치 중심의 소설 읽기에 대한 학습자의 수행 경험이 성장할 수 있도록 교사가 무엇을 어떻게 가르쳐야 하는가에 대한 구체적인 지침을 제공하는 것이다. 이를 위해 교육의 전제

15 최근 소설 교육이나 윤리 교육 양편에서 서사윤리(narrative ethics)의 가능성을 모색하고 그 논의를 확장하고 있어 주목을 요한다. 소설 교육이 주로 소설로 형상화된 윤리적 가치를 이해하고 분석하거나 타자 윤리학이나 자기 윤리학과 같은 특정한 윤리적 관점에 비춰 소설을 해석하고자 한다면 윤리학이나 윤리 교육에서는 윤리적 가치 또는 윤리적 문제를 어떻게 서사적으로 사유할 수 있는가에 대한 문제에 천착한다. 이러한 강조점의 차이에도 불구하고 양편 모두 소설로 대표되는 서사와 윤리의 밀접한 관계에 기반을 두고 있다는 점에서 상호성을 발휘하는 공동의 모색이 가능하며 이는 궁극적으로 서사윤리의 정립과 확장에 기여할 것으로 본다. 소설 교육에서 서사 윤리에 대한 모색을 대표하는 논의로는 다음을 참고. 우한용(2013), 「서사의 구조, 문화, 윤리 그리고 교육」, 우한용 외, 『근대, 삶 그리고 서사교육』, 한국문화사, pp. 1-18.

를 논의한 다음 구체적인 교육 목표를 설정하고 학습자의 읽기 경험을 성장시킬 수 있는 방법을 제안할 것이다.

2. 소설과 소설 교육, 그 윤리적 전회의 궤적

1980년대 이후 소설과 윤리의 관계에 대한 진전된 고찰이 소설학과 윤리학 양편에서 제기된다. 우선 윤리학에서는 '불편부당한 도덕 체계에서 간과된 인격적인 것과 개별적인 것을 복원'하거나 '규범 중심의 결정 이론에서 배제된 윤리적 주체의 자기 기획을 윤리적 행위와 통합'하기 위해, 더 나아가 '도덕적 정당화의 대체물'로서 서사, 특히 소설을 재발견한다.[16] 윤리학의 '서사적 전회(narrative turn)' 또는 '서사윤리학(narrative ethics)'이라고 불리는 연구 흐름이다. 이와 함께 소설과 소설 교육에 대한 연구에서는 좋은 삶, 자기 이해, 실천적 지혜, 타자와의 만남, 책임 등 윤리학의 개념에 기대어 형상화, 재현, 읽기, 해석 등을 재성찰하는 일련의 논의가 다양하게 진행된다. 일명 소설과 소설 교육 연구에서의 '윤리적 전회(ethical turn)'이다.

우선 소설 연구에서의 윤리적 전회는 소설과 윤리의 관계에 착목하여 윤리 비평 또는 윤리적 읽기를 정립하려는 논의들로 이는 다시 덕의 윤리학에 입각한 윤리학적 접근과 수사적 접근, 그리고 타자의 윤리학에 입각한 해체주의적 접근과 정치적 접근으로 나눌 수 있다.[17] 윤리학적 접근과 수사적 접근은 아리스토텔레스의 시학을 계승한 것으로 소설, 그중에서도 고전의 반열에 오른 소설 읽기가 독자의 윤리 감각을 일깨우는 데 중요한 역할을 한다는

16 이에 대해서는 다음을 참고. 예정민(2004), 「서사윤리학의 도덕교육적 함의」, 『윤리교육연구』 6, 한국윤리교육학회, pp. 105-125; 김정현(2006), 「왜 서사인가? – 서사윤리학 입문 – 」, 『해석학연구』 17, 한국해석학회, pp. 213-245. K. Martin(2005), Narrative Turn in The Humanities, D. Herman, M. Jahn & M. L. Ryan(eds.), *Routledge Encyclopedia of Narrative Theory*, Routledge, pp. 377-382.

17 이와 같은 구분은 다음을 참고한 것이다. K. A. Liesbeth(2005), Ethical Turn, D. Herman, M. Jahn & M. L. Ryan(eds.), *Routledge Encyclopedia of Narrative Theory*, Routledge, pp. 142-146.

믿음을 공유한다.

이들 연구에 따르면 소설을 읽는 독자는 작중인물 간의 윤리적 가치 갈등을 경험하면서 이상적인 가치를 자기화할 수 있다. 이와 관련하여 윤리학적 접근을 대표하는 누스바움(M. C. Nussbaum)은 상반된 윤리적 가치 사이에 갈등하는 작중인물이 무엇을 선택하고 어떻게 행동하는가를 지켜보는 것이 독자의 윤리 감각을 자극한다고 주장한다.[18] 수사적 접근을 대표하는 부스(W. C. Booth)는 소설 읽기를 일종의 서사적 소통의 참여로 상정한다. 그는 소설의 윤리적 가치가 초점화와 목소리의 선택, 플롯의 구성, 신빙성의 설정 등 서사 기법과 전략에 맞물려 있으며 이러한 기법과 전략을 바탕으로 작가가 호소하는 윤리적 가치를 추론하는 것이 수사적 분석의 과업임을 강조한다.[19]

이들 연구는 윤리학과 소설의 수사학 양편이 전제한 인문주의적 가정, 즉 '독자의 윤리적 감가을 고양하게 하는 소설 읽기'를 현실화한 논의들이다.[20] 하지만 소설에서 윤리적 가치를 작가의 윤리적 가치로 제한하고 소설과 독자의 관계를 단선적 관계로 이해한 것은 이들 연구의 한계이다. 소설 읽기에 개입하는 윤리적 가치의 주체는 복수로 존재한다. 작가뿐만 아니라 읽기의 주체인 독자도 윤리적 가치의 주체이며 인물이나 서술자를 윤리적 가치의 주체로 인정할 수 있다. 더욱 중요한 점은 이들 간의 관계가 대화적이며 중층적일 수 있다는 점이다.

....

18 M. C. Nussbaum(1990), *Love's Knowledge*, Oxford University Press.

19 W. C. Booth(1961), *The Rhetoric of Fiction*, 최상규 옮김(1999), 『소설의 수사학』, 예림기획.

20 슈워츠(D. R. Schwarz)는 문학과 윤리의 관계에 대한 인문주의의 가정을 다음과 같이 정리하였다. "작가는 그들의 가치와 감정을 표현하기 위해 쓴다. 인간이 사는 방식과 그들 삶이 지향하는 가치는 작가와 독자의 근본적인 흥미이다. 문학은 인간 삶에 대한 통찰력과 인간 상황에 대한 반응들을 표현한다. 그리고 그것은 우리가 문학을 읽고, 가르치고 그리고 고민하는 가장 중요한 이유이다."(D. R. Schwarz(2001), A Humanistic Ethics of Reading, T. F. Davis & K. Womack(eds.), *Mapping The Ethical Turn*, University Press of Virginia, p. 4)

소설 읽기에서 소설과 독자의 관계는 소설로 형상화된 윤리적 가치를 독자가 전적으로 내면화한다는 누스바움의 견해처럼 일방적이거나 단순하지 않다. 소설의 윤리적 가치에 대한 경험은 독자의 실천적 이해가 활성화될 때 가능하며 좋은 삶에 대한 독자의 이해는 소설의 윤리적 가치를 경험할 때 확장될 수 있다. 즉 윤리적 가치 중심의 소설 읽기에서 소설과 독자는 변증법적인 관계를 형성한다.

한편 소설의 수사학은 대체적으로 작가 또는 내포 작가만을 윤리적 가치의 주체로 설정하고 작중인물의 행동이나 서술자의 서술을 기법이나 전략으로 간주하는데, 이와 같은 접근 방식으로는 인문주의의 가정을 실질적으로 실현하기 어렵다. 소설 읽기를 통해 삶을 반성하고 기획하기 위해서는 형상화된 윤리적 가치에 대한 경험 자체도 윤리적 성격을 띠어야 하기 때문이다. 즉 작중인물과 그의 행동, 서술자와 그의 서술을 요소나 기법, 전략으로 간주하는 것은 그들을 윤리적 가치의 주체로 인정하지 않는 것이다. 반면 독자가 작중인물과 서술자를 윤리적 가치의 주체로 인정하면서 그들의 윤리적 가치 갈등을 체험하고 윤리적 가치 호소에 귀를 기울이고자 할 때 소설 읽기는 윤리적 수행의 성격을 지닐 수 있다. 소설과 윤리의 관계에 대한 고찰은 확장되어야 하며 윤리적 가치 중심의 소설 읽기 또한 중층적 관계에 입각하여 규명되어야 한다.

한편 레비나스(E. Lévinas)의 '타자의 윤리학'에 입각한 연구들은 인문주의적 접근이 공유하는 좋은 삶, 공통감각, 윤리 감각의 고양, 형상성의 의미화 가능성을 비판적으로 해체하고 소설과 윤리의 관계를 '타자와의 조우'로 대체한다.[21] 해체주의는 소설 읽기를 형상화된 윤리적 가치의 경험이 아니

21 K. A. Liesbeth(2005), 앞의 글, pp. 144-145.

라 결정 불가능성의 인식과 체험으로 본다. 이들에 따르면, 소설을 포함한 문학의 형식은 양가성, 다수성, 재현 불가능성, 해석의 총체성과 종결의 거부를 특징으로 하기 때문에 소설은 독자가 윤리적 가치를 판단하고 평가하며 윤리 감각을 고양하는 장이 될 수 없다. 오히려 깁슨(A. Gibson)과 뉴튼(A. Z. Newton)의 지적처럼 소설과의 조우는 이해 가능성이나 일관된 전체성으로 파악할 수 없는, 무한성의 타자인 텍스트 앞에 독자가 자기 자신을 해체하고 상실하는 경험이다.[22]

반면 후기 식민주의나 페미니스트 서사 연구에서처럼 정치적 접근은 인문주의적 윤리학이 지향하는 좋은 삶이 사실 가부장적 가치, 서구의 억압과 폭력을 은폐한 것임을 폭로하는 데 주력한다. 이들은 재현이 불가능한 경험을 소설이 어떻게 형상화하는지에 초점을 맞추면서 남성과 여성, 자아와 타자의 관계에 대한 완전히 새로운 상상력, 즉 해방의 정치적 의제를 촉진하는 것을 소설의 윤리로 본다.

이들 연구는 소설 또는 소설의 인물들에 타자의 지위를 부여하는 방식으로 타자성의 문제를 소설 읽기에 접목하였지만, 레비나스의 타자 개념이 지닌 편향성과 소통 불가능성의 문제는 여전히 해소되지 않았다. 레비나스에게 있어 타자란 처음에는 낯설지만 점차 이해할 수 있는 그런 대상이 아니라 절대 이해할 수 없고 개별 주체의 자기성을 완전히 소멸시킬 수 있는 절대적 타자, 즉 신과 같은 존재이다. 그러면서 고아나 이방인, 여성, 과부와 같은 소수자만이 진정한 타자들일 수 있다고 주장한다.[23] 이러한 접근은 타자에 대한

22 A. Gibson(1999), *Postmodernity, Ethics, and the Novel*, Routledge; A. Z. Newton(1995), *Narrative Ethics*, Harvard University Press; A. Z. Newton(2010), Ethics, D. Herman, B. McHale & J. Phelan(eds.), *Teaching Narrative Theory*, Modern Language Association of America, pp. 266-278.

23 강영안(2005), 『타인의 얼굴: 레비나스의 철학』, 문학과지성사, pp. 229-234.

또 다른 편향적인 시각일 수 있으며 자기와 타자의 불평등 관계를 고착시킬 수 있다. 이러한 타자 개념 앞에서 독자는 소설에 철저히 종속되거나 해체될 수밖에 없는 지극히 수동적인 존재로 전락한다.[24]

이상에서 살펴본 두 흐름 중에서 이 연구는 인문주의적 가정에 입각하여 소설을 윤리적 가치를 형상화한 산물로 보고 소설 읽기를 통해 삶을 성찰하고 기획하고자 하는 전자의 흐름과 맞닿아 있다. 이 연구는 소설을 폐쇄된 언어 구조체로 간주하거나 끊임없이 미끄러지는 파편화된 텍스트로 보는 입장과 거리를 둔다. 소설은 언어적 구조체임에도 불구하고 이를 초월한 현실 세계를 지시하며 이러한 지시 관계에서 윤리적 가치는 독자의 현실 세계와 소설의 허구 세계를 연결한다. 다만 윤리적 가치의 주체를 작가로 한정하고 소설 읽기에서 소설과 독자의 관계를 일방향적 관계로 보는 기존의 논의들은 비판적으로 수용할 것이다.

다음으로 검토할 연구는 소설 교육의 관점에서 소설과 윤리의 관계를 탐색하고 소설 읽기를 통해 좋은 삶에 대한 학습자의 성찰을 견인하고자 한 일련의 논의들이다. 우한용이 그 선편을 쥐고 있는데, 그는 문학을 구조주의나 역사주의의 관점에서 가르칠 때 발생할 수 있는 문제점을 지적하면서 문학에 대한 인식을 인간의 윤리 감각을 일깨우고 윤리적 성찰의 계기를 제공하는 핵심적인 문화 산물로 확장해야 한다고 주장한다.[25] 이러한 주장은 이후 소설

24 이와 같은 비판이 레비나스의 타자 개념 자체의 거부를 의미하지는 않는다. 타자 개념을 통해 문학 현상과 관련된 저자나 인물의 타자성, 독자의 응답성, 의미에 대한 결정 불가능성 등을 새롭게 사유할 수 있었다. 문제는 주체 중심의 철학에 대한 반동으로 부여된, 절대적 환대와 배려의 대상으로서 타자의 위상이 자기와 타자의 관계에서 또 다른 편향성을 초래할 수 있다는 점이다. 이와 같은 우려와 비판에 대해서는 다음을 참고. P. Ricoeur(1990), *Soi-même comme un autre*, 김웅권 옮김(2006), 『타자로서 자기 자신』, 동문선, pp. 254-261; 이윤성(2000), 「평행선 위의 두 담론: 불온한 문학과 윤리적 비평」, 『안과 밖』 8, 영미문학연구회, pp. 247-269.

25 우한용(1997), 「문학교육의 윤리적 연관성에 대한 연구」, 『사대논총』 55, 서울대학교 사범대학, pp. 23-47.

의 윤리적 가치를 평가하는 방법이나[26] 문학, 문화, 문학 교육, 윤리적 가치 간의 상관성[27]을 폭넓게 탐색하는 작업으로 구체화된다.

특히 소설 읽기와 독자의 윤리적 가치 간의 관계를 교육적으로 접근한 일련의 연구를 주목할 필요가 있는데, 예를 들어 문학 교육과 개인의 도덕성 발달 간의 관계를 해명한 연구,[28] 소설의 담론 구조에 입각하여 형상화된 윤리적 가치에 대한 탐구 방식을 제안한 연구[29] 등이 여기에 해당한다. 이상의 연구는 삶의 성찰이나 윤리적 실천력의 함양을 소설 교육의 목표로 설정하는 데 기여하였으며 교육 내용과 방법을 구체적으로 모색하는 후속 논의들의 길잡이가 되었다.

이후의 연구들은 특정한 윤리적 가치를 소설의 내적 형식으로 해석하는 논의와 소설로 형상화된 윤리적 가치를 탐구하고 경험하는 방법을 모색한 논의로 구체화된다. 전자의 연구로는 진정성, 애도라는 윤리적 가치를 소설의 내적 형식으로 삼아 작중인물의 행위와 인물 간의 관계를 해석하는 논의,[30] 타자의 윤리학에 입각하여 서술자의 초점화나 서술에서 소외된 작중인물에 관심을 가지고 그들의 입장을 재구하는 논의[31] 등이 있다. 이들 논의는 진정성, 애도, 타자성에 입각하여 소설을 읽는 구체적인 방법을 제안한 것으로 이를 통해 소설의 갈등이나 서술 구조를 새롭게 사유할 수 있는 시야를 확보했

....

26 우한용(1997), 「채만식의 탁류론」, 『탁류』, 서울대학교 출판부.

27 우한용(1998), 『문학교육과 문화론』, 서울대학교 출판부.

28 우한용(2004), 「문학교육과 도덕성 발달의 의미망」, 『문학교육학』 14, 한국문학교육학회, pp. 11-31.

29 우한용 · 우신영(2012), 「소설의 담론구조와 윤리의 교육적 상관성에 대한 고찰」, 『국어교육연구』 29, 서울대학교 국어교육연구소, pp. 359-388.

30 김성진(2010), 「진정성의 서사 윤리와 소설 교육」, 『국어교육』 132, 한국어교육학회, pp. 203-225; 김성진(2012), 「애도의 서사 윤리와 문학치료」, 『문학교육학』 37, 한국문학교육학회, pp. 63-85.

31 왕희공(2000), 「소설텍스트의 윤리적 이해 방법에 대한 연구」, 서울대학교 석사학위논문.

다는 의의가 있다. 하지만 이 연구는 특정한 윤리관을 소설 읽기에 적용하기보다는 오히려 작중인물의 행동이나 서술자의 서술이 지향하는 윤리적 가치를 독자가 추론하고 판단하며 평가하는 것에 관심이 있다. 따라서 이들 논의가 지닌 의의에도 불구하고 이 연구에서는 제한적으로 참고할 것이다.

한편 후자의 연구로는 우선 담론 구조에 입각하여 소설에서의 윤리적 가치 체계를 분석하는 논의,[32] 소설의 스토리 · 담론 · 맥락 차원에서 가치들을 탐구할 수 있는 가능성을 모색한 논의[33] 등을 검토할 수 있다. 이들 논의는 소설에서 윤리적 가치가 내용뿐만 아니라 형식 층위에서도 형상화됨을 밝히고 이를 분석하고 탐구할 구체적 틀을 제시하였다는 점에서 그 의의가 적지 않다. 하지만 제시된 틀이 주로 소설론에 기반을 두고 있는 반면 윤리적 가치와의 관계는 심층적으로 검토되지 않기 때문에 이러한 방법론이 어떻게 좋은 삶에 대한 독자의 성찰과 기획으로 심화될 수 있는가는 불분명한 상태로 남아 있다.

이런 점에서 소설론뿐만 아니라 윤리학이나 가치 교육론에 입각하여 소설의 윤리적 가치에 대한 경험과 해석, 교육의 문제를 살핀 논의들을 주목할 필요가 있다. 가치 경험을 소설 교육의 내용으로 제안하면서 소설과 도덕성의 관계, 가치 교육의 제재로서 소설의 특성, 소설의 가치 형상화 방식 및 그 구체적 사례 등을 꼼꼼하게 규명한 논의[34]와 소설의 서사 윤리를 서술 층위, 재현 층위, 수용 층위로 세분화하는 한편 소설 읽기와 윤리의 문제를 '윤리의 해석'에서 '해석의 윤리'로 확장한 논의[35] 등이 대표적이다.

....

32 임경순(1998), 「소설의 담론윤리적 특성에 대한 연구」, 『문학교육학』 2, 한국문학교육학회, pp. 345-365.

33 우신영(2010), 「가치탐구활동으로서의 소설교육」, 『새국어교육』 86, 한국국어교육학회, pp. 229-256.

34 황혜진(2006), 「가치경험을 위한 소설교육내용 연구」, 서울대학교 박사학위논문.

35 최인자(2009), 「타자 지향의 서사 윤리와 소설교육」, 『독서연구』 22, 한국독서학회, pp. 279-

이상의 논의들은 공통적으로 소설 읽기에서 윤리적 가치를 경험하거나 해석하는 방법을 체계화하는 한편 윤리성의 세부 요소와의 관계를 설득력 있게 밝히고 있다. 이는 소설론에 윤리학을 접목함으로써 소설 읽기가 독자의 윤리 감각을 일깨우고 윤리적 실천력을 함양할 수 있는 가능성을 구체적으로 모색한 것으로 이 방면의 연구 수준을 한 차원 끌어올렸다고 평가할 만하다.

지금까지 검토한 것처럼 소설 교육에서 윤리적 가치를 해석하고 탐구하는 논의들은 점차 양적으로 풍부해지고 질적으로 심화되고 있다. 하지만 소설 읽기가 삶의 반성과 기획을 실질적으로 담보하기 위해서는 보다 확장된 시각과 실증적 자료가 필요하다.

첫째, 소설 읽기 자체가 윤리적 성격을 띨 수 있도록 수행 구조의 범위를 확장해야 한다. 소설은 윤리적 가치를 형상화함으로써 윤리적 성격을 띨 수 있다. 하지만 소설 읽기에서는 형상화된 윤리적 가치를 텍스트 내적으로 분석하는 것만으로 윤리적 성격을 담보할 수 없다. 분석적 읽기에서는 학습자가 소설 읽기를 좋은 삶의 성찰로서 경험하기 위해 어떻게 동기화되며 어떤 즐거움을 추구하는가에 대해서 무관심하다. 하지만 독자가 윤리적 동기화나 즐거움을 경험하지 못한다면 설령 형상화된 윤리적 가치를 적절하게 분석했다 하더라도 진정성 있게 삶을 반성했다고 보기 어렵다. 따라서 윤리적 가치 중심의 소설 읽기는 독자가 스토리와 담론으로 형상화된 윤리적 가치를 분석하는 것뿐만 아니라 이를 인격적으로 경험하고 그 경험을 바탕으로 삶을 성찰할 수 있는 심리적 과정을 포함해야 한다.[36]

310.

36 이와 관련하여 창작 교육의 내용을 기법에서 경험으로 확장하려는 창작 교육 연구의 최근 논의를 주목할 필요가 있다. 이 논의는 기존의 창작론과 창작 교육론이 소설 창작을 기예화하고 창작의 절차나 기법만을 가르치려는 경향에 우려를 표시하면서 작가의 의식, 해석, 체험, 소통 활동 등으로 체계화될 수 있는 허구 서사 창작의 경험을 교육의 내용으로 제안한다. 이는 창작 교육이 작가를 기른다

둘째, 소설 읽기에서 독자의 위상과 역할을 보다 능동적으로 설정해야 한다. 지금까지의 연구들은 대부분 독자가 소설의 윤리적 가치를 탐구하고 경험함으로써 이를 내면화한다는 구도를 취한다. 하지만 소설 읽기의 실제 현상에 비춰 볼 때 이러한 구도는 일면적이다. 독자들은 소설 읽기를 통해 윤리적 가치를 경험하고 삶을 반성하지만 소설의 윤리적 가치에 거리를 두고 비판적으로 평가하는 경우도 적지 않다. 이는 독자 또한 윤리적 가치의 담지자이자 실천적 이해의 주체이기 때문이다. 독자들은 각기 자신의 실천적 이해에 비춰 인물이 지향하는 윤리적 가치를 서로 다르게 이해할 수 있고 자신이 지향하는 윤리적 가치에 따라 소설이 제안하는 윤리적 가치에 공감하거나 저항할 수 있다. 게다가 독자는 이렇게 다양하게 전유된 윤리적 가치 사이에서 자신이 전유한 윤리적 가치가 적절한 것인가를 검토하고 보다 타당한 것임을 다른 독자들에게 호소하기도 한다. 이처럼 소설 읽기에서 소설과 독자는 역동적인 관계에 있으며 독자는 형상화된 윤리적 가치를 능동적으로 경험할 수 있다. 독자의 이와 같은 위상과 역할은 윤리적 가치 중심의 소설 읽기를 구안하고 교육을 설계할 때 반드시 고려되어야 한다.

셋째, 소설 읽기의 역동성을 교육 내용으로 전이할 수 있도록 연구 자료를 확대해야 한다. 지금까지의 논의들이 대부분 소설의 텍스트 내적 분석에만 그치고 독자의 역동적인 수행 양상을 밝히지 못한 것은 소설 텍스트만을 연구 자료로 삼았기 때문이다. 하지만 소설의 윤리적 가치를 독자가 능동적으로 경험하는 양상과 과정을 연구하기 위해서는 소설의 읽기 과정과 경험이 언표화된 비평문, 감상문, 논문 등 읽기 자료를 연구 자료로 삼아야 한다. 이

는 외재적 목적보다는 좋은 삶의 성취라는 내재적 목적에 충실해야 한다는 문제의식에 기반을 둔 것이다. 이러한 문제의식은 소설 읽기나 소설 이해에 대한 교육 연구에도 유효하다(김근호(2009), 「허구 서사 창작 교육 연구」, 서울대학교 박사학위논문).

들 자료에서는 소설 읽기에서 독자가 윤리적 가치를 경험하는 양상과 함께 소설을 상황 윤리적으로 인식하고 주체 행위를 가치 평가하며 행위 가능성을 탐구하고 전유한 윤리적 가치를 성찰하는 윤리적 수행 과정을 확인할 수 있다. 따라서 윤리적 가치 중심의 소설 읽기를 연구하기 위해서는 소설 텍스트와 함께 이를 읽고 쓴 해석 텍스트를 연구의 자료로 삼아야 한다.

3. 소설 읽기의 윤리적 탐구 방법

1) 연구 방법

이 연구는 '윤리적 가치 중심의 소설 읽기'의 이론을 밝히기 위해 리쾨르의 윤리학과 해석학을 연구 방법으로 삼는다. 리쾨르는 윤리를 "정의로운 제도에서 타자와 함께 타자를 위해 좋은 삶을 지향하는 것"으로 정의하면서 그의 윤리학을 정립한다.[37] 그의 윤리학은 도덕철학이나 응용윤리학처럼 특정한 상황에서 특정한 행동이 선한 행동인가 악한 행동인가를 판정하기보다는 좋은 삶이 무엇이며 어떻게 지향할 수 있는가를 검토하는 것을 목표로 한다. 리쾨르는 좋은 삶을 살기 위해 지켜야 할 규범이나 가치보다는 좋은 삶을 사는 것 자체에 우선권을 부여한다. '좋은 삶'은 "우리 각자에게 하나의 삶이 그것과 연관해서 다소간 완성된 것으로 혹은 완성되지 못한 것으로 간주되는 성취의 꿈들과 이상들의 성운"이다.[38] 인간은 자신이 꿈꾸고 이상적인 목적으로 지향하는 좋은 삶에 부합하게 행동하고 살아가는가에 따라 삶의 완성 정도를 평가한다.

그런데 좋은 삶은 모든 사람의 목적이지만 그 구체적인 지향점, 즉 윤리적 가치는 개인마다 다를 수 있다. 우리는 좋은 삶을 성취하기 위해 어떤 윤리적 가치를 지향해야 하는가를 숙고하고 이 가치를 실현하기 위해 어떤 행동을 선택해야 하는가를 숙고한다. 따라서 우리는 윤리적 가치에 비춰 특정한 행동을 선택하거나 대체할 수 있으며 행동의 선택 기준이 되는 윤리적 가치 또한 행동의 결과에 따라 조정하고 심화할 수 있다. 결론적으로 좋은 삶은 윤

....

37 P. Ricoeur(1990), 앞의 책, p. 232.

38 위의 책, p. 242.

리적 가치와 행동 간의 지속적인 해석 과정 속에서 성취할 수 있다.

이와 같은 해석 작업은 소설 읽기를 통해 수행될 때 가장 심화될 수 있다. 리쾨르에 따르면, 첫째, 어떤 삶이 좋은 삶인가를 숙고하기 위해서는 삶 전체를 돌이켜 살펴보아야 한다. 삶이 좋았는지에 대한 검토는 '이름'처럼 시간의 흐름에도 변하지 않는 동일성(idem)을 확인하는 것이 아니라 '윤리적 가치'처럼 시간의 흐름에 따라 변화하지만 삶 전체를 일관할 수 있는 자기성(ipse)을 확인하는 것이다. 그런데 이러한 자기성에 대한 검토는 소설의 형식에서 가장 잘 드러난다. 삶을 검토하는 것은 해석하는 것이고 삶을 해석하는 것은 서사적 형식의 특권적 매개를 통해 수행하는 것이다.[39] 이런 점에서 삶을 돌이켜 검토한다는 것은 삶을 하나의 소설처럼 읽는 것이다. 삶을 소설화하고 소설화된 삶을 읽는 과정에서 그 삶이 좋은 삶인가를 해석하고 성찰할 수 있다.

둘째, 보다 좋은 삶을 살기 위해 어떤 윤리적 가치를 선택하고 실천해야 하는가의 문제 또한 소설을 통해 가장 심도 있게 숙고할 수 있다. 인간은 좋은 삶을 지향하지만 그 구체적 지표로 삼는 윤리적 가치는 각자 다르다. 어떤 사람은 '자유'를 좋은 삶의 최상위 가치로 삼는 반면 또 다른 사람은 '평등'을 최상위 가치로 삼을 수 있다. 또한 국가에 대한 충성을 절대시하는 사람이 있는 반면 가족의 화목이라는 윤리적 가치를 우선시하는 사람도 있다. 문제는 삶의 복잡성에 비교할 때 윤리적 가치 하나하나는 단편적이기 때문에 실천 과정에서 대립하고 충돌하기 쉽다는 점이다. 이러한 윤리적 가치 갈등은 구

39 인간이 삶을 검토하고 좋은 삶을 이해하기 위해 서사의 형식을 활용한다고 본 대표적인 이론가는 매킨타이어(A. C. MacIntyre)이다. 그는 삶이 좋았는가를 이해하기 위해서는 일시적인 행동의 윤리적 가치가 아니라 삶 전체를 관통하는 윤리적 가치를 검토해야 하며 이를 위해 필요한 것이 서사라고 보았다. '삶의 서사적 통일성'이라는 이러한 개념에는 인간의 삶이 서사적으로 재현될 수 있으며 이 과정에서 그가 지향하는 윤리적 가치를 이해하고 평가할 수 있다는 생각이 전제되어 있다(A. C. MacIntyre(1981), *After Virtue*, 이진우 옮김(1997), 『덕의 상실』, 문예출판사, pp. 300-332).

체적인 상황에 비춰 보다 좋은 것을 검토하고 최선의 판단을 내리는 실천적 이해를 통해 해결되어야 한다.

소설은 윤리적 가치 갈등이 문제가 되는 구체적 상황에서 인물의 고뇌와 행동, 선택의 결과를 재현하고 언어화한 것이다. 물론 소설이 갈등의 해법을 제시하거나 어떤 윤리적 가치가 좋은 삶에 더욱 부합하는가를 직접적으로 설명하지는 않는다. 하지만 소설의 작중인물이 자신의 윤리적 가치에 갇혀 삶의 의미를 성찰하지 못하거나 심지어 사라질 수 있는 반면 독자는 사건의 끝에서 체험된 세계와 인물들의 운명을 되돌아보면서 실천적 이해를 심화하고 윤리적 확신을 가질 수 있다.[40]

한편 리쾨르는 소설이 행동을 재현하고 언어화한 산물이라고 할 때 재현의 대상인 '행동(praxis)'이 시학의 영역인 허구 세계뿐만 아니라 윤리학의 영역인 현실 세계에도 속한다는 점에 주목한다. 행동을 재현하기 위해서는 현실 세계의 행동에 대한 작가와 독자의 전이해에 기반을 두어야 하고 이렇게 재현된 행동은 다시 현실 세계의 행동과 삶에 대한 독자의 이해를 확장한다. 이에 착목하여 리쾨르는 형상화를 '삼중의 형상화(triple mimesis)'로 재구조화한다.

리쾨르가 '행동의 전이해'를 뜻하는 전형상화, 행동을 재현하고 이를 언어화하는 형상화, 행동과 삶에 대한 독자의 이해를 확장하는 재형상화라는 삼중의 형상화를 제안한 이유는, 윤리적 가치에 형상을 부여하고 이를 다시 풀어내는 과정에서 삶을 반성하고 기획하는 소설과 윤리의 역동적 관계를 해명하기 위함이다. 지금까지의 시학, 기호학, 구조주의는 형상화 차원에 해당

40 리쾨르는 그리스 비극《안티고네》를 분석하는 과정에서 '문학을 통한 윤리의 가르침', '비극적 지혜로움에서 실천적 지혜로의 전이'가 어떻게 가능한가를 설득력 있게 설명한다(P. Ricoeur(1990), 앞의 책, pp. 321-332).

하는 서사의 형식적 요소들을 분류하고 체계화함으로써 문학성이나 서사성을 밝히는 일에 주력했다. 반면 리쾨르는 소설의 형상화 차원뿐만 아니라 '형상화의 상류와 하류'라는 전형상화와 재형상화까지 아우르는 논의의 틀을 정립함으로써 하나의 작품이 독자의 삶을 변화시키는 과정 전체를 밝히고자 하였다.[41]

이상의 논의를 기반으로 이 연구에서는 '소설'과 '윤리적 가치'의 관계를 중층적으로 검토하고 '윤리적 가치 중심의 소설 읽기'의 개념을 규정하고자 한다. 연구사에서 밝혔듯이, 지금까지 소설과 윤리적 가치의 관계를 조명한 논의들은 대부분 시학, 구조주의 서사학, 소설의 수사학에 기대어 형상화 차원만을 집중적으로 살폈다. 하지만 연구의 범위를 소설 텍스트의 내적 구조에서 소설을 매개로 작가와 독자가 좋은 삶의 가치를 소통하는 소설 현상으로 확장한다면 소설과 윤리적 가치의 관계는 형상화 차원과 더불어 전형상화와 재형상화에서도 규명되어야 한다.

이처럼 해석학적 연구 방법을 바탕으로 소설과 윤리적 가치의 관계를 중층적으로 밝히고 소설 읽기를 통한 좋은 삶의 성찰 가능성을 모색한다고 하더라도 이를 소설 읽기에서 구체적으로 실현하기 위해서는 또 다른 연구 방법이 필요하다. 즉 독자가 소설로 형상화된 윤리적 가치에 민감하게 반응하고 적극적으로 자기화하기 위해서는 읽기 자체가 윤리적 성격을 지녀야 하는 것이다. 이를 위해 이 연구는 윤리적 행위 이론에 근거하여 소설 읽기의 윤리적 수행 과정을 구성하였다.[42]

....

41 P. Ricoeur(1983), 앞의 책, p. 127.

42 그간 '윤리적인 것'의 구성 요소에 대한 연구는 크게 세 차원에서 진행되었다. 첫째는 인지적 차원의 접근이다. 피아제(J. Piaget)나 콜버그(L. Kohlberg) 등이 중심이 된 인지 발달 이론은 윤리적 판단이나 도덕 추론 등을 윤리적인 것의 핵심 요소로 상정하였다. 둘째는 정서적 차원의 접근이다. 프로이트(S. Freud)의 영향을 받은 정신분석학에서는 죄책감이나 수치심 등의 정서와 윤리적 성숙의

행위의 윤리적 성격, 즉 어떤 행위가 윤리적이기 위해서 갖춰야 할 구성 요소에 대한 대표적인 연구로는 레스트(J. R. Rest)의 논의가 있다. 그는 어떤 사람이 문제적 상황을 '윤리적인' 방식으로 해결하기 위해서는 네 요소를 갖춰야 한다고 보았다.[43]

첫째는 윤리적 동기화이다. 인간이 직면한 모든 상황에는 윤리적 가치뿐만 아니라 정치적 가치, 경제적 가치, 문화적 가치 등 다양한 가치가 관여할 수 있다. 따라서 어떤 가치를 우선적으로 고려하는가에 따라 상황에 대처하는 행동의 성격이 결정된다. 윤리적 행위는 윤리적 가치를 최우선으로 삼을 때 가능한데 이를 윤리적 동기화라고 한다.

둘째는 윤리적 판단이다. 인간은 좋은 삶을 지향하기 위해 특정한 윤리적 가치를 행위의 실천 기준으로 삼는다. 윤리적 동기화를 거친 인간은 자신이 지향하는 윤리적 가치를 기준으로 문제적 상황을 판단할 수 있어야 하는데 이를 윤리적 판단이라고 한다.

셋째는 윤리적 민감성이라고도 불리는 '행위 가능성의 상상적 조망'이다. 인간이 윤리적 판단을 내리기 위해서는 선택한 행위의 전개 과정을 상상하고 그 결과를 예측할 수 있어야 한다. 자기가 처한 상황을 윤리적 문제로 해석하고 다양한 행동을 모색하면서 다른 사람에게 미칠 영향을 고려하는 행위

....

관계를 집중적으로 탐구하였다. 셋째는 행동적 차원의 접근이다. 사회적 도식의 습득과 윤리적 행동의 학습에 주목한 사회학습이론이 대표적이다.

이상의 논의들은 인지, 정서, 행동이라는 세 요소를 중심으로 윤리성 또는 도덕성에 대한 이해를 심화시켰다는 점에서 그 의의가 적지 않다. 하지만 이와 같은 요소별 접근은 윤리성의 전체적 구조를 설명하기 어려우며 윤리성에 기반을 둔 행위의 실천 과정을 밝히는 일에는 한계가 있다. 따라서 최근의 연구들은 주로 인지, 정서, 행동을 통합한 윤리적 행위의 구성 요소를 규명하고자 한다. 이에 대해서는 다음을 참고. 박병기 · 추병완(1996), 『윤리학과 도덕교육 1』, 인간사랑, pp. 86-151.

43 J. R. Rest(1980), *Moral Development*, 문용린 외 옮김(2008), 『도덕발달 이론과 연구』, 학지사, pp. 21-55.

는 윤리적 민감성에 기반을 둔 것이다.

넷째는 윤리적 인격이다. 윤리적 동기와 윤리적 민감성을 가지고 윤리적 판단을 내리는 사람은 결국 행위자로서 인간이다. 인간은 좋은 삶을 살기 위해 특정한 윤리적 가치를 우선시하며 이에 따라 행동하고자 한다. 그리고 이러한 행동을 습관적으로 실천함으로써 윤리적 가치에 대한 신념은 강화되거나 조정된다. 이처럼 인간은 특정한 윤리적 가치를 습관화함으로써 인격을 형성할 수 있는데 이를 윤리적 인격이라고 한다.

이상의 논의는 윤리적 가치를 형상화한 소설을 읽는 것 자체가 삶의 반성과 기획을 담보할 수 없다는 점을 환기한다. 모든 행위가 윤리적 행위일 수 없듯이 소설에 대한 모든 읽기가 윤리적 성격을 띠는 것은 아니다. 독자가 윤리적 동기, 윤리적 판단, 행위 가능성의 상상적 조망, 윤리적 인격을 읽기에 결부시킬 때 비로소 윤리적 가치 중심의 소설 읽기를 수행할 수 있다.

물론 윤리적 행위의 구성 요소는 소설 읽기의 특성에 맞춰 재구성되어야 한다. 윤리적 행위의 주체는 현실 세계에서 문제적 사태를 윤리적으로 해결하는 것을 목표로 한다. 하지만 소설 읽기의 독자는 소설의 허구 세계를 체험하고 서사적 소통에 참여함으로써 삶을 반성하고 기획하는 것을 목표로 한다. 이 연구는 윤리적 행위의 요소들을 소설 읽기의 특성에 부합하게 재구성하는 방식으로 윤리적 가치 중심의 소설 읽기를 구성하는 수행 단위와 과정을 구안할 것이다.

2) 연구 자료

이 연구의 대상은 독자가 소설의 윤리적 가치를 경험하는 과정에서 삶을 반성하고 기획하는 소설 읽기의 한 방식이다. 따라서 기존의 논의들이 소설 텍스트만을 연구 자료로 삼았다면 이 연구는 읽기의 실제 사례, 즉 소설의 윤리적 가치를 경험하는 방식과 소설 읽기의 윤리적 수행 과정의 전체 또는 일부가 드러나는 전문 독자의 해석 텍스트들을 분석의 자료로 삼고자 한다.[44]

이 연구에서 인용한 자료는 독자가 윤리적 가치를 중심으로 소설을 읽기 위해 소설의 세계를 윤리 지향적으로 인식하고 판단하고 탐구하며 성찰하는 모습들을 확인할 수 있는 해석 텍스트들이다. 허구 세계의 윤리적 가치 갈등을 주목한 경우가 있고 서술자의 가치 평가적 서술이나 서사적 소통의 구조를 분석한 경우도 있으며 다른 독자의 소설 읽기를 검토하면서 해석 공동체의 정체성을 성찰하는 경우도 있다. 이처럼 전문 독자의 해석 텍스트에는 윤리적 가치 중심의 소설 읽기의 구조 전반이 온전히 드러나거나 모두 기술되는 경우는 드물지만 개별 층위에 대한 깊이 있는 경험이 상세하게 드러난다는 점에서 주요 연구 자료가 될 수 있다.

이 연구는 어떤 해석 텍스트가 소설의 윤리적 가치를 타당하게 추론하거나 평가하는가를 비교하기보다는 각각의 독자가 어떤 의지나 태도를 가지고 어떤 점에 주목하면서 허구 세계를 체험하거나 서사적 소통에 참여하고 다른 독자와 가치 교섭을 수행하는가를 밝히고자 한다. 즉 수행 구조의 각 단위에서 이루어지는 활동의 구체성을 살펴보는 한편 하나의 소설을 읽고 쓴 복수(複數)의 해석 텍스트를 비교·분석함으로써 윤리적 가치 중심의 소설 읽기의

44 해석 텍스트는 양정실이 제안한 용어로, 문학 텍스트를 읽고 그로부터 추상적인 인식과 감수를 이끌어 내어 표현한 글을 의미한다. 따라서 해석 텍스트라는 개념은 하나의 고정된 장르라기보다는 문학 텍스트를 읽고 쓴 모든 글에서 발견되는 특정한 속성을 부각한 개념이다. 아무리 학술적이고 정형화된 장르 형식에 맞춰 쓴 연구 논문이라 하더라도 해석학적 관점에서 보면 독자의 실천적 이해에 기대어 소설 텍스트를 재구조화한 글이고 읽기 후의 성찰과 무관할 수 없는 글이다. 따라서 이들 글에는 정도의 차이는 있지만 형상화에 대한 분석과 함께 독자의 윤리적 가치나 좋은 삶의 성찰이 드러나기 마련이다. 이 연구에서는 소설에 대한 비평문과 학술 논문의 장르적 특수성보다는 이들 글의 문면에서 확인하거나 추론할 수 있는 독자의 경험과 수행에 주목하고자 한다. 해석 텍스트에 대해서는 다음을 참고. 양정실(2006), 「해석 텍스트 쓰기의 서사교육 방법 연구」, 서울대학교 박사학위논문.

총체적 면모를 재구할 것이다.

한편 소설 교육의 대상인 현재의 학습자들이 소설 읽기에서 윤리적 가치를 어떻게 경험하고 있는가를 확인하기 위해 서울과 수도권 소재의 2개 고등학교와 2개 대학의 학생들로부터 해석 텍스트를 받아 연구에 활용하였다.[45] 또한 방증(傍證) 자료로 교과서와 교사용 지도서도 참고하였다. 이들 자료는 학습자들이 윤리적 가치 중심의 소설 읽기에서 겪을 수 있는 어려움을 확인하고 교육 방법을 구안하는 일에 활용할 것이다.

연구 자료로 삼은 해석 텍스트에서 독자가 읽은 소설은 동종 서술자의 소설 중 서술자와 내포 작가의 거리가 문제가 되는 '신빙성 없는 서술자의 소설'과 복수의 동종 서술자가 동일한 허구 세계의 인물과 사건에 대해 서술하는 '연작 소설'이다. 동종 서술자는 소설의 허구 세계(스토리 세계)에 참여하는 서술자이다.[46] 동종 서술자는 허구 세계에서 자신이 경험한 인물과 사건에

---

45 이 연구를 위해 고등학생의 경우, 첫째, 2012년 3월부터 4월까지 인천시 'G고등학교'(이하 고G) 2·3학년 학습자 34명, 둘째, 2012년 4월부터 5월까지 서울시 'S고등학교'(이하 고S) 2학년 학습자 56명을 대상으로 총 90편의 해석 텍스트를 수합하였다. 학습자들이 읽은 작품은 〈소망〉, 〈세월의 너울〉이다.
대학생의 경우, 첫째, 2011년 2학기 서울시에 위치한 'S대학교'(이하 대S)의 사범대학 국어교육과 전공과목인 〈국어교육연습〉의 수강생 13명, 2012년 1학기 서울시에 위치한 'M대학교'(이하 대M)의 사범대학 국어교육과의 전공과목인 〈국어교육학개론〉의 수강생 16명을 대상으로 총 45편의 해석 텍스트를 수합하였다. 학습자들이 읽은 작품은 단편 소설 〈소망〉, 〈세월의 너울〉이다.
각각의 해석 텍스트는 [대상 텍스트-학교-번호]의 방식으로 표시하였다. '대상 텍스트'의 제목은 〈소망〉은 '소망', 〈세월의 너울〉은 '세월'로 간략하게 제시하였고 '학교'는 학교 이름 옆에 줄여 제시한 약호로 표시하였다. 마지막으로 번호는 연구자가 해당 학교 급의 학습자에게 임의로 부여한 것이다. 예를 들어 [세월-대S-8]은 《세월의 너울》을 읽는 S대학교의 8번 학생이 쓴 해석 텍스트이다.
인용된 모든 해석 텍스트는 담당 교사의 승인 아래 학습자의 동의를 얻은 것이다. 학습자에게 받은 동의서는 서울대학교 생명윤리심의회에서 제작한 동의서 양식을 연구 상황에 맞게 변형한 것이다.

46 동종 서술자는 전통적으로 일인칭 시점으로 분류되는 서술자이다. 일인칭 시점이라는 용어 대신 동종 서술자라는 용어를 사용하는 이유는 크게 두 가지이다. 첫째, 발(M. Bal)이 적절하게 지적했듯이, 소설에서 서술자는 모두 '나'라고 말할 수 있다는 점에서 기본적으로 일인칭 서술자이다. 따라

대해 서술하며 특히 자신의 생각과 판단의 초점화에 유리하다는 점에서 독자의 공감을 얻기 쉽다. 하지만 허구 세계에 대한 동종 서술자의 서술은 한 인격체로서의 관점과 경험에 제한된다는 점에서 그 신빙성에 대한 독자의 의심을 받기도 쉽다.[47] 이러한 특성으로 인해 동종 서술자의 소설을 읽는 독자는 허구 세계뿐만 아니라 담론의 층위인 서사적 소통에도 관심을 갖는 경우가 많다. 특히 서술자의 신빙성이 문제가 되는 경우 독자의 소설 읽기는 허구 세계, 서사적 소통, 다른 독자와의 교섭 등을 넘나들며 역동성을 띠게 된다.

주목할 점은 독자가 서술자의 신빙성 여부를 탐구하는 과정에서 독자의 실천적 이해가 활성화되며 독자의 윤리적 가치에 따라 서술자의 신빙성에 대한 판단 자체가 달라질 수 있다는 것이다. 예를 들어 문학 교실에서 〈치숙〉은 민족의 현실은 도외시한 채 개인적 성공에 집착하는 '나'를 서술자로 내세워 당대의 반민족적 인물을 반어적으로 비판한 소설로 해석된다. '나'는 사회주의나 경제학에 대한 무지를 드러내며 무엇보다 민족에 대한 책무보다는 개인의 영달을 지향한다는 점에서 '신빙성 없는 서술자'로 판단할 수 있다.

하지만 그의 모든 서술이 신빙성 없는 것인가에 대해서는 다른 판단도 가능하다. 독자에 따라서는 아주머니를 대하는 아저씨의 태도에 대한 '나'의 비판을 정당하고 중요한 것으로 이해할 수 있기 때문이다. 이렇게 볼 때, '나'의

....

서 인칭 개념으로 시점을 분류하기에 부적절한 측면이 있다(M. Bal(1980), *Theorie van vertellen en verhalen*, 한용환, 강덕화 옮김(1999), 『서사란 무엇인가』, 문예출판사, pp. 218-221). 둘째, 리쾨르의 지적처럼, 독자에게 시점이라는 용어는 의인화의 은유 없이 수용될 수 있지만 서술자는 한 명의 인격체처럼 인식된다. 이 연구는 서술자를 윤리적 가치의 주체로 상정한다는 점에서 시점보다 서술자라는 용어를 사용한다(P. Ricoeur(1984), *Temps et récit II*, 김한식 옮김(2000), 『시간과 이야기 2』, 문학과지성사, pp. 198-199).

47 이와 관련하여 슈탄젤(F. K. Stanzel)은 동종 서술자들이 존재론적 동기로 인해 그들의 서술에서 특정한 편견을 드러내기 쉽다고 지적한다(F. K. Stanzel(1982), *Theorie des Erzählens*, 김정신 옮김(1990), 『소설의 이론』, 문학과비평사, p. 224).

모든 서술을 부정하고 아저씨를 긍정적인 인물로만 평가하는 것은 국가와 민족에 대한 책무를 최상위의 윤리적 가치로 선택한 독자의 실천적 이해의 결과이다. 민족적 책무만큼이나 가족이나 배우자에 대한 책무를 중요하게 고려하는 독자는 아저씨의 삶이나 서술자의 신빙성 정도를 달리 판단하게 된다.

여기에서 알 수 있듯이, 서술자의 신빙성이 문제가 되는 소설에서 독자는 그 신빙성 여부를 판단하기 위해 실천적 이해를 활성화하고 자신의 윤리적 가치를 적극적으로 투사한다.[48] 서술자의 신빙성은 소설의 수사학이 주장한 것처럼 소설 읽기에서 자명하지 않다. 서술자의 신빙성 여부를 내포 작가와 서술자의 거리를 기준으로 판단할 수 있다고 할 때[49] 내포 작가가 지향하는 윤리적 가치나 실천적 이해의 수준은 소설을 다 읽고 난 후에야 추론할 수 있기 때문이다. 이처럼 서술자의 신빙성을 처음부터 확신할 수 없는 상황에서 독자는 그의 서술을 전적으로 신뢰하며 허구 세계를 체험하기 어렵다. 대신 독자는 서술자의 이해를 넘어설 수 있도록 자신의 실천적 이해를 보다 적극적으로 활성화하면서 허구 세계의 인물과 사건을 이해하며 자신의 윤리적 가치에 비춰 서술자의 서술 행위를 보다 비판적으로 검토하면서 서사적 소통에 참여한다.[50]

....

48 뉘닝(A. F. Nünning,)에 따르면, '서술자의 신빙성'에는 소설에 대한 기술과 해석, 미학과 윤리학의 문제가 개입하며 이에 대한 독자의 판단이 해석적 탐구에 큰 영향을 미치기 때문에 최근 현대 서사 이론의 중심 쟁점으로 부각하고 있다(A. F. Nünning(2005a), Reconceptualizing Unreliable Narration, J. Phelan & P. J. Rabinowitz(eds.), *A Companion to Narrative Theory*, Blackwell Pub, p. 90).

49 서술자의 신빙성 문제를 처음 언급한 사람은 부스(W. C. Booth)이다. 서술자의 신빙성에 대한 그의 구도는 서술자와 내포 작가라는 축으로 이루어진다. 즉, 서술자가 '내포 작가의 규범을 대변하고 거기에 따라 행동하면 신빙성 있고 그렇지 않을 때는 신빙성이 없다.' W. C. Booth(1961), 앞의 책, pp. 217-218.

50 이처럼 서술자의 신빙성은 점차 형상화의 기법 문제에서 서술자의 서술 행위에 대한 독자의 가치 판단 문제로 보는 견해가 확산되고 있다. 서사인지론의 논의들이 대표적으로, 여기에서는 서술자

서술자의 신빙성과 내포 작가의 윤리적 가치는 독자의 실천적 이해에 따라 달리 이해되고 평가될 수 있는데, 이와 같은 다양성으로 인해 독자는 다른 독자의 해석을 검토하면서 자신의 판단이 적절한지 검토하는 한편 다른 독자의 판단보다 더 타당한 것임을 공동체에 주장한다. 이와 같은 공론장의 형성과 진리 주장은 공동체의 정체성 성찰로 확장되기도 한다. 이 연구는 '신빙성 없는 서술자의 소설' 중 해석 공동체에서 논쟁이 된 작품을 선정한 후 이를 읽고 쓴 전문 독자의 해석 텍스트를 분석하고자 한다. 선정된 작품은 〈사랑손님과 어머니〉, 〈치숙〉, 〈소망〉, 〈세월의 너울〉이다.

'연작 소설'에 대한 해석 텍스트군(群)을 연구 자료로 삼은 이유 또한 연작 소설 특유의 구조로 인해 독자가 인물들의 윤리적 가치뿐만 아니라 서술자, 내포 작가의 윤리적 가치를 능동적으로 추론하고 판단하기 때문이다. 연작 소설이란 "여러 편의 독립된 삽화들을 모아 더 큰 하나의 이야기가 되도록

....

의 신빙성을 독자가 자신의 세계관과 윤리적 확신에 기초하여 서술자의 지적 수준이나 윤리적 가치를 추론하는 문제로 본다. 이에 따르면, 신빙성 없는 서술자는 "합의된 도덕적·윤리적 규범 또는 특정 문화가 정상적인 심리적 행동을 구성하도록 유지하는 기준을 위반하는 서술자"이며 이때 위반을 판단하는 기준은 바로 '독자가 지닌 세계 지식과 윤리적 가치관'이다(A. F. Nünning(1997), But why "will" you say that I am mad?, *Arbeiten aus Anglistik und Amerikanistik*, 22, p. 96; A. F. Nünning(2005b), Reliability, D. Herman., M. Jahn & M.L. Ryan(eds.), *Routledge Encyclopedia of Narrative Theory*, New York: Routledge, p. 496).

이와 관련하여 최인자(2011)는 이상의 논의를 근거로 소설 읽기의 방법론을 모색하고 있어 주목을 요한다. 그는 그간 신빙성이 있는 것으로 평가받은 서술자가 독자에 따라 신빙성 없는 서술자로, 신빙성이 없는 것으로 간주된 서술자가 신빙성 있는 서술자로 이해할 있는 방법을 설득력 있게 논증한다(최인자(2011), 「소설 화자의 맥락적 이해와 윤리적 반응 형성을 위한 소설 교육」, 『독서연구』 25, 한국독서학회, pp. 107-131). 이 연구는 서술자의 신빙성이 독자의 윤리적 가치와 실천적 이해에 기반을 둔다는 최인자(2011)의 관점을 공유하면서도 서술자에 대한 독자의 윤리적 거리감이 다양한 텍스트 내적 단서를 근거로 내포 작가가 의도한 것임을 확신할 때 서술자의 신빙성에 대한 판단이 완료된다고 본다. 이에 대해서는 다음을 참고. 정진석(2011), 「소설 이해로서 서술자의 신빙성 평가에 대한 연구」, 『국어교육학연구』 42, 국어교육학회, pp. 627-667.

결합시켜 놓은 소설"[51]로 분절성과 계기성, 독자성과 통합성, 독립성과 상호 의존성을 그 특징으로 한다. 연작 소설은 작가 자신의 뚜렷한 연작 의지를 바탕으로 동일한 표제 아래에서 분절된 개별 작품을 하나의 서사체로 묶어 낸 것으로, 개별 작품의 독자성을 살리면서도 작품 간 상호 의존성을 확보함으로써 더 큰 작품으로서의 통합성을 지향한다.

이들 소설에 대한 해석 텍스트에서 소설의 윤리적 가치에 대한 독자의 경험 양상이 다양하고 역동적으로 드러나는 이유가 바로 여기에 있다. 연작 소설은 어떤 장르보다 독자의 능동적·통합적 해석 활동을 요구한다. 연작 소설을 읽는다는 것은 개별 단편 텍스트로 형상화된 윤리적 가치를 하나하나 경험하면서 연작 텍스트라는 더 큰 가치 체계로 통합하는 것이기 때문이다. 연작 소설을 읽는 독자는 개별 작품의 세계를 순차적으로 경험하는 과정에서 작중인물과 서술자의 다양한 윤리적 가치를 경험하는 한편 이를 통합함으로써 연작 전체의 세계를 통해 내포 작가가 호소하는 윤리적 가치를 추론해야 한다.[52]

이 연구에서는《난장이가 쏘아올린 작은 공》,《아홉 켤레의 구두로 남은 사내》를 읽고 쓴 전문 독자의 해석 텍스트를 분석하고자 한다. 이들 연작 소설은 개별 텍스트의 독립성과 전체 서사의 통합성이라는 연작 소설의 특성을

51 권영민(1983),「연작 소설의 새로운 가능성」,『소설의 시대를 위하여』, 이우출판사.

52 연작 소설은 "동일한 작가에 의해 쓰인 2편 이상의 독립된 텍스트로 구성된, 동일한 표제하에 묶인 작품들로 독자들이 순차적인 독서행위를 개별 작품의 의미를 심화, 확대하여 해석할 수 있고, 개별 작품은 묶어 낼 수 있는 전체적인 의미망을 구성할 수 있는 작품"으로 정의하기도 한다. 다소 긴 이상의 정의에서 기존의 정의와는 차별되는 점은 독자의 능동적인 독서 행위를 강조한다는 사실이다. 독자들은 개별 작품의 세계를 경험하고 형상화된 윤리적 가치를 자기화하는 한편 다른 작품과의 연관성을 지속적으로 염두에 두면서 연작 전체가 호소하는 윤리적 가치를 이해해야 한다(김지미(2001),「1970년대 연작 소설의 서사구조 연구」, 서울대학교 석사학위논문, pp. 3-12).

가장 잘 구현한 대표적인 소설로 평가받는다.[53] 개별 텍스트는 허구 세계의 인물과 사건을 동종 서술자가 말하거나 인물 초점화자가 보게 하는 방식으로 특정한 윤리적 가치를 형상화한다. 반면 전체 서사는 개별 서사를 특정한 방식으로 배열함으로써 각각의 서사로 형상화된 윤리적 가치가 얽혀 충돌하는 다원적인 윤리적 가치 체계를 형상화한다. 따라서 이들 연작 소설의 독자는 개별 텍스트를 읽으며 허구 세계를 바라보는 다양한 윤리적 시각을 경험하는 한편 이들 텍스트를 순차적으로 겹쳐 읽는 과정에서 형상화된 윤리적 가치들을 하나의 체계로 통합해야 한다.[54]

이상의 논의를 바탕으로 이 연구에서 분석한 연구 자료를 정리하면 다음과 같다.

소설

주요섭(1935), 〈사랑손님과 어머니〉, 《사랑손님과 어머니》, 범우사.

채만식(1989), 〈치숙〉, 1938, 전광용 외 편, 《채만식전집》7, 창작과비평사.

채만식(1989), 〈소망〉, 1938, 전광용 외 편, 《채만식전집》7, 창작과비평사.

김원일(1986), 〈세월의 너울〉, 《세월의 너울》, 솔.

조세희(1996), 《난장이가 쏘아올린 작은 공》, 문학과지성사.

윤흥길(1997), 《아홉 켤레의 구두로 남은 사내》, 문학과지성사.

53 김지미는 1970년대의 연작 소설을 분류하면서 이들 소설과 함께 이청준의 《남도사람》, 《언어사회학서술》을 반격자형 구조의 연작으로 묶는다. 그에 따르면 여기에 속하는 연작들은 독자성과 통합성이라는 연작 소설의 양가적 특정을 가장 잘 드러낸다(김지미(1991), 앞의 글, pp. 51-69).

54 이와 관련하여 루셔(R. M. Luscher)는 연작 소설에서 독자의 읽기를 다음과 같이 설명한 바 있다. "독자는 연작 소설의 단편 시퀀스에서 주관적인 해석과 적극적인 참여를 할 수 있으며, 이러한 읽기는 독자에게 보다 난해한 과업이 되겠지만 그만큼 얻을 수 있는 것도 많다." R. M. Luscher(1989), The Short Story Sequence: An Open Book, S. Lohafer & J. E. Clarey(eds.), *Short Story Theory at a Crossroads*, Louisiana State University Press, p. 158.

해석 텍스트

고영진(2008), 「시대적 강박증과 나르시시즘의 변형적 접선」, 『구보학보』 3, 구보학회.

김구종(1996), 「사회 · 역사를 왜곡시키는 서술자 '나'의 담론 연구」, 『한남어문학』 21, 한남어문학회.

김병익(1979), 「대립적 세계관과 미학」, 『상황과 상상력』, 문학과지성사.

______(1994), 「병든 세상 혹은 왜곡된 역사의 퇴적」, 『숨은 진실과 문학』, 문학과지성사.

김성곤(2006), 「소외와 상실의 시대에 읽은 화해와 포용의 문학」, 『글로벌 시대의 문학』, 민음사.

김태환(1996), 「『광장』과 『난장이…』 읽기, 그리고 천천히 다시 읽기」, 『문학과사회』 35, 문학과지성사.

김해옥(1992), 「치숙의 반어적 서술 상황과 담론의 특성 연구」, 『한국언어문화』 10, 한국언어문화학회.

나병철(1995), 「이중적 풍자의 방법 – 치숙 – 」, 『전환기의 근대문학』, 두레시대.

박숙자(2011), 「1970년대 타자의 윤리학과 '공감'의 서사」, 『대중서사연구』 25, 대중서사학회.

성민엽(1992), 「윤리적인 것과 역사적인 것」, 『문학과 사회』 겨울호, 문학과지성사.

______(1997), 「'아홉 켤레의 구두로 남은 사내' 연작의 현재적 의미」, 윤흥길, 『아홉 켤레의 구두로 남은 사내』, 문학과지성사.

송하섭(1985), 「사랑손님과 어머니論」, 『도솔어문』 1, 단국대학교 국어국문학과.

송현호(1992), 「치숙의 서사구조와 서술 방식 연구」, 『인문논총』 3, 아주대학교 인문과학연구소.

신동욱(1994), 「주요섭과 그의 작품들」, 주요섭 외, 『학원한국문학전집』 4, 학원출판공사.

신영미(2008),「카타르시스로서의 이야기하기」,『한국언어문학』 65, 한국언어문학회.

염무웅(1995),「식민지 민족 현실과의 대결」,『혼돈의 시대에 구상하는 문학의 논리』, 창작과비평사.

오생근(1997),「개인과 사회의 역학」, 윤흥길,『아홉 켤레의 구두로 남은 사내』, 문학과지성사.

우찬제(1997),「대립의 초극미, 그 카오스모스의 시학」, 조세희,《난장이가 쏘아올린 작은 공》, 문학과지성사.

이경호(1990),「서정의 공간과 다성의 공간」,『작가세계』 7, 세계사.

이남호(2001),「사랑손님과 어머니」,『교과서에 실린 문학작품을 어떻게 가르칠 것인가』, 현대문학.

이도연(2011),『채만식 문학의 인식론적 지형도와 구성 원리』, 소명출판.

이동하(1998),「김원일 후기 중·단편 연구」,『전농어문연구』 10, 서울시립대학교 국어국문학과.

이선영(1999),「창조적 주체와 반어의 미학」,『민족문학사연구』 14, 민족문학사학회.

이재현(1983),「문학의 노동화와 노동의 문학화」,『실천문학』 4, 실천문학사.

임명진(1998),「치숙의 서술 양식 재고」,『현대문학이론연구』 9, 현대문학이론학회.

장사흠(1997),「풍자문학의 수용과 효용에 대한 고찰」,『현대소설연구』 6, 한국현대소설학회.

전정구(1992),「현란한 빛깔, 혹은 슬픈 떨림」,『글쓰기의 모험』, 청하.

정홍섭(2003),「채만식 문학의 풍자 양식 연구」, 서울대학교 박사학위논문.

조명기(2008),「1930년대 말 지식인의 현실 적응 양상 연구」,『한국문학논총』 35, 한국문학회.

조회경(2006),「서술자의 '신빙성'을 통해 본 김원일의 작가의식」,『우리어문학연구』 20, 우리문학연구회.

최시한(2005), 「초점화와 「사랑손님과 어머니」」, 『소설의 해석과 교육』, 문학과지성사.

하응백(2002), 「장자(長子)의 소설, 소설의 장자(長者)」, 권오룡 엮음, 『김원일 깊이 읽기』, 문학과지성사.

한홍구(2008), 「난장이가 쏘아올린 작은 공이 떨어진 시대」, 권성우 엮음, 『침묵과 사랑』, 이성과힘.

학습자 해석 텍스트

경기도 G고등학교 고등학생 학습자 해석 텍스트 34편.

서울시 S고등학교 고등학생 학습자 해석 텍스트 56편.

서울시 S대학교 대학생 학습자 해석 텍스트 13편.

서울시 M대학교 대학생 학습자 해석 텍스트 32편.

교과서 및 교사용 지도서

교육부(1991), 《중학교 국어 3-1》, 대한교과서주식회사.

______(1997), 《중학교 국어 3-1》, 대한교과서주식회사.

교육인적자원부(2003), 『중학교 국어 2-1』, 교학사.

문교부(1984), 《중학 국어 3-2》, 대한교과서주식회사.

______(1991), 《중학교 국어 교사용 지도서 3-1》, 대한교과서주식회사.

박종호 외(2012), 《고등학교 문학 I》, 창비.

최웅 외(2004), 《고등학교 문학(상)》, 청문각.

한철우 외(2003), 《고등학교 문학(상)》, 문원각.

끝으로 이 연구의 구성을 간단하게 소개하면 다음과 같다. 먼저 II장에서는 윤리적 가치 중심의 소설 읽기를 이론적으로 고찰하는 것으로 윤리적 가치의 특징을 검토하고 소설과의 관계를 밝힌 후 윤리적 가치 중심의 소설 읽기의 개념, 특징, 원리 등을 논의하고자 한다. III장은 소설 텍스트와 해석 텍스트를 연구 자료로 삼아 윤리적 가치 중심의 소설 읽기의 수행 구조를 제시하는 부분이다. 독자가 윤리적 가치 중심의 소설 읽기를 수행하기 위해서는 허구 세계, 서사적 소통, 해석 공동체의 가치 교섭을 윤리적으로 인식하고 가치 판단을 하며 윤리적 행위 가능성을 허구적으로 탐구하고 형상화된 윤리적 가치를 성찰해야 함을 논증함으로써 전체의 수행 구조를 구명(究明)할 수 있다. IV장에서는 윤리적 가치 중심의 소설 읽기를 교육하기 위해 필요한 교수·학습의 요소를 설계하였다. 교육이 학습자의 경험을 성장시켜 좋은 삶을 증진하는 것이라면 성장의 기준이 되는 목표와 성장의 계기가 되는 방법이 교육 내용과 함께 구체적으로 제시되어야 한다. 따라서 이 장에서는 윤리적 가치 중심의 소설 읽기 교육을 문학 교실에서 실천하기 위해 반드시 고려해야 할 요소로 교육의 목표를 설정하고 교육의 방법을 제안하였다.

| 더 읽어 보면 좋은 이론 |

김대행 외의 『문학교육원론』(서울대학교출판부, 2000)은 출간 이후 지금까지 문학교육의 이론적 과제를 해결하는 데 필요한 길잡이 역할을 하였다. 이 중 문학교육의 목표를 인격과 인간성 차원에서 설명한 제1부 제2장, 문학과 윤리적 가치의 관계를 다룬 제2부 제4장은 문학교육에서 윤리에 접근하는 기본적인 사유 방식을 제공한다. 우한용 외의 『서사교육론』(동아시아, 2001)은 '서사적 존재의 자기 인식'이라는 관점 아래 서사교육을 설계하고 있다. 삶과 서사의 관계는 1~3장에서 집중적으로 논의된다.

김현의 『사회와 윤리』(일지사, 1974)는 소설 읽기에서 윤리적 사유의 중요성을 제기한 대표적 저서이다. 이 책은 일련의 소설론과 소설 비평을 통해 "문학가들이 인간의 삶을 파괴하려는 여러 가지 힘들과 어떻게 싸우고, 그것을 어떻게 표현하고 있는가"를 실명하고 입증하였다. 이러한 문제의식은 최근 윤리 비평의 방법론을 구체적으로 모색하는 단계로 나아간다. 윤리 시학의 가능성을 타진하는 신형철의 『몰락의 에티카』(문학동네, 2008)는 그 좋은 예이다.

윤리에 대한 서사론의 관심과 접근 방식은 『루틀리지 서사학 백과사전(*Routledge Encyclopedia of Narrative Theory*)』(Routledge, 2005)의 항목 중 '윤리적 전회(ethical turn)'에 잘 정리되어 있다. 윤리적 전회에 대한 보다 다양하고 상세한 논의는 데이비스와 워멕이 편집한 『윤리적 전회의 지형(*Mapping The Ethical Turn*)』(University of Virginia Press, 2001)에서 확인할 수 있다. 보다 구체적인 차원에서, 서사와 윤리에 대한 수사적 관점을 개관하고 싶다면 『케임브리지 서사 입문서(*The Cambridge Companion to Narrative*)』(Cambridge University Press, 2007)에 실린 제임스 펠런의 「수사/윤리(Rhetoric/ethics)」을, 해체주의적 관점을 확인하고 싶다면 『서사론 가르치기(*Teaching Narrative Theory*)』(The Modern Language Association of America, 2010)에 실린 아담 뉴튼의 「윤리(Ethics)」를 추천한다.

II

윤리적 가치 중심의 소설 읽기의 이론적 고찰

들어가며

II장에서 제기한 질문은 '윤리적 가치 중심의 소설 읽기는 무엇인가'이다. 답은 질문의 핵심 개념인 '윤리적 가치'와 '소설 읽기'의 의미를 밝히는 가운데 구하고자 하였다. 윤리학과 해석학을 적극적으로 수용한 이유이다.

윤리학에서 주목한 문제의식은 좋은 삶을 살기 위해서는 해석해야 한다는 것이다. 어떤 삶이 좋은 삶인가. 좋은 삶을 살기 위해 지향해야 할 가치는 무엇인가. 좋은 삶의 가치를 실현하기 위해 어떻게 행동해야 하는가. 판단하고 선택하고 행동하기 위해 우리는 숙고해야 한다. 이러한 숙고는 행동과 삶을 되돌아보고 그 의미를 이해하는 해석의 성격을 띤다.

해석학에서 구한 통찰은 해석은 좋은 삶을 이해하는 과정이라는 것이다. 삶에 대한 이해를 바탕으로 어떤 세계를 체험하거나 소통에 참여하고 이러한 경험에 기대어 삶의 좋음을 이해하는 것. 이러한 과정은 처음과 끝이 동일한 원형의 반복이 아니라 삶의 문제를 여러 번, 다른 차원에서 사유하는 나선형의 순환이라는 점에서 성찰적이고 창조적이다.

윤리학의 문제의식을 길잡이 삼아 해석학의 통찰을 실천하고자 할 때 윤리적 가치 중심의 문학 읽기는 작동한다. 무엇보다 소설 읽기의 중심에 윤리적 가치가 놓일 때 윤리학의 문제의식은 첨예해지고 해석학의 통찰은 극대화된다. 소설이 재현하는 것은 '좋은 것과 나쁜 것 사이가 아니라 나쁜 것과 최악의 것 사이에서 선택해야 하는 세계'이기 때문이다.

이러한 읽기를 처음부터 '윤리적 가치 중심의 소설 읽기'라고 이름 붙인 것은 아니다. 연구를 진행하면서 '윤리 비평', '윤리적 읽기', '해석'이라는 용어를 여러 번 붙였다 뗐다. 그 뜻을 쉽게 전하기 위해 '윤리적 가치 중심의 소설 읽기'라고 풀어냈지만 용어의 간략한 구성이 아쉽다. 용어를 다듬고 뜻풀이를 다지는 작업은 여전히 남은 과제이다.

1. 윤리적 가치 중심의 소설 읽기의 본질

이 절에서는 윤리적 가치 중심의 소설 읽기의 본질을 밝히고자 한다. 이를 위해 윤리적 가치의 특성을 밝히고, 소설과 윤리적 가치의 관계를 검토한 뒤 윤리적 가치 중심의 소설 읽기가 의미하는 바와 그 특징을 규명할 것이다.

1) 윤리적 가치의 특성

윤리적 가치 중심의 소설 읽기의 개념을 밝히기 위해 우선적으로 해명해야 할 것은 '윤리적 가치의 특성'이다. 소설 텍스트는 "윤리적 가치를 실천하는 매재이며, 궁극적으로는 윤리적 가치의 실천태"[1]로 "윤리적으로 올바름을 주장한다는 데서 이미 윤리적 영역에 속하는 것"[2]이다. 이때 문제가 되는 것이 소설이 실천하고 호소하는 '윤리적 가치'이다. '윤리적 가치'의 특성이 밝혀져야 소설과 윤리적 가치의 관계 및 윤리적 가치 중심의 소설 읽기의 개념을 명확히 규정할 수 있다.

가치는 일반적으로 "특정 욕구를 충족시켜 주는 데 적합한 모든 것" 또는 "삶에 있어서 어떤 사람이 중요하다고 생각하는 아이디어"를 의미한다. 가치에 대한 이와 같은 정의를 수용한다면 윤리적 가치는 인간 안에 있는 윤리적 욕구들을 충족시켜 주는 모든 것, 어떤 사람이 행동의 옳고 그름을 판단하는 기준이 될 것이다.[3] 하지만 이와 같은 개념 규정만으로는 윤리적 가치의

....

1 김대행 외(2000), 『문학교육론』, 서울대학교 출판부, p. 207.

2 P. Ricoeur(1985), *Temps et récit III*, 김한식 옮김(2004), 『시간과 이야기 3』, 문학과지성사, pp. 476-477.

3 가치에 대한 이와 같은 정의와 규정은 다음의 논의를 참고한 것이다. J. Hessen(1959), *Lehrbuch der philosophie. B.2: Wertlehre*, 진교훈 옮김(1992), 『가치론』, 서광사, p. 36; J. R. Fraenkel(1977),

특성을 충분히 이해하기 어렵다.[4] 따라서 윤리적 가치를 엄밀하게 정의하기보다는 윤리적 가치의 현상적 국면을 살피면서 그 특성을 밝히는 것이 보다 생산적이다.

가치 현상은 가치 이념(理念), 가치 질(質), 가치 체험(體驗)으로 구성된다.[5] 우선 가치 이념은 가치의 존재 근거이자 본질에 해당한다. 예를 들어 인간은 진(眞), 선(善), 미(美), 성(聖) 등을 지향하는데 이는 각각 논리적 가치, 윤리적 가치, 미적 가치, 종교적 가치의 이념이다. 가치 이념은 특정한 가치를 다른 가치와 구분하는 유개념(類概念)이라는 점에서 가치의 특성을 밝히는 데 핵심적인 부분이다. 윤리적 가치의 이념적 차원을 살피기 위해서는 선을 지향하는 윤리의 의미를 해명해야 한다.

윤리는 기본적으로 인간의 선 중 가장 궁극적인 선인 행복한 삶, 즉 좋은 삶을 지향하는 것이다.[6] 좋은 삶이 인간의 선 중 가장 궁극적인 이유는 다른 선들과는 달리 그 자체로 궁극적인 목적이기 때문이다. 예를 들어 주말마다

....

How to Teach about Values, 송용의 옮김(1996), 『가치탐구 수업을 어떻게 할 것인가?』, 교육과학사, pp. 18-19.

4 헤센(J. Hessen)은 가치의 개념 규정이 가치의 특성을 충분히 드러내지 못하는 이유를 다음과 같이 설명하였다. "“가치”라는 개념은 엄밀한 의미에서 정의될 수 없다. 가치는 본래적인 정의가 허용되지 않는 “존재”, “실존” 등과 같이 최고의 개념에 속한다. 그러므로 우리는 “가치”라는 개념어의 내용을 단지 해명할 수밖에 없다."(J. Hessen(1959), 앞의 책, p. 33)

5 가치 이념, 가치 질, 가치 체험에 대한 헤센의 논의는 다음을 참고. 위의 책, pp. 33-93.

6 여기에서 '좋은 삶'의 원어인 '에우다이모니아(eudaimonia)'와 행복, 좋은 삶이라는 용어의 관계를 검토할 필요가 있다. 아리스토텔레스가 궁극적인 선으로 삼은 '에우다이모니아'는 흔히 '행복(happiness)'으로 번역되어 왔다. 그런데 행복에 대한 현대적인 관념이 주로 주관적인 만족과 맞닿아 있다는 점에서 에우다이모니아를 행복으로 번역하기 어렵다는 주장이 있다. 무엇보다 에우다이모니아는 심리적 상태나 능력이 아닌 객관적인 활동이며 삶 전체를 평가하는 개념이기 때문이다. 따라서 최근에는 이를 '잘 삶' 또는 '좋은 삶'으로 번역하는 논의가 늘고 있다. 이 연구는 후자의 견해를 받아들여 잠정적으로 에우다이모니아를 좋은 삶으로 번역하고자 한다. 행복 개념에 대한 논란에 대해서는 다음을 참고. 편상범(2009), 『윤리학』, 민음인, pp. 127-136.

노숙자를 위해 무료 급식 활동을 하는 사람에게 '왜 그런 활동을 하느냐'고 묻는다면 '봉사 활동이 재미있으니까', '보다 많은 사람에게 이익이 되니까', '그런 활동을 마땅히 해야 하니까', '이웃 사랑을 실천하는 사람이 되고 싶으니까' 등의 답을 할 것이다. 이때 재미, 이익, 당위, 이웃 사랑 등은 봉사 활동의 목적이 된다. 그런데 '왜 재미를 추구하는가', '왜 보다 많은 사람의 이익이 중요한가', '왜 마땅히 해야 하는가', '왜 이웃 사랑을 실현하고자 하는가'라는 질문처럼 이 목적들에 대한 목적을 다시 물을 수 있다. 이처럼 행동에 대한 궁극적인 목적을 탐색할 수 있는데, 아리스토텔레스(Aristotle)에 따르면 그 답은 바로 '행복한 삶, 즉 좋은 삶을 살기 위해서'이다.[7]

좋은 삶은 "각자에게 완성의 이상들과 꿈들로 이루어진 성운"으로 "이것에 준해서 하나의 삶은 다소간 완성되거나 미완성된 것으로 간주"된다.[8] 인간은 좋은 삶에 대한 이미지가 각자 다를 수 있고 그 구체적인 내용이 수정될 수 있지만 좋은 삶 그 자체는 인간이 성취해야 할 궁극적 목적이다. 인간은 자신이 지향하는 좋은 삶에 따라 행위를 선택하고 실천하며 그 실천의 결과에 비춰 삶의 완성 정도를 평가한다.

....

7 Aristotle, *Ethica Nicomachea*, 이창우 외 옮김(2006), 『니코마코스 윤리학』, 이제이북스, pp. 17-19. 아리스토텔레스의 이러한 관점은 좋은 삶이라는 목적을 최고선으로 지향한다는 점에서 목적론적 윤리관에 해당한다. 이러한 윤리관에 대립하는 것이 칸트(I. Kant)의 윤리학으로 대표되는 의무론적 윤리관이다. 예를 들어 앞서 봉사 활동을 왜 해야 하는가라는 질문에 대해 '마땅히 해야 하니까'라고 대답하는 것은 의무론적 윤리관을 대변하는 것이다. 칸트의 입장에서 '마땅히 해야 하니까'라는 대답은 행동의 목적을 설명한 것이 아니라 당위를 선언한 것이다. 그런데 리쾨르는 이와 같은 의무론적 윤리관도 궁극적으로 좋은 삶을 지향하는 것으로 보면서 도덕에 대한 윤리의 우위를 주장한다. 모든 당위적인 행동은 궁극적으로 좋은 삶에 기여하는 것이라는 관점이다. 이 연구는 윤리를 좋은 삶의 지향으로, 도덕을 보편성과 당위성에 기반을 둔 규범으로 보면서 도덕에 대한 윤리의 우위, 윤리가 도덕이라는 규범을 통과해야 하는 필요성, 도덕 규범이 갈등할 때 윤리에 의존해야 하는 타당성을 상정하는 리쾨르의 관점을 공유한다. 리쾨르의 윤리관은 다음을 참고. P. Ricoeur(1990), *Soi-même comme un autre*, 김웅권 옮김(2006), 『타자로서 자기 자신』, 동문선, pp. 229-243.

8 위의 책, p. 242.

다음으로 윤리적 가치의 질적 차원을 살펴보기로 하자. 가치는 그 자체로 성립하는 것이 아니라 다른 어떤 것에서 성립하는 것이다. 예를 들어 우리는 어떤 음악을 듣고 아름답다고 평가할 수 있다. 이때 미적 가치는 그 음악 작품에 실존하며 아름다움이라는 질적 특성을 지닌다. 이처럼 가치의 질적 차원이란 가치와 관련된 대상, 즉 인간, 예술, 자연 등의 성질을 가리키는 것으로 가치의 성격을 구성하고 가치 체험을 가능하게 한다.

윤리적 가치에서 질은 개인이 지향하는 좋은 삶의 구체적인 덕목을 의미한다. 다른 가치들과는 다르게 윤리적 가치의 담지자는 인격적 개인이다. 개인은 모두 좋은 삶을 지향하지만 그 지향의 내용은 구체적으로 다를 수 있다. 어떤 사람은 정의를 좋은 삶의 가장 중요한 가치로 삼을 수 있으며 다른 사람은 사랑이나 자유를 그러한 가치로 설정할 수 있다. 또 다른 사람은 평등, 용기, 이웃 사랑, 효(孝), 충(忠) 등을 실천함으로써 좋은 삶을 살고자 할 수 있다. 이처럼 윤리적 가치의 질은 좋은 삶을 실천하기 위해 개인이 지향하는 구체적인 덕목이다.

한편 윤리적 가치는 다른 가치와는 다르게 당위성과 보편성을 요구한다는 점도 질적 차원의 특성이다. 윤리적 가치들은 가치의 담지자에게 이를 실현할 것을 명령하며 보편적으로 적용할 것을 요구한다. 예를 들어 효를 좋은 삶의 최상위 가치로 지향하는 사람은 효를 선호하는 것을 넘어 이를 행동으로 실현해야 할 강한 당위성을 느낀다. 또한 자신뿐만 아니라 모든 인간에 의해 효가 실현되기를 바란다. 윤리적 가치의 갈등이 다른 가치들의 갈등에 비해 훨씬 첨예하게 전개되는 이유는 개인마다 지향하는 윤리적 가치가 다를 수 있는 상황에서 각각의 윤리적 가치가 바로 당위성과 보편성을 요구하기 때문이다.[9]

마지막으로 윤리적 가치의 체험적 차원을 살펴보기로 하자. 가치는 비감각적 대상으로 주관에 의해 체험되는 것이다. 가치가 비감각적 대상이라는 것은 '정의'처럼 현존재가 없는 본질이자 '거룩함'처럼 시간적으로 생성·소멸하는 것 밖에 있고 '아름다움'처럼 실재적 질서가 없긴 해도 객관적인 것을 묘사하는 관념적 대상이라는 점을 의미한다. 우리는 주관을 통해 이러한 관념적 대상을 체험한다. 우리는 동생을 위해 자신의 것을 양보하는 형의 행동에서 윤리적 가치인 우애를 체험하고 명동 성당의 내부에서 종교적 가치인 거룩함을 체험할 수 있다. 이처럼 "가치는 항상 어떤 사람에게 있어서의 가치"이며 "가치를 느끼고 있는 주관과 관계되는 사물의 특성"이다.[10]

윤리적 가치의 체험은 지향적 체험이다. 개인은 윤리적 가치의 질에 대한 주관적 지향이라는 방식으로 윤리적 가치를 체험하는 것이다. 인간은 좋은 삶을 살고자 하며 이를 구체화하기 위해 윤리적 가치의 구체적 덕목을 지향한다. 그 덕목이 어떤 사람에게는 자유가 될 수 있고 또 다른 사람에게는 우정이 될 수 있고 영원한 사랑이 될 수도 있는 것이다. 이러한 윤리적 가치의 지향적 체험은 그 자체로 인격 형성의 토대가 된다. 인간이 정의라는 윤리적 가치를 실천하고 사랑한다면 정의로운 사람이 될 수 있다. 이처럼 윤리적 가치는 인격을 형성하는 힘이 있으며 개인은 특정한 윤리적 가치에 따라 거듭 행동함으로써 그에 따른 인격을 형성하고 심화할 수 있다.[11]

9 헤센은 윤리적 가치가 다른 가치들과 구별되는 특징을 다음과 같이 정리하였다. 첫째, 윤리적 가치들은 개인적 존재로만 실재할 수 있다. 둘째, 윤리적 가치들은 무조건적인 요구들로 인간에게 나타난다. 셋째, 전(全)생명은 그들의 타당성을 요청한다. 넷째, 윤리적 가치들은 예외 없이 모든 사람들에게 의무를 지운다. J. Hessen(1959), 앞의 책, p. 219.

10 위의 책, pp. 39-41.

11 아리스토텔레스는 이러한 인격이 반복적인 실천을 통해 형성된다고 보았다. 그에 따르면 우리는 "어떤 사람들은 절제 있는 사람이나 온화한 사람이 되지만 다른 어떤 사람들은 무절제한 사람이나 성마른 사람이 되기 때문이다. 전자의 사람들은 자신들이 처한 상황 속에서 이렇게 행동함으로써, 후자의 사람들은 반면 저렇게 행동함으로써 이러저러한 사람들이 되는 것이다." 물론 이렇게 형성된 인격은 윤리적 가치에 따른 행동을 지속적으로 할 수 있는 기반이 된다. 우리는 사실을 중시하고 타자를 속이지 않으며 자신과 타자에게 진실함을 요구하는 것을 습관화함으로써 정직한 사람이 될 수 있

한편 타인이 지향하는 윤리적 가치는 기본적으로 행동과 언어를 단서로 추론될 수 있다. 우리는 윤리적 가치를 직관적으로 인식하지만 그렇다고 어떤 단서도 없이 인식할 수 있는 것은 아니다. 윤리적 가치의 담지자는 인격적 개인이라는 점에서 윤리적 가치는 개인의 행동을 통해 실현되며 언어를 통해 표방된다. 우리는 동생을 위한 형의 양보나 칭찬의 말을 단서로 형의 우애를 추론할 수 있다.[12]

이상에서 살핀 것처럼, 인간은 윤리적 가치의 이념인 좋은 삶을 살기 위해 윤리적 가치의 질인 특정한 덕목을 지향하고 행동으로 실천하며 행동과 언어를 바탕으로 타자의 윤리적 가치를 추론할 수 있다. 그런데 좋은 삶이라는 이념과 윤리적 가치라는 구체적 덕목, 그리고 이에 따른 행동이 언제나 연속성을 유지하거나 상호 합치되는 것은 아니다. 개인은 어떤 행동이 윤리적 가치에 적합하지 않다고 판단할 때는 선택하지 않고 대체할 수 있다. 행동은 윤리적 가치에 대해 개방성을 지니는 것이다.

그런데 이러한 개방성은 윤리적 가치 자체에도 적용된다. 개인이 현재 지향하는 윤리적 가치는 좋은 삶의 지향 가치이다. 그런데 윤리적 가치와 좋은 삶의 연속성은 고정불변하거나 확정적이라기보다는 잠정적인 것이다. 윤리적 가치에 따른 행동이 실제 좋은 삶의 증진을 가져오지 않는다면 행동의 기준이 된 윤리적 가치는 그 자체로 검토의 대상이 될 수 있다. 좋은 삶은 결코 완성되지 않지만 인간은 궁극적인 목적으로서 좋은 삶을 지향하며 이에 비춰 현재의 윤리적 가치 또는 가치 체계를 비판적으로 인식하고 수정할 수

………………

으며 정직한 사람이 됨으로써 누구보다 지속적으로 정직한 행동을 할 수 있다. Aristotle, 앞의 책, pp. 51-53.

12 윤리적 가치의 단서로서 행동과 언어에 대해서는 다음을 참고. J. R. Fraenkel(1977), 앞의 책, pp. 31-41.

있다.

이런 점에서 인간이 좋은 삶을 살기 위해 윤리적 가치를 지향하고 이를 실천하는 과정은 해석학적 작업이다. 우리는 특수한 상황에서 특정한 행동을 선택해야 할 때 대립하는 행동이 지향하는 윤리적 가치들을 추론하고 어떤 가치와 행동이 좋은 삶에 부합하는 것인가를 숙고한다. 그리고 선택하고 실천한 후에는 그 결과에 비춰 좋은 삶과 선택한 윤리적 가치 간의 관계를 검토한다. 즉 좋은 삶과 윤리적 가치, 행동을 합치시키고 연속성을 유지하는 것은 "우리의 삶 전체에서 볼 때 가장 훌륭하다고 생각되는 것과 다른 한편으로 우리의 실천들을 지배하는 우선적 선택들 사이의 일치 모색이 추구되는 것은 행동과 자기 자신에 대한 끊임없는 해석 작업"을 통해서인 것이다.[13]

이러한 해석 작업에서 개인에게 요청되는 것이 바로 실천적 이해이다. 실천적 이해는 '인간에게 좋은 것과 나쁜 것들에 관련해서 이성을 가지고 행위를 산출하는 능력'인 것이다. 구체적으로, 실천적 이해는 크게 두 가지 방향으로 작용한다. 하나는 '좋은 삶'이 구체적으로 자신에게 어떤 것인가를 숙고하는 것이고 다른 하나는 좋은 삶의 구체적 가치를 실현하기 위해 어떤 행동을 선택하고 수행해야 하는가를 숙고하는 것이다.[14] 인간은 실천적 이해를 바탕으로 상황의 특수성을 고려하면서 좋은 삶에 부합하는 윤리적 가치를 검토하고 행동을 선택할 수 있다. 이 과정에서 좋은 삶, 윤리적 가치, 행동 사이의 연속성이 가능하며 좋은 삶의 윤리적 가치 체계 또한 보다 풍부해지고 구체화될 수 있다.

13 P. Ricoeur(1990), 앞의 책, pp. 242-243.

14 김남두 외(2004), 『아리스토텔레스 『니코마코스 윤리학』』, 서울대학교 철학사상연구소, pp. 196-197.

2) 소설과 윤리적 가치의 관계

이제 소설과 윤리적 가치의 관계를 살펴보자. 우선 여기에서 상정하는 소설은 구체적으로 소설 현상을 의미한다. 현상으로서 소설은 인간이 발전시켜 온 문화적 소통 양식 중 하나이다.[15] 따라서 소설 현상에 대한 탐구는 형상화 차원뿐만 아니라 전형상화, 재형상화에 대한 종합적인 검토를 요한다.

첫째, 형상화의 차원에서 소설은 윤리적 가치를 형상화한 것이다. 형상화란 '행동의 재현'을 '언어로 표현하는' 이중의 생산 작업이다.[16] 따라서 우선 소설은 윤리적 가치를 인간의 '행동'으로 재현한 것으로 볼 수 있다. 재현의 대상인 '행동(praxis)'은 문학의 영역인 허구 세계뿐만 아니라 윤리학의 영역인 현실 세계에도 속한다. 소설에서 등장하는 인물들은 윤리학에 따른 인격체이며 그들의 행동 중 어떤 행동도 윤리적으로 칭찬과 비난을 불러일으키지 않는 것이 없다.[17]

한편 소설은 윤리적 가치를 행동으로 '재현'한 것이기도 하다. 이때 재현은 줄거리 만들기, 즉 작중인물이 행동하고 충돌하면서 발생하는 사건들을 배열한 것이다. 중요한 점은 이러한 배열이 시간 순서만을 고려한 연대기적 나열이 아니라 좋은 삶을 실현할 특정한 윤리적 가치를 환기할 수 있도록 인과적으로 조직한 것이라는 점이다.[18] 사건들의 조직이 모두 안정적으로 화음을 형성하는 것은 아니다. 공포와 연민을 일으키는 뜻하지 않는 사건인 반전

....

15 소설에 대한 이와 같은 관점은 다음을 참고. 우한용(1996), 『한국현대소설담론연구』, 삼지원, p. 31.

16 김한식(2009), 「미메시스의 해석학을 위하여」, 『불어불문학연구』 79, 한국불어불문학회, p. 160.

17 P. Ricoeur(1983), *Temps et récit I*, 김한식, 이경래 옮김(1999), 『시간과 이야기 1』, 문학과지성사, p. 137

18 위의 책, p. 149.

(metabolè)이 줄거리의 일관성에 위협을 가하면서 불협화음을 일으킬 수 있다. 하지만 소설에서 줄거리 만들기는 반전의 두 요소, 즉 사건의 전개가 불행에서 행복으로 또는 행복에서 불행으로 바뀌는 급전(péripétéia)과 작중인물이 무지의 상태에서 앎으로의 변화인 인지(anagnôrisis)를 결합시키는 방식으로 불협화음마저 이해 가능한 보편적 개념에 통합한다.

재현은 이질적인 행동들을 종합하고 다양한 사건들을 완결성과 전체성을 이루는 질서 정연한 배열을 이루는 것으로, 재현의 이면에는 특정한 보편 개념, 즉 윤리적 가치가 자리 잡고 있다. 즉 "상황, 목적과 수단, 자발성과 상호작용, 운명의 역전과 인간의 행동에서 비롯되는 모든 결과들, 행동의 주체가 원하거나 또는 원하지 않은 모든 결과들로 이루어지는 다양한 이질적인 것들"을 하나의 전체로 엮어 내는 재현을 통해 소설은 특정한 윤리적 가치를 환기하는 것이다. 리쾨르가 설명한 '스토리 따라가기'는 독자가 재현된 행동을 경험하면서 이러한 윤리적 가치를 깨닫고 성찰하는 것을 가리킨다. 독자는 의미 있는 전체로 변형된 사건들의 연속을 따라가며 반성적으로 검토하는 과정에서 어떤 사상이자 보편 개념, 즉 윤리적 가치를 통찰할 수 있는 것이다.[19]

형상화의 또 다른 생산 작업은 행동의 재현을 '언어화'한 것이다. 작가가 행동의 재현을 통해 창조한 허구 세계는 언어화됨으로써 독자와 공유되고 소통될 수 있다. 이때의 언어화는 구체적으로 허구 세계의 인물과 행동을 서술자가 보고 말하는 것이다. 서술자의 서술은 자신을 드러내기보다는 허구 세계의 삶을 전달하는 데 목적이 있다. 그런데 서술자는 허구 세계의 모든 인물과 행동을 보거나 말하는 것은 아니며 가치중립적으로 서술할 수 없다. 서술자는 특정 인물의 인식과 가치 판단을 초점화하고 또 다른 인물의 목소리는

19 리쾨르에 따르면, 줄거리의 질서 정연한 배열에서 파생되는 보편 개념은 윤리학에 따른 보편 개념이다. 앞의 책, pp. 102-103.

은폐하는 방식으로 허구 세계의 윤리적 가치들을 위계화한다.

이처럼 소설은 행동의 재현과 서술을 통해 윤리적 가치를 형상화한 산물이다. 재현의 대상인 '행동'은 인물의 윤리적 가치를 실천한 것이라는 점, 행동의 '재현'은 현실을 단순히 모방하는 것이 아니라 윤리적 가치를 환기할 수 있도록 이질적인 사건들을 완결하고 조직하는 것이라는 점, 그리고 언어화는 서술자의 서술을 매개로 작중인물들의 행동을 논평하고 지향하는 윤리적 가치를 선택적으로 초점화함으로써 윤리적 가치 위계를 설정하는 것이라는 점에서 소설에서 윤리적 가치는 유보하거나 폐기할 수 있는 것이 아니라 그 자체가 형상화의 핵심 대상이다.[20]

이 점은 소설이 역사 서사와 구분되는 특징이기도 하다. 역사 서사에서는 재현된 행동이 현실 세계에서 실제로 발생한 행동이라는 점이 가장 중요하다. 따라서 역사 서사 쓰기에서는 역사 서사의 행동과 현실 세계의 행동 간의 일치 여부를 문서에 따른 증거로 뒷받침하는 것이 중요하다. 하지만 소설은 이러한 제약에서 자유롭다. 대신 소설에서는 재현된 인물의 행동을 독자가 체험하는 과정에서 삶의 이해를 심화하는 것이 중요하다. 즉 소설 쓰기에서는 '독자에게 윤리적으로 절대 중립적이지 않은 세계관을 부과하는 것, 즉 세계와 독자 자신을 새로이 평가하고 성찰하게 하는 윤리적 가치를 형상화하는 것'이 가장 중요한 과제인 것이다.[21]

....

20 설령 소설의 허구 세계가 환기하는 윤리적 가치가 불분명하거나 서술자가 가치중립적 태도를 유지할 때도 형상화의 핵심은 윤리적 가치이다. 이에 대해서 리쾨르는 다음과 같이 설명한 바 있다. "예술가가 허구의 양태로 가치들에 대한 실험을 벌이고 나가는 어떤 실험실을 구성한다는 기능을 없애는 것은 아닐까? 이러한 질문들에 대한 답이 어떠하건, 시학은 그것이 모든 도덕적 판단을 유보하게 하거나 그것을 아이러니컬하게 뒤집어보도록 할 때마저도 끊임없이 윤리학을 차용한다. 중립성을 의도하는 것 자체가 허구의 장르에서 근원적으로 윤리적일 수밖에 없는 행동의 자질을 전제하고 있다. 이러한 윤리적 자질 그 자체는, 언제나 상징적으로 매개된다는 행동의 주된 특성이 낳는 필연적 결과일 따름이다." 앞의 책, p. 138.

둘째, 전형상화 차원에서 소설과 윤리적 가치의 관계는 작가가 소설을 창작하고 독자가 소설을 읽을 때 모두 실천적 이해에 의지한다는 사실에서 확인할 수 있다. 전형상화는 '인간 행동에 대한 전이해'이다. 작가가 윤리적 가치를 행동의 재현과 언어화를 통해 형상화하고 독자가 재현된 행동과 서술 행위를 이해하기 위해서는 공히 인간 행동의 구조적 특성이나 상징적 특성 또는 시간적 특성을 알고 이해할 수 있어야 한다. 이것이 바로 소설의 전형상화 차원으로, 작가와 독자의 실천적 이해를 가리킨다.[22]

그중 행동의 상징성과 시간성에 대한 이해는 행동이 어떠한 윤리적 가치를 실천한 것이며 행동들의 충돌과 전개가 어떠한 윤리적 가치를 환기하는가를 이해할 수 있는 윤리 감각과 맞닿아 있다. 현실의 인간보다 더 우월하거나 열등한 인간의 행동을 재현하는 비극의 경우, 작중인물의 행동을 선한 삶이나 악한 삶의 상징으로서 파악하고 평가할 수 있는 행동의 상징성에 대한 이해에 기반을 둔다. 또한 급전과 인지라는 반전을 포함한 이질적인 사건들을 순차적으로 따라가면서 하나로서의 전체 사건이 환기하는 윤리적 가치를 통찰할 수 있는 것은 행동의 시간성을 이해할 수 있기 때문이다. '윤리적 가치 평가를 전적으로 유보하는 독서는 불가능하다.'[23]는 리쾨르의 단언은 독자의 실천적 이해에 기대지 않고서는 작중인물, 서술자, 작가의 윤리적 가치를 추론하거나 평가할 수 없음을 강조한 것이다.

실천적 이해는 독자마다 소설의 윤리적 가치를 다르게 자기화하는 원인이 된다. 앞에서 언급했듯이 실천적 이해는 구체적 상황에서 어떤 윤리적 가

21 역사 서사와 허구 서사의 이러한 비교에 대해서는 다음을 참고. P. Ricoeur(1985), 앞의 책, p. 347.

22 행동의 구조적 특성, 상징적 특성, 시간적 특성에 대한 이해는 다음을 참고. P. Ricoeur(1983), 앞의 책, pp. 128-147.

23 위의 책, p. 137.

치가 좋은 삶에 부합하며 이를 위해 어떻게 행동하는가를 헤아릴 줄 아는 능력이다. 그런데 독자마다 좋은 삶에서 가장 우선시되는 윤리적 가치, 그리고 이를 위해 선택해야 하는 행동은 다양할 수 있다. 따라서 소설을 통해 재현된 작중인물의 행동은 독자마다 달리 평가될 수 있고 사건의 조직이 환기하는 윤리적 가치 또한 달리 이해될 수 있다.

또한 독자의 실천적 이해는 소설이 제안한 윤리적 가치를 비판적으로 수용하게 한다. 소설의 윤리적 가치는 명시적으로 기술되는 것이 아니라 형상화를 통해 독자에게 제안하고 호소되는 것이다. 그렇다고 독자가 소설의 윤리적 가치에 무조건 공감하거나 실천해야 하는 것은 아니다. 분명 독자는 소설의 윤리적 가치를 경험하는 과정에서 인간과 세계를 새롭게 이해하고 평가하고 성찰하는 계기로 삼을 수 있지만 "독서를 통해 전달되는, 윤리적으로 올바른 여러 명제들 가운데서 선택을 하는 것 또한 바로 독자"이나.[24] 독자 또한 윤리적 가치의 주체이다. 따라서 자신의 지향 가치가 소설의 윤리적 가치와 충돌할 경우 독자는 소설의 윤리적 가치를 적극적으로 수용하거나 이에 비춰 자신의 윤리적 가치 체계를 수정할 수 있다. 하지만 소설의 윤리적 가치를 비판하고 심지어 거부할 수도 있다.

셋째, 재형상화 차원에서 소설과 윤리적 가치의 관계는 독자가 소설로 형상화된 윤리적 가치를 전유(轉有, appropriation)하면서 삶을 반성하고 좋은 삶을 기획한다는 사실에서 확인할 수 있다. 재형상화는 '텍스트 세계와 독자 세계가 교차되면서 독자가 텍스트 세계의 행동을 다시 그려 보는 것'을 의미한다. 이때 다시 그려 본다는 것은 텍스트의 세계를 그대로 모방하거나 다시 묘사함이 아니다. 오히려 다시 그려 보기는 '진리란 상응하는 것이 아니라 나타나는 것'이라는 하이데거(M. Heidegger)의 진리 개념에 따라 독자가 소설

24 P. Ricoeur(1985), 앞의 책, p. 477.

의 세계를 경험하는 과정에서 자신의 삶도 다시 그려 보는 것이다.

리쾨르는 재형상화의 이러한 특성을 아리스토텔레스의 카타르시스라는 개념을 들어 설명한다. 아리스토텔레스에 따르면, 비극은 행동을 재현하고 사건을 조직하여 줄거리를 구성하는데 이러한 행동과 사건은 기본적으로 두려움과 연민을 자아내는 것이다. 스토리를 따라가는 독자는 연민과 두려움이라는 고통을 쾌감으로 대체한다. 카타르시스는 이처럼 독자가 소설 읽기를 통해 고통을 순화하고 쾌감을 느끼는 것을 의미한다.[25]

주목할 점은 이때의 쾌감이 '이해하고 배우는 즐거움'이라는 사실이다.[26] 독자가 두려움과 연민을 불러일으키는 소설의 행동들을 경험하면서 고통이 아닌 쾌감을 느낄 수 있는 이유는 하나의 전체로 간주될 수 있는 사건의 전개가 윤리적 가치를 환기하기 때문이다. 행동의 재현은 현실 세계의 행동을 모사하는 것이 아니라 독자에게 환기하고자 하는 윤리적 가치에 비춰 행동을 선별하여 체계적으로 조직하는 것이다. 따라서 소설을 읽는 독자는 인물들의 운명에 두려움과 연민을 느끼면서도 선별된 행동과 사건의 조직 방식이 환기하는 윤리적 가치를 인지하고 깨닫게 된다. 즉 독자는 소설의 세계에서 두려움과 연민의 미적 감정을 체험하는 동시에 체험된 세계가 환기하는 윤리적 가치를 인지함으로써 "내가 사는 세계는 과연 살 만한 세계인가"를 반성하는데,[27] 이 과정에서 고통이 즐거움으로 전환되는 것이다.

이렇게 볼 때 재형상화에서 카타르시스는 독자가 소설의 세계를 경험하

25 『시학』이 카타르시스를 명확하게 정의하거나 그 특성을 자세히 밝힌 것은 아니다. 따라서 카타르시스에 대해서는 다양한 가설과 해석이 존재하는데, 여기에서는 로즐린 뒤퐁록(Roselyne Dupont-Roc)과 장 랄로(Jean-Lallot)의 해석에 기대고자 한다. 리쾨르는 『시학』의 개념과 내용을 인용하면서 이들의 주해를 적극적으로 참고한다. 이에 대해서는 다음을 참고. Aristotle, *Poétique*, 김한식 옮김(2010), 『시학』, 펭귄클래식코리아, p. 131-150.

26 P. Ricoeur(1983), 앞의 책, pp. 121-124.

27 김현(1988), 「소설을 왜 읽는가」, 『분석과 해석』, 문학과지성사, p. 232.

는 과정에서 세계 존재의 근원인 윤리적 가치를 깨닫는 즐거움이다.[28] 이는 소설로 형상화된 윤리적 가치를 독자가 전유하는 것이기도 하다. 전유는 처음에는 생소했던 것을 자신의 것으로 만드는 일이다.[29] 독자는 소설 읽기를 통해 소설로 형상화된 윤리적 가치를 자기화한다. 이때 전유는 이러한 윤리적 가치가 있다는 점을 인지하거나 이를 명제적 지식처럼 암기하는 것을 넘어선다. 전유는 소설의 윤리적 가치에 비춰 삶을 반성하고 기획하는 것이다. 리쾨르는 독자가 전유를 통해 삶을 새롭게 기획하는 모습을 다음과 같이 설명한 바 있다.

> 나는 결코 주체가 이미 자신의 세계 내 존재를 완전히 터득하고 자신의 선험적 이해를 텍스트 안으로 투사하거나 삽입한다고 말하지 않는다. 반대로 나는 전유란 새로운 존재 양태를 탈은폐하는 계시—또는 만일 당신이 하이데거보다 비트겐슈타인을 선호한다면, 새로운 '삶의 형태'(forms of life)—가 주체에게 자기 자신을 알 수 있는 새로운 능력을 '주는' 과정이라고 말하고자 한다. 만일 텍스트의 지시가 세계의 투사(또는 기획)라면, 자신을 기획하는 것은 우선적으로 독자가 아니다. 오히려 독자는 텍스트 자체로부터 새로운 존재 양태를 받아들임으로써 자기 자신을 기획할 수 있는 능력이 확장됨을 경험한다.[30]

독자가 소설의 윤리적 가치를 전유한다는 것은 '자기를 더 잘 이해하고,

28 김화식(2008), 「텍스트, 욕망, 즐거움–소설의 지평구조와 카타르시스」, 『불어불문학연구』 74, 한국불어불문학회, p. 112.

29 P. Ricoeur(1981), *Hermeneutics and the Human Science*, 윤철호 옮김(2003), 『해석학과 인문사회과학』, 서광사, p. 327.

30 위의 책, pp. 339-340.

자기를 달리 이해하고, 또는 자기를 이해하기 시작하는 것'[31]이다. 즉, 소설의 세계를 경험하면서 삶을 돌아보고 좋은 삶을 기획함으로써 보다 고양된 자기를 이해하는 것이다.

이상에서 확인할 수 있듯이, 소설의 세 차원인 전형상화, 형상화, 재형상화는 모두 윤리적 가치와 밀접한 관계를 맺는다. 형상화의 차원에서 소설은 윤리적 가치에 기반을 둔 행동의 재현이자 언어화이다. 또한 전형상화의 차원에서 소설은 독자의 윤리적 가치와 실천적 이해에 따라 달리 이해될 수 있다. 마지막으로 재형상화 차원에서 소설은 형상화된 윤리적 가치가 독자에 의해 전유되면서 독자의 삶을 보다 좋은 삶으로 고양한다.

3) 윤리적 가치 중심의 소설 읽기의 개념과 특징

이러한 삼중의 형상화를 순환시키면서 소설의 윤리적 가치를 능동적으로 경험하는 활동이 바로 '읽기'이다. '읽기'는 형상화를 중심으로 전형상화와 재형상화를 매개한다. 읽기는 우선 전형상화와 형상화를 매개한다. 읽기는 독자가 좋은 삶과 행동에 대한 전형상화, 즉 실천적 이해에 비춰 재현된 행동과 서술 행위를 이해하고 평가하는 과정이다. 읽기에서 인물의 행동과 서술자의 서술 행위는 독자의 실천적 이해를 자극하는 한편, 독자의 윤리적 가치와 실천적 이해는 소설로 형상화된 윤리적 가치를 경험하고 달리 경험하게 하는 조건이 된다.

또한 읽기는 형상화와 재형상화를 매개한다. 읽기는 독자가 재현된 행동과 서술 행위를 경험하면서 형상화된 윤리적 가치를 전유하는 과정이다. 읽

31 앞의 책, p. 280.

기가 없다면 소설로 형상화된 윤리적 가치는 현실 세계에 어떤 영향도 미치지 못한 채 언어 구조에 갇힌다. 독자는 소설의 윤리적 가치를 깨닫고 자신의 삶에 적용함으로써 좋은 삶을 기획한다.

마지막으로 읽기는 재형상화와 전형상화를 매개한다. 독자는 전형상화의 차원, 즉 현실 세계에서의 경험을 바탕으로 사람들이 어떻게 행동하는가를 알 수 있는 실천적 이해를 지닌다. 그리고 이러한 실천적 이해는 소설의 인물 행동이나 서술자의 서술 행위를 이해하는 기반이 된다. 그런데 독자는 윤리적 가치 갈등을 체험하고 서사적 소통에 참여하면서 어떤 삶이 좋은 삶인가를 반성하게 된다. 독자가 소설로 형상화된 윤리적 가치를 경험한 만큼 독자의 실천적 이해가 확장된 것이다.

이처럼 현실 세계에 대한 이해를 바탕으로 소설의 윤리적 가치를 경험하며 이러한 경험이 다시 현실 세계에 대한 이해를 확장하는 순환은 해석의 반복이 아니라 좋은 삶의 문제를 여러 번, 그러나 다른 고도에서 성찰하게 하는 무한한 나선 구조를 이루는 건강한 순환이다.[32] 윤리적 가치 중심의 소설 읽기는 이상에서 살펴본 윤리적 가치의 특성, 소설과 윤리적 가치의 순환 관계, 그리고 이러한 순환 관계의 건강함을 적극적으로 실현하는 읽기의 기능에 기반을 둔 개념이다. 이상의 논의를 바탕으로 이 연구에서는 윤리적 가치 중심의 소설 읽기를 '독자의 실천적 이해를 바탕으로 소설의 윤리적 가치를 중층적으로 경험하면서 삶을 반성하고 기획하는 읽기'로 규정하고자 한다.

이제 윤리적 가치 중심의 소설 읽기가 지닌 특징을 살펴보도록 하자. 먼저 윤리적 가치 중심의 소설 읽기는 소설의 예술적 기능 체계 중 윤리적 기능에 초점을 맞춘 읽기이다. 소설은 예술 양식의 일종으로 크게 미적 기능, 인

32 P. Ricoeur(1983), 앞의 책, pp. 161-168.

식적 기능, 윤리적 기능, 정서적 기능 등을 지닌다.[33] 이 중 전통적으로 소설의 핵심 기능으로 간주된 것은 미적 기능이다.

예를 들어 라마르크(P. Lamarque)와 올슨(S. H. Olsen)은 문학의 윤리적 기능을 문학의 본질 기능으로 간주하지 않는다. 그들에 따르면, 문학 텍스트는 상상력을 사용하여 작품을 이해하는 허구적 기능, 텍스트의 미적 목적에 반응하게 하는 문학적 기능, 그리고 윤리적 신념이나 도덕적 신조를 심화시키는 윤리적 기능이 있다. 이들은 모두 문학 텍스트를 읽을 때 독자가 경험하는 기능이지만 오직 문학 기능만이 문학의 예술적 기능으로 인정될 수 있다. 문학적 기능만이 오직 미적 기능이며 윤리적 신념을 이해하고 심화하는 윤리적 기능은 반드시 문학이 아니더라도 경험할 수 있기 때문이다.[34]

이와 같은 관점은 소쉬르의 언어학에 기반을 둔 구조주의 서사학에서 보다 두드러진다. 구조주의 서사학은 소설을 폐쇄적인 기호 체계나 구조로 간주하고 의미를 만드는 근원적인 규칙을 수립하는 데 주력한다. 소쉬르의 관심이 랑그의 구성 요소와 그 구성 요소들 간의 관계에 놓인 것처럼 구조주의 서사학자들도 소설의 기본 요소들과 그 요소 간의 관계를 확인하는 것을 소설 읽기의 가장 중요한 목표로 삼았다.[35] 따라서 이들은 소설과 윤리적 가치

....

33 현대 미학에서는 예술적 기능과 미적 기능을 동일시하는 일원주의나 예술적 기능에서 미적 기능을 핵심적인 것으로 가정하는 본질주의를 비판하면서 예술적 기능을 다원적이고 비본질적으로 규명하려는 논의가 확산되고 있다. 그 대표적인 논자가 스테커(R. Stecker)다. 그는 '예술적 기능'을 '예술 형식에서 기본적으로 올바르게 지각되는 것'으로 '예술이 감상자에게 어떤 이로움을 주는 기능'으로 규정하면서 미적 기능, 인식적 기능, 윤리적 기능, 정서적 기능 등을 여기에 포함시킨다. 주목할 점은 예술적 기능에 속하는 각각의 기능이 읽기의 목적이 되면서 서로 다른 읽기로 세분화된다는 점이다. 스테커가 주장하는 해석의 다원성은 서로 다른 목적에 따른 읽기의 공존 가능성을 의미한다. 기능으로서 예술적 가치에 대한 스테커의 관점에 대해서는 다음을 참고. R. Stecker(1997), *Artwork*, Pennsylvania State University Press, pp. 247-268.

34 P. Lamarque & S. H. Olsen(1994), *Truth, Fiction and Literature*, Oxford University Press, pp. 449-456.

의 관계 또는 삶을 반성하고 기획하게 하는 소설의 윤리적 기능을 부차적이거나 부적절한 것으로 간주한다.

이에 반해 윤리적 가치 중심의 소설 읽기는 윤리적 기능을 예술적 기능 체계의 상위 기능으로 상정하고 이를 적극적으로 실현하는 읽기이다. 앞에서 살펴본 것처럼, 이 개념은 읽기의 전제인 전형상화, 읽기의 대상인 형상화, 읽기의 산물인 재형상화가 모두 윤리적 가치와 밀접한 관련이 있다는 점을 전제한다. 물론 윤리적 가치 중심의 소설 읽기가 윤리적 기능을 최상위 기능으로 상정한다고 해서 다른 기능을 배제하는 것은 아니다. 윤리적 기능의 실현을 읽기의 목적으로 삼되 미적 기능, 인식적 기능, 정서적 기능과의 통합을 지향한다.[36]

윤리적 가치 중심의 소설 읽기가 지닌 특성은 소설 읽기에 대한 분류에 기대어 확인할 수 있다. 소설에 대한 지금까지의 읽기는 읽기의 목적, 독자-텍스트 간의 관계에 대한 관점 등의 차이에 따라 크게 지향적 읽기(intentional reading), 징후적 읽기(symptomatic reading), 적용하며 읽기(adaptive reading)로 나눌 수 있다. 지향적 읽기는 소설을 특정한 지향 가치를 제안하기 위한 언어적 통합체이자 서사적 소통체로 상정하고 텍스트 읽기를 통해 서사적 소통의 참여자인 작가가 호소하는 지향 가치를 이해하려는 읽기이다. 반면 징후적 읽기는 소설을 작가가 속한 사회·경제·문화의 징후로 간주하고 곁텍스트를 포함한 텍스트 읽기를 통해 억압되거나 은폐된 징후를 드러내

....

35 R. E. Scholes, R. L. Kellogg & J. Phelan(2007), *The Nature of Narrative: Revised and Expanded*, 임병권 옮김, 『서사문학의 본질』, 예림기획, pp. 435-442.

36 리쾨르는 이러한 통합을 카타르시스라는 개념으로 설명한다. 그에 따르면, 카타르시스는 관객이 경험하는 일종의 순화(épuration)로, 미적으로 구성된 사건의 전체에서 연민과 공포를 느끼는 즐거움이자 윤리적 가치를 통찰하는 즐거움이다. 따라서 카타르시스는 "인식과 상상력 그리고 감정을 이어주는 은유화 과정을 통합"한다. 이에 대해서는 다음을 참고. P. Ricoeur(1983), 앞의 책, p. 122.

려는 읽기이다. 한편 적용하며 읽기는 소설을 창조성의 원천으로 상정하면서 읽기, 특히 의도적인 더 읽기와 덜 읽기를 통해 새로운 소설을 창작하는 읽기이다.[37]

윤리적 가치 중심의 소설 읽기는 기본적으로 지향적 읽기에 속한다. 윤리적 가치 중심의 소설 읽기를 통해 독자가 전유하려는 윤리적 가치는 지향 가치이다. 독자가 소설의 윤리적 가치를 경험하는 과정은 그 가치를 타당한 것으로 믿고 지향하도록 감화되는 과정인 것이다.[38] 윤리적 가치 중심의 소설 읽기는 소설로 형상화된 윤리적 가치를 포착하고 발견하는 것이 아니라 소설의 세계 경험을 통해 좋은 삶에 대한 특정한 지향 가치를 제안하고 실천을 요청하는 현상학적 작가의 가치 호소를 경청하고 이에 응답하는 것이다.

이런 점에서 윤리적 가치 중심의 소설 읽기는 소설을 새로운 소설의 원전이나 작가의 사회·문화적 조건의 징후로 보기보다는 허구 세계를 지시하는 통합체이자 서사적 소통 영역으로 간주한다. 따라서 발견한 징후를 증명할 수 있는 창작 당시의 사회·문화적 문건, 경제적 통계, 전기적 정보가 없으면 수행하기 어려운 징후적 읽기와는 달리 윤리적 가치 중심의 소설 읽기는 이와 같은 곁텍스트가 반드시 필요한 것은 아니며 대신 소설 텍스트의 충실한 이

37 소설 읽기의 이러한 구분과 각 읽기에 대한 세부적인 설명은 애벗의 논의에 기낸 것이다. 다음을 참고. H. P. Abbott(2008), *The Cambridge Introduction to Narrative*, 우찬제 외 옮김(2010), 『서사학 강의』, 문학과지성사, pp. 194-212.

38 리쾨르는 '한편으로는 그 작품의 구조화를 주도하는 내적인 역동성을 탐구하고 다른 한편으로는 작품이 작품 자체를 작품의 외부로 투영할 수 있는 작품의 힘을 탐구'하고자 하였다(P. Ricoeur(1986), *Du texte à l'action*, 박병수·남기영 옮김, 『텍스트에서 행동으로』, 아카넷, 2002, p. 28). 이러한 내적 역동성과 외적 투영은 지향성에 기인한 것이다. 즉 지향성은 소설이 첫째, 그저 무언가에 관해 말하기만 하는 것이 아니라 말하고 있는 것을 믿게 만드는 힘도 함께 전달하며(내적 역동성), 둘째, 외적 투영, 다시 말해 그것을 누군가에게, 즉 독자에게 영향을 끼치려는 의도로 창작된 것(외적 투영)임을 의미한다. 이에 대해서는 다음을 참고. K. Simms(2003), *Paul Ricoeur*, 김창환 옮김(2009), 『폴 리쾨르』, 앨피, p. 75.

해, 즉 소설의 세계에 대한 풍부한 경험을 중시한다. 또한 다시 쓰기, 패러디, 장르 변환 등 이해의 다양성과 창조성을 소설 창작의 원동력으로 삼는 적용하며 읽기와는 달리 윤리적 가치 중심의 읽기는 이해의 적절성과 타당성을 충족하기 위해 이해만큼이나 설명과 해석 공동체에서의 '교섭'을 중시한다.

윤리적 가치 중심의 소설 읽기에 대한 논의는 지향적 읽기의 범주를 보다 확장하고 심화할 수 있다. 지금까지 지향적 읽기의 논의는 소설 텍스트를 매개로 작가, 서술자, 피서술자, 독서 주체 등이 참여하는 중층적 소통에 주목하고 수사적 분석을 통해 어떤 지향 가치가 어떻게 소통되는가를 분석하는 작업에 주력한다. 이를 통해 시학과 수사학의 위상을 역전시켜 읽기의 기능을 '서사 체계의 수정과 완성'에서 '텍스트의 의미 이해'로 전환할 수 있었다. 하지만 읽기는 소통 가능성이 제한되어 있다. 독자는 서사적 소통의 참여자일 뿐이며 허구 세계의 가치 갈등을 체험하고 해석 공동체의 가치 교섭에 참여하는 독자의 면모는 적절하게 조명받지 못하였다.

따라서 수사학에 기반을 둔 지향적 읽기는 현실 세계에 대한 이해를 바탕으로 허구 세계를 이해하고 이렇게 늘어난 세계 이해를 바탕으로 현실 세계의 삶을 반성하고 기획하는 순환의 역동성을 충분히 보장하기 어렵다.[39] 윤리적 가치 중심의 소설 읽기를 통해 지향적 읽기는 다른 읽기와의 차별되는 특성을 보다 선명하게 드러내면서 서사 기법이나 서사 전략의 분석에 치우친 기존의 형식 편향성을 극복하고 소설과 현실 세계의 삶 간의 실존적 관계를 회복할 수 있다.

39 리쾨르는 읽기를 체계 분석에서 의사소통으로 확장한 '허구의 수사학'이 기여한 바를 인정하고 수용한다. 하지만 리쾨르는 이 논의가 작가의 주도권은 과장하는 반면 소설을 이해하고 달리 이해하며 심지어 작가의 가치 제안을 의심하고 비판할 수 있는 독자의 위상은 적절히 규명하지 못했다는 점을 들어 변증법적으로 수용해야 한다고 주장한다. 이에 대해서는 다음을 참고. P. Ricoeur(1985), 앞의 책, pp. 308-317

2. 윤리적 가치 중심의 소설 읽기의 원리

윤리적 가치 중심의 소설 읽기는 독자가 실천적 이해를 바탕으로 소설로 형상화된 윤리적 가치를 중층적으로 경험하면서 삶을 반성하고 기획하는 읽기이다. 여기에서 독자의 실천적 이해와 삶의 반성 및 기획을 매개하는 것이 바로 형상화된 윤리적 가치에 대한 경험이다. 윤리적 가치 중심의 소설 읽기에서 독자는 윤리적 가치를 직접적으로 인지하거나 파악할 수 없다. 소설에서 윤리적 가치는 형상화된 것이며 독자는 이를 경험하는 과정에서 윤리적 가치를 자기화할 수 있다.

그런데 소설로 형상화된 윤리적 가치를 경험하는 것은 소설 텍스트와 독자 사이의 상호작용으로, 독자의 적극적이고 의도적인 실천을 요구한다. 독자는 윤리적 가치 중심의 소설 읽기를 수행하기 위해 구체적으로 무엇을 경험하고 어떻게 실천할 것인가를 알아야 한다. 즉 윤리적 가치 중심의 소설 읽기의 구도는 학습자가 소설에서 경험해야 하는 것과 이를 실천하기 위해 학습자가 수행해야 할 것으로 구성된다. 학습자가 소설에서 경험해야 하는 것은 소설에서 윤리적 가치가 형상화되고 전승되는 방식과 관련이 있으며, 학습자의 수행은 이러한 경험 요소를 민감하게 감응하고 상호작용할 수 있도록 읽기에 윤리성을 부여하는 일련의 사고 과정과 관련이 있다.

이 절에서는 윤리적 가치 중심의 소설 읽기를 수행하기 위해 독자가 소설에서 윤리적 가치를 경험하는 방식과 이들 경험을 삶의 반성과 기획으로 심화하기 위해 학습자가 실천해야 할 단위와 과정을 논의하고자 한다.

1) 소설 읽기에서 윤리적 가치의 경험 방식

윤리적 가치 중심의 소설 읽기를 통해 독자가 삶을 반성하고 기획하는 방식은 수신서(修身書)나 경전(經典)의 읽기를 통한 윤리학의 그것과는 차이가 있다. 윤리학은 이들 책에 행동의 올바름을 규정하는 윤리적 가치를 명제 형식으로 제시함으로써 독자의 직접적인 이해와 현실에의 보편적 적용을 촉구한다.[40] 하지만 소설은 윤리적 가치를 형상화하기 때문에 소설 읽기에서 윤리적 가치를 경험하는 것은 결코 명료하거나 간단하지 않다. 윤리적 가치 중심의 소설 읽기가 삶에 대한 독자의 성찰과 기획을 목표로 한다면 독자가 소설의 윤리적 가치를 경험하는 다층적 방식에서 시작해야 한다.

소설 읽기에서 윤리적 가치의 경험 체계는 크게 세 가지로 구성된다. 우선 소설은 행동을 재현하고 이를 서술하는 방식으로 윤리적 가치를 형상화한다. 소설 읽기에서 독자는 '재현된 행동'과 '서술자의 서술'을 매개로 윤리적 가치를 경험하는 것이다. 여기에서는 윤리적 가치의 이러한 경험을 각각 '윤리적 가치 갈등의 체험'과 '윤리적 가치 위계의 서사적 소통'으로 개념화하고자 한다.

한편 독자가 소설에서 경험하는 윤리적 가치는 온전히 소설 텍스트만의 것은 아니다. 독자가 소설에서 자기화한 윤리적 가치는 해석 공동체에서의 교섭을 거쳐 성찰의 대상이 되며 다른 구성원의 소설 읽기에 영향을 미친다. 가다머(H. G. Gadamar)가 주장한 것처럼, "우리에게 전승된 텍스트는 그것에 관한 그 전까지의 각종 견해들이 융합된 결과"이자 "우리가 우리 자신에게 추가시키는 목소리들의 화음"인 것이다.[41] 독자는 텍스트와 함께 전승

40 이를 윤리학의 '전통 가정'이라고 한다. 이 가정에 따르면, 윤리학은 첫째, 서로 아무 관계가 없는 타자들 사이에서도 승인될 수 있는 올바른 행동의 기준을 설정해야 하고, 둘째, 보편화 가능성을 확보해야 하고, 셋째, 특정한 사람이나 관점에 편중되지 않아야 한다. 윤리학의 이러한 가정은 언제 어디에서 누구에게든 승인될 수 있는 도덕 원칙들의 생산과 적용을 지향한다. 이에 대해서는 다음을 참고. 심성현(2006),「왜 시사인가?」,『해석학연구』17, 한국해석학회, pp. 214-218.

41 G, Warnke(1987), *Gadamer: Hermeneutics, Tradition, and Reason*, 이한우 옮김(1999),『가

된 해석이나 견해, 즉 해석 공동체의 전유 가치들을 다른 독자들과 함께 검토함으로써 삶을 반성하고 기획할 수 있다. 다시 말해 독자가 소설로 형상화된 윤리적 가치를 경험함으로써 자기를 이해할 수 있다면 '우리가 소설 읽기를 통해 윤리적 가치를 어떻게 전유하는가'를 성찰함으로써 역시 자기를 이해할 수 있는 것이다. 이 연구에서는 이를 '윤리적 가치 전유의 반성적 검토'로 개념화하고자 한다.

이상의 논의를 바탕으로, 이 항에서는 독자가 윤리적 가치 중심의 소설 읽기에서 윤리적 가치를 경험하는 방식으로 '윤리적 가치 갈등의 체험', '윤리적 가치 위계의 서사적 소통', '윤리적 가치 전유의 반성적 검토'를 제시하고, 이러한 경험이 삶의 반성과 기획을 어떻게 가능하게 하는가를 밝히고자 한다.

(1) 윤리적 가치 갈등의 체험

소설은 윤리적 가치를 형상화한 것이다. 이러한 형상화는 이중의 생산 작업으로 구성되는데, 하나는 인간의 행동을 재현하는 것이고 다른 하나는 이를 언어로 서술하는 것이다. 윤리적 가치 갈등의 체험은 행동의 재현과 관련이 있다. 여기에서는 윤리적 가치와 행동의 재현 간의 관계를 검토하고 이에 대한 체험의 성격을 밝히고자 한다.

윤리적 가치와 행동의 재현 간의 관계에서 우선 검토할 것은 '재현'의 성격이다. 아리스토텔레스는 재현을 '삶의 보편성을 배우는 계기'로 보았다. 그에 따르면, 인간은 추한 짐승이나 시체를 실물로 볼 때 고통을 느끼지만 잘 그려진 그림으로 볼 때는 쾌감을 느낀다. 이는 대상을 그대로 복제했기 때문

....

다머』, 민음사, p. 164.

이 아니라 오히려 대상을 선택하고 특유의 방식으로 형태를 부여함으로써 보는 사람으로 하여금 알아보는 법을 가르치기 때문이다. 그림에서 얻는 쾌감은 선택되고 조직된 대상을 통한 '배우는 즐거움'인 셈이다.[42] 그런데 이때 독자가 배우는 것은 삶의 보편성이다. 시는 보편적인 것을 다루는 데 비해 연대기는 특수한 것을 다룬다는 주장처럼,[43] 예술은 삶의 특수한 상황을 재현함으로써 삶의 보편성을 환기한다.

이는 소설에서도 마찬가지이다. 예를 들어 김원일은 아버지, 어머니, 장자인 자기 자신 등의 가족사를 배경으로 〈세월의 너울〉을 창작하였다.[44] 하지만 〈세월의 너울〉이 김원일의 가족사를 그대로 모방한 것은 아니다. 김원일은 자신의 가족사와 얽힌 인물과 행동을 선별하고 개연성과 필연성에 따라 조직하는 방식으로 이들의 삶을 재현한다. 따라서 〈세월의 너울〉의 세계에서 어머니, 명식, 건욱 등의 인물과 어머니의 훈계, 명식이 주도하는 기제사, 명식과 건욱의 논쟁 등의 행동은 현실 세계에서 존재하지는 않지만 플라톤이 우려한 것처럼 독자를 이상 세계에서 멀어지게 하는 타락한 것도 아니다.[45] 오히려 독자는 〈세월의 너울〉을 읽으면서 삶의 보편적 가치를 깨닫고 배우는 즐거움을 느끼게 된다. 주목할 점은 이때 독자가 깨닫고 배우는 삶의 보편적 가치가 바로 윤리적 가치라는 점이다. 독자가 소설을 읽고 나서 '소설의 세계는 살 만한 세계인가'를 검토하고 '나의 삶은 좋은 삶인가'를 반성할 수 있는 이

42 Aristote, *Poétique*, 김한식 옮김(2010), 『시학』, 펭귄클래식코리아, pp. 88-97.

43 위의 책, pp. 196-197.

44 김원일의 가족사와 〈세월의 너울〉의 관계에 대해서는 다음을 참고. 이동하, 「김원일 후기 중·단편 연구」, 『전농어문연구』 10, 서울시립대학교 국어국문학과, pp. 107-140.

45 플라톤은 재현을 '모방'으로 보았다. 현실 세계는 이상 세계의 모방이고 재현의 산물인 소설은 현실 세계의 모방이다. 따라서 소설은 모방의 모방으로 이상 세계에서 두 단계나 떨어진 것이나. 이에 따르면 소설의 허구 세계는 독자를 이상 세계에서 멀어지게 하는 타락한 세계이다(Platon, *Politeia*, 박종현 옮김(1997), 『국가』, 서광사, pp. 611-639).

유는 여기에 있다.[46]

문제는 소설에서 행동의 선택과 사건의 조직이 어떤 방식으로 이루어지는가, 그리고 어떻게 독자가 삶을 반성하고 기획하게 하는가에 있다. 이를 위해 소설에서 재현되는 '인물의 행동'을 검토할 필요가 있다.

'자아와 세계의 상호 우위에 입각한 대결'이라는 소설의 정의가 시사하듯, 소설에서 재현하는 인물과 행동은 기본적으로 부정적 세계와 대결하는 인물이며 그 둘 사이의 윤리적 가치 갈등이다.[47] 소설에서 인물과 세계의 갈등이 윤리성을 띠는 이유는 소설의 인물이 세계에도 통용될 수 있는 윤리적 가치를 주장하는 반면 세계 또한 인물이 수용해야 하는 윤리적 가치를 주장하기 때문이다. 이러한 주장의 충돌은 어느 한 쪽이 일방적인 힘의 우위를 드러낼 때가 아니라 어느 한 쪽이 지향하는 '윤리적 가치'가 타당성을 획득할 때 해결된다.

물론 모든 소설이 작중인물의 진정한 가치와 세계의 타락한 가치 사이에서 전자의 승리로 끝나는 식의 윤리적 가치 갈등을 재현하는 것은 아니다. 근대 소설에서 재현하는 인물은 문제적 개인으로 긍정적인 인물뿐만 아니라 부정적인 인물까지 포괄하며 재현하는 사건의 전개가 반드시 중심인물이 추구하는 윤리적 가치의 궁극적인 성취로 귀결되는 것도 아니다.[48] 근대 소설에서

....

46 김현(1988), 「소설을 왜 읽는가」, 『분석과 해석』, 문학과지성사, pp. 221-222.

47 소설을 '자아와 세계의 상호 우위에 입각한 대결'로 규정한 조동일에 따르면, 소설은 윤리적 가치를 질서화한 것이라는 점에서 민담과 전설과는 구별되고 신화와 통한다. 소설과 신화의 차이는 자아와 세계 간의 관계에 있다. 신화는 자아와 세계가 동등하게 작용하여 상호 보완적 관계에 이른다. 따라서 신화에서 질서화된 윤리적 가치는 누구에게나 통용될 수 있는 원리이다. 하지만 소설은 자아와 세계가 동등하게 작용하지만 상호 우위의 대결로 치닫는다. 따라서 소설에서 질서화된 윤리적 가치는 누구에게나 통용되기를 원하지만 그 과정에서 진통을 겪게 되는 가치이다. 이런 점에서 소설은 윤리적 문제의식이 치열한 갈등의 형태로서 작품의 구조가 되는 유일한 장르이다. 이상의 내용은 다음을 참고. 조동일(1974), 「自我와 世界의 小說的 對決에 관한 詩論」, 『동서문화』 7, 계명대학교 인문과학연구소, pp. 3-56.

윤리적 가치 갈등은 대부분 "좋은 것과 나쁜 것 사이의 선택이 아니라 나쁜 것과 최악의 것 사이의 선택이라는 곤혹스러운 상황"에서 발생한다.[49]

이런 점에서 근대 소설의 윤리적 가치 갈등은 현실 세계나 고전 소설에서 경험하는 '권선징악(勸善懲惡)'류의 윤리적 가치 갈등보다 훨씬 불투명하고 복잡하다. 인간 행동의 가능성을 그 한계점에서 탐구하고 재현하고자 하는 소설의 이러한 재현 방식은 현실 세계의 제약에 대한 단순한 호기심을 넘어 진정한 삶의 가능성을 발견하고 구체화하고자 하는 실존적 동기에서 비롯한 것이다.[50]

따라서 부정적인 윤리적 가치를 지향하는 인물의 삶을 재현하거나 자유, 평등, 사랑 등을 실천하는 인물이 행복한 결말을 맞이하지 못하는 소설을 읽는다고 해서 독자가 삶을 반성하거나 기획하지 못하는 것은 아니다. 오히려 이러한 근대 소설의 윤리적 가치 갈등이 윤리적 가치 중심의 소설 읽기를 보다 강력하게 요청한다고 볼 수 있다. 독자는 작중인물이 지향하는 윤리적 가치의 편협함을 인식함으로써 이들이 지향해야 했을 보다 바람직한 윤리적 가치가 무엇인가를 고민할 수 있다. 또한 진정한 가치를 추구하다가 좌절한 문제적 인물의 삶을 통해 이러한 가치를 상실한 세계를 역설적으로 비판할 수 있다.

독자가 소설의 윤리적 가치 갈등을 경험하는 방식은 체험이다. 체험이란

....

48 L. Goldmann(1965), *Pour une sociologie de roman*, 조경숙 옮김(1982), 『소설사회학을 위하여』, 청하, p. 20.

49 P. Ricoeur(1995), *Réflexions faites: autobiographie intellecturelle*, Esprit(김한식(2012), 「이야기의 윤리학을 위하여」, 『해석학연구』 29, 한국해석학회, p. 208에서 재인용).

50 김우창은 이야기의 기능이 인간 행동의 가능성을 검토하는 것이라고 본다. 특히 소설은 일상생활에서 경험하는 것보다 더욱 격렬한 사건을 그리고자 하는데, 이는 행동의 가능성이 그 한계에서 가장 선명해지기 때문이다. 이에 대해서는 다음을 참고. 김우창(1991), 「문학의 즐거움과 쓰임」, 김우창 외, 『문학의 지평』, 고려대학교 출판부, p. 11

인격적·개성적 주관성을 바탕으로 기쁨, 슬픔, 고통 등의 감정을 느끼며 세계를 '몸소' 겪어 내는 것이다.[51] 윤리적 가치 중심의 소설 읽기에서 체험은 독자가 자신을 소설의 허구 세계로 인격적 참여를 감행할 때 시작된다. 인격적 참여는 허구 세계를 마치 실제 존재하는 세계처럼 믿고 수용하는 것이다. 독자는 허구 세계의 작중인물이나 윤리적 가치 갈등이 현실에서 존재하지 않는다는 점을 잘 알고 있다. 하지만 허구 세계의 사건을 서술자가 과거 동사로 서술한다는 소설의 일반적인 서술 규약은 독자가 윤리적 가치 갈등을 서술자가 과거에 실제 겪고 경험한 것으로 인식하게 하는 기반이 된다. 또한 사건 전개의 개연성으로 인해 독자는 허구 세계의 작중인물과 사건을 있을 수 있는 것으로 수용한다.

허구 세계로의 인격적 참여를 통해 독자는 인물들의 윤리적 가치에 공감하거나 거부감을 표시하는 등 윤리적 가치 갈등에 몰입하고 정서적 반응을 아끼지 않는다. 그리고 이러한 체험이 생생할수록 좋은 삶에 대한 독자의 성찰과 기획은 보다 심화된다. 체험을 통해 비실재화될수록 독자는 허구 세계에서 문제되는 윤리적 가치 갈등을 자신의 문제로 인식하고 보다 진지하게 성찰할 수 있기 때문이다.[52]

물론 이러한 성찰은 몰입에 뒤따르는 거리 두기를 통해 완성된다. 윤리적 가치 갈등이 해결되는 사건의 끝에서 독자는 작중인물과는 다른 위치에 있

51 미학에서는 '경험(Erfahrung)'과 '체험(Erlebnis)'의 개념을 구분한다. 경험이 객관성, 보편성을 바탕으로 대상과의 일정한 거리감을 전제한다면 체험은 인격적·개성적 주관성을 바탕으로 대상과의 합일된 겪음을 지향한다(김남희(2007), 「현대시의 서정적 체험 교육 연구」, 서울대학교 박사학위논문, pp. 3-5).

52 리쾨르에 따르면, 독자가 윤리적 가치 갈등에 몰입함으로써 "자신을 비실재화할수록, 사회적 현실에 미치는 작품의 영향은 깊어지고 더 멀리 간다. 그것은 가장 덜 구상적이지만, 우리의 세계관을 바꿀 수 있는 기회를 가장 많이 갖는 그림"인 것이다. 리쾨르는 이를 '정지(stase)인 동시에 보냄(envoi)'이라고 표현한다. P. Ricoeur(1985), 앞의 책, p. 350.

다. 소설의 인물은 깊이 좌절하거나 심지어 죽을 수 있기 때문에 삶을 전체적으로 검토할 기회를 갖지 못하고 자기 지평에 갇힐 수 있다. 하지만 독자는 허구 세계의 끝에서 현실 세계로 다시 전위함으로써 전개된 사건들을 되돌아보고 현실 세계와의 관계도 탐색할 수 있다. 이런 점에서 윤리적 가치 갈등에 대한 독자의 체험은 몰입하기와 거리 두기의 반복이자 허구 세계와 현실 세계의 넘나들기이다. 작중인물들과 함께 허구 세계의 윤리적 가치 갈등을 겪어낸 독자가 삶을 반성하고 기획해야 하는 곳은 결국 현실 세계이기 때문이다.

(2) 윤리적 가치 위계의 서사적 소통

소설에서 행동의 재현과 더불어 윤리적 가치를 형상화하는 또 다른 방식은 바로 서술자의 서술이다. 서술자의 서술은 인물들의 윤리적 가치를 위계화하는 방식으로 작가와 독자의 의사소통을 매개한다. 소설이 "작가의 윤리가 작품의 미학적 문제가 되는 유일한 장르"라고 할 때,[53] 작가가 자신의 윤리적 가치를 독자와 공유하는 독특한 방식이 바로 서술자의 서술인 것이다. 여기에서는 소설의 윤리적 가치와 서술자의 서술 간의 관계를 검토하고 이를 경험하는 방식인 서사적 소통의 성격을 밝히고자 한다.

한 편의 소설을 읽고 난 독자는 흔히 '이 소설을 통해 작가가 전하고자 하는 바가 무엇인가'를 질문한다. 이는 독자가 소설의 작중인물이나 사건을 아무런 이유 없이 재현된 것으로 간주하기보다는 작가가 어떤 윤리적 가치를 제안하거나 호소하기 위한 것으로 인식하기 때문이다.[54] 이는 독자의 소설 읽

53 L. Goldmann(1965), 앞의 책, p. 19.

54 조남현에 따르면, 소설의 독자들은 다른 어떤 장르의 독자보다 이러한 질문을 진지하게 제기하였다. 이는 독자들이 인간을 비인간으로 몰아가는 원인의 통찰, 인간다운 삶의 가치 제기를 소설의 작가들에게 기대하기 때문이다(조남현(2004), 『소설신론』, 서울대학교 출판부, p. 194). 애벗(H. P. Abbott)은 이러한 질문에 초점을 맞춘 소설 읽기를 특별히 '지향적 읽기(intentional reading)'로 개념

기가 의사소통적 성격을 지님을 의미한다.

주목할 점은 작가와 독자의 이러한 의사소통이 서술자의 서술을 매개로 이루어진다는 사실이다. 작중인물들의 말과 행동, 이들 간의 윤리적 가치 갈등은 반드시 누군가에 의해 서술될 때 독자가 체험할 수 있는데 이때의 서술 주체가 바로 서술자이다. 바흐친(M. M. Bakhtin)은 이에 주목하여 소설을 통한 작가의 의사소통은 '간접적 화법'이라고 보았다. 작가는 자신의 언어로 말함으로써 윤리적 가치를 직접적으로 제시하기보다는 서술자의 언어를 통해 말함으로써 굴절된 윤리적 가치를 호소하기 때문이다.[55] 따라서 독자는 서술자의 서술을 매개로 작가가 호소하고자 하는 윤리적 가치를 추론해야 한다.

서술자는 허구 세계의 윤리적 가치 갈등을 서술 행위를 통해 독자에게 전달한다. 이때 서술자가 윤리적 가치 갈등의 모든 국면을 보거나 말할 수 있는 것은 아니며 가치중립적으로 서술할 수 없음은 물론이다. 서술자도 윤리적 가치의 주체로서 허구 세계의 인물과 사건에 대해 가치 평가적인 서술을 한다. 이런 이유로 부스는 소설 읽기에서는 "서술자가 '나'로 지시되었느냐 '그'로 지시되었느냐, 특권적 서술자냐 제한적 서술자냐 하는 것보다는 서술자의 도덕적, 지적 특성이 우리의 판단에 더욱 중요한 것"이라고 주장한다.[56]

서술자의 서술이 윤리적 가치의 형상화에 개입하는 방식은 다양하다. 가장 직접적인 것은 허구 세계의 인물과 갈등을 가치 평가하는 것이다. 서술자

화하여 설명한 바 있다(H. P. Abbott(2008), *The Cambridge Introduction to Narrative*, 우찬제 외 옮김(2010), 『서사학 강의』, 문학과지성사, pp. 198-201).

55 이런 이유로 바흐친은 서술자의 서술을 "타인의 언어에 의한 타인의 말"이라고 표현한다. M. M. Bakhtin(1975), *Voprosy literatury i esktetiki*, 전승희 옮김(1988), 『장편소설과 민중언어』, 창작과비평사, p. 127.

56 W. C. Booth(1961), *The Rhetoric of Fiction*, 최상규 옮김(1999), 『소설의 수사학』, 예림기획, p. 217.

는 작중인물, 세계, 윤리적 가치 갈등을 논평(commentary)함으로써 어떤 행동이 옳고 그른가를 명시적으로 또는 은유적으로 평가할 수 있다.[57] 예를 들어 《난장이가 쏘아올린 작은 공》의 연작 중 〈잘못은 신에게도 있다〉에서 서술자는 소설의 말미에 "모두 잘못을 저지르고 있었다. 예외란 있을 수 없었다. 은강에서는 신도 예외가 아니었다."[58]라고 서술하면서 신마저도 잘못에서 자유로울 수 없는 은강의 세계를 정면으로 비판한다. 다른 한편으로 서술자는 배경의 묘사를 통해서 이를 암시적으로 제시할 수 있다. 채만식의 소설 《탁류》의 첫 부분을 장식하는 금강(錦江)에 대한 묘사가 대표적으로, 서술자는 상당히 긴 분량을 금강에 대한 묘사에 할애하면서 중심인물인 초봉의 인생 역정과 그에 대한 평가를 암시한다.[59]

서술자가 윤리적 가치의 형상화에 개입하는 또 다른 방식은 작중인물의 인식과 가치 판단을 초점화(focalization)하는 것이다. 소설에서 서술의 주체는 구체적으로 '말하는 자'와 '보는 자'로 나눌 수 있다. 전자가 목소리의 주체인 서술자에 해당한다면 후자는 초점화의 주체인 초점화자에 해당한다. 많은 경우 서술자와 초점화자는 동일 인물이다. 독자가 서술자의 목소리를 듣는 순간, 독자는 허구 세계의 윤리적 가치 갈등을 서술자의 눈으로 보는 것이다. 하지만 말하기와 보기의 주체가 분리되는 경우도 있다. 즉 서술자는 다른 작중인물이 보거나 인지한 것을 말할 수도 있는 것이다.[60]

57 리먼-케넌(S. Rimmon-Kenan)은 서술자의 서술의 종류를 6가지로 나누면서 서술자의 현존이 가장 두드러지게 드러나는 서술로 논평(commentary)을 꼽았다. 논평은 허구 세계의 작중인물이나 사건, 또는 서술 자체에 대해 서술자가 의견을 개진하는 것으로 다시 해석, 판단, 일반화로 세분된다(S. Rimmon-Kenan(1983), *Narrative Fiction*, 최상규 옮김(1999), 『소설의 현대 시학』, 예림기획, pp. 171-178).

58 조세희(1997), 『난장이가 쏘아올린 작은 공』, 문학과지성사, p. 203.

59 우한용(2009), 『채만식 소설의 언어미학』, 제이앤씨, pp. 139-143.

60 이는 초점화를 처음 제안한 주네트(G. Genette)의 다음과 같은 수정에서도 확인할 수 있다.

난장이가 일을 끝내고 도구들을 하나하나 부대에 쓸어 담을 때 그 사나이가 온 것이다. 앞니가 부러진 사나이, 팔에 벌거벗은 여자의 문신을 새겨 넣은 그 펌프집 사나이가. 그는 거짓말처럼 한 발로 대문을 걷어차고 들어왔다. 그리고 깜짝 놀라며 고개를 돌리는 난장이의 얼굴을 찰싹 갈겼다. 난장이는 코피를 흘리며 주저앉았다. 무서운 일이었다. 신애는 숨이 콱 막히는 것을 느끼며 난장이를 끌어안았다. 왜 이래요, 당신 뭐예요, 신애가 외쳤다. 사나이는 신애의 팔을 잡아끌었다. 신애는 어이없이 옆으로 끌려 나가며 쓰러졌다. 사나이는 난장이를 한 손으로 잡아 올렸다. 이번에는 주먹으로 가슴을 쿵쿵 쥐어박더니 두 손으로 번쩍 들어 던졌다. 난장이는 바싹 마른 나무 등걸처럼 마당 가운데로 나가떨어졌다. 죽은 것 같았다. 그런데 죽지 않고 꿈틀거렸다. 사나이는 한 마리의 벌레를 다루듯 난장이를 다루었다. 그는 난장이의 배 위에 발을 얹었다.[61]

인용된 글에서 서술자는 흔히 삼인칭 전지적 시점이라고 부르는 스토리 외적 이종 서술자이다. 이 서술자는 허구 세계의 상위에 있으며 작중인물

....

"“누가 보는가”라는 질문은 너무 시각적, 즉 너무 제한적이었다. 예를 들어 프루스트의 〈소돔과 고모라 I〉에서 샤를뤼스와 쥐피앙 사이의 장면은 분명 마르셀이 초점화하고 있지만, 이 초점화는 청각적이다. 따라서 “누가 보는가?”라는 질문은 “누가 지각하는가?(혹은 어디에 지각의 주체가 있는가?)”로 바꾸어야 할 것이다."(G. Genette(1983), *Nouveau discours du récit*, Seuil, p. 43. 서정남(2004), 『영화 서사학』, 생각의 나무, p. 311에서 재인용)
이러한 문제의식은 리먼-케넌에 의해 구체화된다. 그는 초점화의 국면을 시각의 문제로 한정하지 않고 지각적 국면, 심리적 국면, 관념적 국면으로 세분한다(S. Rimmon-Kenan(1983), 앞의 책, pp. 138-146). 이 중 가장 중요한 국면이 관념적 국면으로 리쾨르 또한 초점화의 가치 평가적 차원을 통해 허구 서사의 구성을 주도하는 세계관을 이해할 수도 있다고 본다(P. Ricoeur(1984), *Temps et récit II*, 김한식 옮김(2000), 『시간과 이야기 2』, 문학과지성사, pp. 194-198).

61 조세희(1997), 『난장이가 쏘아올린 작은 공』, 문학과지성사, p. 46.

로서 사건에 참여하지도 않는다. 하지만 "무서운 일이었다."나 "죽은 것 같았다."라는 문장에서 확인할 수 있듯이, 서술자는 전반적으로 '신애'의 인식과 판단을 초점화하면서 허구 세계의 사건을 서술한다. 즉 펌프집 사나이에게 폭력을 당하는 난장이의 모습을 신애의 시선을 통해 서술함으로써 재현된 사건뿐만 아니라 이를 보는 신애의 정서와 평가까지 독자와 공유하고자 하는 것이다.

이처럼 서술자는 재현된 윤리적 가치 갈등을 누구의 시각으로 볼 것인가를 결정할 수 있다. 그리고 초점화의 결정은 단순히 시각의 문제를 넘어 윤리적 가치의 위계화로 확장된다. 인용된 글처럼, 스토리 외적 이종 서술자라고 하더라도 한 인물을 지속적으로 초점화한다면 독자는 대체적으로 그 인물이 지향하는 윤리적 가치에 공감하고 이에 입각하여 인물의 행동과 사건을 평가하게 된다. 서술자는 초점화의 변주를 통해 특정한 인물의 윤리적 가치를 지속적으로 드러내거나 다양한 인물의 윤리적 가치를 계열적으로 제시할 수 있다.

이렇듯 서술자의 가치 평가적 서술은 인물들의 윤리적 가치를 위계화하는 것이다. 서술자는 윤리적 가치 갈등을 논평하는 과정에서 특정한 인물의 윤리적 가치를 다른 인물의 윤리적 가치보다 높게 평가한다. 또한 특정한 인물의 인식과 가치관을 선택적으로 초점화하거나 은폐하는 방식으로 독자의 공감과 거리 두기를 이끌어 낸다. 이 과정에서 인물들의 윤리적 가치는 서로 구별될 뿐만 아니라 상하(上下)나 고저(高低)의 위계를 형성한다.[62]

62 윤리적 가치들이 위계적 구조를 형성한다는 것은 윤리적 가치의 특징 중 하나이다. 인간은 윤리적 행위를 똑같이 높게 평가하지 않으며 좋고 나쁨, 또는 보다 좋음 등으로 구분하고 나눈다. 그런데 이러한 위계적 질서가 선천적으로 존재하는가 아니면 상황에 따라 달리 설정될 수 있는가에 대해서는 많은 논쟁이 있어 왔다. 윤리적 가치 중심의 소설 읽기는 이미 정해진 윤리적 가치의 위계를 소설에 적용하는 것이 아니라 소설에서 윤리적 가치가 어떻게 위계화되는가를 탐구하는 읽기라는 점에서

이렇게 형성된 윤리적 가치 위계는 때때로 윤리적 가치 갈등의 결과보다 더욱 강한 호소력을 지닌다. 〈세월의 너울〉에서 '나'는 진실을 우선시하는 건욱의 추궁에 결국 '공범자로 몰린 죄인처럼 힘이 빠지지만' 많은 독자는 '그 이야기의 진위는 중요하지 않으며 건욱이 어떻게 생각하더라도 어머니의 삶은 아름다운 삶'이라는 서술자 '나'의 판단에 공감한다.[63] '나'와 건욱의 윤리적 가치 갈등이 건욱의 우세로 마무리되지만 소설 전반에서 초점 대상이 되는 것은 어머니의 삶이며 초점화되는 것은 그녀의 삶에 대한 서술자 '나'의 애정과 존경이기 때문이다. 독자는 서술자의 서술 행위를 통해 설정된 윤리적 가치 위계의 중심 가치를 작가가 호소하는 윤리적 가치로 간주하고 이에 응답한다.[64]

한편 근대 이전의 소설에서는 대부분 서술자와 작가의 윤리적 거리는 문제가 되지 않았다. 독자는 서술자의 가치 평가적 서술과 윤리적 가치 위계를 작가의 것으로 수용할 수 있었던 것이다.[65] 하지만 근대 이후의 소설 중에는 서술자의 신빙성이 문제가 되거나 다양한 서술자에 의해 허구 세계가 서술되기 때문에 서술자와 작가의 윤리적 거리가 불분명하거나 먼 작품이 적지 않다. 소설 읽기에서 서술자가 작가의 윤리적 가치를 대변하지 못한다고 판단되면 독자는 서술자가 구성한 윤리적 가치 위계를 역전시켜 수용한다.

서술자의 서술을 매개로 강화되거나 역전되는 윤리적 가치 위계에 대한 독자의 탐구는 서사적 소통의 성격을 띤다. 소설을 포함한 문학 현상은 의사

....

후자의 관점을 채택한다. 가치의 위계에 대해서는 다음을 참고. J. Hessen(1959), 앞의 책, pp. 89-93.

63 김원일(1986), 〈세월의 너울〉, 《세월의 너울》, 솔, pp. 227-231.

64 남민우에 따르면, 텍스트는 나름의 위계질서를 지닌 가치 구조로 학습자는 그 가치 구조의 지배소, 즉 지배적 가치에 집중하면서 텍스트를 가치 평가해야 한다(남민우(2006), 「텍스트 가치평가 활동을 위한 시교육 연구」, 서울대학교 박사학위논문, p. 152).

65 나병철(1998), 『소설의 이해』, 문예출판사, pp. 476-477.

소통의 일종인데 특히 소설의 서사적 소통은 서술자의 중개를 거친다는 점에서 중층적이다. 채트먼(S. B. Chatman)이 비교적 복잡한 의사소통 구도를 제안한 것은 서사적 소통의 중층성을 구조화하기 위함이다. 그는 기존의 '작가 → 소설 → 독자'라는 소통 구도에 서술자, 피서술자, 내포 작가, 내포 독자 등을 포함시키는데, 이렇게 재구조화된 소통 구도는 실제 작가에서 시작하여 내포 작가를 거쳐 서술자가 허구 세계의 인물과 사건을 이야기하고 피서술자부터 내포 독자를 거쳐 실제 독자가 이를 수용하는 중층성을 반영한 것이다.[66] 하지만 이와 같은 구도는 소설로 형상화된 윤리적 가치를 송신자에서 수신자에게 일방적으로 전달하는 송신자 중심의 모델이자 창작 행위와 읽기 행위를 초월한 정태적 구도라는 점에서 작가가 소설을 창작하고 독자가 그 소설을 읽는 현상학적 차원을 밝히는 데는 한계가 있다.[67]

소설 읽기에서 서사적 소통의 구도는 독자 중심으로 재편되어야 한다. 소설 읽기에서 서사적 소통의 능동적 주체는 실제 독자이며 소통의 상대자는 서술자와 작가이다.[68] 독자는 서술자의 소통 상대자인 서사적 독자(narrative

....

66 S. B. Chatman(1978), *Story and Discourse: Narrative Structure in Fiction and Film*, 한용환 옮김(2003),『이야기와 담론』, 푸른사상사, pp. 161-168.

67 리쾨르는 채트먼식 구도의 대칭성이 지닌 부적절성을 지적하며 해석의 국면에서 내포 작가의 상대가 실제 독자라는 점을 강조한 바 있다(P. Ricoeur(1985), 앞의 책, p. 332-333).

68 이 연구에서의 작가는 기존의 용어로 보면 내포 작가이다. 우리는 채만식을 한 번도 만나지 않았지만 채만식의 소설을 통해 채만식에 대한 상을 그릴 수 있다. 이처럼 소설 읽기에서 독자가 소통하는 작가는 소설에서 현상학적으로 파악되는 내포 작가이다. 하지만 이 연구에서는 내포 작가라는 용어 대신 작가라는 용어를 사용하고자 한다. 내포 작가라는 용어가 그간 텍스트의 모든 것으로 간주되면서 지나치게 비인격화된 개념으로 사용되었으며 실제 작가와의 관련성도 간과되었기 때문이다. 우리가 한 편의 소설을 읽고 '이 소설을 통해 작가가 호소하고자 하는 윤리적 가치는 무엇인가'라고 물을 때 이때의 작가는 '이 소설'에 기반을 둔 작가이다. 원칙적으로 이 작가는 실제 작가와 완전히 겹치지 않지만 삶에 대한 인식이나 윤리적 가치 등을 공유할 가능성은 매우 높다. 이 연구는 이상의 문제의식을 바탕으로 소설을 매개로 윤리적 가치를 호소하는 현상학적 작가를 작가라고 하되 논의의 맥락에 따라 내포 작가나 실제 작가라는 용어를 사용하고자 한다. 내포 작가와 실제 작가의 관계와 내포

audience)로서 윤리적 가치 갈등을 체험하다가도 작가의 소통 상대자인 권위적 독자(authorial audience)로서 작가가 호소하는 윤리적 가치를 경청한다.[69] 작가의 가치 호소를 경청하기 위해서 독자는 우선적으로 서술자의 가치 평가적 서술을 근거로 윤리적 가치 위계를 분석해야 한다. 그리고 만약 서술자의 신빙성이 의심된다면 서술자와 작가, 작가와 인물들의 윤리적 거리를 재구하면서 윤리적 가치 위계의 역전 가능성도 탐색해야 한다.

(3) 윤리적 가치 전유의 반성적 검토

독자는 윤리적 가치 갈등을 체험하고 윤리적 가치의 서사적 소통에 참여함으로써 소설로 형상화된 윤리적 가치를 전유한다. 그런데 독자는 이러한 윤리적 가치 전유를 공동체의 지평에서 검토함으로써 삶을 반성하고 기획할 수도 있다. 윤리적 가치 전유를 비판적으로 검토함으로써 해석 공동체가 소설을 매개로 형성한 정체성을 성찰하고 조정하는 것이다. 여기에서는 소설 읽기에서 윤리적 가치의 경험과 해석 공동체의 가치 교섭 간의 관계를 검토하고 이에 대한 공동체적 반성이 지닌 성격을 밝히고자 한다.

....

작가의 재개념화 필요성에 대해서는 다음을 참고. J. Phelan(2005), *Living to Tell about It*, Cornell University Press, pp. 45-48.

69 서사적 독자와 권위적 독자의 개념을 제안한 사람은 라비노위츠(P. J. Rabinowitz)이다. 그는 피서술자, 내포 독자라는 텍스트 내적 개념을 소설 읽기 중 독자의 역할로 대체하기 위해 이러한 개념을 제안한다. 서사적 독자는 대체적으로 피서술자의 위치에서 허구 세계의 인물과 사건을 마치 현실 세계의 그것처럼 가정하면서 정서적, 윤리적으로 반응하는 독자의 역할을 의미한다. 반면 권위적 독자는 허구 세계와 거리를 두고 서술자의 서술 행위를 분석하면서 작가의 윤리적 가치를 추론하려는 독자의 역할을 의미한다. 그는 권위적 독자를 이상적 독자, 내포 독자, 실제 작가의 의도와 엄격하게 구분한다. 권위적 독자는 무엇보다 실제 독자가 서사적 소통에 참여하고자 할 때 나타나는 한 경향으로 형식적 이해뿐만 아니라 실제 독자가 지닌 삶의 경험, 윤리적 민감성 등을 놓치지 않는다. 이에 대해서는 다음을 참고. P. J. Rabinowitz & M. W. Smith(1998), *Authorizing Readers*, Teachers College Press, pp. 4-9.

독자가 소설을 읽는 계기 중 하나는 다른 독자의 추천이나 해석 공동체의 권장이다. 예를 들어 고전 소설인《춘향전》,《심청전》,《구운몽》이나 근대 소설인《무정》,《삼대》,《탁류》와 같은 소설이 그런 것처럼, 한 편의 소설에서 인간과 세계에 대한 깊이 있는 통찰을 경험할 수 있을 때 우리는 그 소설을 남들에게 권장하고 교과서에 수록한다. 이렇게 해석 공동체의 구성원은 특정 소설을 함께 읽으며 세대에서 세대로 거듭 읽는다.

그런데 공동체의 구성원이 같은 소설을 함께 읽는다고 해서 전유한 윤리적 가치까지 동일한 것은 아니다. 지향하는 윤리적 가치나 실천적 이해가 상이한 독자들은 같은 소설의 윤리적 가치를 조금씩 다르게 전유하며 이렇게 전유 가치들은 각기 전승되면서 수용사적 전통들을 구성한다. 따라서 해석 공동체에서 독자는 같은 소설에 대해 서로 다른 윤리적 가치 전유나 전통을 발견하게 되고 그 차이를 조정하기 위해 다른 독자와 가치 교섭을 수행한다. 구체적으로 독자는 소설의 윤리적 가치를 경험하고 전유한 과정과 결과를 감상문, 비평문, 연구 논문 등의 해석 텍스트로 쓸 수 있고 다른 독자가 쓴 해석 텍스트를 읽을 수 있다. 독자는 이 과정에서 윤리적 가치 전유 간의 차이와 유사점을 발견하면서 이에 대한 의견을 교환하거나 누구의 가치 전유가 보다 타당한 것인가를 논쟁한다.

해석 공동체의 구성원으로서 독자가 가치 교섭에 참여한다는 것은 크게 세 차원을 지닌다. 첫째, 독자는 다른 독자도 소설의 윤리적 가치를 전유할 수 있는 주체라는 점을 인정하면서 그의 가치 전유에 견주며 자신의 가치 전유의 주관성을 검토하고 보완한다. 윤리적 가치 중심의 소설 읽기는 독자의 실천적 이해를 바탕으로 하기 때문에 주관성에서 자유로울 수 없다. 그런데 독자는 이러한 주관성을 직접적으로 인식하기보다는 다른 독자와 가치 교섭을 하는 과정에서 '차이'를 매개로 자각할 수 있다.

둘째, 독자는 다른 독자와의 논쟁적 관계를 형성하면서 자신의 윤리적 가치 전유가 보다 참된 것임을 주장한다. 윤리적 가치 전유의 참됨을 주장하는 방법은 크게 두 가지이다. 윤리적 가치 전유의 양상에서 자기와 비슷한 다른 독자의 해석 텍스트를 모아 하나의 전통을 재구하는 것이다. 이를 통해 자신의 윤리적 가치 전유가 개인적인 것을 넘어 상호주관적인 참임을 주장할 수 있다.

그런데 독자는 해석 공동체에서 자신의 것과는 상반되는 윤리적 가치 전유를 접하는 경우가 많다. 이 경우 가치 교섭은 자신의 윤리적 가치 전유가 다른 독자의 그것에 비해 보다 적절하거나 일관성이 있음을 설득하는 양상을 띤다.[70] 가치 교섭에서는 이러한 타자가 보다 소중하다. 이들은 차이를 통해 '나'의 주관성을 인식하고 적절성을 검토하게 하는 한편, 논쟁을 통해 특정한 윤리적 가치 전유가 보다 적절하고 설득력 있음을 인정해 주는 타자이기 때문이다. 모든 전유는 불일치 속에서 그리고 불일치를 통하여 상호 동의를 추구해 나간다.[71] 독자는 가치 교섭을 통해 모든 윤리적 가치 전유에 내재한 주관성을 서로 보완하면서 공동의 진리를 모색하는 공진(共進, coevolution)을 실천한다.

셋째, 독자는 해석 공동체에서의 가치 교섭을 통해 정체성을 반성하며 확장한다. 문학 교실에서 고전에 해당하는 소설들을 학습자들에게 거듭 읽히

70 아렌트(H. Arendt)는 칸트(I. Kant)의 공통 감각이라는 개념을 호소와 간청의 행위라는 차원에서 다음과 같이 설명한다. "사람들은 어떤 이로 하여금 – '이것은 아름답다'라든가 '이것은 오류이다'라는 – 자신의 판단에 동의하도록 강요할 수 없다. (중략) 사람은 다른 모든 사람의 동의를 '호소(woo)'하거나 '간청(court)'할 수 있을 뿐이다. 그리고 이러한 설득적 행위에서 사람들은 실제로 '공동체 감각'에 호소한다. 다른 말로 하면, 판단을 내릴 때 그는 공동체의 일원으로서 그것을 행한다." H. Arendt(1982), *Lectures on Kant's Political Philosophy*, 김선욱 옮김, 『칸트 정치철학 강의』, 푸른숲, 2002, p. 139-140.

71 H. G. Gadamer(1993), Hermeneutics As A Theoretical And Practical Task, *Reason in the Age of Science*, p. 136. 김진엽(2007), 「가다머의 해석이론」, 미학대계간행회 편, 『미학의 문제와 방법』, 서울대학교 출판문화원, p. 893에서 재인용.

는 것은 이들 소설이 재현한 인물의 삶을 긍정적으로 수용함으로써 형상화된 윤리적 가치를 전유하고 공동체적 정체성을 공유하기 위함이다. 그런데 독자는 이렇게 형성된 공동체적 정체성을 비판적으로 검토함으로써 삶을 반성하고 기획할 수 있다.

예를 들어 〈사랑손님과 어머니〉는 4차 이후 중학교 교과서에서 빠지지 않고 실렸으며 2007 개정 교육과정에 따른 검정 교과서들에서도 가장 많이 실린 대표적 교육 정전 중 하나이다. 그 배경에는 어린 '옥희'가 서술하는 이 소설이 시점 학습에 유용한다는 판단과 함께 "人間的 倫理로 육욕적 감정을 이겨 나가기를 바라는 독자의 심리를 배반하지 않는다는 점에서 결말 뒤의 감정이 개운"하다는 평가처럼 이 소설로 형상화된 윤리적 가치가 공동체의 정체성에 부합한다고 판단했기 때문이다.[72]

하지만 최근에는 개인의 자유를 억압하는 사회적 구습에 주목하고 사랑손님을 떠나보낸 어머니의 선택을 비극적인 것으로 평가하는 독자가 점차 늘면서 이 소설이 교과서 제재로서 부적합하다는 주장이 힘을 얻고 있다.[73] 이는 이 소설의 윤리적 가치로 '부덕(婦德)'을 전유함으로써 형성될 수 있는 유교적, 남성 중심적 정체성이 현대 사회의 학습자에게 부적절하다고 평가하기 때문이다. 이처럼 상반되는 윤리적 가치 전유와 이에 기반을 둔 가치 교섭은 소설에 대한 서로 다른 가치 평가와 함께 이 소설을 매개로 형성된 해석 공동

72 송하섭(1985), 「사랑방 손님과 어머니론」, 『도솔어문』 1, 단국대학교 국어국문학과, p. 34. 이러한 판단은 다음의 논의에서도 확인할 수 있다. 장백일(1990), 「휴머니즘을 찾는 인간 구제」, 『한국문학전집』 2, 삼성출판사, p. 393; 이남호(2001), 「사랑손님과 어머니」, 『교과서에 실린 문학 작품을 어떻게 가르칠 것인가』, 현대문학, p. 416.

73 〈사랑손님과 어머니〉의 교육 정전으로서 위상에 대한 문제 제기는 다음의 논의들에서 확인할 수 있다. 우한용(2009), 『한국근대문학교육사연구』, 서울대학교 출판부, p. 318; 최시한(2005), 『소설의 해석과 교육』, 문학과지성사, pp. 67-68.

체의 정체성을 반성적으로 검토하는 계기가 된다. 이를 통해 독자들은 공동체의 삶을 성찰하고 보다 좋은 삶을 함께 기획할 수 있다.

2) 소설 읽기의 윤리적 수행 과정

윤리적 가치 중심의 소설 읽기는 소설이 윤리적 가치를 형상화한 산물이라는 전제에서 출발한다. 하지만 이러한 전제가 윤리적 가치 중심의 소설 읽기를 담보하는 것은 아니다. 소설로부터 윤리적 가치를 감지하고 경험하는 것은 결국 독자의 수행에 의해서이다. 독자의 소설 읽기가 소설로 형상화된 윤리적 가치를 경험할 수 있을 만큼 구조화되어야 삶의 반성과 기획도 가능한 것이다. 이를 위해 이 항에서는 소설 읽기의 윤리적 수행 과정을 밝히고 각각의 수행 단위들이 소설의 윤리적 가치를 경험하는 데 있어 관여하는 방식을 검토하고자 한다.

윤리의 기본적인 속성은 '좋은 삶의 지향'이다. 이러한 규정은 윤리의 존재 근거가 규범이 아닌 인간의 인격과 실천 의지에 있음을 분명히 함으로써 독자와 소설의 관계를 변증법적 관계로 보게 한다. 하지만 이 규정만으로 윤리적 가치 중심의 소설 읽기의 구체적 수행 구조를 밝히기에는 한계가 있다. 다시 말해 소설 읽기가 '수사적'이거나 '정치적'이거나 '심리적'이지 않고 '윤리적'이기 위해 갖춰야 할 수행의 단위와 과정이 해명되어야 하는 것이다. 어떤 행위가 윤리적이기 위해서 갖춰야 할 구성 요소에 대한 대표적인 연구로는 레스트(J. R. Rest)의 논의가 있다. 레스트에 따르면, 어떤 사람이 특정한 상황을 '윤리적인' 방식으로 행동하기 위해서는 윤리적 동기화, 윤리적 판단, 윤리적 민감성, 윤리적 인격을 갖춰야 한다.[74]

이 항에서는 연구 방법에서 소개한 윤리적 행위의 요건에 대한 논의를 바탕으로 소설 읽기의 윤리적 수행 과정을 세계의 상황 윤리적 인식, 주체 행위에 대한 윤리적 가치 판단, 행위 가능성의 허구적 탐구, 반성적 판단을 통한 윤리적 가치 성찰 등 네 가지로 설정한다. 이들 수행 단위는 윤리적 가치의 경험 방식인 '윤리적 가치 갈등의 체험', '윤리적 가치 위계의 서사적 소통', '윤리적 가치 전유의 반성적 검토'에 공통적으로 작용된다. 다음에서는 이상의 수행 단위가 윤리적 가치 중심의 소설 읽기에 작용하는 방식을 구체적으로 살펴보고자 한다.

(1) 세계의 상황 윤리적 인식

윤리적 가치 중심의 소설 읽기에서 독자는 소설의 세계를 상황 윤리적으로 인식한다. 상황 윤리적 인식은 크게 두 가지를 의미하는데 하나는 소설 읽기를 삶을 반성하고 기획할 수 있는 계기로 인식하는 것이고 다른 하나는 소설의 유리적 가치에 대한 경험을 보편적인 원리의 적용보다는 특수한 상황에 따른 가치 판단으로 접근하는 것이다.

허구 세계에서 독자는 작중인물의 행동과 충돌을 좋은 삶을 둘러싼 갈등 문제로 파악하고 서사적 소통에서는 서술자의 서술 행위와 작가의 창작 행위를 윤리적 가치를 제안하고 호소하는 행위로 인식해야 한다. 또한 해석 공동체에서 독자는 윤리적 가치 전유에 거리를 두고 이를 공동으로 검토하는 것을 공동체의 정체성 성찰로 인식해야 한다. 윤리적 가치 중심의 소설 읽기는 '세계의 상황 윤리적 인식'에서 시작한다고 말할 수 있다.

윤리적 가치 중심의 소설 읽기는 소설로 형상화된 윤리적 가치를 경험하면서 어떤 삶이 좋은 삶인가를 숙고하고 삶의 방향을 기획하는 행위이다. 윤리적 가치 중심의 소설 읽기는 독자의 동기(motivation)를 전제하며 그 동기

74 J. R. Rest(1980), *Moral Development*, 문용린 외 옮김(2008), 『도덕발달 이론과 연구』, 학지사, pp. 21-55.

는 윤리 지향적 인식이다. 즉 윤리적 가치 중심의 소설 읽기는 소설의 세계를 좋은 삶의 문제와 관련해서 경험하려는 독자의 관심과 동기에서 출발하는 것이다.

이를 윤리적 가치 중심의 소설 읽기에서 독자의 윤리적 동기화라고 할 수 있다. 인간이 소설을 읽는 동기는 다양하다. 예를 들어 리비스(Q. Leavis)는 소설 읽기의 동기를 크게 네 가지로 분류한 바 있다. 첫째는 여가 시간을 즐겁게 보내기 위함이고, 둘째는 작중인물의 성공담이나 실패담을 통해 대리 충족이나 대리 보상을 받기 위함이며, 셋째는 일상의 여러 문제들을 해결할 수 있는 경험과 통찰력을 얻기 위함이고, 넷째는 삶의 경험을 확장하고 심화하고 정화함으로써 삶의 질을 고양하기 위함이다.[75]

윤리적 가치 중심의 소설 읽기에서 윤리적 동기화는 이 중 네 번째와 관련이 있다. 자신의 삶을 보다 좋은 삶으로 고양하려는 것은 소설 읽기의 중요한 동기 중 하나이다. 물론 특별한 동기 없이 우연히 펼친 소설에서 큰 충격을 받고 자신의 삶을 반성하는 경우도 있다. 하지만 동기화된 독자는 낯설고 어려운 소설도 보다 좋은 삶을 위해 반드시 읽어야 할 것으로 인식하고 자신을 독려할 수 있다.[76] 더욱이 교육은 학습자가 이러한 동기를 의식적으로 자각함으로써 성찰적이고 자기 조절적인 활동을 수행하게 하는 것이다. 윤리적으로 동기화된 독자가 어떻게 소설을 읽는가에 대한 한 사례를 김현의 다음의 글에서 확인할 수 있다.

---

75 Q. Leavis(1979), *Fiction and the Reading Public*, Penguin Book, p. 51.

76 따라서 동기화는 소설 읽기의 방법적 근간이자 읽기 후의 평가 준거이다. 이에 대해서는 다음을 참고. 박인기(1994), 「문학 독서 방법의 상위적 이해」, 『국어교육연구』 1, 서울대학교 국어교육연구소, pp. 251-254.

소설을 읽으면서, 독자들은, 소설 속의 인물들은 무슨 욕망에 시달리고 있는가를 무의식적으로 느끼고, 나아가 소설가의 욕망까지를 느낀다. 독자의 무의식적인 욕망은 그 욕망들과 부딪쳐, 때로 소설 속의 인물들을 부인하기도 하고, 나아가 소설까지를 부인하기도 하고, 때로 소설 속의 인물들에 빠져 그들을 모방하려 하기도 하고, 나아가 소설가까지를 모방하려 한다. 그 과정에서 읽은 사람의 무의식 속에 숨어 있던 욕망은 그 모습을 서서히 드러내, 자기가 세계를 어떻게 변형시키려 하는가를 깨닫게 한다. (중략) 그 질문을 통해, 여기 내 욕망이 만든 세계가 있다라는 소설가의 존재론이, 이 세계는 살 만한 세계인가라는 읽는 사람의 윤리학과 겹쳐진다. 소설은 소설가의 욕망의 존재론이 읽는 사람의 욕망의 윤리학과 만나는 자리이다. 모든 예술 중에서, 소설은 가장 재미있게, 내가 사는 세계는 살 만한 세계인가 아닌가를 반성케 한다. 일상성 속에 매몰된 의식에 그 반성은 채찍과도 같은 역할을 맡아 한다. 이 세계는 과연 살 만한 세계인가, 우리는 그런 질문을 던지기 위해 소설을 읽는다.[77](중략은 인용자)

인용된 글에서 확인할 수 있듯이, 독자에게 소설의 세계는 '과연 살 만한 세계인가'를 묻게 하는 탐구 대상이다. 김현은 심지어 이러한 질문을 중요하게 여기지 않고 창작한 소설에 대해서도 독자는 '이 세계가 살 만한 세계인가', '재현된 삶이 좋은 삶인가'라는 질문을 제기할 수 있으며 제기하는 것이 필요하다고 주장한다. 그 과정에서 독자는 성찰의 방향을 자신이 살고 있는 현실 세계로 돌려 그렇다면 '이 세계는 살 만한 세계인가' 그리고 '자신의 삶

77 김현(1998), 「소설은 왜 읽는가」, 『분석과 해석』, 문학과지성사, p. 232.

은 좋은 삶인가'를 반성적으로 사고할 수 있기 때문이다.

그런데 모든 독자가 동일한 질문을 제기하는 것은 아니다. 이러한 질문은 "삶의 이유와 세계를 이해하는 방법에 대한 끈질긴 탐구를 가능케 하는" '소설의 고문'에 기꺼이 자기를 맡기려는 의지를 지닌 독자만이 제기할 수 있는 질문이다.[78] 그것은 일상성의 세계에 매몰되지 않고 끊임없이 좋은 삶과 살 만한 세계를 탐구하고 실천하려는 의지의 산물이다.

독자의 이러한 의지가 윤리적 가치 중심의 소설 읽기에서는 '세계의 상황 윤리적 인식'으로 구체화된다. 상황 윤리(situation ethics)는 윤리적 가치만큼이나 윤리적 가치가 문제가 되는 상황을 중시하면서 상황에 부합하는 윤리적 가치를 선택하고 실천하는 것을 강조한다.[79] 이는 규범 윤리가 모든 상황에 보편적으로 적용되는 윤리적 가치를 우선시하는 것과는 거리가 있다. 상황 윤리적 관점에서 볼 때 규범 윤리적 접근은 인간이 처할 수 있는 윤리적 가치 갈등 상황의 다양함과 변화 가능성을 포괄하지 못하며 구체적 상황에서 발생하는 타자의 고통에 공감하지 못한다.

이렇게 볼 때 소설의 세계를 상황 윤리적으로 인식한다는 것은 독자가 소설의 세계가 지닌 고유한 상황 윤리적 구조를 발견하고 이에 적극적으로 참여하는 것이다. 허구 세계의 상황 윤리적 구조는 윤리적 가치의 주체인 인물들이 각자의 지향 가치를 실천하는 과정에서 충돌하되 해결을 모색하는 윤

....

78 '고문'은 소설 읽기에 대한 김현의 관점을 구성하는 핵심 개념 중 하나이다. 그는 문학의 핵심 기능 중 하나가 독자로 하여금 일상적 세계의 허위와 가식을 벗어나 삶의 진정한 모습을 지향하도록 자극하는 것이라고 설명하면서 이러한 자극을 '고문'이라고 표현한다. 그에게 좋은 소설이란 독자에게 계속해서 고문을 가하는 소설이다. 그는 "독자들이 좋은 작품을 통해 결국 자신의 삶에 대한 태도의 어느 한 부분을 혹은 전부를 교정하지 않으면 안 되도록 그것은 심한 고문을 가한다."고 본다(김현(1992), 「문학이란 무엇인가1」, 『사회와 윤리』, 문학과지성사, p. 161).

79 J. Fletcher(1966), *Situation Ethics*, 이희숙 옮김(1989), 『상황윤리』, 종로서점, pp. 11-22.

리적 가치 갈등의 구조이다. 여기에서 작중인물은 하나의 모티프나 행위자로 환원될 수 없는 가치 지향적 인격체이며 허구 세계는 이러한 인격체들이 거주하면서 가능 세계를 모색할 수 있는 세계 체계의 중심이다. 따라서 허구 세계를 상황 윤리적으로 인식한다는 것은 독자가 인물들을 가치 지향적인 인격체로 대하면서 허구 세계로의 인격적 참여를 감행하는 것이다.

한편 서사적 소통의 상황 윤리적 구조는 작가가 서술자의 가치 평가적 서술을 매개로 좋은 삶의 특정한 가치를 제안하는 윤리적 호소 구조이다. 사르트르(J. P. Sartre)에 따르면, 문학은 "읽기를 통해서만 완성될 수 있기 때문에" 일종의 "호소(呼訴)"로 작가는 "언어라는 수단으로 기도한 드러냄을 객관적 존재로 만들어 주도록 독자에게 호소"한다.[80] 다시 말해 작가는 소설의 허구 세계를 독자가 체험하게 함으로써 특정한 윤리적 가치를 제안하고 호소하는 것이다. 그런데 작가의 윤리적 가치 호소는 서술자의 서술을 매개로 이루어진다는 점에서 다면적이고 복합적이다. 서술자와 독자의 윤리적 거리에 따라 서술자의 윤리적 가치가 작가의 호소 가치로 수용될 수도 그렇지 않을 수도 있다. 서사적 소통을 상황 윤리적으로 인식한다는 것은 독자가 서술자와 작가를 자신에게 윤리적 가치를 호소하는 인격적 타자로 인정하면서 대화적 관계를 통해 그들의 가치 호소를 경청하고 성찰하려는 것을 의미한다.

마지막으로 해석 공동체에 상황 윤리적 구조는 다른 독자들과 윤리적 가치 전유를 함께 검토하는 윤리적 공론 구조이다. 한편의 소설이 세대를 거쳐 전승되면서 지속적으로 읽히는 이유는 소설의 세계가 재현하는 삶의 방식이나 호소하는 윤리적 가치를 공동체의 구성원이 따라야 할 좋은 삶의 가치로 인식하기 때문이다. 따라서 다른 독자와의 가치 교섭은 소설의 세계에서 전

80 J. P. Sarte(1948), *Qu'est-ce que la littérature*, 정명환 옮김(1998), 『문학이란 무엇인가』, 민음사, p. 68.

유할 윤리적 가치를 학습자에게 전수하거나 아니면 자신의 가치 전유가 지닌 적절성과 타당성을 주장하는 행위로 국한되지 않는다. 가치 교섭은 궁극적으로 소설로 형상화된 윤리적 가치를 경험하는 과정에서 형성된 해석 공동체의 정체성을 성찰하는 것이다. 독자는 소설뿐만 아니라 소설에 대한 독자의 읽기를 비판적으로 검토함으로써 삶을 반성하고 기획할 수 있는 것이다.

정리하면, 상황 윤리적 인식은 독자가 참여하는 허구 세계, 서사적 소통, 해석 공동체의 가치 교섭을 윤리적 문제 상황으로 인식하는 것이다. 독자는 인물, 서술자와 작가, 다른 독자들을 윤리적 가치의 주체이자 인격체로 인정하며 이들의 윤리적 가치 갈등, 가치 호소, 가치 교섭에 적극적으로 참여한다.

(2) 주체 행위에 대한 윤리적 가치 판단

문제적 상황에서의 윤리적 판단은 현실 세계에서 흔히 경험하는 윤리적 행위의 실천 요소이다. 인간은 성장해 감에 따라 점차 복잡한 상황 맥락에 놓이게 되고 그 속에서 어떤 행동이 윤리적으로 옳은 것인가를 직관적으로 판단하고 실천한다. 이처럼 구체적인 상황 맥락에 비춰 인간 행위의 옳고 그름을 판단하는 것이 바로 윤리적 판단이다.[81] 이러한 윤리적 판단은 윤리적 가치 중심의 소설 읽기 과정에서 독자가 지속적으로 수행해야 하는 실천 단위이다.

윤리적 가치 중심의 소설 읽기에서 독자의 윤리적 판단이 필수적인 이유는 소설의 세계가 인간의 가치 지향적 행위와 밀접한 관련을 맺기 때문이다. 우선 허구 세계와 인간의 행동 간의 관계를 살펴보자. 소설의 허구 세계가 인간의 행동을 재현한 산물임은 앞서 설명한 바 있다. 이때 재현은 현실 세계의

81 J. R. Rest(1980), 앞의 책, pp. 29-36. 윤리성의 핵심 요소는 인격적 행동에 대한 윤리적 판단이다(박이문(1990),『慈悲의 윤리학』, 철학과현실사, pp. 16-18).

행동을 그대로 모방한 것이라기보다는 해석하고 선택하여 조직함으로써 현실 세계와 은유적 관계에 있는 허구 세계를 창조하는 것이다.[82] 이때의 은유적 관계란 허구 세계가 현실 세계에 대한 일차적 대상 지시를 유예함으로써 '현실 세계의 가능한 진리' 또는 '하나의 통일성으로 인식되는 인간 삶의 선(善)'을 개시한다는 존재론적 관계를 의미한다. 이런 점에서 허구 세계로 재현된 인간은 윤리적 주체로서의 인간이며 행동은 윤리적 판단의 대상이 되는 가치 지향적 행동이다.[83]

더군다나 허구 세계에서 재현된 인물과 그의 행동은 현실 세계의 일상생활보다 훨씬 심각한 윤리적 가치 갈등 상황에 놓여 있다. 허구 세계의 인물은 "좋은 것과 나쁜 것 사이의 선택이 아니라 나쁜 것과 최악의 것 사이의 선택이라는 곤혹스러운 상황"에 있다.[84] 소설의 허구 세계는 '차악들 간에 선택해야 하는 윤리적 필연성'을 문제 삼는 것이다. 독자에게 작중인물의 행동은 체험의 대상이자 윤리적 가치 평가의 대상이다.

한편 서사적 소통에서 독자가 경험하는 인격체의 행위는 서술자의 서술 행위이다. 서술자를 가치 지향적 행위의 주체이자 인격체로 간주할 수 있는가에 대해서는 논란이 있을 수 있다. 예를 들어 '소설의 수사학'이나 '구조주

82 굿맨(N. Goodman)은 대상의 재현을 모사나 모방으로 보는 관점을 비판하면서 재현과 해석의 관계를 다음과 같이 설명한 바 있다. "모사되는 것은 있는 그대로의 대상도 아니고 있는 모든 방식들대로의 대상도 아니며 무심한 눈에 비치는 방식대로의 대상도 아닌 것이다. 나아가 대상이 있는 여러 방식들 중의 하나, 그것의 어떤 측면을 모사하는 바로 그 생각이 잘못된 것이다. 한 측면이란 단지 주어진 거리와 각도 그리고 주어진 빛 아래의 대상이 아니기 때문이다. 그것은 우리가 바라보고 생각하는 바의 대상, 즉 대상의 한 판본, 혹은 해석이다. 대상을 재현할 때 우리는 그러한 해석 또는 번역을 모사하는 것이 아니다. - 우리는 해석을 달성한 것이다."(N. Goodman(1976), *Languages of Art*, 김혜숙·김혜련 옮김(2002), 『예술의 언어들』, 이화여자대학교 출판부, p. 27)

83 김한식(2012), 「이야기의 윤리학을 위하여」, 『해석학연구』 29, 한국해석학회, pp. 199-246.

84 P. Ricoeur(1995), *Réflexions faites: autobiographie intellecturelle*, Esprit. 위의 책, p. 208에서 재인용

의 서사학'에서 서술자는 담론의 요소이다. 서술자는 작가나 작중인물처럼 인격체가 아니라 언어학적 기능을 담당하는 대리자이자 작가에 의해 선택된 서사적 장치라는 것이다.[85]

하지만 윤리적 가치 중심의 소설 읽기에서 독자는 소설의 서술자를 허구 세계의 인물과 사건을 이야기하는 서술 행위의 주체로서 상정해야 한다. 하나의 기호이자 행위항으로서 환원될 수도 있는 작중인물을 하나의 인격체로 간주할 때 허구 세계의 윤리적 가치 갈등에 대한 체험이 가능한 것처럼 서술자도 서술항이나 비인격적인 '그것'이 아닌 독자에게 이야기하는 '어떤 사람'으로 대할 때 윤리적 가치 위계의 서사적 소통이 시작되는 것이다. 인격체로서 서술자는 '언어를 통해 삶의 가치를 실천하는' 담론의 주체이자 허구 세계의 작중인물과 사건을 가치 평가하고 이에 대한 독자의 공감을 얻고자 하는 소통의 주체이다.[86]

서술자는 해석, 판단, 일반화 등 허구 세계에 대한 논평을 통해 윤리적 가치를 직접적으로 제시하거나 배경 및 사건을 설명하는 과정에서 인물과 사건에 대한 평가를 암시적으로 드러낸다. 또한 초점화나 시간의 조직 등을 통해 보다 은밀하게 독자가 자신의 윤리적 가치나 가치 평가에 설득되도록 한다. 서술자가 카메라의 눈이나 전지전능한 신의 관점을 취하고자 할 때도 그의 인격성을 완전히 지우지는 못하며 독자는 그러한 서술 행위에서 나름의 윤리적 가치와 이에 대한 호소를 감지할 수 있다.

마지막으로 윤리적 가치 전유의 반성적 검토에서 독자가 대면하는 인격

85 애벗(H. P. Abbott)이 소개한 헤르나디(P. Hernadi)의 다음과 같은 언급은 서술자를 비인격체로 간주하는 관점을 대표한다. "당신이 지금 보고 있는 사람이 서술자라고 생각하되, 그를 실체라고 생각하지 말라. 그는 단순하게 '서술 기능'이 의인화된 것이거나 개인적인 특질이 극도로 축소된 가상적인 인간에 불과하다." H. P. Abbott(2008), 앞의 책, p. 138.

86 우한용(2011), 『소설 장르의 역동학』, 서울대학교 출판부, pp. 29-32.

체의 행위는 다른 독자의 가치 전유와 가치 교섭이다. 한 소설의 윤리적 가치를 경험하는 독자는 대부분 여러 명이다. 따라서 독자는 한 소설을 읽은 후 이에 대한 다른 독자가 쓴 해석 텍스트를 읽을 수 있다. 독자들은 윤리적 가치의 주체이며 이에 비춰 소설의 윤리적 가치를 경험한다는 점에서 해석 텍스트에 드러난 윤리적 가치 전유는 자신의 것과 유사할 수도 있고 상이할 수도 있다.

독자는 다른 독자의 윤리적 가치 전유가 자신의 소설 읽기에 영향을 미친다는 점을 인정하면서 이를 무조건 수용하거나 거부하기보다는 가치 교섭의 타자로 인정해야 한다. 가치 교섭은 윤리적 가치 전유를 서로 비교하고 함께 검토함으로써 보다 진전된 가치 전유를 모색하는 과정이다. 차이를 확인하고 이를 조정하는 과정에서 소설의 윤리적 가치를 보다 다각도로 경험할 수 있고 그만큼 각자의 윤리적 가치 전유도 심화될 수 있다.

정리하면, 윤리적 가치 중심의 소설 읽기에서 독자는 다양한 인격체를 만나고 그의 행위를 가치 판단한다. 허구 세계에서 경험하는 주체 행위는 인물의 행동이며 서사적 소통에서 경험하는 주체 행위는 서술자의 가치 평가적 서술 행위이다. 그리고 해석 공동체에서 경험하는 주체 행위는 다른 독자의 윤리적 가치 전유이다. 독자는 이들의 말과 행동을 근거로 지향하는 윤리적 가치를 추론할 뿐만 아니라 평가해야 한다. 소설 읽기는 독자가 이들의 행위를 윤리적 가치 판단의 대상으로 삼을 때 윤리적 수행의 성격을 띨 수 있는 것이다.

(3) 행위 가능성의 허구적 탐구

인간은 해결해야 할 상황을 윤리적으로 동기화됨으로써 윤리적 문제로 인식하고 윤리적 판단을 통해 보다 옳은 행동, 보다 선한 행동을 선택할 수 있다. 칸트(I. Kant)는 이러한 윤리적 동기화나 윤리적 판단만으로 윤리적 경험을 설명하고자 했다. 그는 무엇보다 선의지를 중시했다. 물론 문제적 상황을 윤리적 지평에서 해결하고자 하는 선의지의 중요성은 간과할 수 없다. 하지만 선의지가 삶의 목표나 행위와 분리되어 고립된 것은 아니다. 선의지는 무엇보다 좋은 삶을 성취하겠다는 지향적 의지이며 행동으로 구체화될 때 실현될 수 있다.[87]

윤리학이 윤리적 동기화, 윤리적 판단과 함께 윤리적 민감성을 윤리적 행위의 수행 요소로 중요하게 논의하는 것은 이 때문이다. 윤리적 민감성은 행위 가능성을 상상하고 예측하는 것으로 "어떤 행위 과정이 가능한가를 상상하는 것과, 각 행동이 관련자들의 행복에 어떻게 영향을 미치는지에 대해 행위 결과를 추적하는 것"을 포함한다.[88] 인간은 윤리적 민감성을 바탕으로 직면한 상황에서 가능한 행위를 다양하게 모색하며 각각의 행위가 초래할 수 있는 결과를 예상한다. 개인의 윤리적 동기화나 윤리적 판단이 대부분 공동체 내에서 발생한 문제의 해결을 목표로 한다는 점에서 타자와의 관계를 고려하여 가능한 행위를 상상하고 결과를 예측하는 윤리적 민감성은 더욱 중요해진다.

그런데 최근 윤리학에서는 윤리적 민감성을 바탕으로 행위 가능성을 상상하고 조망할 수 있는 강력한 수단으로 서사에 주목하고 있다. 서사를 윤리 교육의 수단으로 활용하는 것에서 더 나아가 서사 자체를 윤리적 사유의 구조로 보는 이러한 입장은 도덕적 숙고가 기본적으로 서사의 형태를 취해야 한다고 주장한다. 도덕적 숙고가 서사적 형태를 띨 때 문제적 상황의 세부적 요소를 풍부하게 탐색할 수 있고 행위 가능성의 상상적 조망 또한 개연성을 획득할 수 있다는 것이다.[89] 이와 관련하여 마크 존슨(M. Johnson)은 행위 가

87 M. Johnson(1993), 앞의 책, pp. 402-403.

88 J. R. Rest(1980), 앞의 책, p. 26.

89 윤리학은 최근 윤리적 행위 및 이에 대한 사유와 서사 간의 밀접한 관계에 주목하면서 '서사

능성을 서사적으로 탐구하는 구체적인 사례로 '임신 사실을 알게 된 열다섯 살 된 소녀의 도덕적 숙고'를 소개한 바 있다. 그에 따르면, 소녀는 자신이 선택할 수 있는 몇 가지 가능한 행동을 모색할 것이고 선택한 행동에 의해 어떻게 사건이 전개될 것인가를 상상할 것이다. 그 결과로 생부와 결혼하거나, 혼자서 아이를 기르거나, 가족들에게 책임을 지우거나, 입양을 선택하는 것과 관련된 네 가지의 가능한 서사를 탐색할 수 있다. 다음은 그 탐색의 과정 중 하나이다.

> 그녀는 그 아이를 혼자서 키울 수도 있다. 그러나 그 경우 그녀의 삶, 그 아이의 삶, 또 그녀의 가족의 삶은 어떻게 될까? 그녀는 학교를 마치게 될까? 만약 그렇지 않다면 그녀 자신과 아이의 미래가 의미 있게 될 가능성은 어느 정도일까? 그녀는 자신과 아이를 어떻게 부양할까? 이제는 과거가 되어 버린 세계 안에서 그녀의 동료들과 유지해 왔던 관계는 어떻게 될까? 그녀는 자신의 아이를 양육할 수 있는 정서적, 재정적, 심리적 수단을 갖고 있을까?[90]

이렇게 특정한 행동을 선택함으로써 전개될 수 있는 삶을 서사화하는 것은 소녀가 자신이 누구인가를 이해하고, 무엇이 될 것인가를 상상하며, 의미

....

윤리학'을 모색하고 있다. 이와 관련하여 머레이(T. H. Murray)는 윤리학에서 서사에 주목한 다양한 논의를 검토한 후 서사를 '도덕 교육의 수단으로 활용하는 윤리학(narrative as moral education)', '도덕적 방법론으로 수용하는 윤리학(narrative as moral methodology)', '도덕 담론의 적합한 형식으로 수용하는 유리학(narrative as an appropriate form of moral discourse)', '도덕적 정당화의 요소로 간주하는 유리학(narrative in moral justification)'으로 나눈 바 있다(T. H. Murray(1997), What Do We Mean by "Narrative Ethics", H. L. Nelson(ed.), *Stories and Their Limits*, Routledge, pp. 3-17).

90 M. Johnson(1993), 앞의 책, p. 367.

있는 행위 가능성을 탐색하고, 자신의 삶을 타인의 삶과 공존하게 하는 과정이다. 이 과정에서 지식과 경험이 충분하지 못한 소녀는 공동체가 공유한 대안적 서사들을 참고하거나 따를 수 있다. 정리하면, 현실 세계에서 행위 가능성을 상상적으로 조망하는 것은 문제적 상황에서 선택 가능한 행동을 다양하게 모색하고 그 전개 과정을 예측함을 의미한다. 이 과정은 서사적 형태를 띨 수밖에 없다. 인간은 이렇게 모색한 가능한 행동 중 하나를 선택하고 이를 실천한다.

행위 가능성의 상상적 조망이 언어적 형상으로 구체화된 것이 소설이다. 소설의 작가는 세계와의 불화를 해결하거나 초월할 수 있는 대안적 삶을 모색한다. 그리고 모색한 가능 세계들 가운데 한 세계를 선택하여 이를 허구화한다.[91] 예를 들어 소설 〈하백의 딸들〉은 열여섯에 아이를 임신한 미혼모를 둘러싼 사건을 형상화한 작품이다. 이 소설의 창작 동기에 대해 작가는 다음과 같이 설명하였다.

> 언젠가 TV를 봤더니, 아파트 5층짜리 건물에서 비닐봉지에 싼 아기를 수위 아저씨가 줍는 얘기가 나오더라구요. 그 자체가 너무나 충격적이어서, 미혼모라는 게 과연 무엇일까, 호적에 올려서 낳으면 괜찮고, 아직 호적에 오르기 전에 낳으면 왜 문제인가, 이렇게 고민하다 보니까, 어차피 건국 시조인 고주몽도 하백의 딸에게서 그렇게 태어난 것이라는 생각이 들었고 (중략) 미혼모 문제가 단순히 선생이나 법, 의사가 처리할 사회적인 문제만은 아니라는 생각이 들었지요. 작품에서는 여학생이 모르는 사이에 그런 일이 저질러졌다고는 하지만, 그냥 개인적인 욕망이

91 김근호(2009), 「허구 서사 창작 교육 연구」, 서울대학교 박사학위논문, p. 72.

랄까 호기심에서부터 비롯된 일이 엄청난 역사에까지 미치는 어떤 이야기를 써 보면 어떨까 하는 생각을 했습니다.[92] (중략은 인용자)

작가는 TV에서 본 뉴스를 계기로 미혼모 문제를 새롭게 인식한다. 아파트의 수위가 비닐봉지에 싸인 아이를 발견했다는 뉴스에 충격을 받고 미혼모는 어떤 존재이며 미혼모에 대한 기준이 정당한가에 대해 고민하기 시작한 것이다. 이러한 고민을 통해 미혼모의 문제가 단순히 교육, 법, 의료 등의 사회적 문제에만 국한하지 않는 인간 삶의 보편적 문제라는 인식에 도달하고 "개인적인 욕망이랄까 호기심에서부터 비롯된 일이 엄청난 역사에까지 미치는 어떤 이야기"라는 가능 세계를 모색한다. 이렇게 모색된 가능 세계를 언어적으로 형상화한 것이 바로 소설 〈하백의 딸들〉이다.

하지만 소설의 작가가 가능 세계를 모색하는 것은 일상에서 행위 가능성을 모색하는 것과는 차원을 달리한다. 일상의 윤리적 문제 상황에서 행위 가능성을 상상적으로 조망하는 것은 무엇보다 당면한 문제를 해결하는 것을 목표로 한다. 마크 존슨이 소개한 열다섯 살 된 소녀가 윤리적 민감성을 바탕으로 네 가지의 가능한 서사를 탐색한 것은 주어진 상황에서 문제를 해결할 수 있는 최선의 행동을 선택하기 위함이다. 이 소녀는 서사적 탐색의 형태로 행위 가능성을 조망함으로써 문제에 개입된 다양한 요인들, 자신이 지향하는 정체성, 타인과의 관계 등을 충분히 고려한 행동을 선택할 수 있다. 이처럼 윤리학에서 상정하는 행위 가능성의 상상적 조망은 현실 세계의 기대 지평에 부응하는 방식으로 윤리적 문제를 해결하는 것이다.

반면 소설의 창작 과정에서 작가가 모색하는 가능 세계는 문제를 제기하

92 김화영(2005), 「송하춘, 윤후명」, 『한국 문학의 사생활』, 문학동네, pp. 73-75.

고 숙고하게 하는 데 목적이 있다. 소설의 작가는 현실 세계에서 문제를 발견하고 성찰하는 과정에서 가능 세계를 모색하지만 이러한 모색의 목적이 현실 세계의 문제를 직접적으로 해결하기 위함은 아니다. 오히려 소설은 현실 세계의 문제를 새롭게 바라볼 수 있도록 질문의 방식을 바꾸고 이를 성찰하게 한다. 소설은 '이전의 물음에 대한 대답일 뿐만 아니라, 새로운 물음의 원천'이 되는 것이다.[93]

이런 점에서 소설의 세계는 일상적인 삶의 기대 지평에 부합하지 않고 오히려 긴장 관계를 유지한다. 소설 〈하백의 딸들〉에서 독자가 체험하는 것은 한 여학생이 임신이라는 문제적 상황에 직면했을 때 취할 수 있는 가장 현실적인 행동이 아니다. 오히려 독자는 이 문제를 해결하기 위한 미혼모 '현지'의 행동과 담임 선생님인 '조정미'와 '장하구'의 헌신이 어떤 한계를 지닐 수 있는가를 구체적인 상황 맥락에 비추어 확인함으로써 미혼모의 문제를 새롭게 인식하고 삶의 보편적 가치를 깨닫는다.

이처럼 소설에서 행위 가능성의 상상적 조망은 실제로 발생하지 않는 구체적 사건들을 조직적으로 배열함으로써 윤리적 가치를 형상화하는 것이다. 따라서 소설 읽기에서 독자는 행위 가능성을 직접 조망하기보다는 이렇게 구체화된 행위 가능성을 허구적으로 탐구한다.[94] '행위 가능성의 허구적 탐구'를 통해 독자는 현실 세계의 문제점을 해결하기보다는 현실 세계의 문제적 상황을 새롭게 인식하고 성찰하는 방식으로 소설의 윤리적 가치를 경험하는 것이다.

93 P. Ricoeur(1985), 앞의 책, p. 336.

94 여기에서 허구적은 두 가지 의미를 지닌다. 하나는 조직과 배열을 통한 구성이며 다른 하나는 현실 세계에서 발생하지 않는 것이다. 이 두 의미는 허구라는 개념에서 통합된다(P. Ricoeur(1983), 앞의 책, p. 147).

우선 윤리적 가치 갈등의 체험에서 행위 가능성의 허구적 탐구는 허구 세계의 사건들을 따라가면서 그 전개의 개연성을 확인하고 가능성을 모색하는 것이다. 허구 세계의 행동과 사건은 작가가 선택적으로 재현한 것이다. 즉 개연성과 필연성을 가질 수 있도록 행동을 선택하고 사건을 조직함으로써 하나의 전체로 통합한 것이다. 윤리적 가치 갈등의 체험은 이렇게 조직된 사건의 전개를 '따라가면서' 인물들이 행위 가능성의 상상적 조망을 통해 선택한 행동들이 어떻게 그리고 왜 특정한 결과를 초래하였는가를 이해하는 것이다.[95]

그런데 허구 세계는 작가가 현실 세계의 문제의식을 바탕으로 모색한 가능 세계 중 하나를 구체화한 것이지만 동시에 그 세계 내에서 가능 세계를 모색할 수 있는 세계 체계의 중심이다. 따라서 독자는 사건의 전개를 따라가면서도 인물들이 선택하지 않는 행동들을 가정할 수도 있다. 〈사랑손님과 어머니〉에서 사랑손님을 떠나보내지 않는 어머니의 선택, 《아홉 켤레의 구두로 남은 사내》에서 구두를 불태우지 않고 끝까지 아내 곁을 지킨 권 씨의 행동을 가정하는 것이다. 이와 같은 가정하기를 통해 독자는 윤리적 가치 갈등을 보다 다각도로 체험할 수 있으며 허구 세계를 세계의 중심으로 하는 또 다른 가능 세계를 모색할 수도 있다.

행위 가능성의 허구적 탐구는 허구 세계뿐만 아니라 서사적 소통이나 해석 공동체의 가치 교섭에서도 적용된다. 서사적 소통에서 행위의 일차적 주체는 서술자이지만 서술자에게 서술의 권위를 부여한 사람은 작가이다. 작가

95 리쾨르(P. Ricoeur)는 이를 '스토리 따라가기'로 정의한다. '스토리 따라가기'는 "결말에서 실현되는 어떤 기다림의 안내를 받아 우연적이고 돌발적인 사건들 한가운데로 나아가는 것"으로 '연속되는 사건들이 어떻게 그리고 왜 그러한 결론에 이르게 되는지를 이해하는 것'이다(P. Ricoeur(1983), 앞의 책, p. 152).

는 소설을 창작하기 위해 서술 행위의 가능성을 다양하게 모색한 후 서술의 권한을 특정한 인격체에게 부여한다. 서술자를 선택하는 것은 윤리적 가치 갈등을 바라보는 특정한 시각을 채택하는 것이다. 인격체로서 서술자는 결코 허구 세계를 가치중립적으로 서술할 수 없기 때문이다. 게다가 서술자의 윤리적 가치와 작가의 윤리적 가치가 항상 일치하는 것은 아니다. 따라서 서사적 소통에서 행위 가능성을 허구적으로 탐구한다는 것은 서술자의 서술 행위를 따라가면서 작가가 서술자를 매개로 호소하는 가치가 무엇이며 이를 어떻게 언어화하고 있는가를 이해하는 것이다. 이 과정에서 독자는 다양한 인물이나 허구 세계의 외적 인물이 서술하는 것을 가정하는 방식으로 작가가 실행하지 않는 서술 행위의 가능성도 모색할 수도 있다.

해석 공동체에서 주체 행위는 독자들의 가치 전유와 교섭이다. 그런데 이때의 가치 교섭은 많은 경우 허구적이다. 즉 독자가 굳이 면 대 면의 논쟁에 참여하지 않더라도 다른 독자의 해석 텍스트를 읽고 선별한 후 동조적으로 또는 비판적으로 인용함으로써 가상적 공론 상황을 구성할 수 있는 것이다. 이와 같은 공론 상황에서 독자는 지구 반대편의 또는 수십 년 전의 독자와 교섭할 수 있다. 또한 같은 방식으로 독자는 수십 년 후의 독자에게 인용됨으로써 윤리적 가치 전유에 대한 가치 교섭에 참여할 수 있다.

정리하면, 행위 가능성의 허구적 탐구는 인물들의 행동이나 서술자의 서술 가능성에 구체적 형상을 부여한 소설의 세계를 경험하거나 다른 독자와의 가치 교섭 가능성을 다양하게 모색하는 것이다. 이때 독자는 작중인물이 선택하지 않거나 작가가 선택하지 않는 서술 행위도 가정한다. 독자는 이처럼 재현된 행동이나 서술 행위의 필연성과 가능성을 함께 모색함으로써 소설로 형상화된 윤리적 가치를 보다 풍부하게 경험할 수 있다.

(4) 반성적 판단을 통한 윤리적 가치 성찰

윤리적 행동을 구성하는 마지막 요소는 인격(personality)이다. 인격은 윤리적 행동의 토대이다. 개인이 문제적 상황에서 윤리적 동기화를 바탕으로 윤리적 민감성을 발휘하며 윤리적 판단을 내릴 수 있는 것은 바로 인격을 갖췄기 때문이다. 개인의 인격은 윤리적 행동의 지속성과 일관성을 담보한다.[96] 한편 인격은 윤리적 행동의 산물이기도 하다. "옳은 행위를 함으로써 옳게 되고, 절제 있는 행위를 함으로써 절제 있게 되며, 용감한 행위를 함으로써 용감하게 된다."라는 말처럼, 인격은 윤리적 행동의 오랜 습관이다.[97] 인격은 윤리적 가치를 경험하고 성찰하는 과정에서 형성되는 것이다.

윤리적 행동과 인격의 이러한 관계는 소설 읽기에도 적용될 수 있다. 독자의 인격은 소설의 윤리적 가치를 경험하는 토대이다. 어떤 인격을 갖췄는가에 따라 인물의 행동에 대한 가치 평가나 가치 갈등의 탐색 또는 작가의 가치 호소에 대한 성찰적 응답의 양상이 달라질 수 있다. 또한 독자의 인격은 소설의 윤리적 가치를 경험함으로써 강화되거나 재구성될 수 있는 소설 읽기의 산물이다. 윤리적 가치 갈등을 체험하고 윤리적 가치 위계를 탐구하고 윤리적 가치 전유를 검토하는 과정에서 독자의 인격은 끊임없이 활성화되는 만큼 반성의 대상이 된다.

이런 점에서 윤리적 가치 중심의 소설 읽기에서 마지막 수행 단위는 소설로 형상화된 윤리적 가치를 성찰하는 것이다. 소설 읽기에서 윤리적 가치의 성찰을 가능하게 하는 것은 바로 독자의 '반성적 판단'이다. '판단'이란 '특수한 현상을 보편적 원리에 포섭하는 것'으로 다시 '규정적 판단'과 '반성적 판단'으로 나뉜다. 이 둘의 차이는 보편적 원리가 미리 주어져 있는가에

96 J. R. Rest(1980), 앞의 책, pp. 39-41.

97 Aristotle, *Ethica Nicomachea*, 이창우 외 옮김(2006), 『니코마코스 윤리학』, 이제이북스, p. 53.

있다. 만약 보편적 원리가 주어져 있다면 판단은 규정적이다. 규정적 판단은 주어진 보편적 원리에 특수한 현상을 포섭함으로써 현상을 객관적으로 인식하는 것이다.

반면 특수한 현상만이 주어져 있을 때 판단은 반성적이다. 반성적 판단을 통해 인간은 특수한 현상에서 현상의 유기적인 목적인 보편적 원리를 발견할 수 있다.[98] 반성적 판단력은 상상력을 지성에 순응시키며 이를 통해 문화의 본래적 이념이자 자연의 궁극 목적인 인류의 윤리적 완성에 기여하도록 한다.[99] 이에 따르면 인물들의 윤리적 가치 갈등이나 작가의 윤리적 가치 호소 또는 독자들의 가치 교섭을 반성적으로 판단함으로써 발견하는 보편적 원리는 윤리적 가치이다.

우선 윤리적 가치 갈등을 재현한 허구 세계에서 독자의 반성적 판단은 윤리적 가치 갈등이 해결되는 사건 전개를 따라가면서 전망을 모색하는 것으로 구체화된다. 루카치(G. Lukács)에 따르면, 소설에서 '전망'은 크게 두 가지의 의미를 지닌다. 첫째는 '사회의 발전 속에서 획득해야 할 가치'이다. 전망은 '아직 실재하지는 않지만 현실 속에서 그러한 실재를 실현하려는 경향'을 의미한다. 둘째는 '허구 세계를 구성하는 기준'이다. 허구 세계는 윤리적 가치 갈등에 관여하는 행동들을 선택하고 사건들로 배열한 것인데 이때 '본질적인 것과 비본질적인 것, 핵심적인 것과 주변적인 것을 선택하고 배열하는 기준'이 곧 전망이다.[100] 소설의 허구 세계는 전망에 의해 선택된 행동과 배열된 사건들의 세계이며 이때의 선택과 배열의 원리는 앞으로 실현해야 할 가

98 I. Kant, *Kritik der Urteilskraft*, 이석윤 옮김(2005),『판단력비판』, 박영사.

99 박진(2003),「문화와 예술 – 칸트에게서 자연과 자유의 매개로서의 미」,『칸트연구』11, 한국칸트학회, pp. 163-196.

100 G. Lukács, *Wider den missverstandenen Realismus*, 황석찬 옮김(1986),『현대리얼리즘론』, 열음사, pp. 53-57.

치라는 점에서 미래 지향적이다.

이러한 전망 개념은 소설의 독자가 윤리적 가치 갈등을 체험함으로써 삶을 반성하고 기획하는 과정을 잘 설명한다. 독자가 허구 세계에서 체험하는 윤리적 가치 갈등은 일정한 방향성을 지니고 있으며 독자는 그 끝에서 체험된 세계를 되돌아보며 앞으로 실현해야 할 가치를 통찰할 수 있는 것이다. 따라서 갈등의 해결이 반드시 선한 사람의 승리나 악한 사람의 징벌로 끝날 필요는 없다. 진정한 가치를 추구하는 인물이 타락한 현실에서 패배하더라도 독자는 그 삶의 과정을 되돌아보면서 진정한 가치가 부재하는 사회를 역설적으로 비판할 수 있으며 '실현해야 할 좋은 삶'을 기획할 수 있기 때문이다.[101]

이러한 '반성적 판단'은 윤리적 가치 갈등의 체험뿐만 아니라 윤리적 가치 위계의 서사적 소통, 윤리적 가치 전유의 반성적 검토에도 적용된다. 서사적 소통에서 독자와 윤리적 가치를 함께 모색하는 타자는 작가이다. 작가가 소설을 창작하는 가장 중요한 계기는 형상화한 윤리적 가치를 독자와 공유하는 것이다.[102] 그런데 이때의 공유 방식은 형상화한 윤리적 가치를 강요하거나 억압하는 것이 아니고 독자의 수용 여부에 대해 무관심한 것도 아닌 호소의 성격을 띤다.

....

101 물론 루카치에 따르면 오직 리얼리즘 계열의 작품만이 올바른 전망을 구성할 수 있다. 리얼리즘 계열의 작품은 현실의 실상을 올바로 투시하며 본질적인 연관을 선별하고 구성함으로써 올바른 발전 방향을 전망한다는 것이다. 예를 들어 자연주의 계열의 작품은 선택 원리가 부재하고 잘못된 객관주의적 인과율을 드러내는데, 이는 피상적이고 부적절한 전망에 기인한 것이다. 하지만 어떠한 소설이건 사건이 연대기적 결합을 넘어 전체로 고려된 허구 세계를 창조한다면 특정한 전망이 개입한 것으로 볼 필요가 있다. 전망의 적절성을 따지기 이전에 각각의 허구 세계가 어떠한 전망을 환기하는가를 인식하는 것이 보다 중요한 것이다. 이에 대해서는 다음을 참고. 나병철(1998), 『소설의 이해』, 문예출판사, pp. 203-205.

102 김근호에 따르면, 허구 서사 창작의 동기는 삶의 문제 발견, 대안적 삶의 모색, 허구를 통한 존재의 확장, 진실에 대한 관심의 공유이다. 이 중 진실에 대한 관심을 공유하고자 하는 타자는 바로 독자이다(김근호(2009), 앞의 글, pp. 202-213).

> 창작은 오직 읽기를 통해서만 완성될 수 있기 때문에, 예술가는 자기가 시작한 것을 완결시키는 수고를 남에게 맡기기 때문에, 그리고 그는 오직 독자의 의식을 통해서만 자기가 제 작품에 대해서 본질적이라고 생각할 수 있기 때문에, 모든 문학 작품은 호소이다. 쓴다는 것은 내가 언어라는 수단으로 기도한 드러냄을 객관적 존재로 만들어주도록 독자에게 호소하는 것이다.[103]

윤리적 가치 중심의 소설 읽기에서 독자는 비록 면 대 면의 소통 상황은 아니지만 작가의 가치 호소를 외면하지 않고 이에 응답할 책무를 지닌다. 이른바 타자 지향의 응답성을 실천하는 것이다. 서사적 소통에서 독자가 직접 경청할 수 있는 목소리는 작중인물과 서술자의 것이다. 그럼에도 독자는 서술자의 가치 평가적 서술을 분석하고 작중인물과의 윤리적 거리를 재구하는 과정에서 작가가 호소하는 윤리적 가치를 추론할 수 있다. 그리고 추론된 윤리적 가치에 대한 공감을 표하고 실천하거나 자신의 의견을 제시함으로써 응답의 책임을 다할 수 있다.[104]

해석 공동체의 가치 교섭에서도 독자의 반성적 판단은 필요하다. 해석 공동체는 한 소설을 함께 읽으며 또 세대를 거쳐 거듭 읽는다. 이 과정에서 소설의 윤리적 가치는 다양하게 전유되며 특정한 윤리적 가치 전유는 전승되면서 전통을 형성한다. 독자는 다른 독자의 해석 텍스트를 읽으며 윤리적 가치 전유의 다양성과 전통성을 인식하는 것이다.

103 J. P. Sarte(1948), 앞의 책, p. 68.

104 이와 관련하여 윤리의 해석뿐만 아니라 해석의 윤리를 주장한 최인자의 논의를 주목할 만하다. 그는 해석의 윤리를 독자가 소설에 응답의 책임을 지는 것이라고 규정한다. 이 책임성은 소설의 세계에 공감을 하는 것을 넘어 자신의 의견을 제시하는 것까지를 포함한다(최인자(2009), 「타자 지향의 서사 윤리와 소설교육」, 『독서연구』 22, 한국독서학회, pp. 299-301).

독자는 이러한 다양성과 전통성의 인식을 통해 윤리적 가치 전유의 적절성을 검토하고 타당성을 주장할 수 있다. 하지만 보다 중요한 것은 해석 공동체가 소설의 윤리적 가치를 함께 경험하면서 어떤 정체성을 형성했는가를 이해할 수 있다는 것이다. 독자는 공동체가 전유한 윤리적 가치를 성찰함으로써 삶에 대한 그간의 기획을 반성하고 새로운 기획을 제안하는 것이다.

윤리적 가치 중심의 소설 읽기에서 반성적 판단은 결국 소설을 매개로 가능 세계를 모색하고 대안적 전망을 그려 볼 수 있는 상상력, 즉 초월적 상상력을 발휘하는 것이다. 초월적 상상력은 현실 세계에서 실현되지 않는 좋은 삶을 지향하며 가능 세계를 모색하고 허구 세계로 구체화할 수 있는 문학 생산의 상상력이다. 하지만 이와 같은 상상력은 윤리적 가치 중심의 소설 읽기에서도 필수적이다. 소설이 권선징악만이 아니라 속물들의 삶을 재현하거나 진정한 가치를 추구하는 인물의 패배를 그리더라도 독자가 삶을 반성하고 기획할 수 있는 것은 바로 어떤 세계에도 대안적 삶을 꿈꿀 수 있는 초월적 상상력을 지녔기 때문이다.[105] 이러한 상상력이 없다면 윤리적 가치를 정교하게 형상화한 소설을 읽더라도 그 가치를 경험하거나 성찰하지 못할 것이다.

105 구인환 외(2001), 『문학교육론』, 삼지원, pp. 80-84.

| 더 읽어 보면 좋은 이론 |

해석학을 통해 읽기를 자기 이해의 특권적 활동으로 자리매김한 사람은 리쾨르이다. 그의 해석학과 윤리학에는 독자, 이야기, 좋은 삶의 생산적 순환에 대한 통찰이 담겨 있다. 그 통찰을 이해하는 가장 중요한 경로는 그의 저서이지만 그 길을 다녀와 쓴 안내서를 먼저 읽어보는 것도 좋은 선택이다. 리쾨르의 해석학을 대표하는 저서는 『시간과 이야기(*Temps et récit*)』(문학과지성사, 1999 · 2000 · 2004) 3권으로, 그 핵심 내용은 이 책을 번역한 김한식의 「폴 리쾨르의 이야기 해석학」(『국어국문학』 146, 국어국문학회, 2007), 「이야기의 윤리학을 위하여」(『해석학연구』 29, 한국해석학회, 2012)에서 확인할 수 있다. 리쾨르의 『타자로서 자기 자신(*Soi-même comme un autre*)』(김웅권 옮김, 동문선, 2006)은 그의 윤리학을 정립한 책이다. 이 중 윤리의 구성 및 도덕 규범, 실천적 지혜와의 관계를 집중적으로 다룬 7장부터 9장을 탐색할 때는 김정현의 「뽈 리쾨르의 도덕 철학」(서강대학교 박사학위논문, 2001)을 길잡이로 삼을 만하다. 보다 가벼운 입문서로는 칼 심슨의 『폴 리쾨르(*Paul Ricoeur*)』(김창환 옮김, 앨피, 2009)가 있다.

한편 '윤리적 가치 중심의 소설 읽기'라는 개념 주위로 '윤리 비평', '윤리적 읽기', '윤리적 입장 정하기', '가치 경험' 등 가족 유사성을 띤 개념들이 존재한다. '윤리 비평(Ethical Criticism)'의 개념 및 비판과 옹호는 웨인 부스의 「비평 문화: 세 가지 비평이 필요한 이유(Criticulture: Or, Why We Need at Least Three Criticism at the Present Time)」(최상규 옮김, 『비평이란 무엇인가』, 예림기획, 1998)에서 잘 나타나 있다. 다니엘 슈워츠의 「인문주의 읽기 윤리(A Humanistic Ethics of Reading)」(*Mapping The Ethical Turn*, University of Virginia Press, 2001)에서는 '읽기의 윤리'와 '읽기 중의 윤리'를 통합한 '윤리적 읽기(ethical reading)'의 개념과 수행 단계를 확인할 수 있다. '윤리적 입장 정하기(ethical positioning)'는 소설에 나타난 인물, 서술자, 내포 작가의 윤리적 입장과 이에 대한 독자의 윤리적 참여를 포괄한 용어로 제임스 팰런의 『말하기 위해 살다(*Living to Tell about It*)』(Cornell University Press, 2005)에서는 이 개념의 의미와 층위를 설명하고 실제 읽기에 적용한 사례를 소개한다. 황혜진의 『애정소설과 가치교육』(지식과교양, 2012)은 소설 읽기가 촉발하는 '가치 경험'의 특징과 구조를 설명한다.

III

윤리적 가치 중심의 소설 읽기의 수행 구조

들어가며

III장에서 제기한 질문은 '윤리적 가치를 중심으로 소설을 어떻게 읽는가'이다. '소설 읽기'가 진정 '삶의 반성과 기획'을 담보할 수 있으려면 수행의 구조와 단위가 구체적으로 제시되어야 한다. 이를 위해 윤리적 가치를 경험하는 공간을 나누고 그 방식을 규명하였다. '허구 세계', '서사적 소통', '해석 공동체'가 그 공간이라면 '윤리적 가치 갈등의 체험', '윤리적 가치 위계의 탐구', '윤리적 가치 전유의 반성'은 그 방식이다. 첫째와 둘째 층위는 기존의 논의를 심화한 것이고 세 번째 층위는 새롭게 제안한 것이다. 소설로 형상화된 윤리를 체험하고 소통하는 것만큼 독자에게 자기화된 윤리를 서로 견주고 나누는 것도 좋은 삶으로 정향된 소설 읽기의 한 차원일 수 있음을 입증하고자 하였다.

한 편의 소설보다 그 소설에 대한 여러 읽기를 주로 분석한 것도 이런 까닭이다. 개인의 지평과 해석의 전통에서 자유로운 읽기는 없다. 인물의 행동은 독자에 따라 달리 이해되고 해석의 전통들은 서사적 소통에서 서로 다른 가치 호소를 듣는다. 그들의 읽기에서 확신에 찬 목소리만큼 타자의 이해로 부단히 주의를 돌리는 곁눈질이 소중했다. 소설 작품을 중심으로 이러한 목소리와 시선들을 나란히 배치함으로써 윤리적 가치 중심의 소설 읽기가 갖춰야 할 수행의 구조와 단위를 방증하였다.

다만 경계하는 것은 여기에서 제안한 수행 구조가 프로크루스테스의 침대처럼 활용되는 일이다. 독자의 경험을 살찌우기는커녕 메마르게 재단하는 수행 지식은 그 자체로 폭력적이다. 늘리고 줄여야 한다면 그것은 사람이 아니라 침대여야 한다. 그런 점에서 수행 구조는 아직 완성되지 않았으며 덧대고 바로잡는 일 또한 종결할 수는 없다.

1. 허구 세계에서 윤리적 가치 갈등의 체험

소설 읽기에서 윤리적 가치를 경험하는 기본적인 방식은 윤리적 가치 갈등을 체험하는 것이다. 윤리적 가치 갈등은 허구 세계에서 발생하는 것으로 이 세계의 윤리적 가치 주체는 작중인물이다. 이들은 서로 다른 윤리적 가치를 지향하고 행동하며 그 과정에서 다른 인물과 충돌하는 윤리적 가치 갈등을 겪는다. 독자는 인물들의 윤리적 가치를 평가하고 윤리적 가치 갈등을 탐색하면서 삶의 다양성을 확인하는 한편 인물 개개인의 삶을 반성적으로 검토한다.

허구 세계의 윤리적 가치 갈등에 대한 독자의 체험이 삶의 반성과 기획으로 심화되기 위해서는 소설 읽기의 윤리적 수행 과정을 거쳐야 한다. 세계의 상황 유리적 인식은 '허구 세계로의 인격적 참여'로, 주체의 윤리적 가치에 대한 정서적 수용은 '인물 행동의 공감적 가치 평가'로, 행위 가능성의 허구적 탐구는 '사건 전개의 윤리적 가치 갈등 탐색'으로, 반성적 판단을 통한 윤리적 가치 성찰은 '체험된 세계의 전망 모색'으로 구체화된다.

1) 허구 세계로의 인격적 참여

독자가 윤리적 가치 갈등을 체험함으로써 삶을 반성하고 기획하기 위해서는 무엇보다 허구 세계의 작중인물과 윤리적 가치 갈등의 실존적 가치를 인정해야 한다. 소설의 허구 세계는 서술자에 의해 서술된 것이며 작중인물은 인물화된 것이라는 점에서 모든 독자가 이들의 실존적 가치를 인정하는 것은 아니다. 어떤 독자들은 소설을 하나의 언어적 기호물이나 구조체로 간주하는데, 이들은 작중인물을 마치 실재하는 인물인 것처럼 수용하는 태도를 소설의 본성에 대한 '감상적인 오해'라고 비판한다. 이들에게 작중인물은 하나의 그것으로 대치되는 기호이거나 주체, 객체, 조력자, 적대자로 환원되는 행위항일 뿐이다.[1] 작중인물에 대한 이와 같은 비인격적 수용은 허구 세계를 소설이라는 미적 랑그에서 파생된 예술적 파롤로 인식하며 따라서 소설과 윤리를 관계 맺으려는 시도를 하나의 도덕적 검열로 인식한다.[2]

독자가 윤리적 가치 중심의 소설 읽기를 수행하기 위해서는 비록 현실 세계에서 소설을 읽지만 소설을 읽는 동안은 서술된 허구 세계의 윤리적 가치 갈등에 전적으로 몰입해야 한다. 독자는 한정된 시간과 공간에서 소설을 읽는 피와 살을 가진 현실 세계의 인간이지만 소설 읽기를 실천하는 동안에는 철저하게 허구 세계에 참여하며 작중인물들을 마치 현실 세계의 인물들처럼 인식하는 것이다. 이처럼 독자의 존재 양태는 이중적이며 현실 세계보다는 허구 세계의 삶에 방점이 찍혀 있다.

독자의 이러한 참여 방식을 허구 세계로의 인격적 참여(personal participation) 또는 인격적 상상(personal imagining)이라고 한다. 월튼(K. L. Walton)에 따르면, 소설을 감상하는 독자가 허구 세계의 작중인물을 단순히 가상적인 인물이 아니라 현실 세계의 인물들처럼 인식하고 그들의 윤리적 가치 갈등에서 정서적으로 반응하는 이유는 독자의 인격적 참여 능력 때문이다. 허구 세계의 인물과 윤리적 가치 갈등은 현실 세계에서 볼 때 허구적인 것이지만 허구 세계에서는 실제적인 것이다. 그런데 독자는 현실 세계에 있기 때문에 인물의 행동과 윤리적 가치 갈등을 실제적인 것으로 인식하기 위해서는 독자 자체가 허구 세계로 전위해야 한다. 즉 독자가 현실 세계를 초월하여 허

---

1 소설론에서 작중인물에 대한 상반된 태도에 대해서는 다음을 참고할 수 있다. S. Rimmon-Kenan(1983), *Narrative Fiction*, 최상규 옮김(1999), 『소설의 현대 시학』, 예림기획, pp. 57-68.

2 K. A. Liesbeth(2005), Ethical Turn, D. Herman, M. Jahn & M. L. Ryan(eds.), *Routledge Encyclopedia of Narrative Theory*, Routledge, pp. 142-146.

구 세계에 참여할 때 허구 세계의 인물과 사건을 진지하게 수용하고 성찰할 수 있는 것이다.[3]

물론 이와 같은 인격적 참여가 허구 세계의 윤리적 가치 갈등에 대한 실제적인 관여나 개입을 의미하는 것은 아니다. 허구 세계로의 인격적 참여는 놀이에서의 가정적 참여와는 다르게 허구 세계의 인물과 직접 교류하거나 사건의 전개를 바꿀 수 없다. 하지만 독자에게는 허구 세계의 창(window)과 같은 서술자의 목소리와 초점화자의 시선이 제공된다.[4] 독자는 사실적 정보뿐만 아니라 정서나 판단이 함께 제공되는 목소리와 시선을 바탕으로 윤리적 가치 갈등을 보다 생생하게 체험할 수 있다.

이처럼 윤리적 가치 중심의 소설 읽기는 독자가 허구 세계로의 인격적 참여를 감행하는 것으로 시작된다. 물론 이와 같은 인격적 참여는 독자의 상상적 참여이기 때문에 객관적으로 확인하기는 어려운 과정이다. 다만 독자들이 소설을 읽는 동안 체험한 허구 세계를 회상하고 정리한 해석 텍스트에서 허구 세계에 참여하는 과정을 간접적으로 확인할 수 있다. 허구 세계에 참여하는 그 순간의 것이라기보다는 허구 세계를 모두 체험한 이후의 글이지만, 이러한 글 자체가 허구 세계의 실존적 가치를 인정할 때 가능하기 때문이다. 예를 들어 《난장이가 쏘아올린 작은 공》을 읽고 쓴 다음의 해석 텍스트에는

3 월튼(K. L. Walton)은 독자가 허구 세계를 생생하게 체험하는 방식을 인격적 상상으로서 설명하였다. 독자는 인격적 상상을 통해 허구 세계에 참여함으로써 현실 세계에 존재하지 않는 가상의 인물과 사건들에 대해 정서적으로 반응하고 윤리적으로 수용할 수 있다. 이에 대해서는 다음을 참고. K. L. Walton(1990), *Mimesis as Make-believe: On the Foundations of the Representational Arts*, Harvard University Press, p. 71.

4 펠란(J. Phelan)에 따르면, 독자가 허구 세계를 체험하는 것은 허구 세계의 여러 창문 (windows) 중 하나 또는 그 이상을 택해 참여하는 것을 의미한다. 이때 창문은 서술자의 서술 또는 작중인물의 초점화를 비유한 것이다(R. E. Scholes, R. L. Kellogg & J. Phelan(2006), *The Nature of Narrative: Revised and Expanded*, 임병권 옮김(2007), 『서사문학의 본질』, 예림기획, p. 477).

독자가 허구 세계의 인물들을 언어적 기호가 아니라 현실 세계의 타자로서 함께 살아가는 존재로 인식하는 모습이 잘 드러난다.

> ① 삼십 년이란 세월 동안 사회만이 바뀐 것은 아니다. 삼십 년이란 세월은 한 사람을 전혀 다른 사람으로 바꿔 놓기에 충분한 시간이다. 우리는 소설 속 등장인물의 후일담을 알 수 없다. 어쩌면 모르는 편이 차라리 나을지도 모른다. 노동자들의 처지를 동정하던 일류 변호사의 아들 윤호는 이제 오십 대에 들어섰을 나이에 여전히 비정규직들의 아픔에 같이 아파할까? 마구 얻어터지는 난장이를 위해, 폭행을 가하는 사내의 옆구리를 생선칼로 찌른 뒤 난장이에게 "저희들도 난장이랍니다. 서로 몰라서 그렇지"라고 낮게 말하던 중산층 주부 신애는 지금도 난장이들에 대해 동류의식을 느낄까? 스스로 노동자가 된 지식 청년 지섭은 혹시 뉴라이트가 되어 버린 건 아닐까? 난장이의 딸 영희와 작은아들 영호는 어떻게 되었을까? 확실히 변하지 않은 사람은 소설 속에서 죽어버린 난장이와 큰아들 영수. 그리고 꼽추와 앉은뱅이리라. (중략) 세월의 때가 묻으며 난장이 편에서 점차 거인 쪽으로 넘어간 사람들도 있지만, 또한 계속 새로운 세대들이 자신의 처지에 따라 윤호가 되고, 신애가 되고, 지섭이 되고, 난장이의 자녀가 되며 이 책을 읽고 있다. 서울의 마지막 달동네라던 난곡마저 철거와 재개발을 피하지 못한 오늘, 어쩌면 젊은 세대들에게 난장이가 생계를 이어간 굴뚝 청소나 펌프 수리 같은 일이 아주 낯선 것일 수 있다.[5](중략은 인용자)

5 한홍구(2008), 「난장이가 쏘아올린 작은 공이 떨어진 시대」, 권성우 엮음, 『침묵과 사랑』, 이성과 힘, pp. 126-127.

①의 독자는《난장이가 쏘아올린 작은 공》을 처음 읽은 때로부터 30년이 지난 시점에 그때의 읽기 경험을 되돌아보고 있다. 독자는 "『난쏘공』의 학교는 우리의 마음속에 새로운 삶의 태도를 갖고 변화하게끔 만들고 있다."라는 다른 독자의 평가를 인용하면서[6] 이 소설의 허구 세계가 삶과 세계를 바라보는 자신의 관점에 큰 영향을 미쳤음을 고백한다. 그리고 30년이 지난 지금 그때의 체험이 가진 의의를 검토한다.

주목할 점은 이 독자가 30년의 세월 동안 소설 속 인물들이 겪었을 삶의 변화를 궁금해 한다는 점이다. 허구 세계 속 '윤호', '신애', '영희', '영호'가 30년이 지난 지금 지식인으로서, 주부로서 또는 노동자로서 어떻게 살아가고 있을지를 묻고 있는 것이다. 이는 이 소설을 읽는 독자가 허구 세계의 인물들을 마치 현실 세계의 이웃처럼 생생하게 체험했음을 의미한다. 인격적 참여를 통해 윤리적 가치 갈등을 체험하는 동안 허구 세계는 독자에게 또 다른 현실 세계였던 것이다. 독자는 더 나아가 허구 세계 속 인물의 삶을 현실 세계의 인물을 이해하는 기준으로도 삼는다. 현실 세계의 어떤 인물은 "윤호가 되고, 신애가 되고, 지섭이 되고, 난장이의 자녀가 되"는 것이다.

독자의 이와 같은 진술을 통해 삶에 대한 성찰과 새로운 기획이 허구 세계로의 인격적 참여에 기반을 두고 있음을 확인할 수 있다. 독자가 허구 세계의 인물과 윤리적 가치 갈등을 마치 현실 세계의 존재들처럼 인식하고 체험할 때 독자의 소설 읽기는 윤리적 성격을 획득할 수 있는 것이다. 물론 삶에 대한 독자의 성찰과 기획은 현실 세계로 되돌아온 후 체험한 윤리적 가치 갈등을 검토하고 성찰한 때 가능한 것이다. 하지만 그러한 성찰의 깊이와 기획의 폭은 허구 세계를 얼마나 생생하게 체험했는가에 따라 결정된다. '독자가

6 앞의 글, p. 127.

독서를 통해 자신을 비실재화할수록, 사회적 현실에 미치는 작품의 영향은 깊어지고 더 멀리 갈 수 있는 것'이다.[7]

독자가 허구 세계로의 인격적 참여를 항상 수월하게 성취하는 것은 아니다. 독자는 여가 시간을 즐겁게 보내기 위해 또는 작중인물의 성공담이나 실패담을 통해 대리 충족이나 대리 보상을 받기 위해 소설을 읽으며 삶에 대한 진지한 성찰을 요구하는 텍스트에 대해 거부감을 표시하기도 한다. 이는 문학 교실의 학습자에게도 쉽게 볼 수 있는 태도이다.[8] 소설의 허구 세계와 그 속에서 체험할 수 있는 윤리적 가치 갈등이 감각적 즐거움이나 욕망의 대리 충족을 넘어 삶을 반성하고 좋은 삶을 기획할 수 있는 계기라는 인식이 부족한 것이다.

이와 관련하여 "독자들이 좋은 작품을 통해 결국 자신의 삶에 대한 태도의 어느 한 부분을 혹은 전부를 교정하지 않으면 안 되도록" 하기 위해서는 '고문'에 대한 의지가 있어야 한다고 본 김현의 주장은 경청할 만하다.[9] 아무

....

7 P. Ricoeur(1985), *Temps et récit III*, 김한식 옮김(2004), 『시간과 이야기 3』, 문학과지성사, pp. 350.

8 라비노위츠(P. J. Rabinowitz)는 교사나 학자와 같은 전문 독자도 이와 같은 태도에서 자유롭지 못하다고 주장한다. 그는 소설을 기호 체계로만 간주하면서 형식주의적 또는 구조주의적 분석에 몰입하는 독서 현상을 브림버리즘(blimberism)으로 규정한다. 브림버(blimber)는 디킨스(Dickens)의 소설 〈돔비와 아들(Dombey and son)〉에 등장하는 교사로 그는 "시의 모든 공상들(fancies), 그리고 현자들의 교훈은 단지 단어와 문법의 조합이며 이 세상에 어떤 의미도 없다"고 생각한다. 라비노위츠는 소설의 형식과 구조에 대한 자신의 관심이 브림버리즘으로 경도되고 있음을 반성하면서 현재 독자들 중에 허구 세계의 실존적 가치를 간과하고 윤리적 가치 전유의 정당성을 부정하는 독자가 늘어난다는 사실, 특히 대학의 연구자를 비롯한 전문 독자 사이에서 브림버리즘이 만연한다는 사실을 크게 우려한다. 이에 대해서는 다음을 참고. P. J. Rabinowitz & M. W. Smith(1998), *Authorizing Readers*, Teachers College Press, pp. 26-28.

9 김현(1992), 「문학이란 무엇인가 1」, 『사회와 윤리』, 문학과지성사, p. 161. 소설의 이러한 고문을 모든 독자가 자발적으로 또는 진지하게 감행하는 것은 아니다. 독자는 소설에서 고문을 회피하고 순간적인 쾌락만을 추구할 수 있으며 좋은 삶과 살 만한 세계를 숙고할 필요가 없는 소설만을 선택할 수도 있다. 김현은 교양소설을 외면하고 무협소설만을 읽는 대중들의 소설 읽기 경향에 대해 다음과

리 길고 어려운 소설이라고 하더라도 '지속적인 자기 각성'의 계기를 제공하는 소설이라고 판단되면 그 작품이 펼쳐 내는 허구 세계로의 인격적 참여를 감행할 수 있는 독자의 의지가 필요한 것이다.

루카치가 주지했듯이, 소설의 내적 형식은 '여행'이다.[10] 문제적 개인이 삶의 진정한 가치를 찾아가는 여행이 소설이라면 윤리적 가치 중심의 소설 읽기 역시 그 개인과 함께 하는 여행의 성격을 띠게 된다. 물론 그 여행은 독자가 소설 속 인물의 선택에 개입하거나 영향을 미칠 수 있는 여행이 아니라 서술자의 목소리와 초점화자의 시각에 따라 정해진 행로를 따라가는 언어화된 여행이다. 중요한 점은 이러한 여행을 통해 낯선 세계를 체험할 뿐만 아니라 현실 세계의 삶을 반성하고 기획할 수 있다는 사실이다. 이러한 여행은 허구 세계로의 인격적 참여를 통해 시작되며 실존적 믿음에 의해 지속될 수 있다.

2) 인물 행동의 공감적 가치 평가

허구 세계로 재현된 행동이 윤리적 가치에 따른 행동이라고 할 때 윤리적 가치의 주체이자 갈등의 당사자는 작중인물이다. 인물은 나름의 윤리적 가치를 지향하고 실천하며 이 과정에서 다른 인물과 대립한다. 따라서 독자

같이 비판한다. "예술은 순간적인 쾌락이 아니라, 오히려 계속적인 자기 각성이다. 교양소설이 무협소설에 비해 인기가 없다는 것은 바로 이 점 때문이다. 무협소설의 주인공들이 우리에게 보여 주는 것은 개인의 가능성이 아니다. 그들이 내보여 주는 것은 기존 윤리의 확대이며, 성공한 인간의 확인이다. (중략) 그것은 한각제의 세계이다. 그러나 그들은 그 세계에서 벗어나면서부터 다시 일상성의 어려운 세계와 부딪치며, 그 세계가 전해주는 이유 없는 불안감·초조감을 맛본다. 그렇다면, 이 일상성의 비개성적인 세계에서 벗어나기 위해서는 계속 무협소설만을 읽을 수밖에 없는가? 그것은 너무나도 답답한 질문에 속한다."(김현(1992),「무협소설은 왜 읽히는가?」,『사회와 윤리』, 문학과지성사, pp. 235-239)

10 G. Lukács(1962), *Die Theorie des Romans*, 반성완 옮김(1998),『소설의 이론』, 심설당, p. 86.

가 인물의 행동에서 윤리적 가치를 적절하게 추론하고 평가하는 것은 사건 전개의 윤리적 가치 갈등을 탐색하기 위해 거쳐야 할 필수적 단계이다.[11]

인물의 행동에서 윤리적 가치를 추론한다는 것은 그 행동을 상징체계에 비춰 해석하는 것이다. 인간의 행동이 해석 가능하고 그 의미가 소통될 수 있는 것은 상징체계에 따라 수행되기 때문이다. 우리는 특정한 상징체계에 비춰 인간의 행동을 해석하며, 이런 점에서 상징은 '의미 작용의 규칙을 제공하는 해석체'이다.[12]

그런데 상징체계 중 행동의 옳고 그름 또는 좋고 나쁨을 판단하는 것으로 윤리적 가치 체계가 있다. 인간은 개인의 쾌락 원칙에 맞서 사회 공동체를 유지하기 위해 현실 원칙을 발전시켜 왔고 이를 체계화한 것이 윤리적 가치의 체계이다. 독자는 윤리적 가치 체계에 대한 나름의 이해를 가지고 있으며 이에 비춰 인물 행동의 윤리적 가치를 추론한다.

> ㉠ "야, 또 어데 나가지 말구 사랑에 있다가 선생님 들어오시거든 상 내가야지." 하고 말씀하시니까, 외삼촌은 얼굴을 찡그리면서, "제길, 남 어디 좀 볼일이 있는 날은 으레 끼니 때에 안 들어오고 늦어지니……."하고 툴툴하겠지요. 그러니까 어머니는, "그러니 어쩌갔니? 너밖에 사랑 출입할 사람이 어디 있니?" "누님이 좀 상 들구 나가구려. 요새 세상에 내외합니까!" 어머니가 갑자기 얼굴이 발개지시고, 아무 대답도 없이

11 아리스토텔레스(Aristotle)는 이를 다음과 같이 설명한 바 있다. "인간의 이런저런 성품은 성격에 따라 결정되지만, 행복한가 아닌가는 그들의 행동에 따라 결정된다. 따라서 그들은 성격을 재현하기 위해서 행동하는 것이 아니라, 행동을 통해서 그들의 성격이 드러나는 것이다."(Aristotle, *Poétique*, 김한식 옮김(2010), 『시학』, 펭귄클래식코리아, pp. 132-133)

12 P. Ricoeur(1983), *Temps et récit I*, 김한식 · 이경래 옮김(1999), 『시간과 이야기 1』, 문학과지성사, pp. 135-136.

그냥 외삼촌에게 향하여 눈을 흘기셨습니다. 그러니까, 외삼촌은 흥흥 웃으면서 사랑으로 나갔지요.[13]

① 직접 상을 들고 가라는 외삼촌의 말에 어머니의 얼굴이 빨개지는 이야기도 나온다. 이것을 두고 어머니가 아저씨에 대한 예사롭지 않은 감정을 숨기고 있는 것이라고 말할 수 있을지도 모른다. 그렇지만 이것은 다만 남편의 친구에 대한 예의요 친절함이며 어머니의 자상하고 정숙한 성격을 암시하는 것으로 이해하는 편이 적절할 것 같다. 꼭 이성적인 감정이 아니더라도 있을 수 있는 일들일 것이다.[14](밑줄은 인용자)

② 중학교에 다니는 작은 외삼촌은 요새 세상에도 내외를 하느냐고 자기 누님을 놀리지만, 옥희 어머니와 사랑손님은 내외를 심하게 한다. 사랑손님이 옥희네 집에 들어올 때부터 계획적이었기 때문에 도리어 더 심하게 그러는 성싶기도 하다. 여기에는 두 사람의 성격 탓도 있다. 사랑손님은 고지식하고 마음이 약한 편이다. 그런데 옥희 어머니가 내외하는 모습을 보면, 그 원인이 그녀의 성격에 있다기보다도 젊은 미망인의 삶에 온갖 제약을 가하는 현실에 있음을 알 수 있다. 홀아비는 그런 제약 속에서 살지 않았던 것으로 미루어, 이는 남녀차별에 뿌리를 둔 풍습이다.[15](밑줄은 인용자)

13 주요섭(1935), 〈사랑손님과 어머니〉, 《사랑손님과 어머니》, 범우사, pp. 22-23.

14 이남호(2001), 「사랑손님과 어머니」, 『교과서에 실린 문학작품을 어떻게 가르칠 것인가』, 현대문학, pp. 418-419.

15 최시한(2005), 「초점화와 「사랑손님과 어머니」」, 『소설의 해석과 교육』, 문학과지성사, pp. 58-59.

㉠은 소설 〈사랑손님과 어머니〉 중 일부이며 ①, ②는 이에 대한 해석 텍스트 중 일부이다. 여기에서 옥희의 어머니는 외삼촌에게 사랑손님의 방에 밥상을 들이는 일을 부탁한다. 사랑손님의 방에 출입할 사람이 외삼촌밖에 없다고 생각하기 때문이다. 이에 대해 ①의 독자는 "어머니의 자상하고 정숙한 성격"이 행동으로 구체화된 것으로 이해한다. 여기에는 옥희의 어머니가 '남편의 친구를 친절하고 예의 바르게 대하는 것, 하지만 그 과정에서는 직접적인 만남을 삼가는 것'을 좋은 삶으로 지향한다는 독자의 추론이 전제되어 있다. 독자는 유교적 가치체계에 대한 이해를 바탕으로 어머니의 윤리적 가치를 추론한다. 또한 "자상하고 정숙한"이라는 표현을 통해 이를 긍정적으로 평가한다.

반면 ②의 독자는 어머니의 행동을 어머니의 성격보다는 "젊은 미망인의 삶에 온갖 제약을 가하는 현실"과 관련지어 해석하고 있다. 어머니의 지향 가치를 포괄하는 공동체의 윤리적 가치 체계를 주목한 것이다. 이에 대해 독자는 '남녀평등'이라는 근대적 가치를 바탕으로 "젊은 미망인의 삶에 온갖 제약을 가하는" 공동체의 행동을 '남녀 차별'로 판단하고 비판한다.

인물의 행동을 바탕으로 윤리적 가치를 추론하는 것은 독자뿐만 아니라 허구 세계의 다른 인물에 의해서도 이루어진다. 현실 세계의 개인이 타자의 말과 행동을 해석하고 평가하는 것처럼 허구 세계의 인물들도 다른 인물의 윤리적 가치를 추론하고 평가하는 것이다. 문제는 이들 인물 중 한 명이 동종 서술자로서 서사적 소통을 주도하는 경우이다. 이들의 해석과 평가는 행동의 윤리적 가치에 대한 독자의 추론에 강력한 영향을 미친다.

> ㉡ "아이구 답답이야! 이 답답. 제에발덕분 하느라구 저기 마루나 안방으루라두 좀 나가서 누워요. 제에발." "그만 입 다물지 못해? 이 하등 동물 같으니라고." 소리를 버럭 지르면서 되사리구 일어나 앉어요. 화가

나설랑. "이 동물아! 내가 이렇게 꼼짝 않구서 처박혀만 있으니깐, 아무 내력 없이 그러는 줄 알아? 나는 이게 싸움이야. 이래 뵈두. 더위가 나를 볶으니까, 누가 못 견디나 보자구 맞겨누는 싸움이야 싸움!" 내 원, 어처구니가 없어서. 더 옥신간신해야 되려 그이 신경에만 해롭겠어서 벌떡 일어나 나와 버렸지.[16]

③ 남편은 '나'를 동물로 지각한다. 남편은 '나'와 언니 부부를 하등 동물로 동일하게 지각한다. '나'의 욕망은 언니 부부의 욕망에 수렴된다. 남편은 겨울옷을 입고 "한징 가마 속"에서 농성을 한다. 겨울옷을 입고 "한징 기마 속"에서 농성을 하는 것은 현실의 현상을 볼 수 있을 뿐 적극적으로 개입할 수 없는 자신의 무기력함에 대한 자학이기도 하다. '나'는 더위에 묶이지 않는다. 그러나 남편은 더위를 세계와의 갈등, 지배/피지배의 정치적 대립 국면으로 지각한다. '나'는 남편의 농성을 내력 없는 것으로 바라보지만 남편에게는 내력 있는 싸움이다. 아이를 데리고 더위를 피해서 수박을 먹는 것이 '나'에게는 재미나는 일이지만 남편에게는 고통이다. 그러나 다른 사람에게 고통으로 보이거나 정신 나간 일은 재미나는 일일 뿐만 아니라 해방이다.[17](밑줄은 인용자)

④ 시골집에 내려가 있자는 아내의 제의에 남편은 목숨을 버리는 한이 있어도 서울에서 물러설 수 없다고 대답한다. 그에게 있어 서울은 전쟁터다. 그리고 그가 싸우는 상대는 더위다. 더위와의 싸움은 너무나 격렬

16 채만식(1938), 〈소망〉, 전광용 외 편(1989), 《채만식전집》7, 창작과비평사, p. 346.
17 김구종(1996), 「사회·역사를 왜곡시키는 서술자 '나'의 담론 연구」, 『한남어문학』21, 한남어문학회, pp. 157-158.

해서, "방바닥이 혼그은"해져 "걸레를 접어다가 닦"(212쪽)아야 할 정도이다. 신문사를 사직했던 남편의 시각에서 보자면, 말복 더위와의 싸움은 폭압적인 파시즘과의 싸움을 상징하는 듯도 하다. (중략) 문제는 더위의 상징성 자체가 아니라 상징의 효과·기능, 다시 말해 더위의 상징적 의미가 타인에게 제대로 전달되고 있는가 하는 데 있다. 그는 투쟁의 대상을 극단적으로 변형시킨 후 타인과의 교류가 차단된 공간에서 자신의 비판 정신을 드러내기 때문에, 신문사 사직 때와 마찬가지로 그의 강렬한 비판 정신은 외부에 전달되지 않는다. 설혹 그가 타인(아내)에게 그것의 상징적 의미를 설명할지라도 그의 투쟁은 정신병으로 간주되어 타인에게 어떠한 영향도 끼치지 못한다. 아내는 두 번째 인용문과 같은 남편의 설명을 듣지만, "내 원, 어처구니가 없어서……"(213쪽)라는 반응을 보일 뿐이다. 따라서, 남편의 투쟁은 그 강렬함과 치열함에도 불구하고 두 차례의 변형으로 인해 개인적이고 소아적인 기행으로 간주된다.[18] (중략과 밑줄은 인용자)

㉡은 소설 〈소망〉 중 일부이며 ③, ④는 이에 대한 해석 텍스트 중 일부이다. ㉡에서 동종 서술자 '나'는 "여름 한 철은 도무지 사람이 거처를 못"하는 건넌방에서 꼼짝 않고 누워 있는 남편에게 마루나 안방으로 나오라고 재촉한다. 더위와 싸우기 위해 무더운 여름에 "한증가마" 같은 방에서 나오지 않는 남편의 행동은 '나'에게 답답하고 화가 나며 어처구니가 없는 행동이다.

이에 대해 ③의 독자는 남편의 기행을 '나'와는 다르게 추론한다. 남편의 행동을 "내력 없는 것"으로 보는 '나'와는 달리 "내력 있는 싸움"으로 이

18 조명기(2008), 「1930년대 말 지식인의 현실 적응 양상 연구」, 『한국문학논총』 35, 한국문학회, pp. 193-194.

해한다. 남편에게 더위와의 싸움은 단순히 계절적 기운에 맞선 신체적 대응을 넘어선다. 이 싸움은 "세계와의 갈등"이며 여기에서의 승리는 '고통이나 정신 나간 일'이 아닌 "해방"이다. 독자의 이러한 추론은 허구 세계의 시간적 배경인 1930년대와 공간적 배경인 식민지 조선에 대한 역사적 지식 그리고 "민족의 독립이 없는 개인의 삶은 하등동물의 삶과 다를 바 없"다는 가치 체계에 근거를 두고 있다.

반면 같은 행동을 ④의 독자는 다르게 추론한다. 일단 남편의 싸움이 지닌 상징성에 대해서는 ③의 독자와 이해를 같이한다. 남편의 싸움은 "폭압적인 파시즘과의 싸움"이라는 것이다. 그럼에도 이 독자는 남편의 행동을 '어처구니없는 행동'으로 평가하는 '나'의 견해에 공감한다. 독자가 보기에 '나'는 남편의 행동을 "개인적이고 소아적인 기행으로 간주"한다. 그리고 남편의 행동이 그 진정성에도 불구하고 아내를 비롯한 타자와 소통하지 않는 한계를 보인다는 점에서 아내의 이해는 충분히 가능한 것이다.

이처럼 독자는 인물에 대한 서술자의 추론과 판단에 영향을 받는다. 하지만 ③의 독자처럼 동종 서술자인 '나'와는 다른 판단을 내릴 수 있다.[19] 동종 서술자의 목소리와 초점화가 지닌 감화력에도 불구하고 독자는 인물의 행동을 검토함으로써 서술자와는 다른 추론과 판단을 내린 것이다. 인물 행동에 대한 서술자와의 견해 차이는 독자가 서술자의 신빙성을 의심할 수 있는 중요한 계기가 된다는 점에서 중요하다.

이처럼 독자는 윤리적 가치 체계에 비춰 인물 행동이 지향하는 윤리적 가치를 추론하고 평가한다. 그런데 이와 같은 평가가 윤리적 영역에 속한다고 해서 공감이나 거부감과 같은 정서와 무관한 것은 아니다. 오히려 윤리적

---

19 그렇다고 ④의 독자가 서술자의 서술을 무조건적으로 추수한 것이라고 보기 어렵다. 많은 독자들이 동종 서술자인 '나'를 신빙성 없는 서술자로 평가한다는 점을 고려하면 독자의 이해는 남편의 기행과 서술자의 서술을 충분히 검토한 결과로 보아야 한다.

가치에 대한 평가는 작중인물의 행동에 대한 정서적 반응에서 출발한다. 독자는 인물들의 행동에서 연민, 동정, 질투, 분노 등을 느낀다.[20] 인물들의 윤리적 가치를 추론하고 평가하는 것은 이러한 반응을 놓치지 않고 그 원인을 윤리적 가치로 소급하는 인지적 과정이다.[21]

> ㉢ 주방 쪽에서 아녀자들의 이야기 소리가 들린다. 끓이고 볶고 지지고 도마질하는 소리도 들린다. 음식 익히는 내음이 거실 안까지 꽉 차 있다. "여자가 지닌 네 가지 행실루는 첫째가 덕이요, 둘째가 말이요, 셋째가 용모요, 넷째를 솜씨루 쳤다. 부덕(婦德)이란 반드시 재주와 총명이 남다르게 뛰어나야 한다는 뜻이 아니니라. 여자란 늘 맑구 고요한 중에 절개를 지키며, 처신을 바르게 하구, 움직이구 움직이지 아니함에 법도가 있어야 한다구 했다. (중략)" 말에 조리가 서고 그 조리가 무슨 판결문처럼 아퀴가 맞기로는 팔순을 바라보는 노친네치고 어머니만한 여자도 흔하지 않을 것이다.[22](중략은 인용자)

....

20 소설 읽기에서 독자가 느끼는 정서에 대해서는 다음을 참고. 서유경(2010), 「사씨남정기의 정서 읽기 교육 연구」, 『고전문학과 교육』 20, 한국고전문학교육학회, pp. 72-75.

21 정서는 일반적으로 "어떤 특정한 자극적 상황에서 신체적, 생리적 변화, 인지적 평가, 그리고 행동적 성향으로 복합된 내재적 상태"를 의미한다. 정서는 어떤 대상에 의해 촉발된 자극에서 시작되며 인지적 평가를 거치면 심리적 변화와 신체적 반응으로 귀결되는 것이다. 주목할 점은 정서가 감정과는 다르게 대상에 대한 윤리적 판단을 동반한다는 사실이다. 감정이 정의적 차원에서만 존재하는 데 반해 정서는 상황에 대한 해석과 판단 등의 인지적 요소까지 포함한다는 것이다. 예를 들어 질투, 죄의식, 연민, 시기와 같은 정서는 규칙, 소유권, 권리와 같은 도덕 규범적 개념을 참고하지 않으면 해명하기 어렵다. 이런 이유로 피터즈(R. S. Peters)는 정서 교육의 목표가 윤리적 판단 능력의 발달이어야 한다고 주장한다. 이에 대해서는 다음을 참고. 김상호(1989), 「정서교육의 탐색적 연구(I): 정서의 개념정의」, 『한국교육문제연구』 5, 중앙대학교 한국교육문제연구소, pp. 121-131; 신득렬(1990), 「정서교육」, 『교육철학』 8, 한국교육철학회, p. 33; R. S. Peters(1966), *Ethics and Education*, 이홍우·조영태 옮김(2003), 『윤리학과 교육』, 교육과학사, pp. 37-38.

22 김원일(1996), 〈세월의 너울〉, 《세월의 너울》, 솔, pp. 138-139.

⑤ 중요한 것은 그러한 사실을 알면서도 조금치도 흔들리지 않고 종갓집 며느리로서 훌륭하게 가문을 이끌어온 어머니의 의연한 모습이다. '나'는 이제야 비로소 속절없이 늙어가고 있으며 곧 저 세상으로 사라져갈 어머니가 대표하고 있는 소중한 가치를 깨닫게 된다. (중략) 어머니로 표상되는 그 전통적인 아름다움과 눈부심을 고유한 전통과 풍습이 급속도로 와해되어 가는 오늘날 우리들의 가슴속에 영원히 숨 쉬고 있을 것이다.[23] (중략은 인용자)

⑥ 하지만 우리가 보기에 그에게도 문제점이 적지 않다. 우선, 손주 며느리를 앞에 앉혀 놓고 귀가 아프도록 유교적인 부덕(婦德)을 설교해대는 것을 당연한 권리로 아는 그 터무니없는 권위의식이 우리를 질리게 한다. 게다가 그 부덕이라는 것의 내용은 또 어떤 것인가? (중략) 이런 것을 부덕이라고 내세우며, 그것을 자기와 같은 옛날 여성들이 의심없이 따랐듯이 1980년대의 모든 여성들도 의심 없이 따라야 한다고 강요하는 사람, 그가 바로 김명식의 어머니다. 이런 인물을 도대체 어떻게 평가하는 것이 적절할지는 독자 여러분이 스스로 판단해 주기 바란다.[24] (중략은 인용자)

㉢은 소설 〈세월의 너울〉 중 일부이다. 이 소설에서 사건 전개의 한 축은 기제사를 준비하고 시행하는 것이다. 이때 서술자 '나'의 어머니는 기제사 준

23 심성곤(2006), 「소외와 상실의 시대에 읽은 화해와 포용의 문학」, 『글로벌 시대의 문학』, 민음사, pp. 298-299.

24 이동하(1998), 「김원일 후기 중·단편 연구」, 『전농어문연구』 10, 서울시립대학교 국어국문학과, p. 111.

비를 지켜보면서 수시로 집안의 여자들에게 내훈을 들려준다. 이러한 어머니의 행동에 대해 ⑤와 ⑥의 독자는 서로 다른 평가와 정서적 반응을 보인다. ⑤의 독자는 어머니의 행동이 '종갓집 며느리로서의 훌륭한 모습이자 사라져 가는 소중한 가치'로 평가한다. 이러한 평가는 "오늘날 우리들의 가슴속에 영원히 숨 쉬고 있을 것"이라는 진술에서 확인할 수 있듯이 공감과 존경의 정서에 기반을 둔다. 반면 ⑥의 독자는 어머니의 내훈을 문제적이라고 평가한다. 아랫사람에 대한 '권위 의식'이자 '강요'라는 것이다. '귀가 아프다', 터무니없다', '질리게 한다' 또는 '독자 여러분이 스스로 판단하라'에서는 어머니의 행동에 대한 강한 거부감이 드러난다.

윤리적 가치 갈등에 개입하는 인물의 행동 중에는 "그것이 아무리 사소한 것이라 할지라도 칭찬이나 비난을 불러일으키지 않는 행동"[25]이란 없다. 따라서 인물의 행동에서 윤리적 가치를 추론하고 평가할 때 정서적 반응을 동반하는 독자의 공감적 가치 평가는 적극 격려되어야 한다. 인물의 윤리적 가치에 대한 공감과 반감은 그 자체로 심리적 즐거움일 뿐만 아니라 추상적으로 인지하고 있는 윤리적 가치 체계를 좋은 삶을 향한 뜨거운 열망으로 통합할 수 있는 계기이기 때문이다.

행동의 윤리적 가치를 평가하는 과정은 인물에 대한 독자의 정서적 반응을 조정하는 과정이다.[26] 그리고 이와 같은 공감이나 반감의 정서를 통해 독자는 추론한 윤리적 가치를 적극 내면화하거나 거부할 수 있다. 이런 점에서

---

25 P. Ricoeur(1983), 앞의 글, p. 137.

26 따라서 공감적 가치 평가에서 '공감적'은 인물의 행동을 긍정하거나 동의하는 등 감정 이입적 상태만을 의미하는 것이 아니라 거부하거나 분노하는 등 부정적 반응까지를 포함한 정서 상태를 의미한다. 이러한 공감은 공감의 조정으로 나아갈 때 성장의 계기를 마련할 수 있다. 이에 대해서는 다음을 참고. 우신영(2009), 「서사수용에서 공감의 조정 교육 연구」, 서울대학교 석사학위논문, pp. 14-19.

윤리적 가치에 대한 공감적 가치 평가는 인물로부터 추론한 윤리적 가치를 '뜨거운 인지(hot cognition)'[27]로 전환하는 과정이다.

3) 사건 전개의 윤리적 가치 갈등 탐색

인간은 특정한 윤리적 가치를 행동으로 실천함으로써 좋은 삶을 실현하고자 한다. 하지만 이러한 바람이 쉽게 성취되지는 않는다. 인간은 공동체의 일원으로 타자와 함께 살아가야 하기 때문이다. 각자가 지향하는 윤리적 가치와 실천 방법은 공통점만큼이나 차이점도 크다. 따라서 윤리적 가치를 구체적인 행동으로 실천하는 과정에서 타자와의 충돌과 갈등은 피하기 어렵다.

이런 점에서 독자가 허구 세계로의 인격적 참여를 통해 체험해야 할 것은 인물들이 지향하는 윤리적 가치를 넘어 사건 전개를 추동하는 윤리적 가치의 대립과 충돌이다. 소설 〈치숙〉에서 '나'는 자신이 생각하는 '좋은 삶'의 모습을 두고 아저씨와 논쟁하고, 소설 〈세월의 너울〉에서 김명식은 가계의 비밀을 미화한 어머니를 두고 막내아들과 대립한다. 그런데 이러한 대립과 충돌의 심층에는 윤리적 가치 갈등이 자리 잡고 있다. 작중인물의 윤리적 가치들이 대립하면서 사건은 시작되며 윤리적 가치 갈등의 양상이 변화함에 따라 사건은 전개되고 종결된다.

27 호프만(M. L. Hoffman)은 인간이 윤리적 동기를 가지고 가치 판단을 하는 핵심 기제는 가치 체계의 인지와 타인을 공감할 수 있는 정서를 결합하는 것이라고 주장한다. 그는 추상적으로 학습된 "차가운" 가치들을 정서 및 공감적 정서들과 결합하여 달구는 것을 "뜨거운 인지"로 규정한다. "뜨거운 인지"를 통해 인간은 주어진 사건에 대한 정서적 반응을 도덕 원리와 같은 가치에 따라 조절하며 이렇게 조절된 공감적 정서는 인간이 가치에 전념할 수 있도록 한다. 이에 대해서는 다음을 참고. 이종형(2006),「호프만의 공감에 기초를 둔 정의에 관한 연구」,『윤리교육연구』9, 한국윤리교육학회, pp. 177-199.

사건 전개의 윤리적 가치 갈등을 탐색하기 위해 독자가 먼저 확인해야 할 것은 전체 사건의 연대기적 순서이다. 독자는 허구 세계의 사건들을 서술자의 서술을 매개로 체험한다. 그런데 서술자가 언제나 허구 세계의 사건들을 발생한 순서에 따라 서술하는 것은 아니다. 서술자는 허구 세계에서 ㉮, ㉯, ㉰의 순으로 발생한 사건을 ㉯, ㉰, ㉮의 순으로 서술하거나 ㉰, ㉮, ㉯의 순으로 서술한다.[28] 따라서 독자는 허구 세계의 사건을 서술의 순서가 아닌 실제 일어난 순서, 즉 연대기적으로 계열화할 수 있어야 한다.

> ① 권기용은 성남시의 한 시민으로서 성실한 삶의 터전을 마련하려고 애쓰다가 결국 정책적이며 비인간적인 사회의 횡포에 좌절되어 엉뚱하게 광주단지 사건의 극렬한 주동자의 한 사람으로 당국의 주목을 받는다. 그가 대범한 성격을 지니고 일찍부터 부당한 현실에 대한 적극적 개혁 의지를 지니고 있던 사람이었다면 그로서는 당국의 주목을 받는 일쯤은 떳떳하게 예사롭게 넘겨버렸을지 모른다. 그러나 그는 당국의 주목을 견디지 못하는 위인이다. 그는 또한 현실의 파도에 부딪치면서 자기 자신을 능동적으로 유지할 능력이 없는 사람이기 때문에 그는 일관성 없는 행동을 하게 되고, 그의 아내가 해산할 무렵 아무리 해도 수술비를 감당할 수 없게 되자 엉뚱한 강도 행위를 벌인 후 실종해버린다. (중략) 현실에서 패배하여 사라져버리는 연약한 주인공으로 하여금 현실과 정면 대결하는 단계로 변모시키고 있는데, 무엇보다 먼저 밝혀두어야 할 사실은 주인공의 변모가 결코 얄팍한 영웅주의 양상을 띠고 있

28 전자, 즉 서술이 허구 세계의 과거로 되돌아가는 것을 소급 제시(analepses), 후자, 즉 서술이 잠깐 스토리의 미래로 달려가는 것을 사전 제시(prolepses)라고 한다. 이에 대해서는 다음을 참고. G. Genette(1972), *Discours du récit*, 권택영 옮김(1992), 『서사 담론』, 교보문고, pp. 23-74.

지는 않다는 점이다.[29](밑줄과 중략은 인용자)

①은《아홉 켤레의 구두로 남은 사내》에 대한 해석 텍스트의 일부이다. 여기에서 독자는 전체 사건을 요약적으로 진술한다. 그런데 독자가 진술한 사건의 전개는 연작으로 구성된 이 소설의 서술 순서와 다르다. 이 소설의 단편들은 〈아홉 켤레의 구두로 남은 사내〉, 〈직선과 곡선〉, 〈날개 또는 수갑〉, 〈창백한 중년〉으로 제시되지만 독자는 이를 허구 세계에서 발생한 순서인 〈아홉 켤레의 구두로 남은 사내〉, 〈직선과 곡선〉, 〈창백한 중년〉, 〈날개 또는 수갑〉의 순으로 진술한 것이다. ①의 독자는 이를 통해 전체 사건을 '현실에서 패배하여 사라져 버리는 연약한 주인공이 다시 현실과 정면 대결하는 과정'으로 이해한다. 독자가 '이 소설의 허구 세계에서 무슨 사건이 발생했는가'를 개연성 있게 이해하기 위해서는 이처럼 서술된 사건들을 발생한 순서에 따라 재배치할 수 있어야 한다.[30]

허구 세계에서 사건은 단순히 시간적 순서에 따라 전개되는 것은 아니다. 허구 세계에서 사건과 사건은 개연성 있게 연결되고 전개된다. 그리고 이때의 개연성은 '어떻게 살아야 하는가'라는 근원적 질문에 기반을 둔다. 허구 세계에서 사건은 '인간은 어떻게 살아야 하는가'에 대한 전망을 환기할 수 있도록 개연성 있게 전개되어야 하는 것이다.[31] 소설 읽기에서 이러한 전망

29 오생근(1997), 「개인과 사회의 역학」, 윤흥길, 『아홉 켤레의 구두로 남은 사내』, 문학과지성사, p. 310.

30 특히 허구 세계의 사건들이 서술자의 서술에 의해 소급 제시되거나 미리 제시되는 경우 또는 생략되거나 반복 제시되는 경우에는 독자가 사건 전개의 인과관계를 이해하기 쉽지 않다. 사건이 시간 순서에 따라 나열되는 것만으로도 사건 전개의 개연성을 어느 정도 파악할 수 있다는 점에서 사건을 연대기적으로 계열화할 수 있는 능력은 소설 읽기의 필수적인 능력이다. 사건의 연대기적 계열화와 개연성 파악의 관계에 대해서는 다음을 참고. S. B. Chatman(1978), *Story and Discourse*, 한용환 옮김(2003), 『이야기와 담론』, 푸른사상사, p. 53.

은 사건의 전개를 따라가며 그 심층을 이루는 윤리적 가치 갈등의 양상을 이해할 때 파악할 수 있다. 이를 위해 독자는 사건의 전개 과정에서 대립하는 두 주체를 선별한 후 갈등하는 윤리적 가치의 축을 다각적으로 분석해야 한다.

② 이 작품에서 화자인 나와 치숙의 대립은 (1)친일과 반일주의자 (2)반사회주의자와 사회주의자 (3)무식한 자와 유식한 자 사이에서 벌어지는 대립이다. 이 세 가지 대립 중에서 (1)은 화자가 부정적 인물임을 드러내 주고 (2)는 치숙이 긍정적 인물임을 드러내 준다. 중심이 되는 대립은 (3)의 무식한 자와 유식한 자의 대립이다. (2)의 대립에서 화자는 반사회주의자이긴 하지만, 그의 반사회주의 의식은 사회나 역사에 대한 식견에서 오는 것이 아니라 피상적인 수준의 것이다. 따라서 화자는 지식인이면서 사회주의자인 치숙의 적대자가 될 만한 역량을 가지고 있지 못하다. 그러므로 이 작품의 대립을 다시 정리하자면, 애초에 대립의 조건이 마련되지 않은 상황에서 생기는 대립, 즉 부정적·친일적 인물의 무지와 긍정적·반일적 인물의 유식과의 대립이다.[32]

③ 우리는 이때의 사회주의라는 것이 대체 어떤 사회주의인지 심각하게 물어보지 않을 수 없게 된다. 다시 말하여 조혼한 아내에 대한 성적 학대와 이른바 사회주의가 어떻게 한 인물 안에서 양립될 수 있는지 우

31 이처럼 인과관계에 따른 사건의 연속을 플롯, 특별히 이야기-플롯이라고 한다. 리쾨르가 말하는 줄거리 만들기도 바로 이야기-플롯을 가리키는 것이다. 플롯의 '인과 관계'는 인간(인물)이 '어떤' 삶을 '어떻게' 사느냐의 문제와 관련이 깊다. 인과 관계에 따른 사건 전개를 따라가다 보면 '어떤 삶이 좋은 삶인가'를 성찰할 수 있는 이유가 여기에 있다(나병철(1998), 『소설의 이해』, 문예출판사, pp. 197-201).

32 장사흠(1997), 「풍자문학의 수용과 효용에 대한 고찰」, 『현대소설연구』 6, 한국현대소설학회, p. 430.

리는 의심해보게 된다. 여기서도 우리는 사회적 실천과 외재적으로 획득된 관념 사이의 날카로운 괴리를 목격하게 되는데, 그것은 한마디로 이 인물에게 있어서 관념이 다만 관념의 상태에 남아 있다는 것, 즉 관념이 그의 삶의 외피에 불과할 뿐이라는 것을 확인시켜준다. 따라서 「치숙」의 주인공에게서 우리가 보는 것은 지식인이 실패하는 경우라기보다 참된 지식으로 되는 데에 실패하는 경우라고 할 수 있다. 바로 이러한 실패로 말미암아 그 인물은 자신보다 지적으로 훨씬 열등한 인물의 시선에 의해 풍자될 수밖에 없는 존재로 전락한다.[33]

②와 ③은 〈치숙〉의 해석 텍스트 중 일부이다. ②와 ③의 독자는 대립하는 '나'와 '아저씨'의 윤리적 가치 갈등을 분석하고 있다. 이 중 ②의 독자는 작중인물의 말과 행동을 근거로 윤리적 가치를 중층적으로 분석한다. 이 독자에 따르면, '나'의 윤리적 가치는 '친일'과 '반사회주의'로 '부정적'이며, '아저씨'의 윤리적 가치는 '반일'과 '사회주의'로 '긍정적'이다. 이처럼 상반되는 윤리적 가치는 서로 갈등하지만 사건의 전개 과정에서 우세한 윤리적 가치는 아저씨의 것이다. '나'는 무식한 반면 '아저씨'는 유식하기 때문이다.

이러한 인식은 ③의 독자 또한 마찬가지이다. 다만 그는 사건 전개에서 '나'와 아저씨의 대립이 일방적인 한 쪽의 우세로 끝난다고는 보지 않는데, 아주머니에 대한 아저씨의 태도에서 '성적 학대'를 읽어 내기 때문이다. 이 독자는 둘의 언쟁에서 친일과 사회주의 간의 대립뿐만 아니라 무능한 남성중심주의를 둘러싼 대립도 윤리적 가치 갈등의 한 축으로 읽어 내고 있다.

이처럼 독자는 사건의 전개를 따라가며 윤리적 가치 갈등의 양상을 탐색

33 염무웅(1995), 「식민지 민족 현실과의 대결」, 『혼돈의 시대에 구상하는 문학의 논리』, 창작과 비평사, p. 238.

한다. 그런데 사건의 전개에는 끝(ending)이 있게 마련이고 그 끝에서 윤리적 가치 갈등은 종결(closure)된다. 사건 전개의 끝에서 윤리적 가치 갈등이 어떻게 해결되는가는 독자의 전망 모색에서 가장 중요한 지점이다. 독자는 허구 세계를 체험하면서 윤리적 가치 갈등의 해결을 욕망하며 그 결과에 기대어 삶을 반성하고 기획할 수 있다. 따라서 사건 전개에 개입하는 윤리적 가치와 그 대립 양상을 탐색한 독자는 이제 사건 전개의 끝에서 윤리적 가치 갈등의 해결 양상을 꼼꼼하게 살펴야 한다.[34]

> ㉠ "건욱아, 그만큼 해두자. 그분들은 이미 옛사람들이다." 나는 타이르듯 말한다. 내 목소리는 마치 공범자로 몰린 죄인처럼 힘이 빠진다. "할머님은 우리 가계를 미덕으로 감쌌습니다. 어쨌든 할머님은 자식과 손자들에게 거짓말을 남긴 셈입니다. 그 점을 아버님도 이미 알고 계시면서 모른체하신 거지요? 천안 쪽 친척 입을 통해 그 말 후일담이 비칠 때, 아버님은 오히려 할머님 이야기 쪽을 믿고 싶어했지요? 두 분 작은 아버님도 마찬가집니다. 친일파 자손들이 선대의 내력을 드러내기 싫어하는 그런 심정으로 말입니다." "너의 말은 너무 편견에 사로잡혀 있구나. 그걸 내가 알고 있었다면 어떻고 설령 모르고 있었다면 어떠냐? 그 이야기의 진위가 무엇이 그토록 중요한가? 네가 쓴 드라마 한 부분이 설령 우리 가계의 한 부분과 일치한다 하더라두 나는 그 점이 할아버님이나 어머님을 달리 보게 될 어떤 결정적인 동기는 아닌 것 같으다……"

34 윤리적 가치 갈등의 종결은 독자의 욕망으로 사건의 전개는 이러한 종결의 지속적인 유예라고 볼 수 있다. 종결이 항상 사건 전개의 끝에 오는 것은 아니다. 게다가 모든 소설에는 끝이 있지만 반드시 윤리적 가치 갈등이 해결되는 것은 아니다. 이런 점에서 끝과 종결은 기본적으로 구분되어야 한다. 이에 대해서는 다음을 참고. H. P. Abbott(2008), *The Cambridge Introduction to Narrative*, 우찬제 외 옮김(2010), 『서사학 강의』, 문학과지성사, pp. 113-131.

(중략) "저는 오직 진실을 확인했다는 얘깁니다. 그러나 진실을 확인했다고 해서 저 역시 실망할 뭐가 있겠습니까? 진구렁텅이에서 몸을 일으켜 용으로 승천하신 웅혼이 솟대할아버님 아니십니까. 저는 누굽니까? 바로 그 솟대할아버님의 자손이 아닙니까."[35] (중략은 인용자)

④ 이 소설의 클라이맥스는 방송 드라마를 쓰는 주인공의 막내아들이 취재차 고향에 내려가 조사해 온 가문의 비밀이 밝혀지면서 극에 달한다. 고조할머니가 가족들이 알고 있는 것처럼 김 참판 댁 규수가 아니고 사실은 풀려난 그 집 노비였다는 사실을 알아낸 것이다. 주인공은 명문 양반의 후예인 어머니가 그 사실을 알면서도 지금까지 입 밖에 내지 않고 묵묵히 가문을 이끌어왔다는 것을 비로소 알게 되고, 새삼 어머니의 존재와 가치에 대한 생각에 잠기게 된다. (중략) 주인공 '나'의 말대로, 가족들이 자살하고 이민 가고 월북하고 운동권에 투신하고 있는 이 시대에 조상 중 한 분이 노비 출신이었다는 것은 별 의미가 없다.[36] (중략은 인용자)

⑤ 보다 심각한 가문의 동요는 명식의 둘째아들인 건모가 아버지의 제사에 지각하면서 자신의 집안 내력을 조사하여 밝히려 든, 그의 증조할머니가 노비 출신이라는 사실이다. 어머니로부터 들은 옛이야기를 드라마 작가인 그가 티브이극으로 만들어 공연된 바 있는데 노비의 그 이야기는 바로 자기 혈통의 것으로 밝혀진다면 봉건 명문 대가의 체통은 그

35 김원일(1996), 〈세월의 너울〉, 《세월의 너울》, 솔, pp. 227-228.
36 김성곤(2006), 「소외와 상실의 시대에 읽은 화해와 포용의 문학」, 『글로벌 시대의 문학』, 민음사, pp. 298-299.

뿌리부터 흔들리게 될 것이다. 명식은 "객관식으로 인생 자체의 모든 의문을 답할 수야 없는 것"으로 진실 확인을 요구하는 그 아들을 무마한다.[37]

㉠은 소설 〈세월의 너울〉의 결말 부분이고 ④, ⑤는 이에 대한 해석 텍스트이다. 사건 전개의 후반부까지 신경전을 벌이던 '나'와 막내아들 건욱은 가문의 역사를 미화한 어머니의 행동을 두고 논쟁을 벌인다. '건욱'은 명문가의 규수로 미화된 고조할머니의 실제 내력을 알고자 하며 '나'는 그러한 내력을 아는 것이 중요한 일이 아니라고 주장한다. 진실의 규명을 우선시하는 가치와 조상들의 헌신과 명예를 우선시하는 가치가 팽팽하게 대립하는 것이다.

④와 ⑤의 독자는 이 부분에 주목하면서도 윤리적 가치 갈등의 해결 양상에 대해서는 서로 다른 견해를 밝힌다. ④의 독자는 이러한 논쟁이 '나'가 아들을 설득한 것으로 끝난다고 본다. '나'의 말처럼 어머니가 진실을 감췄는가는 사소한 것이고 보다 중요한 것은 가문의 명예를 우선시한 어머니의 의연한 모습이라는 것이다. 반면 ⑤의 독자는 이러한 논쟁에서 '나'가 우위를 점하지 못하고 진실 규명에 대한 '아들'의 요구를 무마하고 있다고 본다. 윤리적 가치 갈등에서 가문의 명예를 우선시한 '나'의 윤리적 가치는 훼손된 것이다. 독자는 진실을 외면한 대가로 '가문은 심각하게 동요'할 것이며 '봉건 명문대가의 체통은 그 뿌리부터 흔들릴 수 있다'고 판단한다.

이처럼 독자는 사건 전개의 끝에서 윤리적 가치 갈등이 어떻게 해결되는가를 탐색한다. 〈세월의 너울〉처럼 윤리적 가치 갈등의 해결이 불분명한 경우도 있다. 하지만 인용한 글에서 확인할 수 있듯이, 독자는 해결을 기대하고 어

37 김병익(1994), 「병든 세상 혹은 왜곡된 역사의 퇴적」, 『숨은 진실과 문학』, 문학과지성사, p. 192.

떤 종결을 내리고자 한다. 독자는 그러한 종결을 바탕으로 어떻게 살아야 하는가와 관련된 전망을 모색할 수 있기 때문이다. 사건 전개의 윤리적 가치 갈등에 대한 독자의 탐색은 허구 세계의 끝에서 갈등의 해결을 이해하고 판단할 수 있을 때 일단락된다.

한편 허구 세계는 그 자체로 세계 체계(textual universe)를 배경으로 구성된 자율적 세계이다. 허구 세계의 자율성은 허구 세계가 소설 텍스트 상의 현실 세계(textual actual world)로서 대안적 가능 세계(textual alternative possible world)를 탐색할 수 있다는 점에서 중요하다. 허구 세계에서 인물들은 현실 세계의 우리가 그러하듯이 타자와 대립하고 윤리적 가치 갈등을 겪을 뿐만 아니라 이를 해결하고 초월할 수 있는 대안적 행동과 삶을 모색한다. 따라서 독자는 인물들과 더불어 허구 세계에서 실현되지 않는 가능 세계를 탐색할 수 있다.[38]

이런 점에서 독자가 사건 전개를 따라가는 과정에서 언제나 윤리적 가치 갈등의 개연성과 윤리적 가치 선택의 필연성을 인정하고 수긍하는 것은 아니다. 독자는 인물들이 선택하지 않는 윤리적 가치의 선택과 실천 또는 사건 전개의 또 다른 방향을 가정함으로써 대안적 삶을 그려 볼 수 있다.

⑥ 은하: 어머니는 옥희를 생각해서 아저씨와의 사랑을 포기했다는 생

38 허구 세계를 양상 체계의 개별 세계, 즉 가능 세계나 이야기 세계로 보지 않고 텍스트상의 현실 세계가 중심인 세계 체계로 설명한 사람은 라이언(M. L. Ryan)이다. 그녀에 따르면, 허구성의 핵심 기제는 재중심화(recentering)로 이는 가능 세계 중 하나를 구체화하면서 새로운 중심 세계, 현실 세계로 삼아 새로운 세계의 체계를 만드는 것이다. 허구 세계에 대한 이러한 관점은 허구 세계가 완결된 전체의 세계임에도 불구하고 마치 현실 세계에서처럼 독자가 대안적 삶을 모색하면서 가능 세계를 탐색하는 행동을 설명하는 데 유용하다(M. Ryan(1991), *Possible Worlds, Artificial Intelligence, and Narrative Theory*, Indiana University Press, pp. 13-30). 이에 대해서는 다음을 참고. 오혜정(2001), 「가능 세계 이론을 통한 허구성 탐구」, 서울대학교 석사학위논문, pp. 28-33.

각이 들어. 그리고 당시 사회는 어머니의 재혼을 받아들이지 못하는 사회이기도 했고. 하지만 옥희를 위해서라도, 그리고 무엇보다도 자기를 위해서 아저씨와의 사랑을 이루었어야 하지 않을까? 나는 무엇보다도 자기의 감정에 대해 솔직한 것이 좋다고 생각해.
지훈: 나는 어머니의 희생이 참 아름다웠다고 생각해. 어머니는 아직 죽은 남편을 잊지 못하고 있고, 또 남편과의 사이에서 태어난 옥희에 의지하며 살아가고 있어. 혹시 아저씨와 결혼한 후에 옥희에게 소홀해질까봐 고민하면서, 결국 아저씨를 떠나보낸 어머니의 마음을 이해할 수 있을 것 같아.[39]

⑦ 운동권 투사인 조카딸이라면 자기를 '정신 개조가 불가능한 부르주아요 타락한 보수주의자'로 볼 것이 틀림없다는 생각을 하면서도 그는, 분명한 확신을 가지고 그쪽의 논리를 비판하거나 질책하는 것은 도무지 엄두도 내지 못하는, 지극히 무기력한 모습을 보여주고 있는 것이다. 그는, '나는 그애들이 추켜세우는 민중의 일원은 못되지만 내 자신의 삶만큼은 성실하게 살아왔다고 자부한다'고 말하기는 하지만, 단지 그뿐이다. 그러한 자부를 근거로 해서 조카딸의 입장을 비판하거나 질책하는 것은, 다시 말하지만, 엄두도 내지 못하고 있는 것이다. 이런 그 모습을 보면서 우리는 대번에 다음과 같은 질문을 던질 수 있으리라: 그렇다면 당신은 왜, "나를 '전신개조가 불가능한 부르주아'니 '타락한 보수주의자'니 하는 이름으로 공격하는 것은 너희들의 잘못이다. 그런 잘못을 저지르고 있는 것을 보니 너희들의 사상이나 주장에는 분명 따져

39 교육인적자원부(2003),『중학교 국어 2-1』, 교학사, p. 249.

보아야 할 문제점이 존재하는 것으로 판단된다. 우리 한번 본격적으로 토론해 보자" 하고 대들지 못하는 거요?[40](밑줄은 인용자)

⑥은 7차 중학교 교과서에서 소개한 〈사랑손님과 어머니〉에 대한 두 학생의 반응이다. '지훈'은 윤리적 가치 갈등을 해결하기 위해 아저씨를 떠나보낸 어머니의 행동을 지지하고 공감한다. 그녀의 행동은 '죽은 남편과 옥희를 위한 아름다운 희생'이라는 것이다. 반면 '은하'는 어머니가 아저씨와의 사랑을 포기할 수밖에 없었던 상황 맥락을 이해하면서도 그러한 갈등 해결에 동의하지는 않는다. 대신 어머니가 한 번쯤 그려 보았겠지만 실천하지 못한 사랑손님과의 재혼을 가정한다. 그러한 가정을 통해 구체화된 가능 세계는 '자기 자신을 위해 사는 것, 무엇보다 감정에 솔직하게 사는 것'이 실현된 세계이기 때문이다.

⑦은 소설 〈세월의 너울〉의 해석 텍스트로 대안적 행동에 대한 독자의 적극적인 모색이 엿보인다. 여기에서 독자는 '나'가 운동권 투사인 조카딸의 비판에 적절하게 대응하지 못하는 모습에 안타까움을 느낀다. '나'의 윤리적 가치에는 동의하는 반면 이를 비판하는 조카딸의 행동은 부적절하다고 판단하기 때문이다. 이에 독자는 '나'가 적극적으로 실천하지 못한 대안적 행동을 가정하고 촉구한다.

이처럼 독자는 허구 세계의 인물들이 윤리적 가치 갈등을 겪으며 고민했을 가능 세계나 대안적 행동을 가정적으로 그려 볼 수 있다. 사실 실현되지 않는 행동과 사건 전개를 가정하는 것은 지금까지 문학 이론이나 문학 교육에서 그 가치를 크게 인정받지 못했다. 독자의 가정하기는 모든 사건이 인과적

40 이동하(1998), 「김원일 후기 중·단편 연구」, 『전농어문연구』 10, 서울시립대학교 국어국문학과, pp. 109-110.

으로 전개되는 허구 세계의 전체성과 완결성을 이해하지 못한 행동이자 윤리적 가치 갈등의 개연성보다는 독자 자신의 윤리적 가치를 우선시하는 행동이라는 것이다. 하지만 허구 세계가 인물들뿐만 아니라 독자까지 인격적 참여를 통해 체험하는 실천적 세계라는 점을 고려하면 독자의 가정하기는 충분히 가능하며 윤리적 가치 갈등을 탐색하기 위해 격려해야 할 수행 단위이기도 하다.[41]

인물들의 행동이 독자의 윤리 감각을 자극하는 것은 특정한 윤리적 가치를 실천한 것이기 때문이다. 독자는 작중인물의 윤리적 가치를 추론하는 과정에서 자신의 윤리적 가치와 비교하며 공감과 반감을 느낀다. 반면 허구 세계의 사건 전개는 어떤 삶이 좋은 삶인가에 대한 독자의 가치 성찰을 촉구한다. 충돌하는 행동의 심층에는 윤리적 가치의 갈등이 자리하고 있으며 이에 따른 사건의 전개와 갈등의 해결은 그러한 윤리적 가치를 실천한 삶이 과연 좋은 삶이었는가를 성찰하게 한다.

이를 위해 독자는 사건 전개를 추동하는 핵심적인 윤리적 가치를 선별하고 이들이 어떻게 대립하고 충돌하는가를 검토해야 한다. 이는 허구 세계의 구체적인 상황 맥락에서 인물들이 왜 그렇게 행동할 수밖에 없었고 사건 전개의 끝에서 왜 그러한 운명을 맞이할 수밖에 없었는가, 즉 사건의 개연성을 이해하는 과정이자 이러한 윤리적 가치를 선택했다면 또는 이런 행동을 했다면 더 좋은 삶을 살지 않았을까와 관련된 가능 세계의 삶을 탐색하는 과정이다. 독자는 이와 같은 탐색을 바탕으로 체험된 세계의 전망 모색으로 나아간다.

41 해석 활동으로서 가정하기의 위상에 대해서는 다음을 참고. 양정실(2006), 「해석 텍스트 쓰기의 소설 교육 방법 연구」, 서울대학교 박사학위논문, pp. 107-118.

4) 체험된 세계의 전망 모색

허구 세계로의 인격적 참여를 통해 작중인물의 윤리적 가치에 공감하고 사건 전개의 윤리적 가치 갈등을 탐색한 독자는 이제 체험된 세계의 끝에서 인물들의 윤리적 가치 선택과 실천이 어떤 결과를 초래하였는가를 확인하고 그 결과가 환기하는 전망(perspective)을 성찰하게 된다. 독자는 윤리적 가치 갈등의 체험을 바탕으로 '어떤 삶이 좋은 삶인가', '이를 위해 어떻게 살아야 하는가'를 자문하고 그 답을 모색한다. 이를 통해 독자는 허구 세계를 체험하기 이전과는 다른 자기(ipse)가 되어 현실 세계의 삶을 새롭게 인식할 수 있다.[42]

앞서 논의한 바 있지만 소설에서 전망은 허구 세계를 구성하는 기준이자 사회의 발전 속에서 획득해야 할 가치이다. 실현되지 않는 좋은 삶에 대한 미래 지향적 실천 방향을 의미하는 것이다. 그런데 독자가 허구 세계의 체험을 통해 이러한 전망을 환기할 수 있는 이유는 전망이 허구 세계를 구성하는 기준이기 때문이다. 허구 세계는 윤리적 가치 갈등에 관여하는 행동들을 선택하고 사건들을 배열한 결과인데 이때 작가는 전망을 기준으로 '본질적인 것과 비본질적인 것, 핵심적인 것과 주변적인 것을 선택하고 배열'한다.

전망의 모색은 크게 두 단계를 거친다. 우선 독자는 체험된 세계가 환기하는 전망을 인식해야 한다. 독자는 인물의 행동에서 윤리적 가치를 추론하고 평가했고 사건의 전개를 따라가며 윤리적 가치 갈등도 탐색하였다. 독자는 이제 허구 세계의 끝에서 체험한 사건들을 거슬러 검토하고 하나의 전체

42 이때의 자기는 윤리적 가치 갈등의 체험을 통해 더 잘 이해하게 된 자기, 달리 이해하게 된 자기, 비로소 이해하게 된 자기를 의미한다(P. Ricoeur(1981), *Hermeneutics and the Human Science*, 윤철호 옮김(2003), 『해석학과 인문사회과학』, 서광사, p. 280).

로 고려함으로써 어떤 전망을 인식한다.[43]

> ① 이렇게 해서 우리는 『난쏘공』에서 타락한 세계와 타락한 주인공의 대립과 파탄을 보게 된다. 이 소설이 우리에게 일으키는 극렬한 고통과 절망은 이 두 개의 타락을 통해서 얻어진다. 과연 세계는 작가가 바라본 것처럼 대립된 두 집단의 싸움으로 되어 있는가 하는 문제는 이에 이르러 소박한 질문이 된다. 그가 우리에게 근원적인 세계 양상으로 그려 보여 주는 것은 세계와 주인공들이 서로 대립되어 상반된 성격을 통해 함께 타락하고 있는 모습이다. 이 땅은 "시간을 터무니없이 낭비하고, 약속과 맹세는 깨어지고, 기도는 받아들여지지 않는다. 눈물도 보람 없이 흘려야 하고, 마음은 억눌리고 희망은 이루어지지 않는" 세계다. 이런 세계에 사는 아버지에게는 "숭고함도 없고 구원도 있을 리 없"으며 영수 자신도 자신의 "사랑 때문에 괴로워했다." 이 두 개의 타락한 모습을 통해 우리는 우리 자신의 타락을 목격한다. 우리가 우리 자신의 타락을 깨닫지 못한다면 윤호가 경애에게 고백시킨 것처럼 우리의 "생활 전부가 죄"이기 때문이다. 『난쏘공』은 이리하여 우리 자신의 타락을 깨우쳐주고 고통을 느끼게끔 만든다. <u>세계와 주인공, 그리고 우리 자신의 타락을 환기시킴으로써 이 소설은 우리에게 '진정한 가치'란 무엇인가를 생각하게 한다. (중략) 그 '진정한 가치'가 성서의 시편에 나타나는, 혹은 마르쿠제가 그리고 있는 '사랑'의 세계라고 말한다.</u>[44](밑줄과 중략은 인용자)

43 리쾨르는 이를 "시작 속에서 결말을, 그리고 결말 속에서 시작을 읽음으로써 행동의 흐름을 구성하는 최초의 조건을 그 최종적인 결과를 통해 다시 돌이켜 보는 것"이라고 설명한다(P. Ricoeur(1983), 앞의 책, p. 154).

44 김병익(1979),「대립적 세계관과 미학」,『상황과 상상력』, 문학과지성사, pp. 216-217.

연작 소설《난장이가 쏘아올린 작은 공》의 세계는 은강을 변혁시키고자 하는 노력이 좌절된 영수가 재벌 기업의 총수의 사촌을 살해하는 것으로 끝을 맺는다. 이 소설의 허구 세계에서 가장 건강하던 인물이 살인이라는 극단적인 선택과 함께 몰락하는 결말은 사실 이 소설의 전망 모색을 어렵게 하는 지점이다. 이에 대해 ①의 독자는 타락한 세계와 인물의 타락을 통해 역설적으로 '진정한 가치'를 통찰한다. 그 가치는 결국 영수가 포기했고 그 가치의 진정함을 끝내 인식하지 못했지만 체험된 세계를 돌아보는 독자는 자각하게 되는 '사랑'이다. 독자는 체험된 세계의 사건 전개와 윤리적 가치 갈등의 해결 과정을 체험하면서 '사랑'이라는 전망을 통찰한 것이다.

한편 윤리적 가치 갈등의 체험을 바탕으로 인식한 전망이 독자마다 동일한 것은 아니다. 인물의 행동에서 추론한 윤리적 가치 그리고 사건 전개의 윤리적 가치 갈등에 대한 상이한 이해가 전망의 모색에도 영향을 미치는 것이다.

> ② 어머니는 일찍 남편을 여의고 종부의 소임을 다한 여장부다. 이 소설에서 강조하고 있는 것도 바로 어머니의 모범적인 삶이다. 아버지의 기제삿날 주인공은 혈육에게는 "깜깜한 밤의 등불과 같이 주위를 밝혀주는 희망과 안식의 빛"인 어머니의 고결한 삶을 흐뭇하게 회상하며 깊은 상념에 젖어든다. (중략) <u>삶이란 고통스러울 때도 있지만 도덕적이고 정의롭게 살아야 하고, 그렇게 사는 인생은 존중받아야 한다는 것</u>이다. 도덕 교과서에 나올 법한 이 주제는 어머니의 올곧은 삶과 연관되면서 사실적인 설득력을 획득한다. 요컨대 이 소설은 어머니로 표징되는 아름다운 삶 혹은 바람직한 삶의 유형을 창조한 것이다.[45] (밑줄과 중략은 인용자)

45 하응백(2002), 「장자(長子)의 소설, 소설의 장자(長者)」, 권오룡 엮음, 『김원일 깊이 읽기』, 문학과지성사, pp. 136-137.

③ 이들의 삶은 '인류 도덕의 유교적 규범' 위에 조직되어 있고, 늙은 어머니는 그 규범의 살아 있는 체현이다. 이 가족에게도 문제는 있다. (중략) 그러나 그러한 문제들에도 불구하고 이 가족은 건재하다. 그 건재는 어머니, 그리고 그녀가 체현하고 있는 유교적 규범의 덕택이다. 화자는 이렇게 말한다: "그 그늘이 아니고서는 우리 집안은 물론 나라는 존재도 너울 센 바다에 떠도는 가랑잎이었으리라." 그러니까 이 작품은 유교적 규범의 가치에 대한 이야기이다. 유교적 규범에 대한 이러한 의미 부여는 우리를 퍽 곤혹스럽게 만든다. 그것이 봉건적인 것으로의 회귀를 통해 현재적 갈등을 해소하는 것 이상으로 보이지 않기 때문이다.[46](밑줄과 중략은 인용자)

②는 소설 〈세월의 너울〉에 대한 해석 텍스트 중 일부이다. 이 글을 쓴 독자는 허구 세계에서 연대기적으로 나열된 사건들을 "일찍 남편을 여의고 종부의 소임을 다한 여장부"인 "어머니의 모범적인 삶"으로 종합한다. 독자는 이러한 '전체로 고려하기'를 통해 체험된 세계에서 "삶이란 고통스러울 때도 있지만 도덕적이고 정의롭게 살아야 하고, 그렇게 사는 인생은 존중받아야 한다."라는 점을 깨닫는다. 독자는 이와 같은 전망이 '도덕 교과서에서나 나올 법한 평범한 주제'이지만 "사실적 설득력을 획득"했다며 깊게 공감한다. 허구 세계를 하나의 전체로 종합하는 어머니의 삶이 독자에게는 "모범적인 삶"이고 "고결한 삶"이며 "올곧은 삶"으로 다가오기 때문이다.

반면 ③의 독자가 인식한 전망은 다소 다르다. 이 독자 또한 체험된 세계의 이질적인 사건들이 종합되는 중심에는 어머니의 삶이 있다고 본다. 하지

46 성민엽(1992), 「윤리적인 것과 역사적인 것」, 『문학과 사회』 겨울호, 문학과지성사, p. 1452.

만 체험된 세계에서 독자는 "유교적 규범의 가치"를 통찰한다. 허구 세계에서 복수의 작중인물이 적지 않은 문제를 안고 갈등하는데 그러한 "현재적 갈등을 해소하는 것"이 유교적 규범이라는 것이다.

독자의 전망 모색은 체험된 세계의 윤리적 가치 갈등을 바탕으로 전망을 인식하는 것에서 그치지 않는다. 전망의 모색은 전망의 인식이자 전망의 확장이다. 독자는 체험된 세계에서 인식한 전망을 인간 보편의 문제로 확장하면서 현실 세계의 문제에 적용한다.

> ④ 「아홉 켤레」 연작은 바로 그러한 현실을 소시민적 갈등의 진정성이라는 각도에서 정직하게 응시하고 독창적으로 그려내었던 것이다. 90년대도 후반으로 들어서고 있는 오늘날에 보자면 그러한 권력과 빈곤의 문제는 얼핏 철 지난 모습처럼 보일 수도 있다. 권력과 빈곤의 문제가 아직도 다 해결된 것이 아님은 주지의 사실이지만, 그러나 상대적으로 전과 비교할 수 없을 정도로 완화된 것 또한 사실이기 때문이다. 다시 그러나, 오늘날의 체제는 그 완화를 알리바이 삼아 행복한 삶의 갈등 없는 실현이 가능하다는 환상을 널리 유포하고 그 환상을 마취제 삼아, 이제 우리 사회의 성원 대부분이 자신을 소시민으로 인식한다는 의미에서의 그 소시민들의 의식을 마비시키고 있지 않는가. 양적으로 대폭 불어났음에도 오히려 의식은 마비되어가고 있는 오늘날의 소시민들에게 필요한 그 마비를 깨뜨릴 강렬한 충격이다. 소시민적 갈등의 진정성에 대한 강렬한 추구로서의 「아홉 켤레」 연작은 바로 이 점에서 엄연한 현재적 의미를 갖는다. 그 의미를 증폭시켜 오늘의 현실에 되돌려주는 일은 독자인 우리의 몫이다.[47] (밑줄은 인용자)

⑤ 「소망」은 제목 그대로 "살짝 미쳐" 있을 수밖에 없는 당시 지식인들

에 대해서 그리고 그것을 바라보는 시선들에 대한 소설이다. 폭력적인 것은 외부세계가 아니라 오히려 내면이고, 더위이다. 그냥 견디기만 했던 더위에 적극적으로 맞설 수 있었던 "겨울 양복"이라는 무기는 때문에 긍정적이며 지극히 현대적인 것으로 읽힌다. 하지만 그 간극은 쉽게 채워지는 것이 아니다. 신경증으로 보이던 당시 지식인들의 히스테리에서 한 걸음 나아가기 위해서는 이러한 적극적인 정신병이 동원되어야 했던 이유가 여기에 있다. 정신병은 심하게 앓고 나야 털어지는 법이다. 그리고 그로부터 70여 년이 지난 지금도 상황은 크게 달라지지 않았다. 수입된 문자교양의 과잉상태인 이 땅의 지식인들, 그 대다수는 관념의 조직과 운용에 익숙해지면서 어차피 채울 수 없는 실질을 포기한 채 명분의 주가를 높이고 허위의식의 신음을 희석시켜 버린다. 삶은 삶대로 따로 살고, 앎은 앎대로 따로 운용하는 이중성 속에서 그리고 그 이중성을 교묘하게 외면하면서 근근이 학식의 체면을 유지하고 있다. 때문에 하위의식의 요체는 이중성에 있다.[48](밑줄은 인용자)

④는《아홉 켤레의 구두로 남은 사내》에 대한 해석 텍스트의 일부이다. 독자는 이 소설의 허구 세계에서 "소시민적 갈등의 진정성에 대한 강력한 촉구"라는 전망을 인식하고 이를 현실 세계로 확장한다. 독자가 보기에 현실 세계에서 삶의 조건은 나아지고 있지만 바로 그 점이 사회 구성원들을 소시민에 안주하도록 만든다. 허구 세계의 전망을 누구보다 인식해야 할 사람은 현

47 성민엽(1997), 「「아홉 켤레의 구두로 남은 사내」 연작의 현재적 의미」, 윤흥길, 『아홉 켤레의 구두로 남은 사내』, 문학과지성사, pp. 317-318.

48 고영진(2008), 「시대적 강박증과 나르시시즘의 변형적 접선」, 『구보학보』 3, 구보학회, pp. 170-171.

실 세계의 구성원인 것이다. 이 독자는 이러한 전망을 현실 세계로 증폭하는 것이 독자들의 몫임을 분명히 한다.

⑤는 소설 〈소망〉에 대한 해석 텍스트이다. 독자는 〈소망〉의 세계에서 "'살짝 미쳐' 있을 수밖에 없는 당시 지식인들"의 삶을 체험한다. 일제 강점기의 지식인들은 비판적 지식인으로서의 삶과 생활인으로서의 삶 사이의 괴리로 인해 신경증을 앓는다. 주목할 점은 독자가 "70여 년이 지난 지금"의 현실 세계가 소망의 허구 세계와 닮아 있음을 인식하는 부분이다. 현실 세계의 지식인 또한 "삶은 삶대로 따로 살고, 앎은 앎대로 따로 운용하는 이중성 속에서" "허위의식"이라는 신경증을 앓고 있다. 독자는 허구 세계의 전망에 비춰 현실 세계를 조망하는 방식으로 허구 세계가 문제 삼은 지식인의 삶이 시대를 초월한 '인간 보편의 문제'임을 이해한다.

이처럼 독자는 허구 세계에서 모색한 전망으로 현실 세계의 문제를 진단하고 새롭게 인식할 수 있다. 이는 허구 세계가 원래 현실 세계에서 직면한 문제를 해결하거나 초월하기 위해 독자가 모색한 가능 세계 중 하나이기 때문에 가능한 것이다. 허구 세계는 현실 세계의 삶을 다시 그린 세계이지만 가능 세계를 거쳤다는 점에서 현실 세계보다 가치론적으로 혁신된 세계이다. 독자가 허구 세계의 윤리적 가치 갈등을 체험해야 하는 이유는 바로 여기에 있다.

유념할 점은 독자가 전망을 인식하고 확장한다고 해서 당장 좋은 삶을 누릴 수 있는 것은 아니다. 전망의 인식과 확장은 현실 세계의 문제를 해결할 수 있는 방책을 마련하는 것이 아니라 삶을 반성하고 보다 좋은 삶을 기획하는 것이다. 이런 점에서 한 소설이 세대를 거쳐 오랫동안 읽히는 것은 소설의 행운이자 역설적으로 독자의 불행일 수 있다.[49] 전망의 인식과 확장을 통해

49 우찬제(1997), 「대립의 조화미, 그 카오스모스의 시학」, 조세희, 《난장이가 쏘아올린 작은 공》, 문학과지성사, p. 298.

기획한 좋은 삶이 여전히 실현되지 않았음을 의미하기 때문이다. 하지만 좋은 삶의 성취는 그만큼 요원하고 많은 노력이 필요하기 때문에 가치 있는 것이다. 윤리적 가치 갈등을 다양하게 체험함으로써 반성하고 기획한 삶을 거듭 축적한다면 삶과 세계의 변화도 기대할 수 있다.

2. 서사적 소통에서 윤리적 가치 위계의 탐구

윤리적 가치 갈등을 체험하는 과정에서 전망을 모색한 독자는 이제 윤리적 가치 위계의 서사적 소통에 참여한다. 독자가 서사적 소통에서 만나는 윤리적 가치의 주체는 서술자와 작가이다. 서술자는 가치 평가적 서술을 통해 인물들의 윤리적 가치를 위계화하며 작가는 작가-서술자-인물 간의 윤리적 거리를 조정함으로써 윤리적 가치 위계를 정교화하거나 역전시킨다. 따라서 독자의 서사적 소통은 서술자와의 소통과 작가와의 소통이라는 중층적 구조로 진행되어야 한다.

서사적 소통에서 독자가 수행하는 윤리적 가치 위계의 탐구가 삶의 반성과 기획으로 심화되기 위해서는 윤리적 수행 과정을 거쳐야 한다. 세계의 상황 윤리적 인식은 '작가와의 대화적 관계 인식'으로, 주체 행위에 대한 윤리적 가치 판단은 '서술자의 가치 평가적 서술 분석'으로, 행위 가능성의 허구적 탐구는 '윤리적 거리의 재구를 통한 작가의 호소 가치 추론'으로, 반성적 판단을 통한 윤리적 가치 성찰은 '창작 맥락의 탐색을 통한 성찰적 응답'으로 구체화된다.

1) 작가와의 대화적 관계 인식

서사적 소통을 상황 윤리적으로 인식한다는 것은 작가를 대화적 관계의 타자로 인정하는 것이다. 이 관계는 '나-너' 관계 속에서 타자를 만나고 타자를 윤리적 가치의 주체로서 대하는 것이다. 부버(M. Buber)에 따르면, 대화적 관계는 타자에게 동의하는 것이 아니라 타자의 말에 경청함으로써 응답하는 것이다. 타자의 말을 듣고 타자에게 말을 건네는 상호 관계 속에서 좋은 삶에 대한 공동의 이해가 가능하다는 것이다.[50] 이런 점에서 독자에게 작가와의 대화적 관계란 작가의 윤리적 가치를 거부할 가능성을 부정하지 않되 그가 나와 다른 윤리적 가치를 지향할 수 있으며 그의 가치가 좋은 삶에 대한 나의 이해에 영향을 미칠 수 있음을 인정하는 것이다.

허구 세계에 아무리 몰입한 독자라도 한 편의 소설을 모두 읽고 난 후에는 흔히 "이 소설을 통해 작가가 이야기하고자 하는 바는 무엇인가?"라고 자문(自問)한다.[51] 이는 독자가 허구 세계가 누군가에 의해 서술되고 창작된 것임을 인식한 것이다. 허구 세계에 대한 독자의 체험은 온전히 허구 세계의 인물과 사건에 의해 촉발된 것은 아니다. 이 체험에는 지속적으로 서술자의 가치 평가적 서술이 관여한다. 서술자는 특정한 인물의 인식과 가치관을 초점화하거나 그들의 행동과 사건을 직접 논평함으로써 독자의 체험에 영향을 미친다. 주목할 점은 이와 같은 영향력의 기원이 서술자의 서술을 넘어선다는 점이다. 독자는 서술자의 서술을 바탕으로 허구 세계를 체험하는 서사적 독자에서 서술자의 서술 행위에 주목하며 작가의 윤리적 가치 호소를 경청하려는 권위적 독자가 된다.

작가와의 대화적 관계는 독자가 윤리적 가치 갈등에 대한 체험에 거리를 두는 것으로 시작할 수 있다. 인물의 행동이나 사건 전개에 대한 정서나 판단이 누군가에 의해 의도될 수 있음을 인정하면서 이를 재인(再認)하고자 하는 것이다.

....

50 강선보(2003), 『「만남」의 교육 철학』, 원미사, pp. 123-128.

51 조남현(2004), 『소설신론』, 서울대학교 출판부, pp. 194-195. 허구 세계의 체험을 마친 독자는 세계의 소통 가능성을 인식하면서 이러한 질문을 한다. 하지만 허구 세계의 체험에 너무 몰입을 한 나머지 거리를 두지 못하고 서사적 소통에 참여하지 못하는 독자도 적지 않다. 라비노위츠는 "작중인물과 플롯에 사로잡혀서 예술가들이 그 뒤에서 그렇게 만들고 있다는 것을 인지하는 데 실패한 학생들"의 읽기를 '보바리적 읽기(Emma-Bovary reading)'로 명명하면서 교육적 처치가 필요함을 주장한다(P. J. Rabinowitz & M. W. Smith(1998), 앞의 책, p. 26).

① '순수하고 아름답다는 느낌'은 과연 적절하고 충분한 반응인가? 막연히 그런 느낌이 들고, 또 남들도 흔히 그런 느낌을 가진다고 해서, 그게 반드시 적절하거나 깊이 있게 읽은 결과라고는 할 수 없을 것이다. 그 느낌의 적절성 여부를 따지려면, 먼저 그것이 무엇에 대한 느낌인지 살펴보는 게 순서일 터이다. (중략) 이제 돌이켜 살펴보자. 무엇이 '순수하고 아름다운'가? 이 작품의 중심사건과 갈등, 그 결말 등은 그와 거리가 멀다. 옥희 어머니와 사랑손님이 맺어지지 못한 사건은 사회적 억압에 의한 개인의 좌절에 가까우므로, 비극적이고 슬픈 것에 가까운 까닭이다.[52] (중략은 인용자)

①의 독자에게 허구 세계의 체험은 '순수하고 아름답다'는 것이다. 이는 아직 '느낌'의 차원이기는 하지만 "남들도 다 그렇다"는 점에서 개인적인 주관을 넘어서는 공동체적인 것이다. 그런데 독자는 이 느낌에 거리를 두면서 과연 적절한 것인가를 자문한다. 허구 세계에서 느껴지는 '순수하고 아름다운 느낌'과는 달리 분명 '옥희 어머니와 사랑손님의 이별'은 '비극적이고 슬픈 사건'이기 때문이다. 독자는 자신의 느낌과 윤리적 가치 갈등 사이에 괴리를 느끼며 허구 세계의 체험에 거리를 둔다. 이를 통해 독자는 점차 소설 읽기의 방점을 윤리적 가치 갈등의 체험에서 윤리적 가치 위계의 서사적 소통으로 옮긴다.

①의 독자가 '느낌'을 매개로 허구 세계와 거리를 두고 있다면 ②의 독자는, 체험된 세계의 전망을 매개로 거리 두기를 시도한다.

52 최시한(2005), 「초점화와 「사랑손님과 어머니」」, 『소설의 해석과 교육』, 문학과지성사, pp. 57-62.

② 이들의 삶은 '인류 도덕의 유교적 규범' 위에 조직되어 있고, 늙은 어머니는 그 규범의 살아 있는 체현이다. 이 가족에게도 문제는 있다. (중략) 그러나 그러한 문제들에도 불구하고 이 가족은 건재하다. 그 건재는 어머니, 그리고 그녀가 체현하고 있는 유교적 규범의 덕택이다. 화자는 이렇게 말한다: "그 그늘이 아니고서는 우리 집안은 물론 나라는 존재도 너울 센 바다에 떠도는 가랑잎이었으리라." 그러니까 이 작품은 유교적 규범의 가치에 대한 이야기이다. 유교적 규범에 대한 이러한 의미 부여는 우리를 퍽 곤혹스럽게 만든다. 그것이 봉건적인 것으로의 회귀를 통해 현재적 갈등을 해소하는 것 이상으로 보이지 않기 때문이다. 이에 대한 작가의 태도는 불분명하지만, 이 작품의 서술이 풍자나 아이러니와는 거리가 멀다는 점을 감안하면 대체로 그러한 의미 부여에 동의하는 듯이 여겨진다.[53] (중략은 인용자)

②의 독자는 체험된 세계가 "유교적 규범의 가치"를 환기하고 있다고 이해한다. 동시에 이러한 윤리적 가치에 '곤혹스러움'을 느끼는데, "봉건적인 것으로의 회귀"로 간주되는 이와 같은 전망이 "현재적 갈등을 해소하는 것 이상"의 보편성을 지니지 못한다고 판단하기 때문이다. 독자는 체험된 세계의 전망을 인식했음에도 불구하고 이에 무조건 동의하거나 공감하지 않으며 오히려 전망에 대한 '작가의 태도'를 묻는다.

이상의 거리 두기는 독자가 허구 세계에 지나치게 몰입하는 것을 스스로 경계하면서 이에 대한 체험이 어떻게 형성된 것인가를 검토하는 활동이다. 허구 세계에 대한 체험의 형성과 방향에 주도적인 영향을 미치는 것은 무엇

53 성민엽(1992), 「윤리적인 것과 역사적인 것」, 『문학과 사회』 겨울호, 문학과지성사, p. 1452.

보다 서술자의 서술 행위이다. 독자는 서술자의 서술을 메타적으로 인식함으로써 작가와 대화적 관계를 맺고자 한다.

> ③ '나'의 잘못된 가치관이나 빈약한 교양에 대해, 즉 사회주의 운동을 부랑당패의 행동으로 간주한다든지, 일본인의 생활 방식을 선망하여 따르려 한다든지, 또는 문학이나 경제학에 관하여 매우 천박하고 왜곡된 지식을 가지고 있다든지 하는 것에 대해 독자들은 선뜻 수긍할 수 없다. 그래서 독자들은 서술자의 언어를 곧이곧대로 믿어 그것을 토대로 작품의 의미를 합성하는 데 주저하면서 서술자의 배후에 있는 작가의 의도를 크게 고려하게 된다.[54]

③에서 서술자의 윤리적 가치는 독자의 윤리적 가치와 충돌한다. 이 독자는 서술자의 서술을 '곧이곧대로 믿기를 주저'한다. 그 이유는 서술자의 일천한 지식 수준과 친일적인 가치관을 수용할 수 없기 때문이다. 독자는 윤리적 가치 갈등에 대한 자신의 체험이 서술자의 서술에 의해 왜곡되었을 가능성을 경계하면서 이러한 서술자를 허구 세계의 중개자로 내세운 작가의 의도를 따지기 시작한다.

한편 신빙성에 문제가 있는 서술자의 소설을 읽을 때 작가와의 대화적 관계는 더욱 중요하다. 독자는 동종 서술자의 자질을 판단하고 평가하면서 공감하거나 반감을 느낄 수 있다. 예를 들어 독자는 서술자가 '제한된 이해력을 지니고 있거나' '사적인 감정에 사로잡혀 있고' '부적절한 가치를 지니고 있나'고 판단한다.[55] 문제는 서술자에 대한 독자의 이러한 판단이 서술자의

54 임명진(1998), 「치숙의 서술 양식 재고」, 『현대문학이론연구』 9, 현대문학이론학회, pp. 244-245.

신빙성 여부를 확증하는 충분 요소가 될 수 없다는 점이다. 이러한 판단에도 불구하고 만약 서술자의 윤리적 가치가 작가의 윤리적 가치를 대변하는 것으로 확인되면 그는 신빙성 있는 서술자이다. 독자와 서술자의 윤리적 거리는 그대로 독자와 작가의 윤리적 거리가 되며 서술자에 대한 독자의 불신과 비판은 서술자에게 서술의 권위를 부여한 작가까지 확대된다.

이처럼 서술자의 신빙성 여부는 독자가 믿을 수 없거나 또는 독자의 윤리적 가치와 충돌하는 등 독자와 서술자의 거리 차원을 넘어선다.[56] 신빙성 없는 서술자는 서술자의 윤리적 가치에 독자가 거리를 두고 반어적으로 이해하기를 원하는 작가의 가치 호소 방식이기 때문이다. 펠란(J. Phelan)의 지적처럼, "텍스트의 모순을 신빙성 없음의 한 표지로 읽으려는 해석의 움직임은 '어떤 사람'이 모순을 신빙성 없음의 한 표지로 설계했다는 추정으로 나아가지 않는다면 결국 충분히 이해되지 않는다."[57] 소설을 읽은 독자는 서사적 독자로서 서술자와 소통할 뿐만 아니라 권위적 독자로서 작가와도 소통한다. 독자가 서사적 독자로서 서술자의 가치 평가적 서술을 수용하기 어렵거나 자신의 윤리적 가치와 충돌할 때 그는 서술자의 신빙성을 의심할 수 있다. 하지만 이러한 의식을 확증하기 위해서는 독자가 권위적 독자가 되어 서술자와 작가의 윤리적 거리를 따져 보며 신빙성 여부를 판단하고 그 효과를 평가해

55 이는 리먼-케넌(S. Rimmon-Kenan)이 서술자의 신빙성 여부를 결정하는 기준으로 제시한 것이다. 그는 신빙성 없는 서술자를 "독자가 스토리 제시나 논평에 의혹을 가질 만한 이유가 있는" 서술자로 정의한 후 "의혹을 가질 만한 이유"로 서술자의 특성인 '제한된 지식, 개인적인 연루 관계, 의심스러운 가치 기준'을 제시하였다. 서술자가 이러한 특성을 지니고 있다면 그 서술자는 신빙성 없는 서술자이며 이러한 특성을 발견할 수 없다면 신빙성 있는 서술자라는 것이다(S. Rimmon-Kenan(1983), *Narrative Fiction*, 최상규 옮김(1999), 『소설의 현대 시학』, 예림기획, pp. 177-178).

56 이런 점에서 서술자의 신빙성을 판단하는 근거로 독자와 서술자의 윤리적 거리를 중시하는 서사인지학적 접근은 수사적 접근만큼이나 불완전한 것이다(정진석(2011), 「소설 이해로서 서술자의 신빙성 평가에 대한 연구」, 『국어교육학연구』 42, 국어교육학회, pp. 631-638).

57 J. Phelan(2005), *Living to Tell about It*, Cornell University Press, p. 48.

야 한다.

독자는 체험한 윤리적 가치 갈등과 모색한 전망을 보다 깊이 있게 이해하기 위해 서사적 소통에 참여해야 한다. 특히 이러한 참여가 삶의 반성과 기획으로 심화되기 위해서는 작가와 대화적 관계를 맺어야 한다. 독자는 서술자의 서술 행위에 주목하면서 작가의 가치 호소를 경청하고자 하는 것이다. 작가와의 대화적 관계는 체험된 허구 세계에 거리를 두는 것으로 시작된다. 체험된 세계에 대한 느낌, 지각, 판단이 인물의 행동뿐만 아니라 서술자의 서술 행위에 영향을 받는 것임을 인식함으로써 자신의 관심을 허구 세계의 체험에서 서사적 소통으로 전환하는 것이다.

2) 서술자의 가치 평가적 서술 분석

이 항에서는 독자가 서술자의 가치 평가적 서술을 분석함으로써 윤리적 가치 위계를 탐구하는 과정을 다룬다. 이는 윤리적 가치 위계의 서사적 소통에서 독자가 주체의 행위를 가치 판단하는 것이다.

서사적 소통의 중층적 구조에서 독자가 우선 대면하는 주체와 그의 행위는 서술자의 서술 행위이다. 독자는 서사적 독자로서 서술자의 목소리를 들으며 허구 세계를 체험한다. 그런데 서술자의 서술 행위는 단순히 허구 세계의 윤리적 가치 갈등을 독자에게 들려주는 것에 그치지 않는다. 서술자는 인물들의 행동을 논평하거나 작중인물의 인식과 판단을 선택적으로 보여 주고 서술 시간과 서술된 시간을 조정함으로써 윤리적 가치의 위계를 설정한다. 허구 세계에 대한 독자의 체험은 이렇게 설정된 윤리적 가치 위계에 영향을 받는다.

서술자의 가치 평가적 서술이 윤리적 가치 위계를 설정하는 가장 직접적인 방식은 논평(commentary)이다. 논평은 해석(interpretation)이나 판단

(judgement)처럼 인물의 행동이나 사건에 대한 것일 수도 있고 일반화(generalization)처럼 삶 그 자체에 대한 것일 수도 있다.[58] 독자는 이러한 논평을 근거로 서술자의 윤리적 가치를 추론할 수 있고 윤리적 가치 위계의 최상위 가치가 무엇인가를 확인할 수 있다.

① 그중에서도 주목되는 것은 다음과 같은 구절들이다.

> ⓐ 나는 정치가도, 매판 자본가도, 사회주의자도 아니다. 오직 나는 그 애들이 추켜세우는 민중의 일원은 못 되지만 내 자신의 삶만큼은 성실하게 살아왔다고 자부한다. 그 애들도 그렇겠지만, 누구에게나 자신의 삶에는 그만큼 타당한 이유가 있고, 그 삶이 불의나 비도덕적이지 않다면 어느 계층으로부터든 존중되어야 하기 때문이다.
>
> ⓑ 장년까지는 초여름의 저녁 바람에서 자유로움과 평화를 느끼기도 하였다. 그러나 이제, 지금과 같은 시간은 적막이나 비애와 같은 감정이 오히려 자연스럽다.
>
> ⓒ 바다의 너울 센 날이 있음으로써 잔잔한 수면이 더욱 평화스러워 보이고 남편이 배를 타고 나간 너울 센 바다를 보아야 바다의 그 무서운 위력에 두려움을 느낀다. 세월이 늘 편안하지 않은 것처럼 인생 역시 늘 그 너울을 타며 살게 마련이다.

58 해석이 인물의 행동에 대한 서술자의 부연 설명이라면 판단은 인물의 행동에 대한 서술자의 가치 판단이다. 일반화는 허구 세계에서 발생한 사건의 의의를 사회나 인류 전체로 적용하는 것이다. 리먼-케넌에 따르면, 서술자의 서술 영역은 배경 묘사, 작중인물에 대한 지정, 시간 요약, 작중인물에 대한 규정, 작중인물이 생각하거나 말하지 않는 것에 대한 보고, 논평으로 나눌 수 있는데 이 중 논평에서 서술자의 윤리적 가치가 가장 잘 드러난다(S. Rimmon-Kenan(1983), 앞의 책, pp. 171-176).

ⓐ는 누구의 삶도 도덕적이고 정의로우면 존중받아야 한다는 것, ⓑ는 '적막이나 비애와 같은 감정'도 자연스럽게 받아들일 수 있다는 것, ⓒ는 삶의 행·불행을 인정해야 한다는 것이다.[59](밑줄은 인용자)

② 감옥에 있는 조카딸과 관련하여 화자가 다음과 같이 진술하는 것이 그 대표적인 예이다.

> 만약 그 애들의 주장을 그대로 받아들인다면 기성세대로서 나라는 존재 역시 이 땅에서는 삶의 가치가 퇴색되고 만다. 그 애들의 눈에는 내가 이미 썩어버린, 정신 개조가 불가능한 부르조아요 타락한 보수주의자로 보일 테니깐. 그렇게 취급당한다 해도 나는 발끈하거나 부끄러움을 느끼지 않을 것이다. 나는 정치가도, 매판 자본가도, 사회주의자도 아니다. 오직 나는 그 애들이 추켜세우는 민중의 일원은 못 되지만 내 자신의 삶만큼은 성실하게 살아왔다고 자부한다. 그 애들도 그렇겠지만, 누구에게나 자신의 삶에는 그만큼 타당한 이유가 있고, 그 삶이 불의나 비도덕적이지 않다면 어느 계층으로부터든 존중되어야 하기 때문이다.
> 오늘날 의와 불의, 도덕과 비도덕의 분별의 근거가 무엇인가, 하는 질문을, 유교적 규범은 감당하지 못하며, 위 인용의 진술에는 진정한 반성이 결여되어 있다.[60](밑줄은 인용자)

59 하응백(2002), 「장자(長子)의 소설, 소설의 장자(長者)」, 권오룡 엮음, 『심원힐 깊이 읽기』, 문학과지성사, pp. 136-137.

60 성민엽(1992), 「윤리적인 것과 역사적인 것」, 『문학과 사회』 겨울호, 문학과지성사, pp. 1452-1453.

①과 ②는 〈세월의 너울〉에 대한 해석 텍스트의 일부이다. ①의 독자는 서술자의 논평을 폭넓게 분석한 후 "그중에서도 주목되는 것"들을 근거로 그의 윤리적 가치를 추론한다. 예를 들어 서술자가 자신의 삶을 '판단'하는 ⓐ의 서술에서는 '누구의 삶도 도덕적이고 정의로우면 존중받아야 한다'는 가치를 추론하고, 어머니의 삶을 '일반화'하는 ⓒ의 서술에서는 '행복과 불행이 교차하는 현실에 대한 긍정'이라는 가치를 추론한다. 이처럼 논평은 서술자의 윤리적 가치가 비교적 분명하게 드러나는 서술 영역으로, 독자는 이를 선별적으로 주목하고 분석함으로써 가치 평가적 서술에 따른 윤리적 가치 위계를 탐구할 수 있다.

한편, 인물의 행동에 대한 독자의 평가가 다양한 것처럼 서술자의 논평에 대해서도 서로 다른 분석이 가능하다. ①의 독자가 ⓐ의 논평을 통해 긍정적인 윤리적 가치를 추론했다면 ②의 독자는 같은 논평에 대해 상당한 거부감을 표시한다. ⓐ의 논평이 지향하는 윤리적 가치로는 오늘날의 옳고 그름을 판단할 수 없으며 따라서 '진정한 반성이 결여된' 서술이라는 것이다.

①과 ②에서 확인할 수 있듯이, 독자는 서술자의 가치 평가적 서술이 자신의 윤리적 가치와 부합할 경우 깊이 공감하지만 부합하지 않을 경우 당혹감이나 거부감을 느낀다. 이때 독자는 자신의 윤리적 가치가 분석의 전제 조건이자 분석의 과정에서 궁극적으로 성찰하고 재구성해야 할 대상이라는 점을 인식할 필요가 있다. 독자가 윤리적 가치를 일방적으로 투사할 경우 서술자의 가치 평가적 서술을 왜곡해서 이해할 가능성도 있기 때문이다. 독자는 서술자의 가치 평가적 서술을 분석하기 위해 동원한 자신의 윤리적 가치를 성찰하는 한편, 자신이 검토하지 못한 서술자의 서술 행위가 없는지, 서술자의 윤리적 가치를 과장하거나 폄하하지는 않았는지를 살피는 것이 필요하다.

독자가 서술자의 서술을 바탕으로 윤리적 가치 위계를 탐구하기 위해서는 서술자의 초점화(focalization) 양상에도 주목해야 한다. 앞에서 설명한 바와 같이, 소설에서 서술의 주체는 '말하는 자'와 '보는 자'로 나뉜다. 전자가 서술자라면 후자는 초점화자이다. 초점화는 특정 인물의 인식과 판단을 지속적으로 드러내면서 독자의 공감과 거리감을 의도한다는 점에서 서술자가 논평보다 은밀하게 윤리적 가치 위계를 형성하는 방법이다.

동종 서술자는 자신의 인식과 판단을 주로 초점화할 수 있다는 점에서 독자의 공감을 얻기 쉽다. 하지만 경우에 따라서는 동종 서술자도 다른 사람을 초점화자로 삼아 그의 시각에서 허구 세계를 서술할 수 있다. 특히 다른 인물의 경험을 듣고 이를 서술할 때 동종 서술자는 잠시 동안 스토리 내적 이종 서술자의 위치에 있기 때문에 초점화의 폭이 넓어진다. 독자는 이러한 초점화 양상을 분석함으로써 서술자가 설정한 윤리적 가치 위계를 탐구할 수 있다.

> ㉠ "이번 역시 보름 기한이었어요. 보름 되게 좋아합디다. 설핏하면 보름 안으로 해내라는 거예요." 엎친데 덮쳐 경기도에서는 토지취득세부과통지서를 발부했다. 관할과 소속이 각기 다른 서울시와 경기도가 이렇게 쌍나발을 부는 바람에 주민들은 거의 초주검 꼴이 되었다. 광주대단지 토지 불하가격시정대책위원회라는 유례없이 긴 이름의 임의 단체가 조직되었다. 대책위원회는 곧 투쟁위원회로 개칭되었다. 속에 식자깨나 든 것으로 알려져 그는 같은 배를 탄 전매 입주자들에 의해서 대책위원과 투쟁위원을 고루 역임하게 되었다. "그게 만약 감투 축에 든다면, 나한텐 정말 분에 넘치는 감투였어요." 겸손의 말이 아니었다. 그런 일은 감당할 만한 능력도 없을뿐더러 자기는 여전히 광주단지 사람이 아니며 어디까지나 서울사람이라는 생각 때문에 맡고 싶지도 않았고, 그래서 뺀질나게 보이지 않는 가운데 팽팽한 긴장 속에서 7월말 시한을 넘기고 8월 10일을 맞았다. 투쟁위원회에서 최후 결단의 날로 정한 바로 그날이었다.[61]

③「아홉 켤레」에서의 그러한 서술은 오 선생이라는 '선량한' 소시민의 눈으로 소시민이고 싶은 도시 빈민의 이중성을 관찰하는 것인데, 처음에는 오 선생이 권기용이라는 인물을 이해하기 힘든 존재인 것처럼 말하지만 나중에는 권기용의 안팎을 훤히 들여다보게 된다. 그 전환은 권기용의 구두 닦는 모습을 묘사하는 데서부터 일어난다. (중략) 오 선생의 눈이 갑자기 사물의 이면을 투시하기 시작하는 것이다. 그리고 이렇게 투시당하기 시작하자 권기용은 자신의 전사(前史)를 숨김없이 털어놓는 것이다. 그것은 오 선생의 소시민성과 권기용의 소시민성이 본질적으로 같은 세계에 속하기 때문에 이루어지는 일종의 교감이라고 할 수 있고[62](중략은 인용자)

㉠은《아홉 켤레의 구두로 남은 사내》의 연작 중 첫 번째 단편인〈아홉 켤레의 구두로 남은 사내〉중 일부이다. 이 소설에서 허구 세계의 윤리적 가치 갈등에 대해 말하는 서술자는 '오 선생'이다. 오 선생은 동종 서술자로서 '권기용'의 삶을 서술하는 것이다. 주목할 점은 ㉠에서 오 선생이 권기용이 체험한 광주 대단지 사건을 서술하는 부분이다. 이 사건에 대한 서술은 대단히 생생한데 이는 서술자인 오 선생이 최대한 권 씨의 시각에서 권 씨의 체험을 서술하고 있기 때문이다. 즉 권 씨를 초점화자로 삼아 권 씨의 경험을 공유하는 것이다.

이에 대해 ③의 독자는 '권기용의 안팎을 훤히 들여다보게 되는' 이와 같은 초점화 양상을 '일종의 교감'이라고 평가한다. 오 선생이 권기용에게 들은

....

61 윤흥길(1997),『아홉 켤레의 구두로 남은 사내』, 문학과지성사, pp. 176-177.

62 성민엽(1997),「「아홉 켤레의 구두로 남은 사내」 연작의 현재적 의미」, 윤흥길,『아홉 켤레의 구두로 남은 사내』, 문학과지성사, pp. 314-315.

사건을 서술하는 과정에서 자신의 인식과 판단을 초점화할 수 있음에도 불구하고 대부분 권기용의 인식을 초점화하는 것은 오 선생이 권기용의 판단과 윤리적 가치에 공감했기 때문이라는 것이다. 이는 독자가 권기용의 시각에서 광주 대단지 사건을 바라보는 것을 넘어 왜 자신이 권기용의 시각에서 바라보게 되었는가를 문제 삼은 것이며 서술자의 서술 행위와 윤리적 가치 위계 간의 관계를 심도 있게 탐구하는 것이다.

마지막으로 독자는 서술자가 시간을 다루는 방식에 주목하면서 윤리적 가치 위계를 탐구할 수 있다. 서술자가 서술하는 시간과 허구 세계의 서술된 시간 사이에는 항상 간극이 있다. 서술자가 서술하는 시간은 시계로 측정될 수 있는 '일정한 물리적 시간'이지만 허구 세계의 서술된 시간은 서술자의 시간 조직에 따라 그 속도가 바뀔 수 있는 가변적인 시간이다. 서술자는 순서(oder), 지속(durée), 빈도(fréquence)의 범주에서 이 두 시간의 간극을 조정한다. 서술자는 이와 같은 조정을 통해 서술자는 인물의 행동을 강조하고 은폐하며 윤리적 가치 위계를 설정할 수 있다. 예를 들어 서술자는 인물의 특정한 행동을 생략(ellipsis)함으로써 독자가 이를 체험하지 못하게 할 수 있으며[63] 허구 세계에서 한 번 발생한 사건을 중첩 반복(repetitive)함으로써 독자가 이를 여러 번 체험하게 할 수 있다.[64]

㉡ 나는 그의 금고에서 우리의 것을 꺼냈다. 그의 금고 속에는 돈과 권

63 생략은 지속의 방식 중 하나로 서술의 시간을 기준으로 허구 세계의 시간이 극단적으로 가속되는 것으로 독자는 가속된 시간에 벌어진 사건을 전혀 체험하지 못한다. 서술자는 '몇 시간이 흐른 후' 또는 '2년 후'와 같은 표현을 통해 중요하지 않거나 은폐해야 하는 사건들을 '생략'한다(G. Genette(1972), 앞의 책, pp. 95-98).

64 중첩 반복은 빈도의 방식 중 하나로 허구 세계에서 한 번 일어난 일을 n번 반복하는 것이다. 중첩 반복을 통해 독자는 해당 사건을 여러 번 체험하면서 그 상징성을 강렬하게 또는 다양한 맥락에서 이해할 수 있다(위의 책, pp. 103-116).

총과 칼이 함께 들어 있었다. 나는 돈과 칼도 꺼냈다. 나는 달 천문대 밑에 쪼그리고 앉아 있는 아버지의 모습을 상상했다. 아버지는 이미 오십억 광년 저쪽에 있는 머리카락좌의 성운을 보았는지 모른다. 오식억 광년이라면 나에게는 영원이다. 영원에 대해서 나는 별로 할 말이 없다. 한밤이 나에게는 너무나 길었다. 나는 그의 얼굴에서 수건을 떼고 약병의 뚜껑을 닫았다. 나에게 더없이 고마운 약이었다. 첫날 그 약이 괴로워하는 나의 몸을 마취시켜 잠 속으로 돌아 넣었었다. 그래서 나는 그의 처음 표정을 볼 수 없었다. 나는 손가방을 열어 그 안의 것들을 확인했다. 모두 가지런히 넣어져 있었다. 나는 옷을 입었다. 머리가 어지러웠다. 방문을 열고 거실로 나갔다. 그를 돌아보지 않았다.[65]

④ 영희가 아파트 투기 브로커로부터 자기네 입주권을 훔쳐 달아나오는 장면의 이 긴 인용은 그러나 훨씬 더 길었어야 할 사실적인 사건과 의식들을 정교하게 배열하고 있다. 금고에서 훔쳐낼 때 떠오르는 아버지의 모습, 자는 남자로부터 마취 수건을 떼어낼 때 자기가 그렇게 마취되어 처녀를 강탈당하던 때의 고통, 새벽의 한강을 바라보며 얻는 신선한 느낌과 어머니 아버지를 다시 생각할 때 일깨워지는 번민, 자기들을 그처럼 비참하게 만든 이 세상의 죄와 냉정에 대한 원망 (중략) 우리는 꿈과 상상의 이룰 수 없는 아름다움 때문에 현실의 어두움과 아픔을 더욱 격렬하게 느낄 수 있다. 조세희의 동화적 발상과 비사실적인 문체는 그래서 사실 세계의 억압된 불행을 보다 사실적으로 드러내 보여주며 사회적 실감을 주관적 공감으로 실체화·내면화시키면서 초월적 승화

65 조세희(1996),《난장이가 쏘아올린 작은 공》, 문학과지성사, p. 114.

를 유도하는 것이다.[66](중략은 인용자)

㉡은 《난장이가 쏘아올린 작은 공》 중 〈난장이가 쏘아올린 작은 공〉의 일부로, 동종 서술자인 영희가 투기 브로커를 마취시키고 그에게 넘겼던 입주권을 되찾아 달아나는 장면이다. 영희의 행동은 기본적으로 절도에 해당하지만 이를 바라보는 독자는 그녀의 행동을 비난하지 않으며 오히려 측은하게 느끼고 정당성을 부여한다. 이는 영희가 처한 상황 맥락에 대한 독자의 실천적 이해에서 일차적으로 기인한 것이다. 하지만 영희의 서술 행위가 미친 영향도 적지 않다. 영희는 일련의 절도 행위를 요약적으로 제시하면서도 이 행동에 대한 자신의 인식과 판단을 지속적으로 초점화한다. ④의 독자가 지적한 것처럼, 금고에서 입주권을 꺼내는 것부터 '그'를 마취시키고 그의 집을 나서는 과정은 '훨씬 더 길게 서술할 수도 있지만' 서술자는 이를 짧게 서술한다. 요약을 통해 절도가 환기하는 윤리적 가치의 문제를 축소하는 것이다.[67] 대신 이 사건에 대한 영희의 판단이 보다 많이 서술되면서 "이 세상의 죄와 냉정에 대한 원망"과 관련된 영희의 가치가 윤리적 가치 위계의 중심부에 자리 잡는다.

이처럼 서술자의 서술은 인물의 행동과 사건을 논평하거나 특정한 인물의 시각에서 초점화하며 시간의 조직을 통해 인물의 행동과 사건에 대한 독

66 김병익(1979), 「대립적 세계관과 미학」, 『상황과 상상력』, 문학과지성사, pp. 211-212.

67 브리지먼(T. Bridgeman)은 서술자가 지속의 범주를 조정함으로써 특정한 사건을 강조하거나 그 중요도를 감소시킨다고 본다(T. Bridgeman(2007), Time and Space. D. Herman(ed.), *The Cambridge Companion to Narrative*, Cambridge University Press, pp. 124-153). 요약이나 생략이 특정한 이데올로기를 강조하고 은폐하는 과정을 분석한 논의로는 다음을 참고. L. Herman & B. Vervaeck(2007), Ideology, D. Herman(ed), *The Cambridge Companion to Narrative*, Cambridge University Press, pp. 455-483.

자의 체험을 조정한다는 점에서 가치 평가적이다. 독자는 이러한 가치 평가적 서술을 근거로 윤리적 가치 위계를 탐구한다. 논평은 인물의 행동을 직접 평가하거나 사건의 의의를 일반화한다는 점에서 윤리적 가치 위계의 중심부, 즉 서술자의 윤리적 가치를 추론할 수 있는 가장 직접적인 자원이다. 반면 초점화와 시간의 조직은 서술자의 목소리에서 특정 인물의 시각을 구분하거나 서술하는 시간과 서술되는 시간을 비교해야 한다는 점에서 논평에 비해 분석이 쉽지 않다. 하지만 특정한 윤리적 가치에 대한 독자의 공감과 거리감을 보다 은밀하게 유도하는 서술 행위라는 점에서 독자는 이에 대한 분석을 통해 윤리적 가치 위계를 보다 심도 깊게 이해할 수 있다.

3) 윤리적 거리의 재구를 통한 작가의 호소 가치 추론

이 항에서는 독자가 인물-서술자-작가의 윤리적 거리를 재구함으로써 작가의 호소 가치를 추론하는 과정을 다루고자 한다. 이는 윤리적 가치 위계의 서사적 소통에서 행위 가능성의 허구적 탐구를 수행하는 것이다.

소설은 "작가가 독자에게 어떤 의미를 지닌 이야기를 함으로써 문제를 이끌어 내는 양식"이다.[68] 작가와 독자의 소통은 기본적으로 간접적이다. 작가는 제목이나 장의 표제, 서문 등 곁텍스트를 통해 형상화하고자 하는 윤리적 가치를 비교적 직접적으로 호소할 수 있지만 서사적 소통의 핵심은 서술자의 서술에 있다. 작가는 허구 세계와의 관계, 인격성, 문체 등을 고려하며 서술자를 설정하며 초점화, 시간 조직, 목소리, 대화 재현 등 다양한 서술 행위를 통해 작중인물의 윤리적 가치를 위계화한다.

68 우한용(2011), 『소설 장르의 역동학』, 서울대학교 출판부, p. 41.

스토리 외적 이종 서술자가 허구 세계를 서술하는 경우 작가의 윤리적 가치와 서술자의 윤리적 가치 사이의 거리는 매우 가깝다. 하지만 스토리 외적 동종 서술자를 포함한 나머지 서술자, 특히 동종 서술자는 허구 세계의 작중인물이 서술을 맡는다는 점에서 개인적 이해와 선입견에서 자유로울 수 없다.[69] 따라서 독자는 동종 서술자의 윤리적 가치가 작가의 윤리적 가치를 대변하고 있는지 만약 그렇지 않다면 작가가 서술자의 윤리적 가치와 서술 행위에 어떤 입장을 취하는가를 따져 보아야 한다. 즉 윤리적 거리를 재구해야 하는 것이다.[70]

서사적 소통에서 윤리적 거리가 문제가 되는 이유는 작가가 윤리적 거리의 설정을 통해 자신의 윤리적 가치를 독자에게 호소하기 때문이다. 작가는 인물들과 서술자의 거리, 그리고 이들과 자신의 윤리적 거리를 복합적으로 설정함으로써 서술자가 설정한 윤리적 가치 위계를 정교화하거나 역전시킨다. 특히 작가는 서술자와의 윤리적 거리를 조성함으로써 서술자의 신빙성을

....

69 서술자는 허구 세계와의 관계를 기준으로 스토리 내적(intradiegetic)/스토리 외적(extradiegetic)과 동종(homodiegetic)/이종(heterodiegetic)으로 나눌 수 있다. 전자의 기준은 서술 수준(narrative level)이다. 자신이 서술하는 스토리보다 상위에 있으면 서술자는 스토리 외적이고 어떤 서술자가 서술하는 스토리에 속해 있으면 스토리 내적이다. 후자의 기준은 스토리 참여 범위이다. 스토리에 참여하는 서술자는 동종 서술자이고 참여하지 않는 서술자는 이종 서술자이다. 이러한 기준들을 조합하면 서술자는 스토리 외적 이종 서술자, 스토리 외적 동종 서술자, 스토리 내적 이종 서술자, 스토리 내적 동종 서술자로 나눌 수 있다. 리먼-케넌은 서술자가 인격적 자질을 드러내면 그 신빙성을 의심받을 수 있다는 점에서 스토리 외적 이종 서술자를 제외한 서술자는 신빙성 문제에서 자유롭지 못하다고 보았다(S. Rimmon-Kenan(1983), 앞의 책, pp. 168-181).

70 거리(distance)는 서사적 소통에서 두 행위자 사이의 유사점과 차이점을 의미한다. 서사적 소통에는 작가, 서술자, 인물, 독자 등이 참여하는데 이들 사이의 지적, 정서적, 윤리적 유사점과 차이점이 존재하며 이를 거리로 표현하는 것이다. 윤리적 거리란 이들 참여자들이 지향하는 윤리적 가치의 유사 정도를 의미한다. 작가의 창작 행위는 이러한 거리를 설정하고 조정하여 독자의 지적, 정서적, 윤리적 감각을 자극하고 삶의 문제를 성찰하게 하는 것이라고 볼 수 있다(J. Phelan(2005), Distance, D. Herman, M. Jahn & M. L. Ryan(eds.), *Routledge Encyclopedia of Narrative Theory*, Routledge, p. 119).

결정할 수 있다. 서술자가 '작가의 윤리적 가치를 대변하고 거기에 따라 행동하면 신빙성 있고 그렇지 않을 때는 신빙성이 없다'는 것이다. 서술자의 신빙성 여부와 그 효과는 작가와 서술자 사이에 존재하는 윤리적 거리에 따라 결정되는 것이다. 부스(W. C. Booth)는 이를 실제 비평에서 가장 중요한 거리로 간주하면서 서술자의 신빙성 여부가 독자의 소설 읽기에 미치는 영향을 강조하였다. 서술자의 신빙성이 어떠한가에 따라 작가와 독자의 소통 양상은 판이하게 달라진다는 것이다.[71]

문제는 소설을 읽는 독자에게 작가의 윤리적 입장이 처음부터 자명하지는 않다는 데 있다. 채트먼(S. B. Chatman), 애벗(H. P. Abbott) 등이 강조했듯이, 소설 읽기 중의 작가를 내포 작가라고 부르는 이유는 읽기 중의 독자에게 현상학적으로 등장하기 때문이다.[72] 독자는 소설을 모두 읽고 난 후 현상학적 작가에 대한 어떤 상을 그릴 수 있고 자신의 해석 경험을 반추하는 과정을 거쳐 수정, 확정할 수 있다. 허구 세계에 대한 서술자의 서술이 신빙성이 없다는 것은 따라서 독자가 읽기 전에 알고 있는 선지식이 아니라 허구 세계에 대한 반성적 체험과 서술자의 서술 행위에 대한 비판적 검토를 통해 확신한 읽기의 결과인 것이다.

① 이 점은 은강 그룹 회장의 손자인 경훈의 시점으로 서술되어 있는 「내 그물로 오는 가시고기」에서 확인할 수 있다. 경훈의 아버지는 말한다: "우리에게 지켜야 할 게 많아." 경훈은 노동자들에 대해 생각한다.

71 W. C. Booth(1961), *The Rhetoric of Fiction*, 최상규 옮김(1999), 『소설의 수사학』, 예림기획, pp. 214-218.

72 S. B. Chatman(1990), *The Rhetoric of Narrative in Fiction and Film*, 한용환·강덕화 옮김(2001), 『영화와 소설의 수사학』, 동국대학교 출판부, p. 120; H. P. Abbott(2008), 앞의 책, p. 167.

"보나 마나 나이보다 작은 몸뚱이에 감춘 적의와 오해 때문에 제대로 자라지 못할 아이이다." 또 경훈은 난장이와 그의 큰아들에 대해 생각한다: (중략) 오해이거나 무지라고 하기에는 너무도 어처구니없는 죄많은 거인 의식이다. 반성을 모르는 이가 저지를 수 있는 최대치의 죄를 저지르고 있는 셈이다. 그러니 경훈의 의식의 끝은 이럴 수밖에 없다. "사람들의 사랑이 나를 슬프게 한다"; "사랑으로 얻을 수 있는 것은 하나도 없었다." 대표적인 (-) 징표의 본보기다. 반성 없는 (-) 징표는 다른 쪽의 (+) 징표와 만날 수 없다. 난장이와 그의 아들이 추구하던 사랑의 세계와는 결코 조우할 수 없었던 것이다.[73](밑줄과 중략은 인용자)

② 여기서 우리가 주목해야 할 것은 이 소설의 실질적 주인공인 권씨를 그려냄에 있어 작자는 소위 '천진난만한 일인칭 화자'를 동원하고 있다는 점이다. 작자가 고수하고 있는 소시민적 계층 의식은 철저히 일인칭 화자의 소시민적 한계를 그 형식으로 채택하고 있다. 도시 빈민의 수난과 고통에 대해 소시민은 단지 창백한 지신으로서 남아 있을 뿐이다. (중략) 특별한 상황으로 몰락한 한 소시민적 지식인인 권 씨도 오 선생과 마찬가지로 '창백한' 소시민이었던 것이다. 아니 사실 양자는 현실적으로 동일 인물이었다. 도시 빈민의 생존 투쟁이었던 사회적 사건을 배경으로 하면서, 현실적 동일 인물을 소설에서는 관찰자·화자와 피관찰자·주인공으로 분열시켰던 것에 불과했다. 이 점에서 「아홉…」의 주인공은 일반의 주장과는 달리 오 선생, 즉 작품 창작자인 것이다.[74](밑줄

73 우찬제(1997), 「대립의 초극미, 그 카오스모스의 시학」, 조세희, 《난장이가 쏘아올린 작은 공》, 문학과지성사, pp. 303-304.
74 이재현(1983), 「문학의 노동화와 노동의 문학화」, 『실천문학』 4, 실천문학사, pp. 205-206.

과 중략은 인용자)

①과 ②는 각각《난장이가 쏘아올린 작은 공》중 〈내 그물로 오는 가시고기〉와《아홉 켤레의 구두로 남은 사내》에 대한 해석 텍스트 중 일부이다. ①과 ②의 독자는 모두 동종 서술자의 가치 평가적 서술에 주목하면서 서술자의 윤리적 가치를 추론하고 평가한다. 그런데 이들 독자의 평가는 매우 부정적이다. ①의 독자는 동종 서술자 '경훈'이 '죄 많은 거인 의식을 지닌 반성을 모르는 이'로 '최대치의 죄를 저지르고 있다'고 평가한다. ②의 독자도 동종 서술자 '오 선생'을 '도시 빈민의 수난과 고통에 공감하지 못하는 지식인'으로 평가한다.

주목할 점은 서술자에 대해 독자의 윤리적 거리감이 서술자의 신빙성을 판단하는 충분조건은 되지 못한다는 점이다. ①의 독자처럼 동종 서술자가 작가의 윤리적 가치를 대변하지 않는 것으로 보면 신빙성 없는 서술자로 판단하지만 ②의 독자처럼 서술자의 '소시민적 한계'를 작가의 한계로 본다면 신빙성 있는 서술자로 판단할 수 있다. 후자의 경우 서술자의 서술 행위에 대한 독자의 거리감은 그대로 작가에 대한 비판적 태도로 확장된다.

이처럼 서술자의 가치 평가적 서술 행위를 분석하는 과정에서 독자가 서술자의 윤리적 가치에 거리감을 느끼거나 의심하는 것은 서술자의 신빙성을 의심할 수 있는 출발점이자 중요한 근거이지만 그것만으로는 서술자의 신빙성 없음을 확신할 수 없다. 독자는 자신의 의심을 확증할 수 있는 근거, 즉 서술자의 윤리적 가치가 작가의 윤리적 가치와 불일치하거나 대립하고 있음을 소설 텍스트에서 확인해야 하며 이를 위해 작가-서술자-인물 간의 윤리적 거리를 분석해야 한다.

독자는 서술자와 인물의 관계에 주목함으로써 서술자와 작가의 윤리적 거리를 추론할 수 있다. 작가는 서술자뿐만 아니라 인물과도 윤리적 거리를 설정하며 특정한 인물을 통해 자신의 윤리적 가치를 드러내거나 암시한다.[75] 따라서 독자는 작가와 윤리적 거리가 가깝거나 그의 윤리적 가치를 대변한다고 판단되는 인물을 찾고 서술자와 비교함으로써 서술자의 신빙성을 판단할 수 있다.

> ③ 〈少妄〉은 우선 남편 ↔ 아내의 대립을 토대로 한다. 아저씨(언니의 남편)는 등장하지도 않고 언니의 목소리는 아내를 통해 전달되는 데 반해 남편의 목소리와 남편과 아내의 대화는 직접인용으로 처리되어 있다는 점에서도, 남편 ↔ 아내의 대립이 전면적이라는 사실을 알 수 있다. 이 대립은 공적 담론(불합리한 외부 세계를 바로잡기 위한 언어들) ↔ 사적 담론(남편의 정신적·육체적 건강을 회복하기 위한 언어들)의 대립, '책·신문·잡지 등을 통해 얻은 지식' ↔ '실질적인 생활'의 대립이라는 성격을 띤다. 이 대립 관계를 바탕으로 하여 아내는 남편에 대해 상반된 평가를 내리는데, '정기가 도는 맑은 눈'과 '정신병'이 그것이다. 이 모순적인 평가는 남편의 사고와 행위를 설명하는 데 적절한가? 이 문제는 아내의 목소리, 시선에 대한 신뢰도를 측정하기 위한 것이기도 하다. (중략) 지식이란 최대한 광범위한 대중을 비난하기보다는 그들을 향해 호소하는 자들이라는 점을 전제할 때, 의사 전달을 전혀 기대할 수 없을 정도로 변형된 투쟁은 진정한 투쟁일 수 없다. 그런데도 남편은 자신의 행위를 "천하사를 도모하는" 투쟁으로 간주한다. 따라서 아내의 비판은

---

75 모슨(G. Morson)은 바흐친이 결코 작가에게 시점을 부여하지 않는 적이 없다는 사실을 환기하며 저자는 원칙적으로 자신의 가치를 내변하는 각종인물들을 창조함으로써 소설 속의 대화에 참여한다고 본다(G. Morson & C. Emerson(1990), *Mikhail Bakhtin: Creation of a Prosaics*, 오문석 외 옮김(2006), 『바흐친의 산문학』, 책세상, p. 438).

옳다.[76](중략은 인용자)

④ 작품 초반에 나타난 '나'의 요설은 내화에서 아저씨와의 토론을 통해 재론된다. 이 부분은 아저씨가 자신의 입장과 견해를 분명히 밝히고 있어서 화자의 넋두리가 진실인지 아닌지를 분명히 가릴 수 있는 아주 중요한 대목이다. 그리고 작가가 이 소설에서 이야기하고자 하는 것이 무엇인가도 아주 분명하게 드러나는 곳이다. 내화의 내용은 크게 두 덩어리로 묶을 수 있다. (중략) 화자가 현실에 적응하지 못한 아저씨를 비판하면서 자신의 희망찬 장래의 포부를 밝히자 아저씨는 주인의 비위를 맞추면서 현실에 순응해서 살아가는 것은 가장 비역하고 더러운 것이라고 일침을 놓는다. 대답이 궁해진 화자는 동문서답으로 아저씨의 입을 막는다. 여기에서 화자의 무지와 아저씨의 실상이 더욱 확연히 드러난다. 그리고 아저씨가 부단히 가난하고 무능할 수밖에 없는 저간의 사정도 확연히 드러난다. (중략) 결국 화자는 아저씨의 삶과 당대의 현실을 객관적으로 제시하기보다는 다분히 자신의 편견과 무지로 그것을 왜곡시키고 있는 셈이다. 물론 이것은 작가가 이야기하려는 것은 아니다. 그러니까 작가가 이야기하려고 하는 것과 이야기하는 것의 사이에는 엄청난 거리가 있다.[77](중략은 인용자)

③은 〈소망〉에 대한 해석 텍스트의 일부이며 ④는 〈치숙〉에 대한 해석 텍

76 조명기(2008), 「1930년대 말 지식인의 현실 적응 양상 연구」, 『한국문학논총』 35, 한국문학회, pp. 191, 197.

77 송현호(1992), 「치숙의 서사구조와 서술 방식 연구」, 『인문논총』 3, 아주대학교 인문과학연구소, pp. 72-73.

스트의 일부이다. ③의 독자가 검토하는 것은 동종 서술자인 '아내'와 남편의 거리이다. 독자는 이를 위해 서술자와 남편의 대화에서 전경화된 대립에 주목한다. 남편은 '책, 신문, 잡지 등을 통해 얻은 지식'을 바탕으로 공적 담론을 실천한다. 하지만 독자는 그의 윤리적 가치가 작가의 윤리적 가치를 대변한다고 보지 않는다. 남편은 자신의 '변형된 투쟁'을 과장하고 있으며 동종 서술자가 이를 정확하게 간파했기 때문이다. 독자는 최종적으로 '아내의 판단을 올바른 것으로 수긍하는 것이 채만식이 바라는 것'이라는 결론을 내린다.[78]

반면 ④의 독자는 동종 서술자인 '나'와 작중인물인 '아저씨' 사이의 대화가 직접 인용되는 '내화'에 주목한다. 이 부분은 동종 서술자가 서술과 초점화를 독점하는 소통 상황에서 '아저씨의 입장과 견해'를 비교적 분명하게 이해할 수 있는 부분이다. 무엇보다 이 '내화'는 "작가가 이 소설에서 이야기하고자 하는 것이 무엇인가도 아주 분명하게 드러나는 곳"으로, 독자는 이에 대한 분석을 통해 아저씨의 윤리적 가치가 작가의 그것을 대변하고 있는 반면 편견과 무지로 허구 세계를 왜곡하는 서술자의 윤리적 가치와 작가의 윤리적 가치 사이에는 "엄청난 거리가 있다"고 설명한다.

한편 서술자의 신빙성은 소설 전반에 걸쳐 있거나 없는 것처럼 이분법적으로 실현되는 것은 아니다. 작가는 자신의 윤리적 가치를 특정한 작중인물의 언행을 통해 실현하는 것부터 복수의 작중인물을 통해 중층적으로 실현하는 것까지 다양하다.[79] 따라서 후자의 경우 독자는 서술자의 신빙성을 다각도로 탐구할 수 있는데, 아래의 독자가 대표적이다.

78 조명기(2008), 앞의 글, p. 202.

79 G. Morson & C. Emerson(1990), 앞의 책, pp. 438-439.

⑤ 화자는 고모부의 무능력을 풍자하고 있지만 내포적 작가는 다시 화자의 무지함을 풍자함으로써 결과적으로 사회주의자 고모부에게 동조하고 있음을 나타낸다. 그러나 이 소설의 내포적 작가가 일방적으로 고모부의 편에서 화자를 비난하고 있는 것은 아니다. (중략) 이러한 부분에서는 내포적 작가도 화자에게 동조할 수밖에 없는데, 이처럼 화자의 편에 서는 순간 내포적 작가는 화자와 대립해 있는 고모부를 비판하는 입장에 있게 된다. 실제로 고모부 자신도 화자와의 언쟁 대목에서, 아내가 불쌍하다고 수긍하면서도 화자가 이를 계속 추궁하자, 별일없이 '바빠서 원……' 등의 궁색한 변명으로 말꼬리를 감추고 있음을 볼 수 있다.[80](중략은 인용자)

④의 독자는 아저씨가 작가의 윤리적 가치를 대변하고 있다고 보지만 ⑤의 독자가 재구한 거리는 이와 다르다. ⑤의 독자는 작가와 아저씨의 윤리적 거리가 가깝지만 그러한 거리가 변하지 않거나 일방적이지 않다고 주장한다. 이 독자는 ④의 독자와는 달리 '아주머니에 대한 아저씨의 처우'를 거리 설정의 중요한 문제로 고려하는데, 이 부분에서 작가와 서술자 '나'의 거리는 가까워지는 반면 작가와 아저씨의 거리는 멀어진다는 것이다. 서술자는 일시적으로 신빙성을 회복하며 이에 따라 윤리적 가치 위계에서도 아저씨의 윤리적 가치가 중심 가치로 자리매김할 수 없다. 이처럼 작가-서술자-인물 사이에서 문제가 되는 쟁점이 무엇이며 이를 어떻게 판단하는가에 따라 윤리적 거리를 달리 재구할 수 있다.[81]

80 나병철(1995), 「이중적 풍자의 방법 – 치숙 –」, 『전환기의 근대문학』, 두레시대, p. 180.

81 윤리적 거리를 재구하기 위해 중요한 쟁점과 중요하지 않는 쟁점 또는 본질적인 것과 본질적이지 않는 쟁점을 구분하는 것은 윤리적 가치의 주체이자 실천적 이해의 담지자인 독자의 몫이다. 사실

윤리적 거리의 재구를 통한 작가의 호소 가치 추론은 서사적 소통 상황을 다른 방식으로 가정하는 활동을 통해 보다 심화될 수 있다. 흔히 '서술자 바꿔 가정하기'로 알려진 서사적 소통 상황의 가정적 탐색은 서술자의 위치를 바꾸거나 다른 인물이 서술하는 상황을 가정하는 것이다. 독자는 이를 원래의 서사적 소통 상황과 비교함으로써 작가가 호소하려는 윤리적 가치를 보다 심도 있게 추론할 수 있다.

> ⑥ 사랑방의 아저씨와 젊은 미망인인 어머니의, 그리고 죽은 남편에 대한 어머니의 그리운 감정의 교차는 옥희의 이해에 미치는 세계는 아니지만 어린 화자를 작가가 선택했기 때문에 미적 효과가 더욱 잘 나타나고 있다. 만약에 이 작품을 옥희의 시선으로 포착하지 않고, 옥희의 할머니나 돌아가신 옥희의 아버지의 시선으로 재시했다면 이와 같이 우아한 정서를 보이기보다는 사납고 무서운 시기와 질투의 소용돌이를 우리에게 보이고 말았으리라고 생각된다. 그러나 작가는 젊은 미망인에게 있음직한 사랑의 감정적 기미를 어린아이의 시선을 통하여 보임으로써 사람다움의 아름다움을 타당성 있게 보여주었고 이렇게 볼 때 하나의 사태와 하나의 감정은 어떤 입장에서 그것을 바라보고 이해하느냐에 따라 그 의미가 달라진다고 하겠다.[82]

....

이 과정은 순환론적 성격을 띤다. 전체를 이해하기 위해 부분을 분석해야 하지만 부분을 인식하기 위해서는 전체에 대한 전제가 있어야 하는 것처럼 독자는 윤리적 거리를 근거로 작가의 호소 가치를 추론하되 윤리적 거리를 재구하는 과정에서는 언제나 추론한 작가의 호소 가치를 전제해야 한다. 이러한 해석적 순환에서 재구된 윤리적 거리의 세계는 치밀해지고 작가의 호소 가치에 대한 추론은 심화된다. 해석적 순환에 대해서는 다음을 참고. P. Ricocur(1986), *Du texte à l'action*, 박병수·남기영 옮김(2002), 『텍스트에서 행동으로』, 아카넷, pp. 250-253.

82 신동욱(1994), 「주요섭과 그의 작품들」, 주요섭 외, 『학원한국문학전집』 4, 학원출판공사, pp. 517-518.

⑥은 〈사랑손님과 어머니〉에 대한 해석 텍스트의 일부이다. ⑥의 독자가 가정하는 것은 서술의 주체이다. 이 소설에서는 동종 서술자인 '옥희'가 '어머니'와 '사랑손님'의 말과 행동을 인지하고 해석하며 전달한다. 그런데 이러한 서술자 설정이 윤리적 가치의 형상화에 기여하는가에 대해서는 해석 공동체에서 지속적으로 논란이 된 부분이었다.

이에 대해 ⑥의 독자는 '옥희'가 아닌 '옥희의 할머니' 또는 '옥희의 아버지'가 어머니의 가치 갈등과 사랑손님과의 교류를 서술하는 상황을 가정하면서 이렇게 가정된 서사적 소통 상황에서 환기되는 것은 "사납고 무서운 시기와 질투"일 것이라고 주장한다. 독자는 이를 근거로 〈사랑손님과 어머니〉의 작가가 호소하고자 하는 "사람다움의 아름다움"을 추론하고 이를 작가가 '타당하게' 호소하였다고 평가한다.

윤리적 가치 중심의 소설 읽기에서 이러한 가정은 서술자 선택의 다양성을 이해하거나 미적 효과의 적절성을 평가하는 활동으로 한정되어서는 안 된다. 작가가 재현된 행동을 서술함으로써 윤리적 가치를 형상화한다는 것은 '윤리적 올바름을 주장하는 것'이다.[83] 따라서 서술자의 서술 행위는 작가가 호소하는 윤리적 가치와 분리해서 평가될 수 없다.[84] 이런 점에서 서술의 주

....

83 P. Ricoeur(1985), 앞의 책, pp. 476-477.

84 따라서 아래와 같이 소설의 윤리적 가치와 서술 행위를 분리하고 전자를 '부차적인 것'으로 간주하는 것은 윤리적 가치 중심의 소설 읽기로 볼 수 없다. "'사랑손님과 어머니'는 여섯 살 난 소녀 옥희의 눈을 통해 성인들 사이에 교류되는 복잡한 감정을 간접적으로 제시한 작품이다. 이 작품이 성공한 주된 요인은 천진난만한 1인칭 관찰자 시점의 선택에서 나오는 독특한 예술적 효과에 있다. 어머니와 사랑손님 사이의 연정이 옥희를 통해서만 전달되고 그러한 상황이 옥희의 관점을 빌려 제시되는 '간접성'은, 자칫 통속화되기 쉬운 소재에 미묘한 긴장과 은은한 품격을 불어넣는 미적 요소라 할 수 있다. (중략) 이렇게 보면 인습과 기성 윤리의 억압적 성격에 대한 암묵적 비판이라는 '사랑손님과 어머니'의 주제 의식은 오히려 부차적인 것이 된다. 요컨대 작가는 이 작품에서 대상을 통괄하는 기법의 운용을 시험함으로써 새로운 소설적 가능성을 타진해 보았던 것이다."(진정석(1995), 「단편 소설의 미학을 위한 모색」, 『한국소설문학대계 22』, 동아출판사, p. 590)

체를 '옥희'가 아닌 '옥희의 할머니' 또는 '옥희의 아버지'로 가정하면서 자문(自問)해야 할 것은 '사납고 무서운 시기와 질투'처럼 어떤 정서가 환기되는가를 넘어 작가-서술자-인물 간의 윤리적 거리가 어떻게 변화하는가이다. 독자는 가정된 서술자인 '할머니'와 '옥희의 아버지'가 지향하는 윤리적 가치가 무엇인지 상상하고 다른 인물 및 작가와의 윤리적 거리를 재구하면서 작가가 호소하는 윤리적 가치를 추론해야 하는 것이다.

이처럼 독자는 서사적 소통에 참여하는 주체들의 윤리적 거리를 탐색적으로 재구하고 서사적 소통 상황을 가정함으로써 작가가 호소하는 윤리적 가치를 깊이 있게 추론할 수 있다. 독자는 서술자의 가치 평가적 서술이 작가의 윤리적 가치를 대변하는 것으로 확신하면 서술자의 윤리적 가치 위계를 작가가 설정한 것으로 수용할 수 있다. 하지만 서술자의 윤리적 가치와 작가의 윤리적 가치 사이에 괴리가 있다고 판단되면 서술자의 윤리적 가치 위계를 왜곡된 것으로 인식하면서 이를 반어적으로 수용해야 한다.

특히 인물의 행동과 사건에 대한 독자의 이해와 서술자의 가치 평가적 서술이 충돌하는 경우 서술자와 작가의 윤리적 거리를 재구하는 것은 필수적이다. 독자가 서술자에 대한 비판적 인식을 서술자로 한정해야 할지 아니면 작가로 확장해야 할지는 윤리적 거리의 탐색과 재구를 통해 결정할 수 있기 때문이다. 독자는 이를 통해 서술자의 신빙성을 판단할 수 있고 작가의 호소 가치를 달리 추론할 수 있다.

4) 창작 맥락의 탐색을 통한 성찰적 응답

이 항에서는 독자가 작가의 창작 맥락을 탐색하고 이를 근거로 작가의 가치 호소에 응답하는 과정을 다루고자 한다. 이는 윤리적 가치 위계의 서사적 소통에서 경청한 윤리적 가치를 성찰하는 단계이다.

독자는 서술자의 가치 평가적 서술을 분석하고 윤리적 거리를 재구함으로써 작가와의 서사적 소통에 참여한다. 독자가 시공간적 거리로 인해 직접 대면할 수 없음에도 불구하고 작가의 윤리적 가치 위계를 탐구하는 것은 경청을 통해 응답의 권위를 획득할 수 있기 때문이다. 응답의 권위는 지적·윤리적 우위를 과시하는 것이 아니라 오히려 대화 상대자가 자기 자신보다 더욱 우월한 통찰을 가질 수 있음을 인정하고 그의 제안과 호소를 경청하는 것으로 확보될 수 있다.[85]

따라서 독자의 응답은 창작 맥락에 대한 탐색과 함께 시작되어야 한다. 작가의 창작 계기는 작가가 살고 있는 현실 세계의 문제점을 인식하는 것이다. 현실 세계와의 갈등을 심각하게 인식한 작가는 이를 극복하거나 초월하는 가능 세계를 모색하고 이를 허구 세계로 구체화하고자 한다.[86] 소설이 삶의 문제를 언어적으로 응전한 것이라면 독자가 경청하고 응답해야 할 작가는 삶의 구체적 맥락을 배경으로 호소하는 주체여야 한다. 독자는 서술자의 서술 행위를 분석하고 윤리적 거리를 재구함으로써 작가의 윤리적 가치와 그 호소 방식을 이해할 수 있다. 그리고 창작 맥락을 탐색함으로써 윤리적 가치를 왜 형상화하고 호소하는가에 대한 존재론적 동기를 이해할 수 있다.

85 가다머(H. G. Gadamer)는 대화적 관계에서 획득되는 권위의 가능성을 다음과 같이 설명하였다. "권위는 우선 사람에게 관련되어 있다. 그러나 사람의 권위는 그의 최종적인 근거를 결코 이성의 복종과 포기 행위에 두지 않는다. 오히려 그것은 다음과 같은 인정과 인식의 행위에 그 근거를 둔다. 즉 다른 사람이 나보다 판단과 통찰에서 우월하고 따라서 자신의 판단보다 앞선다는 것, 즉 자기 자신의 판단보다 우월하다는 것에 대한 인식에 근거한다. (중략) 권위는 인정에 토대를 두며, 그런 점에서 권위는 자신의 한계를 알고 다른 사람의 더 나은 통찰을 신뢰하는 이성 자체의 태도에 근거한다. 맹목적인 명령 복종은 올바르게 이해된 의미에서의 권위와는 아무런 상관이 없다. 권위는 직접적으로 복종과는 전혀 관계가 없고 인식과 관계한다."(H. G. Gadamer(1960), Wahrheit und Methode, O. Pöggeler(ed.), *Hermeneutische Philosophie*, 박순영 옮김(1993), 『해석학의 철학』, 서광사, p. 172)

86 김근호(2009), 「소설 창작 교육 연구」, 서울대학교 박사학위논문, pp. 73-79.

① 〈痴叔〉이 발표되었던 1938년경은 2차 세계대전을 앞둔 세계사적 정세에 의해 일본 제국주의의 식민지 침탈이 가속화되면서 민족의 역사에 대한 구체적인 전망을 확보하기 어려웠던 시대로 볼 수 있다. 이와 같이 역사의 발전 방향에 대한 전망의 상실로 인해 이 시대의 지식인 작가들에게는 허무주의적이고 패배적인 현실관이 팽배했는데 채만식의 경우에도 이 시기에 발표된 〈痴叔〉에서는 환경의 모순에 적극적으로 대결하는 긍정적 인물이 등장하지 않고 현실과 타협하면서 개인적인 욕망만을 추구하는 부정적 인물을 회화화하여 풍자함으로써 현실의 부정성을 반어적으로 비판하는 특성을 보여주고 있다. 작가의 허무주의적인 현실관에 의한 전망의 부재는 이 시기의 작품의 담론양상에도 반영되어 〈痴叔〉은 대화를 통해 조직되는 일반적인 소설과는 달리 인물 화자의 단일 시각으로 정보가 한정되는 독백적 담화로 이루어지고 있다.[87]

② 「소망(少妄)」, 「치숙(痴叔)」의 창작 상황은 일본제국주의의 동화정책(내선일체)이 극으로 치달리던 30년대 말이다. 30년대 말의 사회 역사적 분위기는 '무엇'을 함부로 말할 수 없었으며 말할 수 있는 것은 극도로 제한되어 있었다. 이러한 발화 상황은 「소망(少妄)」, 「치숙(痴叔)」의 서술자 '나'를 발화의 주체로 설정하게 된다. 발화 주체의 욕망은 타자의 욕망을 대리함으로써 그의 발화 상황과 언어는 타자의 정치성을 의미화한다. 내포 작가는 서술자 '나'의 담론으로 드러난 정치성과 폭력성을 말한다. '말할 수 없는 것'은 남편과 아저씨의 시점과 사회·역사에 대한 정체성 찾기와 동시에 계급성의 타파를 통한 해방이다. 내포 작

87 김해옥(1992), 「치숙의 반어적 시술 상황과 담론의 특성 연구」, 『한국언어문화』 10, 한국언어문화학회, p. 225.

가의 시선은 서술자 '나'의 욕망을 저지하는 남편과 아저씨에게 초점화되었다. 그리고 텍스트에 '드러난 것'으로서의 긍정(칭찬)/부정(비난)은 독자에 의해서 언어의 정치적 위상은 수정된다. 그리고 언어의 정치적 위상은 텍스트의 역사성을 아이러니를 기조로 하여 새롭게 복원하여 부정 → 긍정/ → 부정으로 칭찬/비난을 전도한다.[88]

①과 ②의 독자가 주목한 창작 맥락은 당시의 사회·역사적 현실이다. 채만식이 〈치숙〉과 〈소망〉을 발표한 1938년은 "세계대전을 앞둔 세계사적 정세에 의해 일본 제국주의의 식민지 침탈이 가속화"되면서 "일본제국주의의 동화정책이 극으로 치달리던" 시대이다. 이와 같은 역사적 현실에 응전하기 위해 작가는 "인물 화자의 단일 시각으로 정보가 한정되는 독백적 담화"를 전면에 내세우고 "서술자 '나'의 담론으로 드러난 정치성과 폭력성"을 폭로하는 방식으로 서사적 소통 구조를 구성한다. 독자는 서사적 소통과 그에 따른 윤리적 가치 위계를 사회·역사적 현실에 비춰 설명한 것이다.

주목할 점은 동일한 시기의 사회·역사적 현실을 주목했지만 이에 대한 인식에는 차이가 있을 수 있다는 점이다. ①의 독자는 당시의 창작 맥락을 "민족의 역사에 대한 구체적인 전망을 확보하기 어려웠던 시대"로 이해하면서 〈치숙〉의 윤리적 가치 위계가 작가의 '허무주의적 현실관'에 기인한 것으로 설명한다. 반면 ②의 독자는 이 시기를 "'무엇'을 함부로 말할 수 없었으며 말할 수 있는 것은 극도로 제한"된 시기로 규정하면서, 작가의 가치 호소를 엄혹한 현실에서도 남편과 아저씨의 담론을 통해 무엇인가를 말하려는 노력의 결과로 평가한다.

88 김구종(1996), 「사회·역사를 왜곡시키는 서술자 '나'의 담론 연구」, 『한남어문학』 21, 한남어문학회, p. 161.

이와 같은 맥락화의 차이는 사회·역사적 현실에 대한 독자의 인식이 사실의 확인과 함께 믿음과 가정의 성격을 띤다는 점을 의미한다. 독자가 재구해야 할 역사적 현실은 객관적·물리적 실체로서 발견과 적용의 대상이 아니라 독자가 특정한 위치에서 해석한 정보이자 자원인 것이다. 주목할 점은 맥락화의 차이는 대화의 계기이지 배제와 제거의 대상이 아니라는 사실이다. 서로 달리 복원된 창작 맥락은 비교하고 논쟁하는 과정에서 보다 생산적인 맥락으로 재구성될 수 있다. 이 과정에서 독자는 자신의 맥락화가 전제하고 있는 사회적 관계, 문화적 가정을 성찰할 수 있다.[89]

한편 독자가 탐색해야 할 창작 맥락에는 사회·역사적 현실과 함께 문학사(文學史)도 포함될 수 있다. 창작의 계기가 되는 삶의 문제가 복잡하고 근원적일수록 문학 공동체는 집단으로 응전하고 작가 개인적으로도 이에 대한 성찰을 거듭 형상화한다. 독자는 문학사적 맥락을 탐색함으로써 작가의 가치 호소를 통시적 지평과 공동체적 지평에서 이해하고 평가할 수 있다.

> ③ 채만식은 외부 세계의 변화에 민감하게 반응한 작가이다. 1934년에서 1938년에 걸친 외부 세계의 변화 양상과 이에 따른 채만식의 태도 변화 양상은 〈레디메이드 人生〉(1934년), 〈明日〉(1936년), 〈少妄〉(1938년)에 고스란히 흔적을 남기고 있다. 이 흔적들을 따라가면 외부 세계의 변화 양상 그리고 이를 충실히 추종하고 있는 지식인과 만나게 된다. (중략) 〈明日〉에서 들리던 작가의 생경한 목소리가 소설적으로 형상화된 것이 〈少妄〉인데, 〈少妄〉이 〈明日〉의 연장선상에 있다는 것은 이것 때문이다. 그러나 〈少妄〉은 〈明日〉과는 몇 가지 점에서 차이를 보인다. 우선, 〈明

89 최인자(2008), 「문학 독서의 사회·문학적 모델과 "맥락" 중심 문학교육의 원리」, 『문학교육학』 25, 한국문학교육학회, pp. 434-436.

日〉에서와는 달리 〈少妄〉의 작가는 뒤로 물러나 있다. 아내가 작가를 대신해 남편을 관찰하고 판단한다. (중략) 따라서, 〈소망〉의 저류에 흐르고 있는 것은 지식인의 자의식·비판정신 ↔ 파시즘의 외부세계의 대립이며, 표면적으로 드러나는 것은 지식인의 자의식뿐이다. 이 자의식마저도 힘겨워하는 것이 1938년 채만식의 모습이다.[90] (중략은 인용자)

④ 4·19세대의 문학이 우리 문학사에서 가지는 의미는 아무리 강조해도 지나치지 않을 것이다. 짧게 보면 해방 이후, 길게 보면 19세기 말 이래의 우리의 근대 추구의 문학사에 있어 4·19세대는 분명 거대한 분수령을 이루었다. 그들은 진정한 의미에서 개인과 자아를 발견했으며 치열하게 자유와 민주를 추구하였다. 그들의 인문주의는 포괄적인 근대정신이어서, 70년대 이후 산업 사회의 진전과 더불어 새로이 대두된 민중주의로부터 80년대에 급격히 확산된 사회주의, 그리고 사회과학주의를 두루 포용하며, 과거를 돌아보고 현재를 점검하며 미래를 개척하는 역사적 지평 속에서 살아 움직여왔다. 그러나 80년대 말 90년대 초를 겪으면서 그들의 문화적 힘은 쇠퇴하고 있는 듯이 보인다. 사회주의권이 몰락하고, 세계 자본주의가 전면적 승리를 실현하려는 듯하며, 그 실현이 이른바 후기 자본의 논리에 의해 지배되는 것처럼 보이는 가운데, 이제 근대의 논리는 송두리째 부정되고 탈근대의 전망 없는 혼란이 선천되고 있다. 이러한 상황 속에서 미래 전망의 상실과 자기 정체성의 위기는 누구도 회피할 수 없는 것일 터인데, 4·19세대 역시 그 상실과 위기에 부딪혀 표류하고 있는 것이다. 그 표류의 일반적 정황은 과거 지

90 조명기(2008), 앞의 글, p. 201.

향이다. (중략) 그렇다면 이는 우려할 만한 일이다. 이는 글머리에서 말한 과거 지향이 가장 나쁜 형태로 나타나는 경우라 할 수 있기 때문이다.[91] (중략은 인용자)

③의 독자는 〈소망〉의 서사적 소통을 이전의 작품인 〈레디메이드 인생〉, 〈명일(明日)〉과 비교한다. 이는 1930년대 중반 이후 채만식이 '파시즘의 외부 세계'를 어떻게 문학적으로 대응하였는가를 통시적으로 이해하는 것이다. 각 텍스트의 서사적 소통 구조는 "작가의 생경한 목소리"를 공유하면서도 서술자의 인격적 자질과 위상에 있어서는 차이점을 보인다. 이렇게 탐색한 문학사적 정보를 근거로 독자는 〈소망〉의 서사적 소통 구조가 파시즘이라는 외부 세계와 대립하는 지식인이 자신의 자의식마저 제대로 감당하지 못하는 상황을 반영한 것으로 평가한다.

④의 독자는 〈세월의 너울〉의 작가가 속하는 "4·19세대"의 현실을 탐색한다. 1960년 이후 1980년대 중반까지 역사적 현실의 문제점에 적절하게 대응한 이 세대는 '사회주의의 몰락과 자본주의의 세계화'라는 현실의 변화 앞에 '미래 전망의 상실과 자기 정체성의 위기'를 직면하고 있다. 이러한 위기 앞에 작가들의 가치 호소는 '과거 지향적' 성격을 띨 수 있는데 독자는 이와 같은 탐색을 근거로 〈세월의 너울〉의 윤리적 가치 위계가 "과거 지향의 가장 나쁜 형태"라고 비판한다.

독자가 시공간적 거리로 인해 직접 대면할 수 없음에도 불구하고 창작 맥락까지 탐색하면서 작가의 윤리적 가치 호소에 귀를 기울이는 것은 작가를 윤리적 가치의 주체이자 인격적 타자로 인정하기 때문이다. 독자는 작가의

91 성민엽(1992), 「윤리적인 것과 역사적인 것」, 『문학과 사회』 겨울호, 문학과지성사, pp. 1445-1452.

윤리적 가치에 자신을 개방함으로써 서사적 소통이 자아의 강화나 정체성 반복으로 변질되지 않고 삶의 반성과 기획으로 확장될 수 있도록 한다.

작가의 윤리적 가치 호소는 "다른 식으로 존재하고 행동하도록 부추기는 행위"이지 독자를 강제하거나 강요하는 행위는 아니다. 작가가 형상화한 윤리적 가치는 독자의 공감과 동의를 통해 진리로 인정되는 간주관적인 것이기 때문이다. 따라서 독자는 가치 호소에 대한 경청을 넘어 이에 대한 응답의 책무를 이행해야 한다. 이때 독자의 응답은 기본적으로 가치 평가적 성격을 띤다. 서사적 소통을 통해 경청한 윤리적 가치가 과연 좋은 삶에 부합하고 실천할 만한 것인가를 평가하는 것이다.

> ⑤ 성차별 문제와 민족·계급모순 문제 가운데 어느 것이 우선적으로 해결되어야 하느냐는 것보다는 그런 문제들을 동시에 해결하려는 접근법이 필자는 더 옳은 것이 아닌가 생각한다. 그것은 가령 성차별 문제에 앞서 사회주의 문제를 다룬다고 해서 민족·계급모순 문제의 해결이 효과적일 수 없으며, 또 그렇게 하는 것이 성차별 문제의 방치를 정당화시킬 수도 없기 때문이다. (이것은 한편으로 '아저씨'가 위와 같은 범주 안에서 완전한 이상적 모델이 될 수 없다는 것을 뜻하기도 한다.) 따라서 주인공인 '아저씨'의 사회주의 운동에 대한 일인칭 화자인 '나'의 비난은 반어가 성립되지만, 그의 성적 학대에 대한 이 화자의 비난은 반어가 성립되지 않는 것이다. 따라서 화자의 주인공에 대한 반어로서의 비난은 한계를 빚게 되고, 또 그 한계는 이 작품의 현실비판을 약화시킨 일면도 없지 않는 것이다.[92]

92 이선영(1999), 「창조적 주체와 반어의 미학」, 『민족문학사연구』 14, 민족문학사학회, pp. 289-290.

⑥ '나'와 '나'의 아저씨의 사고방식과 언행이 일면적 진실과 그 이면의 허위의식을 동시에 수반함으로써 한편으로는 자기 내적으로 또 한편으로는 양자의 상호 관계 속에서 이중의 대화적 관계를 형성한다는 점이다. 자신의 '건실한' 생활 태도에 대한 '나'의 자부심은 그 자체로서 근거가 없는 것은 아니면서도 그러한 '나'의 '건실함'은 동시에 '속물성'을 수반한다. '나'의 아저씨가 지닌 사상적 신념 역시 숭고함과 무기력함, 지식인적 책임 의식과 자기 생활에 있어서의 무책임성을 동시에 내포한 모순적인 것이다. 이런 의미에서 이 작품의 아이러니는 "일면적 타당성을 가지고 전면적인 것처럼 억지를 부리는 역설법과도 상통한다." 이렇게 '나'와 '나'의 아저씨의 자기 내적 모순이 낳는 긴장 관계 및 이 두 사람 사이에 형성되는 팽팽한 대화적 긴장 관계는 이 작품에서 매우 독특한 성격의 아이러니적 풍자의 효과를 낳는다. 이는 곧, "채만식이 발견한 역사의 양극화 현상"으로서의 "인테리와 속물"이 이 작품의 '나'와 '나'의 아저씨를 통해 성공적으로 성격화되었음을 의미하기도 한다.[93]

⑤와 ⑥은 〈치숙〉에 대한 해석 텍스트의 일부이다. 〈치숙〉의 서사적 소통은 동종 서술자인 '나'가 '아저씨'의 행동을 독자에게 소개하고 논평하면서도 대화의 직접 인용을 통해 둘의 윤리적 가치를 대립적으로 제시하는 윤리적 가치 위계를 구성한다. 이와 관련하여 ⑤와 ⑥의 독자는 작가의 윤리적 가치 위계를 탐구한 후 나름의 평가를 내리고 있다.

⑤의 독자는 작가의 윤리적 가치 위계가 "현실 비판을 약화시킨 일면"이

93 정홍섭(2003), 「채만식 문학의 풍자 양식 연구」, 서울대학교 박사학위논문, p. 108.

있다고 비판한다. 아저씨의 '사회주의 운동'에 대한 서술에서 적절하게 설정된 서술자 '나'에 대한 작가의 반어가 '아주머니에 대한 성적 학대'에 대한 서술을 거치면서 한계를 보인다는 것이다. 반면 ⑥의 독자는 작가의 윤리적 가치 위계를 높이 평가한다. 이 독자에 따르면, '나'의 목소리가 지닌 모순과 '아저씨'의 목소리가 지닌 모순을 서로 비판하고 폭로하는 구조는 "매우 독특한 성격의 아이러니적 풍자"이며 '역사의 양극화 현상으로서의 인텔리와 속물을 성공적으로 성격화'한 것이다.

이와 같은 차이는 기본적으로 서술자의 가치 평가적 서술에 대한 분석이나 윤리적 거리의 재구가 독자마다 달랐기 때문이다. 하지만 이들 독자는 작가의 윤리적 가치 위계를 탐구하고 호소 가치를 추론하는 것을 넘어서 이를 적극적으로 평가한다는 점에서는 공통점을 지닌다. 이러한 독자는 경청하는 독자를 넘어선 응답하는 독자이다.[94]

이러한 성찰적 응답은 독자가 중층적으로 재구한 창작 맥락과 자신의 수용 맥락을 대화하게 함으로써 보다 심화될 수 있다. 독자는 작가가 호소하는 윤리적 가치를 보다 잘 경청하기 위해 창작 맥락을 탐색하였다. 그런데 가치 호소를 경청하고 응답하는 공간은 독자가 위치한 '지금, 여기'의 세계이다. 소설이 창작된 맥락과 독자가 수용하는 맥락 사이에 시공간적 거리가 있으며 독자는 이러한 거리를 성찰의 대상으로 삼아 보다 적극적으로 응답할 수 있다.

⑦ 「사랑손님과 어머니」를 순수하고 아름다운 이야기인 듯이 창작하고 읽던 사회는 이미 변하였다. 따라서 이 작품의 내용과 구조를 아름답다고 판단하던 미적 규범의 이념성도 폭로되고 비판되지 않을 수 없다. 기

94 P. Ricoeur(1985), 앞의 책, p. 316.

> 성세대와 문화적으로 매우 다른 세계에 살고 있는 오늘의 청소년에게 문학을 가르칠 때 이 점을 특히 유의해야 할 것이다. (중략) 이렇게 볼 때 이 작품은 교육 자료로서 부적합한 면이 많다. 첫째, 신뢰할 수 없는 서술이라는 특수한 서술이기 때문이다. 삼인칭서술 혹은 작가적 이야기 상황의 작품이 시점 혹은 초점화의 일반적인 양상을 지도하는 데 적합할 것이다. 둘째, 이 작품이 수록된 교과서 제6장 단원의 길잡이에는 이와 반대되는 말이 있지만, 초점화 방식이 제재 및 주제의 표현에 효과적으로 기여하고 있지 않기 때문이다. 셋째, 남성중심주의라는 바람직하지 않은 이념과 그에게 비롯된 인습을 긍정적으로 보게 만들 가능성이 있기 때문이다.[95] (중략은 인용자)

⑦의 독자는 〈사랑손님과 어머니〉의 창작 맥락과 오늘날의 수용 맥락 사이의 시간적 거리에 주목한다. 이 독자는 이 소설의 시사적 소통이 "특수한 서술"에 기대고 있고 "제재 및 주제의 표현에 효과적으로 기여하지 않으며" "바람직하지 않은 이념과 그에게 비롯된 인습을 긍정적으로 보게 만들 수 있다"고 비판한다. 이러한 판단은 작가의 가치 호소를 "아름답다고 판단하며 읽던" 당대의 맥락이 아닌 "기성세대와 문화적으로 매우 다른 세계에 살고 있는 오늘"이라는 수용 맥락에서 평가한 결과이다. 창작 맥락의 "미적 규범의 이념성"을 무조건 긍정하기보다는 보편적 가치로 수용 가능한가를 비판적으로 검토한 것이다. 결론적으로 독자는 탐색한 창작 맥락을 수용 맥락에 비춰 비판하면서 〈사랑손님과 어머니〉가 "교육 자료로서 부적합한 면이 많다"라고 평가한다.

95 최시한(2005), 「초점화와 「사랑손님과 어머니」」, 『소설의 해석과 교육』, 문학과지성사, pp. 67-68.

이와 같은 성찰적 응답은 독자의 '교육자'라는 정체성에 기반을 둔 것이다. 이는 자칫 수용 맥락을 과도하게 투영한 것처럼 보일 수 있다. 하지만 독자가 자신의 어떤 수용 맥락에서 서사적 소통에 참여하고 있는가를 자각할 수 있다면 성찰적 응답은 사회·문화적 실천으로 심화될 수 있다. 이와 관련하여 그간 국어 교과서의 읽기 활동이 '소설의 주제를 찾아보자'나 '소설의 인물 특성을 파악하자'처럼 '일반 독자'에 의한 탈맥락적 활동으로 일관하였고 그로 인해 읽기의 다양성과 역동성을 살리지 못했다는 한 연구자의 지적은 경청할 만하다.[96] 서사적 소통에 참여하는 독자는 언제나 사회·문화적 환경에서 다양한 정체성이 겹치고 경쟁하는 구체적인 상황에 서 있다. 이러한 상황은 독자가 작가의 타자로서 작가와는 다른 시각을 확보할 수 있는 자원이다. 독자가 이를 적절하게 활용할 때 보다 능동적이고 생산적으로 응답할 수 있다.

이상에서 살펴본 독자의 성찰적 응답은 개인의 정전을 형성하고 해석 공동체의 의미 교섭에 참여하는 계기가 된다. 성찰적 응답은 궁극적으로 '읽은 소설이 진지하게 수용될 만큼 가치가 있는가'나 '다른 텍스트보다 더 가치 있는가'를 평가하는 것이다. 이는 특정 텍스트를 읽을 만한 것으로 선택하거나 배제함으로써 하나의 정전을 형성하는 것이다. 이때의 정전은 독자 자신의 성찰적 응답을 근거로 구성된 것이라는 점에서 개인적 정전(personal cannon)이라고 볼 수 있다.

물론 이와 같은 정전의 형성이 독자 개인에게만 의미 있는 것은 아니다. 성찰적 응답은 기본적으로 타자와의 교섭을 지향하고 공동체적 검토를 추구한다. 독자는 자신의 정전에 포함된 특정 작품을 다른 독자에게 권장할 수 있다. 이는 해당 작품에 대한 성찰적 응답을 다른 독자, 더 나아가 해석 공동체

96 최인자(2008), 앞의 글, pp. 441-442.

의 구성원도 받아들이기를 제안하는 것이다. 이러한 제안은 때때로 논쟁으로 확장된다. 독자마다 전유한 윤리적 가치가 다를 수 있고 독자 모두 자신의 전유 가치가 '보다 타당함'을 주장할 수 있기 때문이다. 독자는 이제 윤리적 가치 갈등을 체험하고 윤리적 가치 위계를 탐구함으로서 전유한 윤리적 가치를 공동체적 지평에서 검토하고 조정하며 성찰하는 해석 공동체의 가치 교섭에 참여하게 된다.

3. 해석 공동체에서 윤리적 가치 전유의 반성

독자는 윤리적 가치 갈등을 체험하고 윤리적 가치 위계를 탐구하는 과정에서 소설로 형상화된 윤리적 가치를 전유한다. 그런데 독자는 전유한 윤리적 가치를 바탕으로 해석 공동체의 가치 교섭에 참여함으로써 삶을 반성하고 기획할 수 있다. 해석 공동체에서 독자가 교섭하는 윤리적 가치의 주체는 다른 독자이다. 독자는 다른 독자가 전유한 윤리적 가치와 자신의 것을 비교하는 과정에서 차이를 확인하고 누구의 전유가 보다 타당한 것인가를 검토한다. 독자는 윤리적 가치 전유의 타당성을 두고 다른 독자와 교섭하며 이 과정에서 자기와 해석 공동체의 정체성을 성찰할 수 있다.

해석 공동체에서 독자가 수행하는 윤리적 가치 전유의 반성이 삶의 반성과 기획으로 심화되기 위해서는 윤리적 수행 과정을 거쳐야 한다. 세계의 상황 윤리적 인식은 '윤리적 가치 전유의 공공성 자각'으로, 주체 행위에 대한 윤리적 가치 판단은 '타자의 가치 전유에 대한 인격적 검토'로, 행위 가능성의 허구적 탐구는 '가상적 공론 구성을 통한 가치 교섭'으로, 반성적 판단을 통한 윤리적 가치 성찰은 '수용 맥락의 반성을 통한 정체성 성찰'로 구체화된다.

1) 윤리적 가치 전유의 공공성 자각

독자는 허구 세계에서 전망을 모색하고 서사적 소통에서 작가의 가치 호소를 경청하고 응답하는 방식으로 소설로 형상화된 윤리적 가치를 전유한다. 그런데 윤리적 가치 전유를 독자 홀로 경험하는 것은 아니다. 해석 공동체에서 소설은 창작된 당시부터 지금까지 다수의 독자에 의해 여러 번 읽히고 세대를 거치며 거듭 읽힌다. 이 과정에서 독자들은 소설의 윤리적 가치를 서로 다르게 경험하고 전유한다. 독자는 다른 독자와 함께 소설을 읽으며 윤리적 가치 전유는 다양할 수 있는 것이다.

독자는 윤리적 가치 갈등을 체험하고 윤리적 가치 위계를 탐구함으로써 형상화된 윤리적 가치를 전유하는 경험을 해석 텍스트로 정리할 수 있다. 이러한 해석 텍스트는 소설을 읽지 않는 독자에게는 흥미를 자극하며 이미 소설을 읽는 독자에게는 자신의 윤리적 가치 전유를 검토하는 계기를 제공한다.

> ① 그간 기존 논의에서는 "연약한 소시민으로부터 적극적인 인간상으로의 변모가 잘 나타난 소설"이자 "소시민이 현실의 엄청난 무게와 싸우는 적극적인 인간상으로 변모"해가는 작품으로 논의하면서 세입자 권 씨가 '연작' 형태 안에서 변화되는 과정을 중점적으로 고평해왔다. 즉, 이 소설의 수인공인 권 씨가 '삶의 문제'와 '현실의 엄청난 무게' 속에서 노동자로 성장해 가는 과정을 의미 있게 평가하며 1970년대 리얼리즘 서사의 가능성을 확인해왔다. 1970년대 국가주의적 산업화 속에서 '소시민'이 처한 갈등과 딜레마를 추적하는 일이 쉽지 않았고, 이런 분위기 속에서 의식 있는 노동자로 성장해가는 변화는 더욱 이채를 띠는 일이었기에 이러한 평가가 쉽게 수용되었다. 그러난, 한 인물이 노동자로 변해가는 모습을 통해 리얼리즘 서사의 가능성을 점치는 것도 중요하지만, 이렇게 될 경우 이 작품에 드러나 있는 인물 간의 미묘한 감정적 연루와 동요의 과정을 놓치게 되면서 리얼리즘의 서사를 '개인'의 문제로만 한정시키는 우를 범하게 된다.[97]

97 박수자(2011), 「1970년대 타자의 윤리학과 '공감'의 서사」, 『대중서사연구』 25, 대중서사학회, p. 187.

①은 윤흥길의 소설《아홉 켤레의 구두로 남은 사내》에 대한 해석 텍스트 중 일부로 독자는 소설의 윤리적 가치를 경험하고 전유한 내용을 정리하고 설명한다. 주목할 점은 ①이 '다른 독자의 소설 읽기'를 소개하는 것으로 시작한다는 점이다. ①의 독자는 이 소설을 '삶의 문제와 현실의 무게를 극복하고 노동자로 성장하는 과정'으로 이해하고 고평한 기존의 읽기를 '가능한 것'으로 평가하면서도 이와 같은 해석이 윤리적 가치 갈등을 "'개인'의 문제로만 한정하는 우"를 범하고 있음을 지적한다. 이 독자는 다른 독자의 읽기가 지닌 독자성을 인정하면서도 이 소설을 통해 '각각의 개인들이 어떻게 공존할 수 있는지'[98] 깨달은 자신의 윤리적 가치 전유를 검토하는 계기로 삼는다. 이처럼 독자는 다른 독자의 해석 텍스트를 접하면서 윤리적 가치 전유의 다양성을 실감하는 한편 자신의 가치 전유가 지닌 주관성을 검토할 수 있다.

이처럼 독자가 윤리적 가치 전유를 반성하기 위해서는 해석 공동체의 일원으로서 윤리적 가치 전유의 공공성(publicness)을 자각해야 한다. 공공성을 자각한다는 것은 소설의 윤리적 가치에 대한 전유가 개인을 넘어 공동체의 차원에서 수행될 수 있고 수행되어야 함을 인식하는 것이다.[99] 소설의 윤리적 가치에 대한 독자의 전유는 유일한 것도 최초의 것도 아니다. 독자는 공시적으로 해석 공동체의 다른 구성원들과 소설을 함께 읽으며 통시적으로는 이전 세대의 윤리적 가치 전유에 영향을 받으며 소설을 읽는다.[100] 독자는 자

98 앞의 글, p. 200.

99 서양에서 공공성의 어원은 폴리스(polis), 퍼브릭(public), 시빅(civic)으로 각각의 어원이 공통적으로 강조하는 것은 개인의 영역이 아닌 공동체의 영역에서 함께 살아가는 시민의 지위이다. 이에 대해서는 다음을 참고. 최태연(2008), 「서양철학에서 본 공공성」, 『기독교철학연구』 9, 기독교철학연구소, pp. 27-29.

100 "우리에게 전승된 텍스트는 그것에 관한 그 전까지의 각종 견해들이 융합된 결과이며, 가다머의 표현대로 하자면 우리가 우리 자신에게 추가시키는 목소리들의 화음이다. 그러나 이는, 해석학적 이해의 대상은 이미 전통적인 해석들의 융합물이며 우리가 그 대상과 만나는 것은 곧 전통과 만나는

신이 해석 공동체의 일원으로서 소설의 윤리적 가치를 전유한다는 점, 그리고 전유한 윤리적 가치를 두고 다른 독자와 교섭할 수 있다는 사실을 이해해야 한다.

> ② 조세희의 『난장이가 쏘아올린 작은 공』은 70년대 산업사회의 계층적 갈등을 정면으로 다루면서도 그런 주제를 형상화함에 있어서 기존의 사회소설이나 현장소설이 채택한 바 있는 서술양식과는 사뭇 다른 표현기법, 이를테면 서정적인 문체와 상징적 구조, 환상적인 분위기를 사용함으로써 70년대의 사회현실을 다룬 어느 소설보다도 비상한 주목을 받은 바 있다. (중략) 80년대의 젊은 평론가들이 혐의점을 둔 사실은 바로 이것이었다. 조세희는 자본의 이데올로기가 근원적으로 노동의 이데올로기와 대립할 수밖에 없는 측면을 철저하게 파헤치고 그런 대립의 해결책을 현실적인 사회구조의 변혁이나 개선에서 찾으려 하기보다 '가진 자', 즉 자본가의 '사랑'에 의존하는 매우 비현실적인 해결책을 제시하고 있다는 것이다. (중략) 산업사회의 현실뿐만 아니라 공동체적인 삶의 바른 모습과 그것을 억압하고 훼손시키는 사회현실의 관계까지를 포함하는 것일까? 이 글은 그러한 대립적 세계관의 실체를 파헤치고 그러한 세계관이 작가의 독특한 표현적 기교와 맺고 있는 상관관계를 조명하려는 의도 아래 쓰여진 것이다.[101] (중략은 인용자)

③ 주지하듯이 「사랑손님과 어머니」는 주요섭의 대표작이자 출세작이

....

것이라는 뜻이다." G. Warnke(1987), *Gadamer: Hermeneutics, Tradition, and Reason*, 이한우 옮김(1999), 『가다머』, 민음사, p. 164.

101 이경호(1990), 「서정의 공간과 다성의 공간」, 『작가세계』 7, 세계사, pp. 94-96.

라는 평가를 받아 왔으나, 기존의 연구들은 이 작품이 '어떻게, 왜' 찬사의 대상이 될 수 있는가에 대한 설득력 있는 분석의 예를 보여 주지 못하고 있다. 우리는 주요섭 문학을 대변하고 있는 「사랑손님과 어머니」가 '어떻게' 그의 출세작이 될 수 있는가, 그리고 '왜' 이 작품이 그의 문학을 대표하는 본격적인 소설 탐구 작업의 한 결실로서의 가치를 지닐 수 있는가를 이 글에서 밝혀 보고자 한다.[102]

②와 ③은 각각 《난장이가 쏘아올린 작은 공》과 〈사랑손님과 어머니〉에 대한 해석 텍스트의 일부이다. ②와 ③의 독자가 읽은 소설은 다르지만 소설과 윤리적 가치 전유에 대한 그들의 인식에는 공통점이 있다. 우선 이들은 자신이 읽은 소설 텍스트가 해석 공동체로부터 거듭 읽히며 높은 평가를 받아왔다는 점을 강조한다. 《난장이가 쏘아올린 작은 공》은 70년대의 다른 어떤 소설보다 주목을 받아 왔고 〈사랑손님과 어머니〉는 작가의 대표작으로 찬사를 받았다는 것이다. 이들은 해당 소설이 윤리적 가치를 경험하고 전유할 만큼 좋은 소설이라고 판단한 것이다.

또한 이들 독자는 해석 공동체가 해당 소설의 윤리적 가치를 경험하고 전유하는 양상을 검토하면서 가치 전유의 또 다른 가능성을 모색한다. ②의 독자는 《난장이가 쏘아올린 작은 공》의 윤리적 가치를 사랑으로 인식하면서도 그 비현실성을 비판하는 기존 독자들의 가치 전유를 보다 심화하고자 하며 ③의 독자는 기존의 소설 읽기가 밝히지 못한 〈사랑손님과 어머니〉에서 윤리적 가치의 형상화 수준을 해명하고자 한다. 이는 독자가 윤리적 가치 전유를 논제로 다른 독자와 대화하고 논쟁할 수 있음을 인식한 것이다.

102 전정구(1992), 「현란한 빛깔, 혹은 슬픈 떨림」, 『글쓰기의 모험』, 청하, p. 231.

이처럼 독자는 공동체의 윤리적 가치 전유를 검토하면서 특정 소설의 윤리적 가치를 경험하고 전유하는 일이 가치 있는 것임을 확인하고 독자들의 윤리적 가치 전유가 공동체의 지평에서 검토되고 반성될 필요가 있음을 인식한다. "독서 행위는, 언어와 텍스트 차원에서, 과거에 의해 영향받는 존재에 대답하고 응답하는 수용"이다.[103] 독자는 윤리적 가치 전유의 공공성을 자각함으로써 삶의 반성과 좋은 삶의 기획을 모색하는 해석 공동체의 소설 읽기에 동참할 수 있다.

이러한 독자의 인식과 참여는 현재의 교육적 관점에 비춰 볼 때 더욱 필수적이다. 문학 교육에서는 그동안 소설 읽기의 다양성을 격려하되 독자의 주관성을 보완할 수 있는 활동으로 독자 간 대화나 교섭에 주목하였다. 학습자를 소설 읽기의 주체로 인정하고 그 다양성을 긍정하는 한편 적절성과 타당성을 독자 간 교섭으로 성취하고자 한 것이다.[104] 하지만 적절성과 타당성의 성취 자체가 독자 간 교섭의 목적이 된다면 자칫 다른 독자와 그의 윤리적 가치 전유를 수단화하는 우를 범할 수 있다.

다른 독자와의 가치 교섭이 윤리적 가치 전유의 적절성을 검토하고 타당성을 주장하는 계기인 것은 분명하다. 하지만 가치 교섭의 궁극적인 목적은 윤리적 가치 전유를 반성함으로써 삶의 반성과 기획으로 심화하는 것이다. 독자가 소설로 형상화된 윤리적 가치를 전유하는 가장 중요한 이유가 삶의 반성과 기획에 있다면 가치 교섭의 이유도 동일하다. 적절성의 검토와 타당성의 주장은 소설 읽기를 통해 형성된 해석 공동체의 정체성을 성찰하고 공

103 P. Ricoeur(1985), 앞의 책, p. 427.

104 이에 대한 논의로는 다음을 참고. 윤여탁(1996), 「현대시 해석과 교육의 수용적 측면에 대한 연구」, 『국어교육』 92, 한국어교육학회, pp. 413-432; 최미숙(2005), 「현대시 해석 교육에 대한 비판적 검토」, 『한국시학연구』 14, 한국시학회, pp. 51-74; 이인화(2013), 「문학토론에서 소설 해석의 양상에 관한 연구」, 『새국어교육』 94, 한국국어교육학회, pp. 249-280.

동체의 보다 좋은 삶을 기획하는 과정인 것이다.

해석 공동체에서 가치 교섭이 이처럼 삶을 기획하고 성찰하는 장이 되기 위해서는 윤리적 가치 전유의 공공성에 대한 독자의 자각이 전제되어야 한다. 독자는 소설 읽기를 해석 공동체의 일원으로서 수행하는 것이며 개인의 윤리적 가치 전유는 공동체의 윤리적 가치 전유와 불가분의 관계에 있음을 인식해야 한다. 독자는 자신의 윤리적 가치 전유를 다른 독자에게 소개하고 설명함으로써 다른 독자의 소설 읽기에 영향을 미칠 수 있고 전승되거나 공유된 공동체의 윤리적 가치 전유를 길라잡이로 삼아 윤리적 가치 갈등을 체험하고 서사적 소통에 참여할 수 있다. 물론 독자는 해석 공동체의 윤리적 가치 전유에 거부감을 느끼거나 그 적절성을 문제 삼을 수 있다. 하지만 그 순간에도 독자의 윤리적 가치 전유는 공동체적 지평에 자리하고 있다. 윤리적 가치 전유의 공공성은 현재의 읽기가 "그 뿌리를 내리고 있는 과정의 토대이자 버팀목"인 것이다.[105]

2) 타자의 가치 전유에 대한 인격적 검토

해석 공동체에서 윤리적 가치 전유를 반성하고자 하는 독자는 다른 독자를 교섭의 타자로 인정해야 한다. 피시(S. E. Fish)가 주장했던 것과는 달리, 해석 공동체의 구성원들이 경험한 윤리적 가치 전유는 결코 단일하지 않다.[106] 설령 동일한 읽기 원리를 공유한다 하더라도 각각의 독자가 이를 적용하는

....

105 P. Ricoeur(1985), 앞의 책, p. 424.

106 피시는 해석 공동체를 "어떤 해석적 책략을 공유하고 있는 사람들로 구성된 공동체"로 규정하는데, 공유된 해석적 책략으로 인해 소설에 대한 구성원들의 전유 가치는 동일해진다(S. E. Fish(1980), *Is There a Text in This Class?: The Authority of Interpretive Communities*, Harvard University Press, p. 171).

맥락과 활용하는 양상은 서로 다를 수 있다. 이러한 현상은 앞선 절에서 확인한 바 있다. 윤리적 가치 갈등의 체험과 윤리적 가치 위계의 탐구는 독자의 윤리적 가치나 실천적 이해에 영향을 받는다. 독자마다 체험된 세계에서 모색한 전망이나 작가에 대한 성찰적 응답이 다를 수 있는 것이다.

이와 같은 다양성은 하나의 현상으로 그치지 않고 생산적인 소설 읽기의 조건이 될 수 있는데 바로 공동체의 지평에서 윤리적 가치 전유를 반성하는 계기로 기능할 때이다. 독자는 다른 독자의 해석 텍스트에서 차이를 확인할 때 자신의 윤리적 가치 전유를 다각도로 검토하고자 한다. 차이를 근거로 독자는 윤리적 가치 전유가 적절한 것인가 또는 다른 독자로부터 그 소설의 윤리적 가치로 인정받을 만큼 개연성이 있는가를 자문(自問)하는 것이다. 이를 위해 독자는 해석 텍스트에 드러나는 윤리적 가치의 경험과 전유를 인격적으로 검토하는 방식으로 다른 독자를 교섭의 상대로 호출해야 한다.

① 고결한 소명의식과 전통적인 선비의식, 아둔한 대중에 대한 우월의식으로 구성되어 있던 무능한 지식인이 책방도 아닌, 싸전에 빚이 있다는 사실은 아내를 비롯한 생활자들의 논리를 조소했던 자신을 흔들어 놓기에 충분했을 것이다. 때문에 그 앞을 지나다니지 못하는 자신에 대한 다중적 감정은 남편을 신경쇠약으로 몰고 갔음은 가히 짐작하고도 남음이 있다. 이와 같은 남편의 일련의 행동들을 미루어 볼 때, 남편이 "비정상적인 행동을 함으로써 보통 사람들이 자기를 비정상적인 사람으로 인식하도록 위장한 것"[10]으로 보거나 "싸전 앞의 행위 때문에 파시즘에 맞서고자 했던 송보서리의 활보의 의미가 디럽혀졌다"[11]는 기존의 논의는 다시 생각해 볼 필요가 있다. 전자는 이 작품을 구조적 아이러니로 분석하면서 일련의 기행을 '위장'의 일부로 판단하며 뜨거움을 견디거나, 쌀가게 주인에게 거짓을 고하는 것, 겨울옷을 입고 여러

사람 앞에 서는 등의 행동은 비정상인으로 보이기 위한 일종의 위장이라 해석한다. 거대한 사명을 감춘 자들이 보이는 일반적 전술 중 하나로 판단하는 것이다. 후자는 공적 사명이 생활의 일부와 결합되면서 고결성의 농도가 옅어졌다 보는 것이다. 그것은 지식인으로서의 자의식, 의무감, 체면을 포기하는 상징적 행위이며 지식의 종말을 선언하는 자기 고백이라는 것이다.[107]

....

10) 이대규, 「채만식의 단편 소설 "소망"의 분석과 해석」, 『한국문학 논총』 제13집, 1992년, 351쪽.
11) 조명기, 앞의 글.(밑줄은 인용자)

①은 〈소망〉에 대한 해석 텍스트의 일부로, 남편의 행동에 대한 공감적 가치 평가를 정리한 것이다. ①의 독자는 남편의 기행을 생활자의 논리 앞에 악화된 "신경쇠약"이 신체화된 것으로 평가한다. 주목할 점은 이와 같은 평가가 다른 독자의 가치 전유에 대한 인격적 검토와 함께 수행된다는 사실이다. 독자는 인용의 형식을 빌려 다른 독자의 해석 텍스트를 불러들인 후 남편의 기행을 '비정상적인 사람으로 인식하게 하는 위장'으로 이해하면서 "구조적 아이러니"에 주목하는 읽기와 '파시즘에 맞서고자 한 행동의 의미 훼손'으로 이해하면서 "지식의 종말을 선언하는 자기 고백"으로 평가하는 읽기를 검토한다. 남편의 행동에 대한 독자의 평가는 다른 독자의 가치 평가에 대한 대타적 의식에 기반을 둔 것이다.

해석 텍스트를 하나의 인격적 대상으로 검토하는 것은 해석 텍스트에 드러난 윤리적 가치 전유를 이를 쓴 독자의 인격과 동일한 것으로 보는 태도이

....

107 고영진(2008), 「시대적 강박증과 나르시시즘의 변형적 접선」, 『구보학보』 3, 구보학회, pp. 166-167.

다. 다른 독자가 윤리적 가치를 중심으로 소설을 읽어 낸 노력을 존중하고 그와의 관련성을 인정하는 것이다. 독자는 이와 같은 존중과 인정을 전제로 해석 텍스트를 교섭의 타자로 인정한다. 해석 텍스트에 드러난 윤리적 가치 전유를 검토하며 독자 자신에 대한 성찰로 나아가는 것이다.

독자가 이렇게 인격적 대상으로 검토해야 하는 것은 한두 명의 윤리적 가치 전유에 그치지 않는다. 해석 공동체는 한 편의 소설을 함께 읽을 뿐만 아니라 세대를 걸쳐 거듭 읽는다. 윤리적 가치 전유가 공동체의 지평에서 형성되는 것이다. 해석 공동체의 구성원들은 소설의 윤리적 가치를 함께 경험하고 전유하며 이를 전승한다. 이 때문에 독자는 자신의 윤리적 가치 전유가 어떤 전통에 속해 있거나 대립하고 있음을 자각하는 영향사적 의식에서 자유로울 수 없다.[108] 독자의 인격적 검토는 전승에 참여하고 전통을 형성하는 공동체 구성원들의 윤리적 가치 전유로 확장된다.

> ② 김병익이 이 문제에 대해 어떤 입장을 취하고 있는지를 살피는 것으로 애기를 시작해보자. 그는 조세희의 연작 소설이 "대립적 세계관"에 기초를 두고 있다고 말한다. 그것은 가진 자의 세계와 못 가진 자의 세계 사이에 존재하는 공간적·윤리적 단절로 나타난다. (중략) 『난장이』에 대해 부정적인 평을 한 성민엽도 이상적인 사랑의 세계와 뫼비우스의 띠를 연결시킨다는 점에서 김병익과 거의 같은 입장이다. 그는 조세희의 비전이 "가진 자의 사랑 회복"이라는 비현실적 관념에 근거한 것

108 영향사적 의식(das wirkungsgeschichtliche Bewusstsein)은 가다머(H. G. Gadamer)의 개념으로, 예술 작품의 감상에서 영향사적 의식은 작품 자체가 하나의 영향을 가지고 있다는 것을 파악하는 것이자 감상자 자신의 이해가 전승과의 연관성 속에서 작동함을 인식하는 것이다(김동국(2007), 「진리경험으로서의 예술경험에 대한 연구」, 서울대학교 석사학위논문, pp. 37-43).

이라고 비판하면서, 이를 뫼비우스 띠의 비현실성에 대응시키고 있는 것이다. (중략) 우찬제는 그러한 전복이 불가능하다는 인식이 "조세희의 사랑법과 희망의 논리"가 부딪힌 막다른 골목이라고 말한다. "여기에는 사랑도 반성도 없다. 그러므로 경계는 분명하다. 이렇게 경계가 분명한 상황에서 어찌 경훈 쪽의 대롱이 난장이 쪽의 구멍으로 들어갈 수 있겠는가. 그러므로 현실에서 그것은 없다라고 과학자가 말했던 것 아닐까" (중략) 이동하 역시 조세희에게서 뫼비우스 띠의 문제가 "윤리적 차원에 한정"된 것에 아쉬움을 표시하고 있다. 그는 뫼비우스의 띠가 일으키는 전복의 과정이 단지 내부와 외부의 이분법에뿐만 아니라, 본질과 현상, 질서와 무질서, 선과 악, 기의와 기표, 중심과 주변 등등 다양한 이분법에 대해서도 폭넓게 적용될 수 있는 것이라고 말한다. (중략) 해석자들은 『난장이』에 나타난 이분법적 세계 인식과 뫼비우스 띠의 이미지가 양립 불가능한 것임을 깨닫고 이 두 가지를 사실과 꿈, 현실과 추상, 존재와 당위라는 별개의 영역에 갈라놓으려 했던 것이 아닐까.[109](밑줄과 중략은 인용자)

②는《난장이가 쏘아올린 작은 공》에 대한 해석 텍스트의 일부이다. 독자는 이 소설에 대한 총 다섯 편의 해석 텍스트를 하나씩 열거하며 각 독자의 윤리적 가치 전유를 검토한다. 예를 들어 '김병익'은 이 소설이 가진 자와 못 가진 자 사이의 윤리적 단절을 드러낸 대립적 세계관에 기초하고 있음을 밝혔고 '성민엽'은 이 소설이 환기하는 '가진 자의 사랑 회복'이라는 전망이 비현실적임을 비판하고 있다는 것이다. 이처럼 인격적 검토의 대상을 확장하면

109 김태환(1996), 「『광장』과 『난장이…』 읽기, 그리고 천천히 다시 읽기」, 『문학과사회』 35, 문학과지성사, pp. 1391-1396.

서 독자는 그 다양성에도 불구하고 이들 읽기가 허구 세계의 윤리적 가치 갈등을 이분법적 세계 인식의 산물로 평가하는 이해를 공유하고 있음을 확인한다. 특히 이 소설에 대한 해석 텍스트를 선별한 후 발표된 순서로 검토함으로써 가치 전유의 공통점이 과거로부터 현재까지 전승된, 해석 공동체의 한 전통임을 드러낸다.

이처럼 ②의 독자는 특정한 방향으로 소설의 윤리적 가치를 전유한 다른 독자의 읽기들을 선택적으로 검토하고 이를 통시적으로 계열화함으로써 인격적 검토의 대상을 해석 공동체의 윤리적 가치 전유로 확장한다. 이처럼 독자는 소설의 윤리적 가치를 경험할 뿐만 아니라 소설 읽기를 통해 다른 독자나 공동체가 전유한 윤리적 가치를 경험할 수 있다.

해석 공동체에서 윤리적 가치 전유의 전통은 복수로 존재한다. 리쾨르가 주장한 것처럼, 윤리적 가치 전유의 연속성을 보장하는 '전통성(traditionnalité)'은 '전통들(traditions)'로 구체화된다. 전통(tradition)이 아니라 전통'들'인 이유는 읽기와 다시 읽기를 통해 독자에게 전승되는 윤리적 가치 전유가 언제나 복수(複數)로 존재하기 때문이다. 따라서 전통이 독자의 선입견을 구성하고 윤리적 가치 전유에 강력한 영향을 미치는 것은 사실이지만 이를 무조건적으로 참으로 간주하는 것은 적절하지 못한 태도이다.[110]

독자는 자신의 윤리적 가치 전유가 어떤 전통에 속하는가를 확인할 수 있으며 또 다른 전통도 의식할 수 있다. 독자는 개인의 윤리적 가치 전유와 함께 그 전통들을 검토함으로써 우리가 이 소설의 윤리적 가치를 어떻게 전유

110 리쾨르는 전통이라는 개념을 전통성, 전통들, 전통으로 세분화하여 독자와 소설 읽기의 관계를 중층적으로 분석할 수 있는 틀을 제시하였다. 특히 전통이 전통들로 존재하며 진리 주장을 통해 타당성을 성취할 수 있다고 주장함으로써 이해의 불가피한 유한성을 강조한 가다머와 의사소통을 통한 진리의 도달 가능성을 주장한 하버마스(J. Habermas)의 논의를 통합하고자 하였다(P. Ricoeur(1985), 앞의 책, pp. 416-441).

하였는가를 이해하게 된다. 이러한 이해는 소설의 윤리적 가치를 앞으로는 어떻게 전유해야 하는가를 공동체의 지평에서 모색하고 기획할 수 있는 토대로 활용될 수 있다.

3) 가상적 공론 구성을 통한 가치 교섭

윤리적 가치 전유가 다양하고 전통도 복수(複數)로 존재한다고 해서 이들을 똑같이 적절하고 타당한 것으로 수용해야 하는 것은 아니다. 독자들의 윤리적 가치 전유를 상대화하고 다양성을 절대화하는 것은 체험된 세계의 전망을 모색하고 작가의 가치 호소에 성찰적으로 응답하려는 독자의 노력을 사소한 것으로 만들어 버리기 때문이다.

독자가 소설의 윤리적 가치를 전유하는 것은 공동체의 지평에서 공공적 성격을 지니기 때문에 진리 주장과 무관할 수 없다. 독자가 소설로 형상화된 윤리적 가치를 추론하고 평가하는 과정은 소설의 윤리적 가치를 그렇게 전유해야 하며 그것이 참된 것임을 공동체에게 호소하고 동의를 구하는 것이기도 하다.[111] 특히 인격적 검토의 과정에서 구성원 간 또는 전통 간의 차이를 확인하는 경우 독자는 윤리적 가치 전유의 적절성을 검토하면서 타당성 또한 주장하고자 한다.

이를 위해 독자는 '가상적' 공론장(公論場)을 '구성'한다.[112] 공론(公論)이 가상적이라는 것은 윤리적 가치 전유에 대한 독자들의 교섭이 반드시 직접

111 앞의 책, p. 429.

112 이는 하버마스(J. Habermas)가 제안한 일종의 문학적 공론장(die literarische Öffentlichkeit)으로 참여자들은 '생활 세계에 뿌리내린 의사소통 공간'인 공론장에서 '내용과 태도 표명, 의견들을 소통'한다. 하버마스의 문학적 공론장에 대해서는 다음을 참고. J. Habermas(1962), *Strukturwandel der öffentlickeit*, 한승완 옮김(2004), 『공론장의 구조변동』, 나남출판, pp. 95-134.

적 대면 상황에서 수행될 필요가 없음을 의미한다. 독자는 문학 토의처럼 동일한 시공간을 공유하며 전유한 윤리적 가치를 교섭할 수 있지만 시간적 격차가 있는 해석 텍스트를 나란히 인용하고 비교하는 방식으로도 공론 상황을 구성할 수 있다. 한편 공론 상황이 구성된다는 것은 쟁점의 선정, 참여자의 선별, 선별된 해석 텍스트 간의 진리 주장이 모두 독자의 몫임을 의미한다. 독자는 해석 텍스트를 매개로 해석 공동체의 구성원을 선별적으로 불러들이고 이들을 참여자로 하는 가상적 공론 상황을 구성한다.

> ① 이러한 어머니를 종교적 대상처럼 숭배하는 서술자는 '믿을 수 없는 화자'로 변모한다. 자기 혈육에게만 빛을 비춰주는 어머니의 생애를 아름답게 여기는 것은 서술자인 이러한 대화가 반복될수록 독자는 '나'와 어머니로부터 등을 돌린다.[19)] 작가는 내포 작가와 서술자의 거리를 의도적으로 조절하여 독자의 시선이 동정에서 비판으로 변화하도록 이끈다. 그러므로 '나'의 서술을 작가의 진실과 동일시하여 "어머니로 표징되는 아름다운 삶 혹은 바람직한 삶의 유형을 창조한 것"[20)]이라는 평가는 작가의 의도를 왜곡한 결과이다.[113]
>
> ....
>
> 19) "김명식의 어머니가 대단한 여성인 것은 사실이다. 하지만 우리가 보기에는 그에게도 문제점이 적지 않다. 우선 손주 며느리를 앞에 앉혀놓고 귀가 아프도록 유교적인 부덕을 설교해대는 것을 당연한 권리로 아는 그 터무니없는 권위의식이 우리를 질리게 한다." 이동하, 앞의 책, 111면.
> 20) 하응백, 앞의 책, 343면.

①은 〈새벽의 너울〉에 대한 해석 텍스트의 일부로, 여기에서 독자는 이

....

113 조회경(2006),「서술자의 '신빙성'을 통해 본 김원일의 작가의식」,『우리어문학연구』20, 우리문학연구회, pp. 352.

소설의 서술자를 '신빙성 없는 서술자'라고 판단한다. 지나치게 가족 중심적인 '어머니'의 삶을 서술자는 미화하고 숭배하는데, 이는 이들에 대한 독자의 비판적 인식을 호소하는 작가의 거리 두기라는 것이다. 주목할 점은 인용의 방식으로 함께 제시된 다른 두 독자의 소설 읽기이다. 인용된 '19)'의 독자는 어머니의 행동을 신랄하게 비판하는 반면 인용된 '20)'의 독자는 어머니가 지향하는 삶을 아름답고 바람직한 것으로 평가한다. '어머니의 행동과 삶에 대한 가치 평가'에 대한 이러한 대조적 제시를 통해 독자는 인용된 '19)'를 근거로 자신의 읽기가 개인적인 것이 아님을 증명하는 한편 인용된 '20)'을 "작가의 의도를 왜곡한" 평가라고 비판한다. 이처럼 독자는 대면 상황이 아니더라도 해석 텍스트를 근거로 차이와 관련된 논제를 정한 후 공론의 참여자를 선별하고 불러들여 교섭할 수 있다.

독자가 가상적 공론 상황을 구성한다고 해서 공동체의 모든 구성원이 동의하는 최종적인 합의에 도달할 수 있는 것은 아니다. 하지만 독자들이 전유한 윤리적 가치를 교섭하고 반성적으로 검토하는 과정에서 일시적이지만 잠정적인 합의는 기대할 수 있다. 가치 교섭에서 타당성의 인정은 맹목적인 복종을 명령하는 것이 아니라 우월성을 인정하는 것이자 더 나은 논증 가능성을 지향하는 것이다. 가치 교섭에서 이러한 인정은 단순히 유사한 윤리적 가치 전유가 많다거나 다른 전유보다 새로운 것임을 선언하는 것을 넘어선다. 독자는 자신의 윤리적 가치 전유가 다른 독자나 전통에 비해 '보다 개연적인 것'임을 설득해야 한다.

> ② 이와 같은 아저씨와 나의 대립은 (2)에서 보듯이 개인적 가치와 사회적 가치와의 대립이기도 하다. 채만식 소설의 본령이 사회적이고 역사적인 가치의 구현에 있으며 개인적 욕망의 사회적 욕망으로서의 승화를 지향한다는 점에서, 이 두 인물의 대립 구도에서 헤게모니를 쥐고 있

는 사람은 말할 것도 없이 아저씨 쪽이라 할 수 있다. 따라서 둘의 관계를 대화적 긴장관계로 보고 "'나'와 '나'의 아저씨의 사고방식과 언행이 일면적 진실과 그 이면의 허위의식을 동시에 수반함으로써 한편으로는 자기 내적으로 또 한편으로는 양자의 상호 관계 속에서 이중의 대화적 관계를 형성한다"고 평가한 최근의 연구 성과[39)]는 재고할 여지가 있다고 본다.[114]

39) 정홍섭, 「채만식 문학의 풍자 양식 연구」, 서울대 박사논문, 2003, 108쪽. 정홍섭은 이와 같은 관점에서, "'아저씨'가 헌신적인 아내 – '나'의 숙모 – 를 대하는 무책임하고 비도덕적인 태도에 대한 '나'의 폭로에 의해 아저씨의 '숨겨진' 본질이 폭로되기도 한다"(106쪽)고 보았다.

②는 〈치숙〉에 대한 해석 텍스트의 일부이다. 여기에서 독자는 '나'와 아저씨의 가치 갈등에 대한 자신의 이해가 보다 타당한 것임을 주장한다. 이 독자는 윤리적 가치 갈등의 체험을 꼼꼼히 재구하면서 '나'와 아저씨의 갈등을 '개인적 가치와 사회적 가치의 대립'으로 규정한다. 그리고 이 대립이 아저씨의 우세로 끝나면서 "사회적이고 역사적인 가치의 구현"을 전망한다고 본다. 독자는 이러한 가치 전유의 타당성을 주장하기 위해 윤리적 가치 갈등을 달리 설명한 다른 독자의 해석 텍스트를 인용한다. 독자는 이 해석 텍스트에서 '아저씨'의 행동에 대한 부정적 가치 평가를 문제 삼으며 "재고할 여지가 있다"고 비판한다.

이러한 가치 교섭에서 확인할 수 있듯이, 독자는 윤리적 가치 전유가 보다 타당한 것임을 주장하기 위해 윤리적 가치 갈등을 꼼꼼하게 설명한 후 타자의 견해를 제시하고 반박한다. 이는 보다 '적절하고' '일관된' 가치 전유가

114 이도연(2011), 『채만식 문학의 인식론적 지형도와 구성 원리』, 소명출판, pp. 58-59.

'보다 개연적인' 것이기 때문이다. 윤리적 가치 전유의 적절성은 윤리적 가치의 형상화에 근거를 둔 정도와 관련이 있다. 독자는 윤리적 가치 갈등을 체험하고 윤리적 가치 위계를 탐구함으로써 소설의 윤리적 가치를 전유할 수 있다. 전자에 대한 보다 풍부한 경험은 후자에 대한 보다 깊은 이해를 가능하게 한다. 따라서 독자는 적절함을 주장하기 위해 전유한 윤리적 가치와 체험한 윤리적 가치 갈등 및 탐구한 윤리적 가치 위계 간의 관련성이 높다는 점을 증명해야 한다.

한편 일관성은 이러한 많은 설명이 유기적으로 하나의 전체에 통합되는 정도를 의미한다. 윤리적 가치 갈등과 윤리적 가치 위계와 관련된 근거가 윤리적 가치 전유에 있어 똑같이 중요하거나 본질적인 것은 아니다. 리쾨르가 주장한 것처럼, 어떤 부분이 중요하고 본질적인가에 대한 기준은 반드시 필연적이지 않다. 이에 대한 판단은 기본적으로 추측의 성격을 띠는 것이다. 따라서 윤리적 가치 전유를 설명할 수 있는 근거를 체계적으로 통합하여 제시할 수 있을 때 개연성을 주장할 수 있다.[115]

> ③ 「소망」에서 '나'는 고백체 문장을 통해 남편이 지닌 무기력한 식민지 지식인의 울분과 허무의식을 드러낸다. 간간이 드러나는 '천진난만한 화자'의 시선은 「사랑손님과 어머니」의 옥희와도 같이 주동인물의 심리 상태를 더욱 분명히 전달하는 역할을 하며 광증에까지 이른 남편의 상태를 가감 없이 매우 걱정스러운 심정으로 호소한다. 이런 관점에서 본다면 작품의 화자('나')를 인식능력이 모자란다고 본 이대규의 주장은 단편적이다.[8)] 왜냐하면 '나'가 대의에 관심이 적고 오로지 남편의 건강

115 해석에서 적절성과 일관성을 근거로 보다 개연적인 것임을 주장하는 과정에 대해서는 다음을 참고. P. Ricoeur(1986), 앞의 책, pp. 249-257.

걱정에만 의미를 둔 것 같이 보이나, 작품 끝부분에 언니와 나눈 대화(비록 언니의 말은 '나'의 답변만으로 추측할 뿐임)를 보면 '나'는 남편에 동조하는, 작가가 만든 남편의 또 다른 형상임이 분명하기 때문이다.[116]

8) 이대규, 「채만식의 단편소설 '소망'의 분석과 해석」, 『한국문학논총』 제13집, 1992.10, pp. 345-364.

③은 〈소망〉에 대한 해석 텍스트의 일부이다. 여기에서 독자는 서술자 '나'가 지닌 신빙성 없음의 성격이 〈치숙〉의 '나'보다 〈사랑손님과 어머니〉의 옥희에 더 가깝다고 본다. '나'가 사회적인 문제보다는 개인적인 문제에 더 관심이 있는 것은 맞지만 남편의 윤리적 가치에는 '동조'하고 있다고 판단하기 때문이다. 이러한 가치 평가적 서술의 분석은 '나'의 인식 능력이 떨어져 남편과 대립하고 있다고 본 '8)'의 분석과 충돌한다. 이에 대해 독자는 상대방의 분석을 '단편적'이라고 비판한다. '나'와 언니의 대화는 '나'와 남편의 윤리적 거리가 가깝다는 점을 증명하는데, '8)'의 분석으로는 이를 일관되게 설명할 수 없다는 것이다. 이처럼 독자는 자신의 윤리적 가치 전유가 다른 독자의 소설 읽기보다 적절하거나 일관성이 있다는 점을 들어 자신의 타당성을 주장할 수 있다.

인격적 검토를 통해 다양성을 확인한 독자는 공론의 상황을 가상적으로 구성함으로써 가치 교섭에 참여한다. 독자는 해석 텍스트를 바탕으로 공론에 참여할 독자들을 선별하고 윤리적 가치 전유를 비교함으로써 논점을 설정하고 교섭하는 것이다. 이러한 가치 교섭에서 독자는 윤리적 가치 전유가 보다 적절하고 일관된 것임을 증명해야 한다. 윤리적 가치 갈등과 윤리적 가치 위

116 신영미(2008), 「카타르시스로서의 이야기하기」, 『한국언어문학』 65, 한국언어문학회, p. 404.

계에 대한 보다 많은 설명을 좀 더 체계적으로 통합할 때 윤리적 가치 전유가 보다 개연적인 것, 보다 타당한 것임을 인정받을 수 있다.

4) 수용 맥락의 반성을 통한 정체성 성찰

독자가 소설의 윤리적 가치를 전유한다는 것은 윤리적 가치 갈등을 체험하고 윤리적 가치 위계를 탐구함으로써 자기를 이해하는 것이다. 이때 자기를 이해한다는 것은 동일성(idem)으로서 정체성이 아니라 자기성(ipse)으로서 정체성을 이해하는 것이다. 동일성은 시간에 관계없이 유지되는 불변적 지속성을 의미한다. 예를 들어 어떤 사람의 이름은 그 이름이 변하지 않는 이상 어느 때나 그 사람의 정체성을 대표하는 동일성의 표지이다. 문제는 이름으로 대표되는 동일성이 시간의 흐름이 빚어내는 차이를 담아내지 못한다는 사실이다. 이에 반해 자기성은 시간적 흐름을 함축하는 정체성을 의미한다. 사람은 태어나고 성장하며 지금 이 순간, 또는 죽을 때까지 신체, 정서, 인지, 윤리 감각들의 변화를 겪지만 늘어선 삶 전체에 걸쳐 동일한 사람으로 판단할 수 있는 정체성을 지닌다.[117]

따라서 자기 이해는 시간의 흐름 속에서 변화를 포함하는 자기성을 묻는 것이며 이에 대한 대답의 형식은 서술적인 것, 즉 "삶의 스토리를 이야기하는 것"일 수밖에 없다.[118] 인간은 시간 속에 변화하고 타자와의 관계에 의해 형성되는 자기를 이해하기 위해 자기의 삶을 서사화하거나 다른 사람의 서사를 읽어야 한다.

---

117 동일성과 자기성에 대해서는 다음을 참고. P. Ricoeur(1990), *Soi-même comme un autre*, 김웅권 옮김(2006), 『타자로서 자기 자신』, 동문선, pp. 13-46.

118 P. Ricoeur(1985), 앞의 책, pp. 471-475.

이렇게 볼 때 해석 공동체의 구성원들이 소설 텍스트의 윤리적 가치를 전유하는 것 그리고 전유한 윤리적 가치를 전승하고 교섭하는 과정은 공동체의 정체성을 이해하고 심화하는 과정이기도 하다. 특히 세대를 거쳐 거듭 읽힌 소설을 읽으며 독자는 공동체의 구성원으로서 삶을 반성하고 보다 좋은 삶을 기획한다. 예를 들어, 《춘향전》이 많은 사람의 공감을 얻고 지금까지도 개작되는 이유는 춘향의 행동 방식과 그 세계가 환기하는 전망을 민족 공동체가 실천해야 할 가치로 지향하기 때문이다. 《심청전》, 《흥부전》, 《청산별곡》, 《무정》, 《삼대》 등이 하나의 고전(古典)으로서 수용될 수 있는 것도 이 때문이다. 이들 작품을 읽고 낭송하며 대화를 나누는 것은 공동체의 윤리적 가치 전유에 동참하고 공동체의 정체성을 형성하는 과정이다.[119]

이처럼 해석 공동체의 일원으로서 독자가 다른 독자와 교섭하는 것은 자신이나 자신이 속한 전통의 윤리적 가치 전유가 타당한 것임을 주장하는 것을 넘어선다. 독자는 윤리적 가치 전유를 공동체의 지평에서 반성함으로써 소설로 형상화된 윤리적 가치가 무엇인지 이해할 뿐만 아니라 소설 읽기를 통해 공동체가 형성했고 공유하고자 한 정체성이 무엇인지도 이해할 수 있다.

> ① 나는 이번 독후감에서는 난장이 신화 20년의 문제성을 중심으로, 나아가 세기말인 지금도 여전히 조세희의 『난장이가 쏘아올린 작은 공』을 읽을 필요가 있다면 그 구체적인 이유는 무엇인지를 중심으로, 생각을 나눠보고자 한다. 먼저 조세희의 난장이 신화 20년의 수용사가 우리 시대의 불행과 행운, 질곡과 신생의 역설을 고스란히 증거하고 있다고 나는 생각한다. (중략) 소설 『난장이…』는 산업화가 본격적으로 진행된 이

119 김대행 외(2000), 『문학교육원론』, 서울대학교 출판부, pp. 56-60.

후 이 땅에서 거의 최초로 자유와 더불어 평등의 이념형을 본격적으로 문학화한 작품이다. 많은 사람들이 개인의 물질적 이익을 추구하려고 허둥대던 시절에 사랑으로 더불어 잘살 수 있는 희망과 해방의 조짐을 모색한 문학인 것이다. 그렇다면 소설 『난장이…』가 의미론의 측면에서 20년이 지나도록 빛바래지 않는 이유는 분명해진 게 아닐까. 한갓 과거 한 시절의 문제 제기적인 작품으로 그치지 않고 계속 읽혀진다는 것은, 그런 측면에서 볼 때 우리 시대, 우리 현실의 불행임에 틀림없다. 그 불행이 현실에 대한 문학의 계속적인 길항력이라는 측면에서는 문학의 역설적인 행운이 되는 것이다.[120](밑줄과 중략은 인용자)

② 또 하나 이 작품이 가지는 결정적인 소설적 효과는 결말에 가서 독자들의 기대를 배반하지 않는다는 점이다. 春香傳의 결말을 빤히 알면서도 그 작품 앞에 또다시 앉는 것과 마찬가지로 이 작가는 과부댁이 人間的 倫理로 육욕적 감정을 이겨 나가기를 바라는 독자의 심리를 배반하지 않았다는 점에서 결말 뒤의 감정이 개운하다. 결국 이 작품은 構造的 特性만이 아니라 作家精神이라고 할까, 小說 內的 정신도 그 形式 못지않게 우리를 감동적이게 한다고 볼 수 있다.[121]

①은《난장이가 쏘아올린 작은 공》에 대한 해석 텍스트의 일부이다. 여기에서 독자는 해석 공동체가 20년 전에 쓰인 이 소설을 왜 지금까지 읽어 왔고 계속해서 읽을 가치가 있는가를 밝히고자 한다. 이 독자에 따르면, 해석 공

120 우찬제(1997), 「대립의 초극미, 그 카오스모스의 시학」, 조세희, 《난장이가 쏘아올린 작은 공》, 문학과지성사, p. 297.

121 송하섭(1985), 「사랑손님과 어머니論」, 『도솔어문』 1, 단국대학교 국어국문학과, p. 34.

동체는 이 소설에서 자유와 평등, 사랑의 가치를 경험하고 전유하고자 한다. '사랑으로 더불어 잘 살 수 있는 삶'을 기획한 것이다. 하지만 이와 같은 기대는 완전히 실현되거나 구체적인 삶으로 실천되지 못했다. 이 소설이 여전히 읽히는 것은 소설의 윤리적 가치를 공동체의 정체성으로 완성하지 못한 독자들의 불행이자 그런 현실로 인해 성찰과 기획의 힘을 소진하지 않는 소설의 행운인 것이다.

공동체의 정체성 이해는 ②에서도 확인할 수 있다. ②의 독자가 〈사랑손님과 어머니〉를 고평하는 이유는 어머니의 선택이 '육욕적 감정을 이겨 나가기를 바라는 독자들의 기대와 심리'에 부합했기 때문이다. 독자는 이 소설의 감동이 어머니가 지향한 부덕(婦德)에 있으며 공동체가 지향해야 하는 '인간적 윤리'에 대한 깨달음이라는 점을 강조한다.

이처럼 ①, ②의 독자는 소설에서 전유한 윤리적 가치를 해석 공동체의 전유 가치와 동일시하면서 정체성 이해로 나아간다. 이를 위해 ①의 독자가 소설의 수용사를 반성적으로 검토했다면 ②의 독자는 '독자들의 기대', '우리를 감동적이게 한다'와 같은 표현을 통해 자신의 전유 가치를 공적 가치로 전환했다.

그런데 윤리적 가치 전유를 검토함으로써 해석 공동체의 정체성을 이해하는 것이 곧 정체성에 대한 동의나 공감으로 귀결되는 것은 아니다. 해석 공동체가 소설의 윤리적 가치를 전유함으로써 정체성을 형성하는 과정에는 특정한 수용 맥락이 개입된다. 예를 들어 ②의 독자는 '사랑손님'에 대한 '어머니'의 호감을 "육욕적 감정"으로 이해하고 호감의 억제와 관계 발전의 단념을 "인간적 윤리"로 규정한다. 이는 개인의 자유나 여성의 권리보다는 부덕(婦德)을 우선시하는 유교적 문화에 기반을 둔 것이다.

그런데 독자는 공동체가 소설의 윤리적 가치를 전유하는 수용 맥락에 주목하고 이를 비판적으로 검토함으로써 공동체의 정체성을 반성할 수 있다.

③ 한편 독자들 역시, 놀랍게도 남성이 아닌 여성들까지, 그 남성중심주의를 긍정적으로 보도록 세뇌 혹은 자연화(自然化)되어 있어서, '신뢰할 수 없는 서술자'의 말을 비판적 자세로 읽지 않았기 때문이다. 여기에는 사랑의 감정이 싹트다가 억눌러지는 과정이 매우 섬세하게 그려진 점과, 소설을 사회적 맥락 속에 놓고 읽는 데 미숙함이 작용하고 있다. 앞서 '독자의 욕망과 그것을 지배하는 관습'이라고 한 것도 작용하고 있는 듯하다. 그 가운데 하나는 남녀의 이른바 '순수한 사랑 모티프'를 맹목적으로 아름답게 보면서 좋아하는 낭만적 태도이다. 그리고 다른 하나는 '가련한 여인 이야기'라는 문학적 관습이다. 요컨대 독자는 소설을 사회적 시각으로 읽는 데 미숙하며, 남성중심주의에 젖어 있고 순수한 사랑 모티프와 가련한 여인 이야기를 좋아하는 욕망과 관습에 좌우되어, 옥희 어머니의 불행을 사실적으로 보지 못한다. 그래서 작자가 남성중심주의를 극복하지 못하고 채용한 옥희라는 서술자의 태도와 화법에 끌리어, 그가 서술한 사건 및 인물과의 비판적 거리를 확보하지 못하고, 결국 옥희 어머니를 순수하고 아름다운 여인으로 보게 된 것이다.[122]

③의 독자는 해석 공동체의 구성원들이 〈사랑손님과 어머니〉의 윤리적 가치를 전유하는 양상과 수용 맥락을 검토한다. 독자는 '신빙성 없는 서술자'의 서술 행위에 공감하고 옥희의 어머니를 "순수하고 아름다운 여인"으로 평가하는 공동체의 읽기를 문화적 태도와 관습의 개입으로 설명한다. '가련한 여인 이야기'에 대한 해석 공동체의 선호 및 낭만적 태도와 소설의 윤리적 가

122 최시한(2005), 「초점화와 「사랑손님과 어머니」」, 『소설의 해석과 교육』, 문학과지성사, pp. 64-64.

치에 대한 독자의 전유 간의 관계를 분석함으로써 소설 읽기를 통한 공동체의 정체성 형성이 남성중심주의라는 수용 맥락에서 이루어진 것임을 간파한 것이다.

수용 맥락에 대한 반성은 독자와 공동체가 소설의 윤리적 가치를 전유하는 위치에 주목하고 그 영향 관계를 비판적으로 검토하는 것이다. 독자는 소설 읽기에 전제된 사회적 관계나 문화적 가정이 무엇인지 살피고 그러한 관계나 가정이 소설의 윤리적 가치를 어떤 방향으로 전유하게 하는가를 따져 묻는다. 이를 통해 독자는 해석 공동체가 소설의 윤리적 가치를 전유함으로써 형성하고 강화하고자 한 정체성을 이해할 수 있다. 더 나아가 정체성의 특수함을 인식하고 그 정당함까지 반성할 수 있다.[123]

독자는 가치 교섭을 통해 공동체의 정체성을 이해하고 심화하는 한편 수용 맥락을 검토함으로써 형성된 정체성이 적절한 것인가를 성찰한다. 이런 점에서 가치 교섭은 윤리적 가치 전유를 공동체의 지평에서 반성함으로써 자기를 이해하고 공동체의 정체성을 심화하는 공진(共進, coevolution)의 과정이다.[124] 독자에게 다른 독자와 전통은 적절성을 검토하고 타당성을 주장하기 위한 수단이 아니라 함께 읽은 소설을 매개로 삶을 성찰하고 공동으로 기획하는 교섭의 동반자인 것이다.

123 최인자(2008), 앞의 글, p. 443.

124 공진이란 원래 진화생물학의 용어로 복수의 종들이 상호작용하면서 진화하는 것을 의미한다. 한 종이 어떤 작용을 통해 다른 종의 유전적 변화를 일으키면 그 종이 변화에 기반을 둔 영향을 다시 돌려주면서 함께 발전하는 것이다(최재천(2011), 『통섭의 식탁』, 명진출판, pp. 246-248). 최지현은 이러한 공진을 문학 독서의 현상을 설명하기 위한 개념으로 활용한다. 문학 독서에서 공진은 문학 독서를 수행하는 복수의 참여자들이 상호 개입하고 동기화함으로써 문학 체험을 조정하고 문화적 합의를 발전시키는 것이다(최지현(2007), 「문학 독서의 원리와 방법」, 『독서연구』 17, 한국독서학회, pp. 74-76).

| 더 읽어 보면 좋은 이론 |

허구 세계에 참여하는 수용자의 체험은 미학에서도 중요하게 논의되는 문제로 지각적 모형과 보고문 모형이 그 대표적인 설명 방식이다. 전자의 핵심은 수용자가 허구 세계 안에서 작중인물을 지각하는 자신을 상상한다는 것으로 켄들 월턴의 『믿는 체하기로서의 재현(*Mimesis as Make-believe*)』(Harvard University Press, 1990)의 주된 논지이다. 황우영의 「믿는 체하기」(『미학의 문제와 방법』, 서울대학교 출판문화원, 2007)에서 개관할 수 있다. 반면 후자의 설명 방식은 허구 세계의 체험이 허구 이야기를 실제 발생한 사건의 보고문으로 간주하며 읽는 것과 같다는 그레고리 커리의 『이미지와 마음(*Image and mind*)』(김숙 옮김, 한울, 2007)에서 확인할 수 있다. 보다 개략적인 설명은 그의 「관점과 독자(Point of view and the reader)」(『미학』 47, 한국미학회, 2006)에 있다.

서사적 소통의 모형은 채트먼의 『이야기와 담론(*Story and Discourse*)』(한용한 옮김, 푸른사상사, 2003)에서 처음으로 체계화되었다. 이 모형은 이후 서사론에서 치열한 논쟁의 대상이 된다. 내포작가와 내포독자를 제외해야 하는 이유와 이를 반영한 모형은 리먼-케넌의 『소설의 현대 시학(*Narrative Fiction*)』(최상규 옮김, 예림기획, 1999)에서 찾아볼 수 있다. 보드웰의 『영화의 내레이션(*Narration in the Fiction Film*)』(오영숙·유지희 옮김, 시각과언어, 2007)에서는 작품과 수용자의 상호작용이 강조되어야 하는 이유와 이를 반영한 모형을, 제임스 펠런의 『말하기 위해 살다(*Living to Tell about It*)』(pp. 38-49)에서는 대칭성이 강조된 채트먼 모형의 문제점과 이를 개선한 비대칭 모형을 확인할 수 있다.

서술자의 신빙성은 웨인 부스의 『소설의 수사학(*The Rhetoric of Fiction*)』(최상규 옮김, 예림기획, 1999)에서 처음 규정된 이래 수사적 서사론과 인지주의 서사론을 통해 이론적 지평을 확장해 왔다. 브루노 제아백의 「신빙성 없는 서술을 역사화하기(Historicizing Unreliable Narration)」(*Style* 35, 2001)는 인지주의 서사론의 차원에서 서술의 신빙성에 대한 판단을 해석 전략의 결과로 설명한다. 제임스 펠런의 「이간하는 비신빙성, 결속하는 비신빙성 그리고 롤리타의 윤리(Estranging Unreliability, Bonding Unreliability, and the Ethics of Lolita)」(*Narrative* 15, 2007)는 수사적 서사론의 차원에서 신빙성 없는 서술의 역동성을 설명하기 위해 이간과 결속의 개념을 제안한 가장 최근의 논의이다. 안스가 뉘닝의 「신빙성 없는 서술의 재개념화(Reconceptualizing Unreliable Narration)」(*A Companion to Narrative Theory*, Blackwell Pub., 2005)는 신빙성 없는 서술에 대한 인지주의와 수사적 접근의 입장 차이를 분명하게 설명한다. 또한 인지주의 서사론의 입장에서 신빙성 없는 서술의 이론적 종합화도 시도하고 있다. 한국 근대 소설에서 신빙성 없는 서술자가 서사 전략으로 정착되는 과정은 최병우의 「서술자의 신빙성에 관한 연구」(『현대소설연구』 19, 한국현대소설학회, 2003)에서 찾아볼 수 있다.

IV

윤리적 가치 중심의 소설 읽기 교육의 설계

들어가며

윤리적 가치 중심의 소설 읽기는 윤리적 가치를 중층적으로 경험함으로써 삶을 반성하고 더 좋은 삶을 기획하게 한다. 이 과정을 나누고 차례대로 배열하여 종합한 것이 III장의 수행 구조이다. 이 구조는 좋은 삶을 향한 실천의 길잡이이다. 하지만 수행의 탁월함까지 보장하는 것은 아니다. 소설을 윤리적 가치를 중심으로 '더 잘' 읽음으로써 삶을 '더 깊이' 반성하고 '더 멀리' 기획하는 것은 또 다른 차원의 문제이다. IV장은 이러한 고민의 산물이다.

IV장에서 제기한 질문은 '윤리적 가치 중심의 소설 읽기를 어떻게 가르칠 것인가'이다. 답을 찾는 방향은 두 가지. 하나는 성장의 방향과 방법을 제안하는 것이다. "한 마리의 제비가 봄을 만드는 것은 아니며 좋은 날 하루가 봄을 만드는 것도 아니듯" 단 한 번의 읽기를 통해 좋은 삶을 성취할 수는 없다. 교육이 필요한 이유이다. 학습자가 윤리적 가치 중심의 소설 읽기를 계획적으로 수행하고 그 경험을 지속적으로 재구성할 수 있도록 교육의 전제, 목표 및 활동을 제시하였다.

다른 하나는 학습자의 읽기에서 출발하는 것이다. 윤리적 가치 중심의 소설 읽기는 완전히 새롭고 낯선 읽기는 아니다. 개념에 대한 인식 없이도 학습자는 종종 소설을 윤리적 가치 중심으로 읽어 왔다. 다만 체계적이지 않았고 그 가능성이 충분히 발현되지도 않았다. 여기에서는 그들의 소설 읽기를 소개하고 진단한 후 교육 방법을 구안하였다. 더 잘 수행하고 더 깊이 반성하며 더 멀리 기획해야 할 대상은 학습자의 소설 읽기이자 그들의 삶이기 때문이다.

다만 공동체의 차원에서 학습자의 소설 읽기를 평가하고 적절한 학습 활동을 구안할 숙의 모형을 제안하지 못한 것은 아쉬운 대목이다. 한 명의 교사나 연구자의 이해가 언제나 타당한 것은 아니다. 판단하기 어려운 해석 텍스트도 적지 않다. 이런 점에서 문제적 사례를 공유하면서 개인의 판단을 나누고 적절한 조치를 함께 구안할 모형이 필요하다. 더 좋은 교육론으로 재구성하기 위해 보완해야 할 과제가 많다.

1. 윤리적 가치 중심의 소설 읽기 교육의 전제

교육의 목적은 학습자가 좋은 삶을 살도록 하는 것이다. 그런데 교육을 통해 학습자가 어떻게 좋을 삶을 살 수 있는가에 대해서는 크게 두 견해로 나뉜다. 허스트(P. Hirst)는 학습자가 실천적 지혜를 기르고 이에 따른 삶을 영위함으로써 좋은 삶을 살 수 있다고 주장한다. 좋은 삶은 실천적 지혜를 발휘하며 완성한 삶인 것이다. 이때 실천적 지혜는 한 사회가 형성하고 발전시킨 실천 전통에 참여함으로써 기를 수 있다. 따라서 교육은 실천 전통에의 입문이어야 한다.[1] 한편 듀이(J. Dewey)는 경험의 재구성을 통해 삶을 발달시킴으로써 좋은 삶을 살 수 있다고 주장한다. 그에게 좋은 삶은 '성장하는 삶'이다. 이때 성장은 목적을 가지고 있는 것이 아니라 목적 그 자체이다.[2] 따라서 교육은 학습자의 경험을 지속적으로 재조직, 재구성함으로써 그의 삶을 성장시키는 것이다.

이들 논의는 여러 면에서 공통점을 지닌다. 첫째, 이들 논의는 교육의 정당성을 사회나 학습자의 요구가 아닌 교육 내용의 내재적 가치에서 찾는다. 경험과 실천 전통은 외재적 결과와는 무관하게 바람직한 것으로 간주되는 본질적 가치를 내재한다. 이러한 가치 자체가 교육의 필요성을 정당화하는 것이다. 둘째, 개인이 경험하고 살아가는 생활 세계를 중시한다. 듀이에게 세계

....

1 이는 허스트(P. Hirst)의 후기 교육 이론이다. 허스트의 초기 이론에서 학습자가 입문해야 할 것은 '지식의 형식'이었다. 그는 피터스와 함께 '지식의 형식'에 방점을 둔 자유교육론을 체계화했지만 정년퇴임 논문집에 쓴 「교육, 지식 그리고 실천전통」을 기점으로 새로운 교육관을 피력한다. 그에 따르면, 종전의 자유교육은 지식의 형식에 해당하는 이론적 지식만을 좋은 삶의 교육 내용으로 삼았다는 점에서 제한적이다. P. Hirst(1999), The Nature of Educational Aims, in R. Marples(ed.), *The Aims of Education*, Routledge, pp. 131-132.

2 J. Dewey(1916), *Democracy and Education*, 김성숙·이귀학 옮김(2008), 『민주주의와 교육/철학의 개조』, 동서문화사, pp. 54-66.

는 인간과 자연이 끊임없이 교섭하고 상호작용하는 일상의 세계이며 허스트에게 세계는 개인이 사회의 일원으로서 참여하고 헌신하는 실천의 세계이다. 듀이와 허스트는 교육이 형이상학적 세계가 아니라 이를 포괄하면서도 인간이 생생하게 경험하고 종사하는 생활 세계에 기반을 두어야 한다는 데 입장을 같이한다.[3]

이러한 공통점은 이론적 지식에 대한 입장에서도 확인할 수 있다. 듀이에게 이론적 지식은 개인이 경험한 생활 세계를 특정한 방식으로 추상화한 것이다. 따라서 지식은 경험 속에서만 의미가 온전히 드러나며 경험에 비춰 그 의미를 이해할 수 있다. 이런 이유로 듀이는 교육의 내용을 지식의 형식이 아닌 삶의 경험으로 본다. 허스트는 지식의 형식에 대한 이와 같은 비판을 보다 적극적으로 개진한다. 그에 따르면 이론적인 교과는 그 추상성으로 인해 삶의 총체를 사유하고 경험하는 데 한계가 있다. 이성을 충분히 발휘하며 사는 삶이 좋은 삶이라고 할 때 이때의 이성은 이론적이거나 초월적인 것이 아닌 실제 살아가는 삶과 사회와 관련된 이성, 즉 실천적 이성이어야 하기 때문이다. 사회는 좋은 삶을 살기 위한 다양한 실천 전통을 형성하고 발전시켜 왔다. 따라서 교육은 지식의 형식에 입문하는 것이 아니라 바로 이 실천 전통에 입문하는 것이어야 한다.[4]

물론 실천 전통에의 입문이라는 허스트의 교육관과 경험의 성장이라는 듀이의 교육관은 각기 다른 맥락에서 구안되고 체계화된 것이라는 점에서 차이점도 분명하다. 허스트는 가치 있는 교육 내용으로서 실천 전통의 위상과 특성에 관심이 있다. 그의 논의는 주로 실천 전통의 개념과 특징, 그리고 학

3 듀이의 교육관과 허스트의 후기 교육관의 공통점에 대해서는 다음을 참고. 유재봉(2003), 「듀이와 후기 허스트의 교육관 비교」, 『아시아교육연구』 4, 서울대학교 교육연구소, pp. 207-209.

4 홍은숙(2007), 「실천전통 교육관의 성격」, 『교육철학』 40, 교육철학회, pp. 226-230.

습자가 여기에 입문해야 할 필요성 등을 밝힌다. 하지만 이러한 실천 전통에서 학습자가 어떻게 성장하는지에 대해서는 명확하게 설명하지 않는다.[5] 반면 듀이의 주된 관심사는 무엇보다 경험에 있으며 경험의 성장으로서의 교육에 있다. 이를 위해 그는 성장해야 할 경험과 성장한 경험 사이에는 어떤 차이가 있으며 성장은 어떤 계기로 이루어지는가를 주로 해명한다. 대신 학습자가 경험해야 할 가치 있는 교육 내용이 무엇인가에 대해서는 구체적인 답을 제시하지 않는다.

이와 같은 차이점은 윤리적 가치 중심의 소설 읽기 교육을 설계하는 데 있어 상호 보완적인 논리를 제공한다. 허스트의 논의에 따르면, 윤리적 가치 중심의 소설 읽기는 인간이 오래전부터 참여하고 발전시킨 실천 전통 중 하나이다. 인간은 이러한 소설 읽기를 통해 어떤 삶이 좋은 삶인가를 배우고 성찰하고 소통했으며 공동체의 정체성을 형성하고 확장하였다.[6] 문학 교육은 학습자를 윤리적 가치 중심의 소설 읽기라는 실천 전통에 입문시킴으로써 좋은 삶을 지향하게 할 수 있다.

유념해야 할 점은 학습자의 좋은 삶은 실천 전통의 입문만으로는 완성될 수 없다는 사실이다. "한 마리의 제비가 봄을 만드는 것도 아니며 좋은 날 하루가 봄을 만드는 것도 아닌" 것처럼, 실천 전통에 한 번 참여한다고 해서 자신의 삶을 좋은 삶으로 단번에 완성할 수 없다.[7] 좋은 삶은 지향해야 할 이상적 삶이지만 이를 성취하기 위해서는 지금의 삶을 검토하고 지속적으로 재구성하는 과정이 필요하다.[8]

....

5 유재봉(2003), 앞의 글, pp. 208-209.

6 P. Ricoeur(1985), *Temps et récit III*, 김한식 옮김(2004), 『시간과 이야기 3』, 문학과지성사, pp. 472-473.

7 Aristotle, *Ethica Nicomachea*, 이창우 외 옮김(2006), 『니코마코스 윤리학』, 이제이북스, p. 30.

8 이러한 과정의 필요성은 '입문(initiation)'에 대한 고찰에서도 제기된 바 있다. 자유주의자들은

이는 경험에 대한 듀이의 통찰을 통해 설명할 수 있다. 듀이에 따르면, 경험은 크게 일차적 차원과 이차적 차원으로 나눌 수 있는데, 전자는 막연하고 산만하며 관습적인 상태이며 후자는 다듬어지고 구조화되며 내적으로 통합된 상태이다. 경험의 성장은 일차적 차원의 경험을 반성적 사고를 통해 이차적 차원, 즉 '하나의 경험' 또는 '미적 경험'으로 통합하는 것이다. 주의할 점은 이와 같은 구분이 경험을 이분법적으로 나누는 것은 아니라는 점이다. 더 이상 재조직되거나 재구성될 필요가 없는 완벽한 '하나의 경험'은 존재할 수 없다. 인간의 경험은 순수한 일차적 경험부터 완벽한 이차적 경험 사이의 어딘가에 위치해 있으며 반성적 사고를 통해 끊임없이 재조직되고 재구성되면서 보다 높은 이차적 경험으로 나아간다. 그리고 이를 가능하게 하는 것이 교육이다.[9]

학습자가 윤리적 가치 중심의 소설 읽기를 수행하면서 경험하는 대상은 중층적이다. 학습자는 허구 세계에서 윤리적 가치 갈등을 체험하고 서사적 소통에서 윤리적 가치 위계를 탐구하며 해석 공동체에서 윤리적 가치 전유를 비교하고 반성한다. 이에 대한 학습자의 경험 양상은 다양할 수 있다. 어떤 학습자는 윤리적 가치 갈등에 흥미를 느껴 이에 대한 체험에 몰입할 수 있고 또 다른 학습자는 작가와의 서사적 소통에 흥미를 느낄 수 있으며 다른 독자의 윤리적 가치 전유에 관심을 보이는 학습자도 있다. 물론 그 수행 수준에도 차이가 있어서, 특정한 작중인물의 가치 평가에 집착한 나머지 체험된 세계

....

교육 내용에 대한 학습자의 선택권을 보장하기 위해 입문의 내용을 넓히는 대신 그 깊이를 '소개(introduction)'로 제한해야 한다고 본다. 하지만 좋은 삶의 완성이라는 교육의 목적을 고려한다면, 입문으로서의 교육은 교육 내용에 대한 학습자의 신념이나 헌신의 형성을 담보할 수 있어야 한다. 이에 대해서는 다음을 참고. 홍은숙(2004), 「"입문으로서의 교육"의 재음미」, 『교육과학연구』 35, 이화여자대학교 교육과학연구소, pp. 253-271.

9 이돈희 편역(1992), 『존듀이 - 교육론』, 서울대학교 출판부, pp. 34-35.

의 전망을 모색하지 못하는 학습자가 있고 가치 평가적 서술에 갇혀 서술자와 작가의 윤리적 거리를 적절히 재구하지 못하는 학습자도 있다. 또한 자신이 전유한 윤리적 가치에 확신을 갖지 못하면서 다른 독자의 윤리적 가치 전유를 모방하고자 하는 학습자도 있다.

따라서 윤리적 가치 중심의 소설 읽기 교육은 학습자의 일차적 수행 경험을 재구성함으로써 적절하게 성장할 수 있는 계기를 제공해야 한다. 이를 위해 성장의 방향을 가늠할 수 있는 교육의 목표를 명확하게 설정해야 하며 성장을 추동할 수 있는 교육 방법을 다양하게 구안해야 한다.

물론 성장은 잠정적이고 과정적인 것이다. 교육은 학습자로 하여금 하나의 경험을 반성적 사고의 대상으로 삼아 이를 다듬고 구조화하면서 보다 고차적인 경험으로 재구성하게 한다. 이 과정에서 학습자는 허구 세계의 전망을 심도 깊게 모색하며 서사적 소통의 윤리적 가치 위계를 다각도로 탐구할 수 있으며 전유한 윤리적 가치의 참됨을 적절하게 주장할 수 있고 공동체의 정체성에 대한 이해도 심화할 수 있다. 이는 궁극적으로 학습자가 자신의 삶을 반성하며 보다 좋은 삶을 기획하는 과정이다.

2. 윤리적 가치 중심의 소설 읽기 교육의 목표

윤리적 가치 중심의 소설 읽기를 교육하기 위해 선결되어야 할 과제는 교육의 목표를 설정하는 것이다. 교육의 목표는 교육의 목적과 교육의 내용을 아울러 고려함으로써 구체화할 수 있다.[10]

우선 교육의 목표는 교육의 목적을 실현하기 위한 방향을 체계적으로 제시하는 것이다. 교육의 목적은 실천 전통으로의 입문과 성장을 통한 좋은 삶의 증진이다. 그렇다면 교육의 목표에는 학습자가 입문한 실천 전통에서 성장해야 할 구체적 방향이 제시되어야 한다.

또한 교육의 목표는 교실에서 가르칠 무엇의 목표라는 점에서 교육 내용에 근거하여 제시되어야 한다. 교육의 목표가 교육 내용을 수행하는 과정에서 도달해야 할 수준을 제시할 때 교육 활동을 계획하고 실천하기 위한 실질적인 기준의 역할을 담보할 수 있다.

윤리적 가치 중심의 소설 읽기는 학습자가 허구 세계에서 윤리적 가치 갈등을 체험하고 서사적 소통에서 윤리적 가치 위계를 탐구하며 해석 공동체에서 윤리적 가치 전유를 반성함으로써 삶을 반성하고 기획하는 것이다. 이 절에서는 수행의 각 층위에서 성장의 지표가 되는 목표를 제시하고자 한다.

1) 윤리적 가치 갈등의 체험 단계 목표

허구 세계에서 윤리적 가치 갈등의 체험은 허구 세계로의 인격적 참여를 통해 인물과 인물, 인물과 세계 간의 대립과 그 전개를 따라가면서 삶을 반성

10 김상욱(2003), 『문학교육의 길찾기』, 나라말, p. 37.

하고 기획하는 경험이다. 학습자가 허구 세계에서 대면하는 행위 주체는 작중인물이다. 윤리적 가치의 주체인 이들은 구체적인 상황에서 지향 가치를 행동으로 실천하고 그 과정에서 다른 인물들과 윤리적 가치 갈등을 겪는다. 이에 학습자는 인물의 행동을 가치 평가하고 사건 전개에서 윤리적 가치 갈등을 탐색함으로써 허구 세계의 전망을 모색한다.

주목할 점은 이때의 전망이 보편성을 띠어야 한다는 사실이다. 학습자가 허구 세계를 체험함으로써 모색한 전망은 사건의 끝에서 허구 세계의 인물들이 앞으로 실현해야 할 윤리적 가치이다.[11] 그런데 윤리적 가치는 기본적으로 인간에게 당위적으로 요구되는 가치라는 점에서 허구 세계의 모든 인물이 지향해야 하며 궁극적으로는 독자가 속한 현실 세계에도 실천되어야 한다.《아홉 켤레의 구두로 남은 사내》에서 "소시민적 갈등의 진정성"을 모색했다면 이는 허구 세계의 주동 인물인 권기용이 실천해야 할 전망이자 이웃인 오 선생과 그의 아내, 같은 회사에 근무하는 민도식, 우기환, 안순덕도 실천해야 할 윤리적 가치이며 이를 모색한 독자를 포함하여 현실 세계의 모든 사람이 숙고해야 할 가치인 것이다.

따라서 이 단계에서 성장은 학습자가 모색한 전망이 보편성을 획득할 수 있도록 윤리적 가치 갈등을 체험하는 방향으로 이루어져야 한다. 이는 브룩스와 워렌(C. Brooks & R. P. Warren)이 "어떤 작품의 기본적인 패턴을 밝혀내는 방법 중의 하나는 이 작품이 누구의 이야기인가 하는 점을 물어보는 것"이라고 주장한 것처럼,[12] 독자가 허구 세계에서 검토해야 할 인물의 범위를

....

11 G. Lukács, *Wider den missverstandenen Realismus*, 황석찬 옮김(1986),『현대리얼리즘론』, 열음사, pp. 53-57.

12 C. Brooks & R. P. Warren(1960), *The Scope of Fiction*, 안동림 옮김(1997),『소설의 분석』, 현암사.

확장하는 방식으로 구체화할 수 있다.

허구 세계에는 다양한 인물들이 존재한다. 윤리적 가치 갈등에 직접적으로 관여함으로써 서술자의 주된 서술 대상이나 초점화자의 주된 초점 대상이 되는 주요 인물들(major characters)이 있는 반면 윤리적 가치 갈등에 직접적으로 관여하지는 않고 서술의 비중도 적지만 허구 세계에 거주하면서 주요 인물들과 관계를 맺고 있는 부인물들(minor characters)도 있다.[13] 주요 인물과 부인물은 재현과 서술상의 비중의 문제이지 성격이나 실존적 가치에 의한 구분은 결코 아니다. 허구 세계에서 부차적 인물도 윤리적 가치를 지향하며 행동하는 인격적 존재이다.[14] 다만 서술이나 초점화의 주체가 되지 못하거나 주요 인물만큼 서술의 대상이나 초점의 대상이 되지 못할 뿐이다.

물론 소설의 허구 세계는 문제적 개인이 자신을 찾아가는 과정이자 자아와 세계의 상호 우위에 입각한 대결의 공간이라는 점에서 독자는 부인물들보다는 주요 인물의 삶을 중심으로 허구 세계를 체험한다. 하지만 모색한 전망이 보편성을 확보하기 위해서는 보다 많은 인물의 삶에 적용될 수 있어야 한다. 독자가 주요 인물들의 윤리적 가치 갈등뿐만 아니라 부인물들과의 윤리적 관계도 고려하며 전망의 보편성을 점검할 때 전망 모색의 확장 가능성도 타진할 수 있다. 이상의 논의를 바탕으로 이 단계에서 성장의 기준이 될 수 있는 수행의 수준을 다음과 같이 설정하고자 한다.

---

13 김천혜(1991), 『소설 구조의 이론』, 문학과지성사, pp. 180-181.

14 숄즈(R. E. Scholes)와 켈로그(R. L. Kellogg)의 다음과 같은 언급은 주요 인물과 부인물의 실존적 가치에 대한 독자의 이해에도 적용될 수 있다. "이자벨 아처는 전형적이지만, 리드게이트 박사는 원형적이다. 그 두 인물은 여러 가지 면에서 비록 서로 다르지만 모두 다 인생이라는 것을 살아간다. 한 종류의 인물 구성이 다른 종류의 인물 구성보다 낫다고 제시하는 것은 어리석은 일이다. 다른 점들이 존재한다는 것을 인식하는 것이야말로 지혜의 시작이다."(R. E. Scholes, R. L. Kellogg & J. Phelan(2006), *The Nature of Narrative: Revised and Expanded*, 임병권 옮김(2007), 『서사문학의 본질』, 예림기획, p. 251)

이 단계의 기본 목표는 '주요 인물의 윤리적 갈등 체험을 통한 전망의 모색'이다. 독자는 서술자의 서술을 통해 허구 세계의 어떤 인물보다 주요 인물의 삶을 보다 많이 이해할 수 있다. 서술자의 주된 서술 대상은 주요 인물의 행동이며 초점화를 통해 독자에게 공유되는 것도 주로 이들의 가치 판단이나 감정이기 때문이다. 전망을 모색할 수 있는 근거가 되는 중핵 사건도 대부분 주요 인물 간의 윤리적 가치 갈등으로 구성된다.[15] 따라서 학습자는 주요 인물들의 삶에 몰입하고 이들 간의 윤리적 가치 갈등에 집중함으로써 윤리적 가치의 형상화에 부합하는 전망을 모색할 수 있다.《아홉 켤레의 구두로 남은 사내》에서는 권기용의 삶을 중심으로, 〈치숙〉에서는 아저씨와 '나'를 중심으로, 〈세월의 너울〉에서는 어머니의 삶 또는 김명식과 건욱의 갈등을 중심으로 허구 세계의 사건들을 체험하는 것이다.

이러한 수행 목표는 윤리적 가치의 형상화에서 주요 인물이 차지하는 위상에 기반을 둔 것으로 학습자가 허구 세계의 중핵 사건을 따라가면서 주요 인물의 삶을 검토하고 전망을 모색하는 과정에 중점을 둔다. 이 목표에 도달하기 위해 학습자는 윤리적 가치 갈등에 개입하는 중요 인물이 누구인지를 이해해야 하고 그들의 행동을 근거하여 윤리적 가치를 추론하고 평가할 수 있어야 한다. 이후 사건 전개에 따른 윤리적 가치 갈등을 탐색한 후 사건의 끝에서 체험된 삶들을 하나의 전체로 판단함으로써 전망을 통찰해야 한다.

이 단계의 심화 목표는 '부인물 지향의 윤리적 관계 체험을 통한 전망의 확장'이다. 주요 인물의 윤리적 가치 갈등만을 체험한다면 허구 세계에 존재

---

15 중핵 사건은 핵사건 또는 구성적 사건이라고 한다. 이 사건은 허구 세계의 사건을 앞으로 진행시키면서 다른 사건들을 이끄는 사건으로 윤리적 가치의 형상화에서 필수적인 요소이다. 따라서 독자가 사건 전개의 윤리적 가치 갈등을 탐색함으로써 전망을 모색하고자 한다면 중핵 사건에 주목해야 한다(H. P. Abbott(2008), *The Cambridge Introduction to Narrative*, 우찬제 외 옮김(2010), 『서사학 강의』, 문학과지성사, pp. 55-58).

하는 다양한 윤리적 관계의 복합성을 고려하지 못할 수 있다. 허구 세계에는 주요 인물들뿐만 아니라 다양한 부인물들이 거주하며 나름의 윤리적 가치를 실천하며 살아간다. 부인물들은 주요 인물들과 동조 관계에 있거나 갈등이 있더라도 첨예하게 드러나지 않기 때문에 주로 중핵 사건보다는 위성 사건에 관여한다. 또한 서술이나 초점화의 비중도 낮다. 하지만 그들의 삶 자체가 부차적인 것은 아니다.

소설의 허구 세계는 인물에게 차별적으로 주어진 것이 아니라 평등하게 부과된 것이며 모든 인물의 실존과 윤리적 행동을 바탕으로 생성된 세계라는 점에서 인물들은 모두 삶의 가능성을 모색하며 실현할 수 있는 실존적 존재이다. 따라서 주요 인물의 윤리적 가치 갈등을 체험함으로써 학습자가 모색한 전망은 부인물의 삶에 비춰 검토될 때 더 심화될 수 있다. 부인물과의 윤리적 관계를 체험함으로써 학습자는 전망의 보편성을 강화할 수도 있고, 편향성을 확인할 수도 있다.

이러한 수행 목표는 허구 세계에서 삶의 가능성을 모색하는 부인물의 실존적 위상에 기반을 둔 것으로, 학습자가 서술된 내용을 근거로 부인물과의 윤리적 관계를 상상하고 전망을 검토하는 과정에 중점을 둔다. 부인물은 서술자가 서술하거나 초점화하는 비중이 상대적으로 낮기 때문에 이들에 대한 정보는 대부분 제한적이다. 이에 독자는 부인물들의 삶도 검토할 가치가 있음을 인식하고 제한된 정보를 적절히 활용하여 부인물의 삶을 상상적으로 재구해야 한다.[16]

예를 들어 학습자는《치숙》에서 '아저씨'와 '나'의 대화 사이에 언급되

16 황희종은 이와 관련하여 초점화나 서술자의 서술에서 소외된 작중인물의 목소리를 복원하고 이들이 공유할 수 있는 윤리적 가치를 모색하는 것을 윤리적 이해로 개념화하고 그 원리를 논의하였다(황희종(2000),「소설 텍스트의 윤리적 이해 방법에 대한 연구」, 서울대학교 석사학위논문).

는 '아주머니'의 삶과 이들과의 윤리적 관계를 상상적으로 체험해 볼 수 있다. 아주머니에 대한 아저씨의 태도를 두고 아저씨와 나는 대립한다. 그런데 아저씨의 행동이나 '나'의 의견에 대한 아주머니의 판단과 감정은 확인하기 어렵다. 학습자는 아주머니의 삶에 대해 서술된 단편적인 내용을 근거로 '아주머니'의 삶과 지향 가치, 다른 인물과의 윤리적 관계를 추론해야 한다. 이러한 체험을 통해 학습자는 체험된 세계에서 모색한 전망이 보편성을 띠는지 또는 아주머니와 다른 인물과의 관계까지 포괄할 수 있는 또 다른 전망은 가능한지를 검토할 수 있다.

이상의 내용을 바탕으로, 윤리적 가치 갈등의 체험 단계를 위한 교육의 목표를 정리하면 다음과 같다.

○ 기본 목표: 주요 인물의 윤리적 가치 갈등을 체험함으로써 전망을 모색한다.

● 심화 목표: 부인물 지향의 윤리적 관계를 체험함으로써 전망을 확장한다.

전망을 인식하고 확장한다는 것은 삶에 대한 미래 지향적 가치를 성취하는 것이며 삶의 보편성을 깨닫는 것이다. 이상의 목표를 거치면서 통찰한 전망은 주요 인물 간의 윤리적 가치 갈등뿐만 아니라 부차적 인물들의 윤리적 관계에 대한 상상적 체험에 기반을 두었다는 점에서 공동체적이고 보편적이다. 전망의 보편성은 학습자가 허구 세계에서 체험하는 윤리적 가치 갈등을 현실 세계에서도 발생 가능한 문제로 수용하는 기반이 된다. 학습자는 허구 세계에서 검토한 삶의 문제를 현실 세계에 적용하고 반성하는 방식으로 보다 좋은 삶을 기획할 수 있다.

2) 윤리적 가치 위계의 서사적 소통 단계 목표

이 단계에서 학습자가 대면하는 행위 주체는 서술자와 작가이다. 서사적 소통의 참여자이자 윤리적 가치의 주체인 이들은 특정한 인물의 윤리적 가치를 선택적으로 초점화하거나 인물의 행동을 논평함으로써 인물들의 윤리적 가치를 위계화한다. 그런데 서술자와 작가는 기본적으로 서로 다른 존재이기 때문에 서사적 소통의 구조는 중층적이며 만약 서술자와 작가의 윤리적 거리가 유동적이거나 멀면 그 양상은 복잡해진다. 따라서 학습자는 서술자의 가치 평가적 서술을 분석하고 서사적 소통의 참여자 간 윤리적 거리를 재구함으로써 작가가 호소하는 윤리적 가치를 추론하고 응답해야 한다.

주목할 점은 이때의 응답이 진정성(authenticity)을 지녀야 한다는 것이다. 진정성이 중요한 이유는 독자의 응답에 권위를 부여하기 때문이다. 독자의 응답은 서사적 소통을 통해 윤리적 가치를 호소하는 작가에 대한 반응이다. 작가의 윤리적 가치 호소에 독자가 응답하는 것이다. 그런데 이러한 독자의 응답은 작가의 수용 여부를 고려하지 않는 일방적 독백이 아니라 작가가 진지하게 받아들이기를 바라는 제안이자 설득이다. 따라서 독자의 응답은 작가가 이를 수용하거나 적어도 심각하게 고민하고 자신의 소통 행위를 반성적으로 검토하게 할 만큼 권위를 지녀야 한다. 이때 권위의 획득 여부는 독자의 응답이 얼마나 진정성이 있는가에 달려 있다.

따라서 이 단계에서 성장의 방향은 학습자의 응답이 점차 진정성을 획득할 수 있도록 윤리적 가치 위계를 탐구하는 것이다. 이러한 방향은 진정성의 구조에 입각하여 설정할 수 있다. 진정성(眞正性)이란 원래 자신의 참된 자아를 실현하는 것을 목표로 하는 태도이다. 진정성의 주체는 외적 규범이나 다인들의 견해를 무조건적으로 수용하는 대신 내면의 경험과 숙고에 기반을 두고 행동한다. 하지만 이와 같은 내면의 강조가 내적 세계로의 몰입만을 의미하지는 않는다. 진정성의 주체가 도달해야 할 곳은 공적 공간이다. 타자와 더불어 사는 공동체적 삶에 참여하는 것이 진정성의 또 다른 축인 것이다. 이렇게 볼 때 진정성의 구조는 내면적 경험을 바탕으로 타자와의 대화에 책임감 있게 참여하는 것이다.[17]

이와 같은 진정성의 구조는 서사적 소통과 같은 상호 주관적 관계에서도 마찬가지이다. 상호 주관적 관계에서 진정성은 타자에게 자신의 경험이나 견해를 솔직하게 표현하는 것을 넘어서 내면에 충실한 것과 함께 공동체적 맥락에서 타자에 대한 책임감을 느끼며 그의 말을 깊이 있게 이해하려는 태도를 지녀야 한다. 진정성 있는 대화는 타자의 윤리적 가치를 확인하는 것에서 그치지 않고 함께 성찰함으로써 보다 생산적인 화제를 생성하는 것이기 때문이다.[18] 이상의 논의를 바탕으로 이 단계에서 성장의 기준이 될 수 있는 수행의 수준을 다음과 같이 설정하고자 한다.

이 단계의 기본 목표는 '독자의 경험에 기반을 둔 윤리적 가치 위계의 선택적 탐구'이다. 앞에서 설명했듯이, 응답의 진정성은 외적인 규범이나 타자의 견해가 아니라 내면인 경험에서 기원하는 것이다. 서술자의 가치 평가적 서술에 대한 비판이나 작가의 가치 호소에 대한 공감도 해석 공동체의 응답을 그대로 반복하거나 교사에 의해 강요된 것이 아니라 서사적 소통에 참여한 학습자의 경험에 기반을 둔 것이어야 한다.

그런데 소설을 읽는 독자는 주로 허구 세계의 윤리적 가치 갈등에 대해서는 되짚어 보지만 서술자의 서술 행위를 분석하거나 서사적 소통 주체 간의 윤리적 거리를 검토한 경우는 드물다. 따라서 학습자는 서사적 소통에 참여함으로써 겪은 모든 경험보다는 서술 행위의 특성이나 독자의 친숙성으로

17 김홍중(2009), 「진정성의 기원과 구조」, 『한국사회학』 43, 한국사회학회, pp. 1-29.
18 최인자(2005), 「대화적 서사의 진정성 윤리와 서사 문화 교육」, 『국어국문학』 141, 국어국문학회, pp. 407-428.

인해 특별히 각성된 정서나 흥미를 중심으로 서사적 소통의 윤리적 가치 위계를 탐구할 필요가 있다.

예를 들어 여성의 권리 신장에 민감한 여성 독자가 〈세월의 너울〉에서 '어머니'의 가부장적 목소리에 공감할 수 있고 〈사랑손님과 어머니〉를 읽는 독자는 옥희의 순진한 인식과 말투에서 불편함을 느낄 수 있다. 서사적 소통 전반에서 이러한 공감과 불편함은 부분적인 것이지만 개인에게 각성된 경험이라는 점에서 진정성 있는 응답의 출발점이 될 수 있다.[19] 학습자는 자신의 경험을 작가와의 대화적 관계에서 형성된 것이라고 인식하고 그 근거를 서술자의 서술 행위를 비롯한 서사적 소통에서 탐색함으로써 작가가 호소하는 윤리적 가치를 추론한다.

이러한 수행 목표는 응답의 진정성 구조에서 독자의 경험이 차지하는 위상에 근거를 둔 것으로 학습자는 각성된 경험을 재인(再認)하면서 서사적 소통의 윤리적 가치 위계를 선택적으로 성찰하는 과정에 중점을 둔다. 이 목표에 도달하기 위해 학습자는 자신의 경험이 무엇인지 확인하고 어떻게 형성된 것인가를 자문해야 한다. 그리고 이에 대한 답을 얻기 위해 관련된 서술 행위나 윤리적 가치 거리를 소급적으로 탐구해야 한다. 이러한 탐구는 비록 부분적이지만 학습자의 경험에서 출발한다는 점에서 능동성을 담보할 수 있다.[20]

이 단계의 심화 목표는 '작가의 호소 가치에 기반을 둔 윤리적 가치 위

19 슬라토프(W. J. Slatoff)에 따르면, 문학 교육의 내용은 작품이 아니라 작품에 대한 학습자의 경험이어야 한다. 그런데 그간의 문학 교실은 학습자가 작품의 어떤 점에 자신이 사로잡혔는가에 대해 말하는 것을 잡담이나 한담, 교육이 덜된 발표로 폄하하였고 이 점으로 인해 문학 교육은 인간 교육으로의 실질적인 변화를 성취하지 못하였다(W. J. Slatoff(1970), *With Respect to Readers: Dimensions of Literary Response*, Cornell University Press, pp. 163-168).

20 이는 '회귀를 통한 성찰'로, 문학 교실에서는 읽기만큼이나 읽기에 기반을 둔 다시 읽기를 통해 문학 능력의 성장을 도모할 수 있다. 이에 대해서는 다음을 참고. 김대행 외(2000), 『문학교육원론』, 서울대학교 출판부, pp. 439-440.

계의 종합적 탐구'이다. 서사적 소통에서 응답의 진정성은 학습자의 관심이 각성된 경험에서 그 경험을 형성하게 한 작가의 호소 가치로 확장될 때 성취될 수 있다. 기본 목표의 수행은 학습자가 주목한 경험에 바탕을 둔다는 점에서 인지적 부담이 적으며 탐구 또한 능동적으로 수행될 수 있다. 하지만 학습자는 이렇게 탐구한 대상이 작가가 호소한 것이라고 확신하기 어렵다. 학습자가 응답의 주체로서 권위가 있음을 주장하기 위해서는 윤리적 가치 위계에 대한 탐구가 작가의 가치 호소를 경청한 것임을 자신할 수 있어야 한다. 이를 위해 학습자는 좋은 삶에 대한 작가의 통찰을 신뢰해야 하며 서사적 소통에서 보다 많은 근거를 찾아 검토하고 종합해야 한다.

이러한 수행 목표는 응답의 진정성 구조에서 공적 지평과 경청의 태도가 차지하는 위상에 근거를 둔 것으로, 학습자가 서사적 소통의 양상을 폭넓게 검토하면서 윤리적 가치 위계를 종합적으로 탐구하는 과정에 중점을 둔다. 이 목표에 도달하기 위해 학습자는 탐구한 윤리적 가치 위계가 작가가 설정한 것이라고 확신할 수 있는가를 자문해야 한다. 그리고 이를 확신하기 위해 탐구의 대상을 자신이 주목하지 않는 서술 행위의 다른 특성이나 윤리적 거리로 확대하면서 탐구한 윤리적 가치 위계가 이들 요소를 포괄할 수 있는지 또는 이들 요소를 포괄할 수 있는 보다 통합적인 윤리적 가치 위계가 무엇인지를 검토해야 한다.

예를 들어 〈사랑손님과 어머니〉에서 옥희의 순진한 서술에서 불편함을 느낀 학습자는 이러한 서술 행위가 역설적으로 사랑의 가능성을 포기할 수밖에 없는 어머니의 비극적 삶을 강조한다고 추론할 수 있다. 그리고 이러한 추론의 적절함을 주장하기 위해 서사적 소통의 또 다른 요소를 탐색할 수 있고 그 결과 다른 인물들과 비교해서 유독 어머니의 괴로운 심정 토로가 보다 많이 직접 인용된다는 점을 또 다른 근거로 제시할 수 있다. 이처럼 이 단계의 목표는 윤리적 가치 위계를 보다 많이 탐구하는 방식으로 경청하는 것이고

이를 통해 응답의 진정성을 확보하는 것이다.[21]

이상의 내용을 바탕으로, 윤리적 가치 위계의 서사적 소통 단계를 위한 교육의 목표를 정리하면 다음과 같다.

○ 기본 목표: 독자의 경험을 재인하면서 서사적 소통의 윤리적 가치 위계를 선택적으로 탐구한다.

● 심화 목표: 작가의 호소 가치를 지향하면서 서사적 소통의 윤리적 가치 위계를 종합적으로 탐구한다.

서사적 소통에서 독자가 응답한다는 것은 작가의 가치 호소를 무조건적으로 수용하거나 거부하기보다는 경청하되 자신의 의견을 분명히 제시하는 것이다.[22] 리쾨르가 주장한 것처럼, 서사적 소통을 통해 제안된 윤리적 가치를 실천할지 결정하는 것은 독자의 또 다른 권한이자 의무이다.[23] 이상의 목표를 거친 독자의 응답은 독자의 경험에서 출발하되 종합적 탐구를 통해 작가를 지향하고 그에 대한 경청의 태도를 잃지 않았다는 점에서 진정성을 담보한다. 그리고 이러한 응답을 통해 독자는 작가와 함께 좋은 삶을 공동으로 모색하고 형상화할 수 있는 주체로 거듭날 수 있다.

21 경청은 대화적 관계에서 상대방의 입장이 되어 보기 위해 언어적 의미뿐만 아니라 비언어적 의미까지도 포괄하여 듣는 것을 의미한다. 이때 포괄한다는 것은 모두 또는 완벽하게 포함하는 것이 아니라 최대한 많이 포함하는 것이다(백미숙(2006), 「의사소통적-치료적 관점에서 듣기와 공감적 경청의 의미」, 『독일언어문학』 34, 한국독일언어문학회, p. 44).

22 강선보(2003), 『「만남」의 교육 철학』, 원미사, pp. 123-128.

23 P. Ricoeur(1985), *Temps et récit III*, 김한식 옮김(2004), 『시간과 이야기 3』, 문학과지성사, p. 477.

3) 윤리적 가치 전유의 반성적 검토 단계 목표

이 단계에서 학습자가 대면하는 행위 주체는 해석 공동체의 구성원인 다른 독자이다. 이들은 윤리적 가치 갈등을 체험하고 윤리적 가치 위계의 서사적 소통에 참여함으로써 소설로 형상화된 윤리적 가치를 전유하는 주체이다. 그런데 독자마다 지향하는 윤리적 가치와 실천적 이해의 정도가 다르다는 점에서 같은 소설을 읽었다 하더라도 윤리적 가치를 전유하는 양상은 다양할 수 있다. 학습자는 이러한 다양성을 인정하되 어떤 전유 가치가 보다 타당한 것인가를 두고 다른 독자들과 논쟁할 수 있어야 한다. 이 과정에서 독자는 '소설로 형상화된 윤리적 가치가 무엇인가'를 넘어 '나는 소설을 매개로 어떤 삶을 좋은 삶으로 기획하였는가'라는 자기 반성적 질문을 제기해야 한다.

이 같은 변화의 핵심은 질문의 주어가 '나'에서 '우리'로 확장된다는 데 있다. 이러한 확장이 필요한 이유는 소설의 윤리적 가치에 대한 독자의 전유가 기본적으로 공동체의 사회문화적 맥락을 반영한 것이기 때문이다. 예를 들어 이 논문의 필자는 한국인이자 남성이며 교과교육 연구자이자 문학 애호가라는 다양한 정체성을 지닌 공동체의 일원이며 이러한 사회·문화적 맥락은 필자의 기대 지평으로서 소설의 윤리적 가치를 선유하는 과정에 개입한다. 일상적인 소설 읽기에서 이러한 맥락을 의식적으로 자각하는 경우는 많지 않다. 하지만 윤리적 가치 전유를 대상으로 다른 독자와 논쟁하게 될 때는 다른 독자와의 공통점을 확인하고 차이를 발견하게 되며 이는 자신이 위치한 사회·문화적 맥락을 보다 분명하게 인식하는 계기가 된다.

따라서 이 단계에서 목표 설정의 방향은 해석 공동체의 범주를 확장하고 교섭의 목적을 심화하는 것이어야 한다. 학습자가 속한 공동체의 범주는 준거 집단을 무엇으로 상정하는가에 따라 다양하게 설정할 수 있다. 미시적으로는 또래 집단의 성격을 띤 독서 동아리나 문학 교실이 될 수 있고 거시적으로는 지역적·학문적 특성 등을 공유한 한민족이나 한국 문학 비평계 등이 될 수 있다. 전자는 시공간적으로 직접적이고 구성원들이 공유하는 사회·문화적 맥락이 구체적인 반면 후자는 시공간적 범위가 넓고 구성원들이 공유하는 맥락 또한 추상적이다.

따라서 미시 공동체에서 학습자는 윤리적 가치 전유의 다양성을 경험하고 자신의 가치 전유가 타당한 것임을 보다 능동적으로 주장하기 쉽다. 반면 거시 공동체에서 학습자는 해석 텍스트를 통해 보다 심화된 윤리적 가치 전유를 대면함으로써 전통성을 인식하고 정체성을 성찰할 수 있다.[24] 이상의 논의를 바탕으로 이 단계에서 성장의 기준이 될 수 있는 수행의 수준을 다음과 같이 설정하고자 한다.

이 단계의 기본 목표는 '미시적 해석 공동체에서 가치 전유의 다양성 인식과 타당성 주장'이다. 학습자가 소설을 읽는 계기 중 하나는 문학 수업이다. 문학 수업에서 학습자는 교육 목표와 내용에 따라 선정된 다양한 소설 텍스트를 읽고 해석 텍스트 쓰기를 포함한 학습 활동을 수행한다. 이러한 경험은 문학 수업 밖에서도 학습자가 소설 텍스트를 즐겨 읽고 형성화된 윤리적 가치를 전유하는 기반이 된다.

하지만 문학 수업을 통해 소설 읽기에 대한 잘못된 관점이 형성될 수 있고 이는 학습자가 교실 밖을 나가는 순간 소설과 멀어지거나 소설 읽기를 왜소화시키는 원인이 된다. 이 중 대표적인 것이 '윤리적 가치 전유의 객관성'에 대한 신화이다. "한 작품에는 절대적인 해석 하나만 있다는 것, 그것은 전문적 기능 보유자만이 독점할 수 있는 그 무엇"이라는 인식은 일종의 정답에 대한 강박이다.[25] 이러한 강박에는 학습자 자신이 윤리적 가치 전유의 주체가

24 해석 공동체로서 미시 공동체와 거시 공동체의 구분에 대해서는 다음을 참고. 김도남(2006), 「해석 공동체의 개념 탐구」, 『국어교육학연구』 26, 서울대학교 국어교육연구소, pp. 277-309.

될 수 없다는 체념과 함께 설령 소설 읽기를 통해 윤리적 가치를 전유하였다고 하더라도 전문가의 전유 가치와의 비교를 통해 그 적절성을 판단해야 한다는 인식이 전제되어 있다.[26]

따라서 윤리적 가치 전유 단계에서 기본 목표는 학습자가 윤리적 가치 전유의 다양성을 경험하고 타당성을 주장하는 것이어야 한다. 문학 교실이나 독서 동아리와 같은 미시적 해석 공동체의 구성원은 비교적 유사한 발달 단계를 거치고 있는 또래 집단이라는 점에서 학습자는 다른 공동체에 비해 보다 동등한 위치에서 다른 독자와의 가치 교섭에 임할 수 있다. 학습자는 다른 독자가 쓴 해석 텍스트를 읽으며 자신과의 공통점과 차이점을 확인하며 윤리적 가치 전유의 다양성을 인식할 수 있다. 이러한 인식은 학습자가 자신도 윤리적 가치 전유의 주체가 될 수 있음을 확신하는 계기가 된다.

그런데 윤리적 가치 전유의 다양성은 해석학적으로 가능한 현상이지만 이렇게 전유한 윤리적 가치 모두를 질적으로 동등하게 취급해야 한다는 당위적 근거는 될 수 없다. 윤리적 가치 전유의 다양성을 소설 읽기의 상대주의나 무정부주의의 근거로 인식하는 것은 전유한 윤리적 가치가 바로 그 허구 세계의 전망이며 윤리적 가치 전유가 작가의 가치 호소에 응답한 것임을 간과한 것이다. 따라서 차이를 발견하고 긍정하는 것 다음에는 적절성의 정도를 가늠하고 타당성을 주장하는 활동이 뒤따라야 한다.

윤리적 가치 전유의 적절성은 전문 독자의 가치 전유와 얼마나 유사한가로 판단하는 것이 아니라 허구 세계의 윤리적 가치 갈등이나 서사적 소통의

---

25 이와 같은 인식과 학문적 분위기에 대한 비판적 검토로는 다음을 참고. 김윤식(1993), 「내가 경험한 60년대의 신비평」, 『현대비평과 이론』 3권 2호, 한신문화사.

26 소설 교육에서 교육과정과 교과서에 이러한 강박의 형성에 관여한 방식에 대해서는 다음을 참고. 정진석(2012), 「소설 주제 교육의 변천에 대한 비판적 고찰」, 『국어교육』 138, 한국어교육학회, pp. 331-378.

윤리적 가치 위계를 얼마나 잘 설명할 수 있는가로 판단하는 것이다. 학습자는 다른 학습자의 가치 전유와 비교하는 과정에서 소설 텍스트와의 관련성을 검토하고 어떤 가치 전유가 더 적절한가를 판단할 수 있다. 그리고 이러한 판단을 근거로 학습자는 타당성을 주장하거나 인정해야 한다.

다음으로 이 단계의 심화 목표는 '거시적 해석 공동체에서 윤리적 가치 전유의 전통성 인식과 정체성 성찰'이다. 학습자는 학생, 청소년이라는 또래 집단의 정체성을 지니지만 한국인이나 한국 문학 독자라는 보다 거시적인 민족 공동체의 정체성을 지니기도 한다. 그런데 이러한 정체성을 형성하는 가장 중요한 계기는 고전의 반열에 오른 소설을 읽는 것이다.《춘향전》이나 〈치숙〉을 읽는다는 것은 이들 작품의 윤리적 가치를 전유해 온 전통을 만나는 것이고 민족 공동체의 정체성 형성에 동참하는 것이다.

학습자는 시기적으로 앞선 독자들이 쓴 해석 텍스트를 읽는 과정에서 공동체 구성원으로서의 소속감과 윤리적 가치 전유의 전통성을 인식한다. 〈치숙〉 읽기를 통해 '지식인의 사회적 책무'를 전유한 독자는 다른 독자의 해석 텍스트에서 동일한 윤리적 가치 전유를 발견할 수 있다. 이를 통해 학습자는 〈치숙〉을 통한 좋은 삶의 기획이 과거부터 전승된 공동체의 기획임을 자각하게 되며, 이에 동참하고 있다는 공동체적 소속감을 느낀다. 이는 학습자가 한국인 또는 한국 문학 독자라는 정체성을 구체적으로 검토하고 자각적으로 이해하는 과정이기도 하다.

그런데 학습자는 이렇게 형성된 공동체의 정체성을 성찰할 수도 있어야 한다. 소설의 윤리적 가치에 대한 전유가 독자마다 다를 수 있는 것처럼 윤리적 가치 전유의 전통 또한 복수(複數)로 존재한다. 전유한 윤리적 가치 또한 모든 사람의 지향을 요구하는 당위성을 띤다는 점에서 각각의 전통은 내립하고 충돌할 수 있다. 이는 어떤 삶이 좋은 삶인가에 대한 윤리적 논쟁의 성격을 띤다.

따라서 '우리가 소설 읽기를 통해 어떤 삶을 기획하였는가'라는 질문은 '그러한 기획이 정당한가'라는 보다 비판적 질문으로 심화되어야 한다. 소설 읽기를 통해 기획해 온 삶이 변화한 시대상이나 윤리관에 비춰 옳다고 보기 어렵거나 보다 좋은 삶을 기획할 수 있는 가능성을 확인한다면 윤리적 가치 전유의 전통은 재검토되고 조정되어야 한다. 이는 어렵지만 그만큼 가치 있는 과제라는 점에서 이에 대한 시도만으로도 삶에 대한 학습자의 성찰과 기획은 심화될 수 있다.

이상의 내용을 바탕으로, 윤리적 가치 위계의 서사적 소통 단계를 위한 교육의 목표를 정리하면 다음과 같다.

○ 기본 목표: 미시적 해석 공동체를 중심으로 윤리적 가치 전유의 다양성을 인정하고 타당성을 주장한다.

● 심화 목표: 거시적 해석 공동체를 지향하며 윤리적 가치 전유의 전통성을 인식하고 정체성을 성찰한다.

윤리적 가치 전유의 다양성을 인정하고 그 타당성을 모색하는 것은 단순히 나의 존재를 상대방에게 드러내고 과시하는 인정 투쟁을 넘어선다. 이는 공동체의 구성원이 실현해야 할 좋은 삶이 무엇이며 이를 위해 어떤 소설을 어떻게 읽어야 하는가에 대한 공론의 과정이자 공동체의 정체성을 반성하는 행위이다. 이렇게 볼 때 윤리적 가치 전유의 반성은 학습자가 다른 독자와 함께 삶을 반성하는 과정이자 좋은 삶을 공동으로 기획하고 조정하는 과정으로 보아야 한다.

3. 윤리적 가치 중심의 소설 읽기 교육의 방법

교육 현상의 기본 구조는 가르치고 배우는 것이다. 따라서 교육의 설계는 교육 목표의 설정과 함께 어떻게 가르칠 것인가와 관련된 교육 방법의 구안을 포함해야 한다. 교육 내용이 가치 있고 교육 목표가 적절하게 설정되었다고 해서 학습자의 성장이 보장되는 것은 아니다. 교육 내용에 대한 학습자의 수행은 산만하고 불완전하며 성장의 여지를 지니고 있다. 따라서 수업에서는 학습자가 보다 완전하고 총체적으로 교육 내용을 수행할 수 있도록 구조화의 계기를 제공해야 한다. 그 계기가 바로 교육의 방법이다.

윤리적 가치 중심의 소설 읽기 교육에서 방법은 기본적으로 '활동'의 성격을 띤다. 활동은 '어떤 의도를 가지고 적극적으로 벌이는 행위'로, 교육 방법으로서 활동은 교육 내용에 대한 학습자의 수행을 재조직할 수 있는 매개체의 역할을 한다.[27] 이러한 활동의 구체적인 형태는 '질문·답변하기', '상호텍스트적 읽기', '비계 텍스트 활용하기', '문학 토의', '인물에게 편지 쓰기', '작가와 인터뷰하기' 등 다양하다. 이들 활동은 대부분 읽기와 창작이라는 문학의 기본 활동에서 파생한 것으로 다양한 언어활동을 변형, 통합한 것이라는 점에서 일종의 '확장 활동(extension activity)'이다.

교사는 교육의 목표와 학습자의 수행 정도를 고려하여 교육 방법을 선택해야 한다. 학습자가 윤리적 가치 중심의 소설 읽기를 수행하면서 겪을 수 있

....

27 일종의 교수-학습을 위한 방법으로서 '활동'의 위상은 비고츠키(L. S. Vygotsky)로부터 시작된 '활동 이론(Activity theory)'에서 시작한다. 비고츠키는 '주체', '목적', '도구 매개 활동'으로 구성된 모형을 통해 도구에 의해 매개되고 중재되는 과정으로서 활동의 특징을 강조한다. 활동 이론을 통해 사회문화적 맥락에서 개인이 유형·무형의 도구로 매개된 활동을 통해 어떻게 학습하는가를 이해할 수 있다(L. S. Vygotsky(1978), *Mind in Society*, 조희숙 옮김(2000), 『사회 속의 정신: 고등심리 과정의 발달』, 양서원, pp. 147-165).

는 어려움이나 장애 요인을 예측하고 이를 해결할 수 있도록 교사는 적절한 교육 방법을 제공해야 하는 것이다. 유념해야 할 점은 교육 방법인 활동이 그 자체로 목적이 되거나 교육 내용을 대체해서는 안 된다는 점이다. 만약 학습자가 교육 방법으로서 활동 그 자체를 목표로 인식하거나 윤리적 가치 중심의 소설 읽기를 대체할 정도로 몰입한다면 그 활동은 학습자의 성장을 견인하지 못하고 오히려 장애로 작용할 수 있다.[28]

이 절에서는 윤리적 가치 중심의 소설 읽기 교육의 방법을 논의하였다. 이를 위해 실제 수업을 통해 수집한 학습자의 해석 텍스트를 바탕으로 학습자 수행의 문제점을 확인하였으며 이를 개선할 수 있는 활동을 제시하였다.

1) 윤리적 가치 갈등의 체험 활성화

윤리적 가치 갈등을 체험하기 위해 학습자는 허구 세계의 실존 가치를 신뢰하면서 인격적 참여를 감행해야 한다. 이는 '불신의 자발적 중단'이라는 현상학적 읽기 태도로, 학습자는 현실 세계에 있다는 존재론적 감각을 유보하면서 최대한 허구 세계의 시공간적 감각과 인물들의 행동, 사건에 몰입하는 것이다. 이를 기반으로 학습자는 인물이 지향하는 윤리적 가치를 평가하고 사건의 전개의 윤리적 가치 갈등을 탐색하며 전망을 모색할 수 있다.

이때 유념할 것은 허구 세계로 전위(轉位)하고 윤리적 가치 갈등에 몰입

28 활동 중심 교육 방법을 활용하는 과정에서 발생하는 문제점을 정리하면 다음과 같다. 첫째, 활동 자체에 몰입하면서 교육 내용을 대체할 수 있다. 둘째, 활동이 교육 내용의 일부에 적용됨으로써 교육 내용 전체를 수행하지 못할 수 있다. 셋째, 활동 자체가 어려울 경우 교육 내용의 수행을 방해할 수 있다. 넷째, 문학 능력의 신장을 목표로 할 경우 이에 맞게 활동을 구안하는 것이 쉽지 않다. 이에 대해서는 다음을 참고. 김규선 외(2004), 「활동 중심 문학 교수-학습의 문제점과 그 극복방안」, 『한국초등국어교육』 26, 한국초등국어교육학회, pp. 17-22.

할 때도 현실 세계에 대한 학습자의 이해와 경험은 필수적이라는 사실이다. 라이언(M. Ryan)이 최소 이탈 원칙이라는 이름으로 강조한 것처럼, 허구 세계와 현실 세계가 각각 자율적인 세계라고 해서 두 세계 간의 거리를 불필요하게 증가시킬 필요는 없다.[29] 즉 허구 세계에서 사실의 참과 거짓, 또는 인물 행동의 옳고 그름을 판단하기 위해서는 현실 세계에 대한 독자의 지식과 윤리의식을 최대한 활용해야 하는 것이다. 학습자는 현실 세계에서의 경험에 기초해 사람들이 어떻게 행동하며 왜 그렇게 행동하는가를 이해할 수 있는 지식과 판단 능력을 일정 정도 갖추고 있다. 이러한 지식과 능력은 허구 세계의 인물들을 이해하고 사건 전개를 따라가며 전망을 모색하는 데도 필요하다.

윤리적 가치 갈등을 체험하는 데 어려움을 겪는 학습자는 인간의 행동과 윤리적 가치 갈등을 이해할 수 있는 지식과 능력이 부족하거나 그것을 충분히 활용하지 못한 경우가 대부분이다. 독자가 허구 세계에 몰입하여 비-실재화될수록 삶에 대한 성찰과 기획의 깊이가 깊어질 수 있다는 점에서[30] 윤리적 가치 갈등에 대한 학습자의 체험을 활성화하는 것은 윤리적 가치 중심의 소설 읽기 교육의 중요 과제 중 하나이다. 활성화의 방법은 두 경우를 고려하여 구안될 수 있다. 첫째는 윤리적 가치 갈등이 벌어지는 상황에 대한 지식과 이해가 부족한 경우이고 둘째는 윤리적 가치 갈등과 관련된 개인의 지식이나 이해가 과도하게 투사된 경우이다. 전자는 부족한 지식을 보완하거나 이해를 촉진할 수 있는 방법이 필요하고 후자는 과도하게 투사된 지식이나 경험을 검토하고 조정하는 방법이 필요하다.

....

29 M. Ryan(1991), *Possible Worlds, Artificial Intelligence, and Narrative Theory*, Indiana University Press, pp. 50-51.

30 P. Ricoeur(1985), 앞의 책, p. 350.

(1) 윤리적 가치 갈등 상황의 맥락 탐구

윤리적 가치 갈등의 체험을 정리한 학습자의 해석 텍스트에서 흔히 확인할 수 있는 문장 중 하나가 '만약 내가 ○○라면'이 포함된 가정법의 문장이다. '내가 아내라면', '내가 아저씨라면' 등의 표현으로 대표되는 독자의 체험 양상은 크게 공감적 가정하기와 비판적 가정하기로 나눌 수 있다. 공감적 가정하기를 통해 학습자는 해당 인물의 위치에 밀착하여 그가 지향하는 윤리적 가치에 공감하고 정서적으로 교감하고자 한다. 반면 비판적 가정하기에서 학습자는 주로 그 인물이 선택하지 않는 행동을 상상적으로 실천함으로써 인물의 행동을 비판적으로 평가한다. 요컨대 가정하기는 허구 세계에 인격적으로 참여한 학습자가 인물의 행동과 사건을 관찰하는 것을 넘어 인물들의 삶을 추체험하는 것으로, 인물의 행동을 보다 진정성 있게 이해하려는 학습자의 노력으로 평가할 만하다.[31]

그런데 학습자의 가정하기가 윤리적 가치 갈등의 체험에 언제나 순기능적으로 작동하는 것은 아니다. 소설이 문제 삼고 있는 윤리적 가치 갈등은 특수한 상황에서 발생하는 구체적인 갈등이라는 점에서 상황 맥락에 대한 이해가 필수적이다. 독자는 자신이 지향하는 윤리적 가치만을 기준으로 〈소망〉의 남편과 아내의 행동을 평가할 수 없다. 〈소망〉의 허구 세계에서 남편과 아

31 가정하기는 추체험의 한 형태로 볼 수 있다. 추체험은 '타인이 삶의 경험들 간의 관계를 구성하고 의미화하는 과정을 재구성하는 것'으로 '이입(Hineinversetzen)', '현재화', '상상력'을 그 하위 인식 활동으로 갖는다. 그중 추체험의 기초가 되는 '이입'은 '감정이입(Einfühlung)'이나 '공감(Mitfühlen)'과는 다른 것으로, "기초적인 이해 활동으로 파악한 외적 언어들로부터, 정신적 세계에 놓여 있는 여러 가능성들을 불러내는" 가설 창안적 활동이다. 주목할 점은 이러한 이입의 근간이 '외적 언어들'이라는 점이다. '외적 언어'는 타인이 처한 조건, 상황에 대한 사실적 지식을 의미한다. 이입은 이러한 사실적 지식을 바탕으로 타인의 경험이 지닌 의미를 이해하는 것으로 상황 맥락의 중요성은 여기에서 확인할 수 있다. 추체험에 대한 이상의 내용은 다음을 참고. 신진욱(2009), 「삶의 역사성과 추체험 – 딜타이의 의미 이론과 해석학적 재구성 방법론」, 『담론201』 12, 한국사회역사학회, pp. 123-124.

내가 특정한 상황에 처해 있다는 점을 고려한다면, 독자의 이해와 평가 역시 그러한 맥락을 이해한 상태에서 이루어져야 한다. 만약 윤리적 가치 갈등 상황의 맥락이 충분히 탐구되지 않는 상태에서 가정하기가 수행될 경우 긍정적 가정하기는 맹목적으로, 비판적 가정하기는 일방적으로 이루어질 가능성이 크다.

> ㉮ 위에서 언급한 할아버지와 증조 할머니 이야기는 솔직히 좀 짠했다. 이야기 자체라기보다 어머니가 어떤 마음으로 그것을 꾸며냈을지를 생각하면 말이다. '나'의 막내아들 '건욱'이 '나'의 어머니의 이야기를 듣고 그것을 각색해 단막극으로 만들었다. 단막극은 솔직하게 말하면 이 책 내용 중에서 제일 재미있는 내용이었다. 단막극의 심례기 길대가 단순히 어머니 친정의 종 이야기라고 생각했을 때 즉, 이머니가 꾸며낸 이야기대로 생각했을 때는 아무렇지도 않았다. 그러나 이 이야기가 사실은 증조 할머니와 할아버지의 얘기라는 것을 알자 측은했다. 가문의 위신을 지키기 위해 실제 이야기의 대상을 숨겨야만 했던 어머니의 처지가 불쌍하기도 했다. 이 사실을 '나'에게 얘기한 '건욱'의 행동을 보면서 괜한 주책이라는 생각을 했다. '나'의 어머니가 자신을 위해서가 아니라 가족을 위해 한 일을 그렇게 사실대로 밝혀야만 했는지…… ㉠ 만일 내가 '건욱'이었다면 물론 조사는 했을 것이다. 나도 호기심이 없지는 않기 때문이다. 다만 그 사실을 가족의 누군가에게 말하지는 않았을 것이다 사실을 알고 할머니가 이런 생각으로 거짓말을 하셨겠구나……라는 생각을 하고 조용히 알고만 있었을 것이다.[세월-고G-33](기호의 밑줄은 인용자)

㉮는 〈세월의 너울〉을 읽고 쓴 고등학교 학습자의 해석 텍스트이다. 〈세

월의 너울〉에서 건욱은 가문의 비밀을 미화하고자 한 할머니의 행동을 두고 아버지인 '나'와 충돌하는데, 학습자는 건욱의 이러한 행동에 아쉬움을 표현하면서 ㉠에서처럼 비판적 가정하기를 수행한다. 자신이 '건욱'이라면 조상의 행적에 대해 조사는 하겠지만 그 사실은 하나의 비밀로서 덮겠다는 것이다. 이는 윤리적 가치 갈등에 따른 사건 전개에 충실하면서도 비판적 가정하기를 바탕으로 가능 세계까지 모색하고 있다는 점에서 체험의 능동성이 돋보이는 사례이다.

그런데 학습자는 건욱이 처한 상황 맥락을 충분하게 탐구하지 않은 상태에서 이러한 가정하기를 수행하고 있다. 가정한 행동이 어떤 점에서 가족의 비밀을 추적하고 공론화하려는 건욱의 행동보다 좋은 행동인가를 학습자가 설득력 있게 진술하지 못한 이유가 여기에 있다. 타인의 상황 맥락에 접근할 수 있는 한 계기는 상상력이다. 이때의 상상력은 타인의 상황을 자신의 뜻대로 자유롭게 가정할 수 있는 능력이 아니라 상상하기의 주체가 지닌 지식이나 겪은 경험들 중 일부를 선별하여 상황에 맞게 활용할 수 있는 능력이다.[32] 따라서 교사는 윤리적 가치 갈등과 관련된 지식과 경험을 자극하거나 제공함으로써 학습자가 상황 맥락을 탐구할 수 있도록 지도해야 한다. 예를 들어 교사는 다음과 같은 질문을 통해 윤리적 가치 갈등 상황에 대한 학습자의 탐구를 도울 수 있다.

ⓐ 친구, 가족 등 가까운 사람의 잘못된 행동을 알게 되어 고민하거나 이와 같은 내용의 소설, 영화, 드라마를 본 적이 있는가? 있다면 그 경험을 말해 보자.

32 앞의 글, p. 124.

ⓑ ⓐ에서 말한 경험을 〈세월의 너울〉에 적용해 보자. 그리고 이를 바탕으로 건욱이 가족의 비밀을 조사한 이유, 그 비밀이 중요하지 않다는 아버지의 의견에 동의하지 않는 이유를 생각해 보자.
ⓒ ⓐ, ⓑ의 문제를 생각하는 과정에서 '건욱'의 행동에 대한 이해와 판단이 바뀐 것이 있다면 말해 보자.

㉮에서 확인된 학습자 수행의 문제는 인물의 행동을 가정적으로 비판한 것이 아니라 그 상황 맥락을 충분하게 탐구하지 않고 비판한 것이다. 이상의 활동은 윤리적 가치 갈등과 관련된 지식과 경험을 자극함으로써 학습자가 상황 맥락을 보다 능동적으로 탐구하게 하는 방법이다.

한편 시공간적으로 거리가 먼 허구 세계의 윤리적 가치 갈등에 대해서는 자극하거나 활용할 수 있는 학습자의 지식과 경험이 부족할 수 있다. 이 경우 학습자의 가정하기는 사회·역사적 맥락을 충분히 고려하지 못한 표면적인 차원에 그치거나 서술자의 가치 평가적 서술에 좌우되는 양상을 보인다.

㉯ 이 소설은 주인공과 그의 언니의 대화로 진행된다. 하지만 언니의 대답은 서술되지 않았고, 동생인 주인공의 대답만 서술되었다. 이렇게 소설의 분위기를 제대로 파악하고 나니, 그 후 이야기는 쉽고 재미있게 이해되었다. 이야기는 주인공이 갑자기 미쳐버린 남편을 걱정하며 언니에게 신경과 전문의를 소개해 달라 부탁하며 시작한다. 나는 나보다 2살 어린 여동생이 한 명 있다. 내가 언니라는 점이 소설과 약간 다르지만 자매라는 공통점이 있기 때문에 등장인물의 입장이 되어 소설을 이해할 수 있었다. 소설에선 남편을 원망하는 동생을 데려가 손에 물 한 방울 묻히지 않아도 부족할 판에, 동생이 이런 근심과 걱정에 쌓여 매일 스트레스를 받는다고 생각하면 절대 가만히 있지 못했을 것이다. 차라

리 나의 상황도 동생과 같이 좋지 않았더라면 같이 공감하여 이야기를 할 수 있을 텐데, 소설과 같이 동생의 나의 상황에 부러움을 표한다면 말로 설명할 수 없을 정도로 마음이 아플 것 같다. 하지만, 동생의 남편이 왜 회사를 그만두고 이런 상황까지 오게 되었는가 생각해보니 그가 불쌍하기도 했다. 인터넷으로 검색해보니 채만식은 당시 지식인 사회의 고민과 약점을 풍자하고 사회 부조리와 갈등을 사실적으로 묘사하는 소설을 주로 다루었다. 이점을 참고해서 생각해보니 소설 속에서 남편이 사회의 부조리한 측면을 강하게 비판하고 있던 것이 그이유와 관련이 있는 것 같았다. 내 추측으로는 과거 언론직에 종사하여 남편은 사회의 부조리한 면과 갈등을 빗게 되었고 그 충격으로 미치게 되지 않았나 하고 생각한다.[소망-고G-19]

㉰ 처음 읽을 때, 앞부분을 볼 때는 이게 뭔 소린지 왜 이런 소설을 읽어야 하는지 몰랐다. 뭐 그렇다고 지금 그게 잘 이해되는 건 아니다. 아내가 미친 자신의 남편에 대해 언니(?)와 이야기를 하며 뒷담 까는 소설을 읽어야 하는 이유는 무엇일까? 그런 생각을 갖고 읽어나가면서 여러 가지 생각이 들었다. 예를 들이 저 아내와 말하는 언니라는 사람이 뭐라고 말하는지, 남편의 행동이 무엇이었는지, 남편이 진짜 미쳤는지, 미치지 않았는데 왜 그런 행동을 하는지……. 제목인 소망의 의미는 무얼까? 말 그대로 젊은 나이에 미친 남자? 돈 빌려놓고 시골 갔다고 한 것. 겨울, 두터운 양복을 입고 종로에 갔다 오는 것. 아내와 남편 간의 대화. 좋은 직장에서 갑자기 나와 몇 달간 집안 방구석에 처박혀……. 뭘 하는 건지 모르겠다. (중략) 언뜻 무슨 말이 하고 싶은지 알 것 같으면서도 뭔가 하얀 뿌연 안개 같은 것에 가려 잘 모르겠다. 확실한 점은 저 미친 남편이 실제로는 미치지 않았다는 점. 마치 다른 사람들보다 먼저, 그리고

조금 더 알고 깨달은 사람으로 세상에 대해서 조금 다른 인식을 가진다는 점. 화동 서씨도 그렇다면 이와 비슷한 부류의 사람일 것이다.[소망-고S-14](중략은 인용자)

㉯와 ㉰는 〈소망〉을 읽고 쓴 고등학교 학습자의 해석 텍스트이다. ㉯의 학습자는 "등장인물의 입장이 되어 소설을 이해할 수 있었다"처럼 긍정적 가정하기를 수행하면서 아내의 처지와 하소연을 적극 동정하고 옹호한다. 반면 남편에 대해서는 인터넷에서 얻은 지식을 바탕으로 "과거 언론직에 종사하여 남편은 사회의 부조리한 면과 갈등을 빚게 되었고 그 충격으로 미치게 되지 않았나"라고 추론한다. 남편의 '미친 행동'이 사회적 차원을 가지고 있음을 인지했음에도 그 '부조리'가 구체적으로 무엇인지 이해하는 데까지는 나아가지 못했다는 점에서 학습자의 이해는 일면적이다. '나'와 '언니'에게 편중된 학습자의 긍정적 가정하기가 남편의 행동을 이해하는 데 오히려 장애물로 작용하고 있다고 볼 수 있다. 남편의 행동을 이해하지 못하는 것은 ㉰의 학습자도 마찬가지이다. 종로에서의 남편의 행동, 아내와의 대화, 잘 다니던 직장을 그만둔 사건 등은 모두 학습자에게 이해하기 힘든 '뿌연 안개'와 같은 행동일 뿐이다.

이들 학습자가 어렴풋하게 인식하고 있듯이 "다른 사람들보다 먼저, 그리고 조금 더 알고 깨달은 사람"으로서 '미친 또는 미친 척하는 남편의 행동'은 "사회", "세상"과의 불화가 그 원인이다. 그리고 이를 이해하기 위해서는 남편과 세상 간의 갈등을 둘러싼 맥락, 즉 남편이 처한 사회·역사적 맥락을 알아야 한다. 그런데 이러한 사회·역사적 맥락은 시공간적으로 거리가 있는 것이라는 점에서 학습자가 쉽게 이해하거나 활성화하기 어려운 지식이다. 따라서 사회·역사적 맥락에 대한 탐구는 관련된 텍스트를 읽는 것으로 보완해야 한다. 예를 들어 일제 강점기의 지식인의 삶에 대한 역사서나 당시 지식인의 삶을 보다 상세하게 그린 소설인 〈레디메이드 인생〉, 〈인텔리와 빈대떡〉, 〈술 권하는 사회〉 등을 읽기 자료로 제공하는 것이다. 특히 후자의 소설들에 대한 읽기는 〈소망〉과의 상호 텍스트적 체험으로 전이되면서 사회역사적 맥락을 보다 깊이 있게 탐구할 수 있는 자원이 된다.

윤리적 가치 갈등 상황에 대한 학습자의 맥락 탐구를 교사의 직접 설명이 아닌 '질문'이나 '상호 텍스트적 체험'을 매개로 수행하게 하는 것은 학습자의 지식과 경험에 바탕을 둔 탐구만이 그 깊이를 담보할 수 있기 때문이다. 가치 갈등의 상황에 대한 숙고는 현실에서의 원형적 체험이나 서사에 대한 경험을 바탕으로 수행된다.[33] 예를 들어 공정하지 못한 분배가 문제가 되는 상황에서 개인은 과자를 공평하게 나눠 먹지 못한 어린 시절의 경험이나 이와 관련된 이야기를 읽은 경험을 활용하여 상황 맥락을 탐구하고 판단하는 것이다. 학습자가 상황 맥락에 대한 지식과 경험을 질문을 통해 자신의 삶에서 발견하거나 읽기 자료를 통해 체험하게 하는 것도 이러한 경험을 제공하기 위함이다.

(2) 수용 맥락의 다변화

윤리적 가치 갈등에 대한 학습자의 체험에서 상황 맥락과 관련된 지식과 경험의 부족만큼이나 문제가 되는 것은 특정한 지식과 경험의 과도한 개입이다. 학습자의 해석 텍스트를 살펴보면 자신의 수용 맥락을 적극적으로 투영하면서 인물 행동을 평가하고 사건 전개의 윤리적 가치 갈등을 탐색하는 양상을 다수 발견할 수 있다.

33 M. Johnson(1993), *Moral Imagination*, 노양진 옮김(2008), 『도덕적 상상력』, 서광사, pp. 379-394.

㉮ 처음의 책 제목 소망(少妄)을 보고 어? 소망은 원래 소망(所望)인데? 라는 생각을 했다. 뭐지? '적은 망령'이라는 뜻인가? 이렇게 생각하며, 의아했다. 그리고 책을 읽기 시작하는데, 점차 몰입이 되었다. 아내의 엄청난 희생!! 1년 동안 백수인 남편의 걱정과 자식의 양육을 담담하게 서술하고 있었다. 물론 이 시기에는 남녀는 평등하지 않다는 사회적 인식이 있었겠지만, 나라면, 당장 짐 싸 들고 부모님한테로 갔을 것이다. 아내의 사랑은, 아내의 희생은 마치 몽당연필 같다고나 할까……. 자신의 몸을 희생하면서, 묵묵히 일하는? 나에게는 엄청난 희생이라고 느껴졌다. (중략) ㉠ 이 글에서는 내 행동을 반성하게 하는 숨겨진 교훈이 있다는 것이다. 이 글을 읽고 나자마자 계속 생각한 것인데…… 정말 가족 구성원 중 한명이라도 자신의 임무를 충실히 하지 못한다면, 이렇게 가정이 화목하지 못하게 되는 것이다. 이와 관련하여 내가 생각한 예가 있다. 만약 내가 가출 청소년이 되어 집을 나간다면, 우리 부모님은 걱정하고 우리 오빠는 공부에 집중하지 못하고 우리 가정이 엉망이 되겠지. 하지만, 내가 성실히 모든 일에 열심히 해서 좋은 결과가 나와서 우리 집에 웃음이 떠나지 않게 된다면, 나의 임무는 성실히 수행하게 될 것이다. 이렇게 생각을 하게 되니, 처음 가진 제목의 의문이 풀렸다. 소망…… 少妄. 나의 개인적 견해는, 조금이라도 미치면(가족의 한 일원으로서 임무를 충실히 하지 못하면) 소망(所望)을 이루기가 힘들고 불행해진다……라는 생각을 해봤다.[소망-고G-11](기호, 밑줄, 중략은 인용자)

㉯ 2008년, 집안 사정으로 인해 휴학을 했다. 그리고 2009년에 다시 학교에 돌아왔을 때, 학교는 많은 것이 달라져 있었다. ○○과 과방이 바뀐 것부터 시작하여, 내가 신입생 때 살았던 기숙사 구관이 사라졌다. 그리고 한 번도 보지 못했던 ○○ 및 ○○ 학번 후배들이 과방에 앉아

있었다. 이에 나는 변화에 쉽사리 적응하지 못하고 겉을 떠도는 '복학생'이 되었다. 2007년 과장으로서 과의 중심이었던 나로서는 큰 충격이었다. 이때가 아마도 내가 세월의 흐름을 처음으로 인지한 때였을 것이다. (중략) 이러한 상황에서 집안의 중심이 되는 힘은 나의 어머니이다. 명문 양반 집안 출신인 어머니는 고된 시집살이와 남편의 외도에도 불구하고 유교의 도리에 따라 행동하여 집안의 인정을 받았다. 그리고 시집살이를 통해 익히 유교적 사상과 관습을 토대로 현재의 집안을 지탱하고 있다. 특히 소설의 마지막 부분에서 집안의 비밀이 드러났을 때, 어머니의 존재는 더욱 부각된다. 나의 증조할머니가 양반집 딸이 아닌 노비 출신이었음에도 불구하고 양반 출신인 어머니는 묵묵히 가문을 이끌어온 것이다. 이에 나는 어머니의 삶과 집안에서의 큰 존재가치에 대해 통감하게 된다. (중략) 앞에서도 말했듯이 2009년 복학 당시에 나는 많은 변화에 힘들어 했다. '○○역'과 '○○○'가 '○○'과 '○○'가 된 작은 변화에서부터 선후배, 교수님과 제자 간의 관계의 변화까지 나에게는 세대차를 느끼게 만드는 것이었다. 하지만 이렇게 변화된 상황 속에서도 나는 곧 후배들과 친하게 지낼 수 있었고, 후배들은 나를 선배로서 따랐다. 이는 아마 서로가 가진 가치관에는 차이가 있지만 궁극적으로는 같은 가치를 지향하기 때문에 가능한 일이였을 것이다. (중략) 급격한 변화를 겪고 있는 지금, 우리는 전통에 대해 다소 부정적인 생각을 가지고 있는 듯하다. 오죽했으면 온라인 커뮤니티에서 윗사람에게 고개를 숙여 인사하는 것을 조폭문화라고 주장하는 댓글이 있었을까. 하지만 과거의 것이든 현재의 것이든, 모든 가치관에는 인간으로서 추구해야 할 절대적인 가치가 포함되어 있기 마련이다. 그리고 이러한 가치는 우리가 현재의 삶 그리고 미래의 삶을 살아가는 데 큰 도움이 될 것이다. 이제 전통에 대해, 세월의 흐름 속에서도 변하지 않는 가치에

대해 다시 한 번 생각해볼 때인 것 같다.[세월-대S-5](중략은 인용자)

㉮는 〈소망〉을 읽고 쓴 고등학교 학습자의 해석 텍스트이다. 이 학습자는 '아내의 희생'을 '몽당연필'로 비유하면서 윤리적 가치 갈등 상황을 '가족의 일원으로서 의무 다하기'로 구조화한다. 사실 〈소망〉을 읽고 쓴 여학생의 해석 텍스트에서는 '아내의 희생'에 주목하고 '가족의 화목함'을 강조한 경우가 적지 않았다. 이는 학습자가 지닌 정체성 중 '여성'과 '가족의 구성원'과 관련된 경험이 수용 맥락으로 윤리적 가치 갈등의 체험에 관여하였기 때문이다.

이와 같은 양상은 ㉯에서도 확인할 수 있다. ㉯는 〈세월의 너울〉을 읽고 쓴 대학교 학습자의 해석 텍스트이다. 이 학습자는 작중인물인 '어머니'가 가문의 비밀을 숨긴 것이 그녀의 존재를 돋보이게 했다고 긍정적으로 평가하면서 그녀의 삶에 공감한다. 그리고 전통의 소중함과 보편성의 가치를 전유한다. 그런데 이러한 경험과 가치 전유에는 '복학생', '선배', '한내 과장'이라는 학습자의 정체성이 적극적으로 투영되어 있다. '세월의 흐름을 느끼고 충격을 받을 만큼' 학교 공동체의 과거 세대에 속하는 학습자가 후배들과 공유했다는 '같은 가치'는 '세월의 흐름에도 변하지 않는 과거 세대의 가치'인 것이다.

학습자는 복수의 사회·문화적 공동체의 일원으로서 다양하고 풍부한 맥락에 위치해 있다는 점에서 윤리적 가치 갈등의 체험에 수용 맥락이 개입하는 것은 일반적이고 자연스럽다. 학습자는 수용 맥락을 투영하는 과정에서 윤리적 가치 갈등을 특정한 방식으로 구조화한다. 문제는 학습자의 수용 맥락이 체험의 전제를 넘어 체험을 수렴시키는 결정 요소로 작용할 때 인물 행동의 가치 평가나 전망의 모색이 편파적으로 수행될 수 있다는 점이다.

예를 들어 ㉮의 학습자는 ㉠에서처럼 '자신의 행동을 반성하게 하는 교훈을 얻었다'고 주장하지만 '가족 구성원으로서의 의무'나 '가정의 화목함'

은 윤리적 가치 갈등의 체험을 통해 깨달은 산물이라기보다는 수용 맥락으로 환원시킨 결과일 가능성이 크다. 이는 "소설 속의 가족과 어머니를 통해 전통의 가치에 대해 생각해 볼 수 있었다"는 ㉯의 학습자에게도 마찬가지이다.

리쾨르는 독자의 윤리적 가치나 실천적 이해가 세계 경험을 거치면서도 변화하지 않는 반복성을 미메시스의 악순환으로 규정한 바 있다.[34] 이는 자기 이해의 문제와도 관련이 있다. 자기 이해는 소설 읽기 전의 자기를 확인하는 것이 아니라 윤리적 가치 갈등을 체험함으로써 달라지고 성장한 자기에 대한 이해이다. 하지만 이러한 자기 이해가 쉽게 성취되는 것은 아니다. 인간은 현재 이해하고 있는 자아를 보호하고자 하는 성향 또한 있기 때문이다. 인간은 이러한 동일성으로서의 자아 개념을 강화하기 위해 '선택적 노출(selective exposure)'을 한다. 예를 들어 학습자가 자신의 윤리적 가치에 부합하는 인물의 행동만을 주목하거나 부합하지 않는 인물의 행동은 상황 맥락에 상관없이 비판하는 것 등은 자아 개념을 지키기 위한 선택적 노출로 볼 수 있다.[35]

'정체성 주제(identity theme)'와도 관련 있는 이러한 양상은 학습자가 윤리적 가치 갈등을 체험하면서 자기를 개방하기보다는 자아를 강화한 것이다.[36] 이처럼 학습자가 특정한 정체성을 내세워 수용 맥락을 단순화할 때 자

34 P. Ricoeur(1983), *Temps et récit I*, 김한식 · 이경래 옮김(1999), 『시간과 이야기 1』, 문학과지성사, pp. 164-168.

35 자아 개념과 선택적 노출에 대해서는 다음을 참고. 오미영 · 정인숙(2005), 『커뮤니케이션 핵심 이론』, 커뮤니케이션북스, pp. 27-28.

36 노만 홀랜드(N. N. Holland)에게 읽기는 정체성(identity)의 특정한 기능이자 자신의 정체성 주제를 표현하는 것이다. 독자의 모든 읽기는 정체성 주제의 변주인 것이다(N. N. Holland(1975), *Unity/Identity/Text/Self*, 박찬부 옮김(1992), 「통일성/아이덴티티/텍스트/자아」, 『외국문학』 32, 열음사, pp. 57-78). 이는 독자의 전이해를 읽기의 결정 요소로만 이해한 것으로 전이해가 느는 만큼 허구 서사의 세계 이해가 늘고 늘어난 세계 이해만큼 전이해가 확장하는 독자와 허구 서사의 변증법적 관계를 간과한 것이다. 이와 관련하여 프로인드(Freund)도 홀랜드의 읽기 이론이 '자아가 읽기의 잠정적 산물인지 아니면 불변하는 본질인지를 결정하지 못하는 무능력으로 인해 불완전하다'고 비판한

기 이해를 성취하기 어렵다. 따라서 교사는 학습자가 해석 텍스트에 투영된 수용 맥락을 반성하고 새롭게 도입할 수 있는 맥락을 모색하는 방식으로 수용 맥락을 다변화해야 한다. 다음과 같은 활동을 제안할 수 있다.

ⓐ 해석 텍스트를 읽으면서 자기에 대해 기술된 부분을 찾아 정리해 보자.
ⓑ 여러분은 남자이거나 여자이며 누군가의 자녀이자 형제·자매이고 학교의 학생이자 동아리의 회원이며 한 도시의 시민이자 우리나라의 국민이다. ⓐ를 바탕으로 내가 어떤 위치에서 이 작품을 읽고 있는지 확인해 보자. 그리고 이 위치와 관련된 지식과 경험이 작품 읽기를 어떻게 유도하는가를 분석해 보자.
ⓒ ⓑ에서 확인한 위치에 대한 나의 생각이 작품 읽기 전과 읽기 후에 어떻게 달라졌는가를 생각해 보자.
ⓓ ⓑ에서 선택하지 않는 나의 다른 위치를 적용하여 작품을 다시 읽어 보고 그 경험이 어떻게 달라졌는지 말해 보자.

이와 같은 활동을 통해 학습자는 윤리적 가치 갈등의 체험에 보다 능동적으로 개입할 수 있다.[37] 학습자는 자신이 위치한 사회·문화적 맥락이 무엇인가를 확인함으로써 윤리적 가치 갈등에 대한 체험이 특정한 정체성에 기반을 둔 것임을 자각할 수 있다. 여성, 가족 구성원, 복학생 등의 정체성이 과도

바 있다(E. Freund(1987), *The Return of the Reader*, 신명아 옮김(2005), 『독자로 돌아가기』, 인간사랑, pp. 206-219).

37 수용 맥락의 탐구는 맥락의 설정성을 인정하면서 이를 능동적으로 활용할 수 있는 방법이다. 이에 대해서는 다음을 참고. 최인자(2008), 「문학 독서의 사회·문학적 모델과 "맥락" 중심 문학교육의 원리」, 『문학교육학』 25, 한국문학교육학회, pp. 442-443.

하게 투영되었다고 판단된다면 자신이 유보하거나 의식하지 못한 또 다른 정체성들을 탐색함으로써 수용 맥락을 다변화할 수 있다. 다변화된 수용 맥락은 윤리적 가치 갈등을 새롭게 체험할 수 있는 계기로 작용할 수 있다. 가족의 구성원이지만 국민의 일원이기도 하며 복학생이지만 곧 사회의 초년생이 될 수 있음을 인식한다면 인물의 행동과 사건 전개를 새롭게 판단할 수 있는 맥락을 확보할 수 있으며 이를 통해 윤리적 가치 갈등을 다각적으로 체험할 수 있다.

2) 윤리적 가치 위계의 서사적 소통 정교화

윤리적 가치 중심의 소설 읽기에서 학습자는 작가와의 대화적 관계를 인식하면서 서사적 소통에 참여한다. 학습자는 서술자를 서사적 기법이나 장치가 아닌 윤리적 가치의 주체로 인정해야 하고 그의 서술 행위가 의도한 윤리적 가치 위계를 탐구하면서 작가가 호소하는 윤리적 가치를 추론해야 한다. 이는 학습자가 작가의 가치 호소에 경청하는 것이고 응답의 권위를 획득하는 과정이다.

학습자에게 윤리적 가치 위계의 서사적 소통이 낯선 것은 아니다. 학습자는 일상적으로 대화적 서사를 나누는데 이러한 대화는 윤리적 쟁점에 대한 가치 판단에 기반을 둔 윤리적 담론이라는 점에서 윤리적 가치 위계의 서사적 소통으로 볼 수 있다.[38] 대화적 서사나 설명적 서사의 소통 상황은 대부분 단순하고 관습적이라는 점에서 학습자의 참여가 어렵지 않다. 하지만 인칭(person), 시각(perspective), 양식(mode) 차원이 중층적으로 구조화된 소

38 최인자(2005), 「대화적 서사의 진정성 윤리와 서사 문화 교육」, 『국어국문학』 141, 국어국문학회, pp. 412-415.

설의 서사적 소통 상황은 그 양상이 다양하고 복잡하여 학습자가 참여의 어려움을 호소하는 경우가 많다.[39] 이를 극복하기 위해 문학 교실에서는 학습자가 서사적 소통 상황에 대한 지식을 습득하는 것을 넘어 직접 참여하고 다양하게 경험할 수 있도록 적절한 계기를 제공해야 한다. 이러한 경험이 축적될수록 학습자는 소설의 새롭고 낯선 서사적 소통 상황에도 능동적으로 참여할 수 있고 윤리적 가치 위계도 심도 있게 탐구할 수 있다.

윤리적 가치 중심의 소설 읽기를 수행하는 학습자가 윤리적 가치 위계를 보다 정교하게 소통하도록 교육하는 방법은 크게 두 경우를 고려하여 구안할 수 있다. 하나는 소설의 서사적 소통 상황이 낯설어 참여에 어려움을 겪는 경우이고 다른 하나는 서사적 소통에 자각적으로 참여하지만 윤리적 가치 위계의 탐구 수준이 낮은 경우이다. 전자의 문제를 해결하기 위해서는 서사적 소통 상황에 친숙해질 수 있도록 다층적 경험을 제공해야 하고 후자의 문제를 해결하기 위해서는 탐구의 수준을 심화하고 그 범위를 확장할 수 있도록 입체적 경험을 제공해야 한다.

(1) 비교하기를 통한 서사적 소통 상황의 친숙화

윤리적 가치 중심의 소설 읽기에서 학습자가 서사적 소통 상황에 친숙한 정도는 윤리적 가치 위계의 탐구 수준에 많은 영향을 미친다. 윤리적 가치

39 슈탄젤(F. K. Stanzel)은 인칭, 시각, 양식을 기준으로 서사적 소통 상황을 크게 권위적 서술 상황, 인물 서술 상황, 일인칭 서술 상황으로 나누고 개별 소설 텍스트를 분류하고자 하였다. 권위적 서술 상황은 외부 시각이 우세한 것으로 허구 세계에 등장하지 않는 서술자가 주로 자신의 인식과 가치 판단을 초점화하며 서술한다. 인물 서술 상황은 반성자 양식이 우세한 것으로 허구 세계에 등장하지 않는 서술자가 주로 인물의 인식과 가치 판단을 초점화하며 서술한다. 일인칭 서술 상황은 서술자 및 인물들의 존재 영역의 동일성이 우세한 것으로 허구 세계의 인물인 서술자가 서술 자아나 경험 자아의 인식과 가치 판단을 초점화하며 서술한다(F. K. Stanzel(1982), *Theorie des Erzählens*, 김정신 옮김(1990), 『소설의 이론』, 문학과비평사, pp. 80-124).

위계의 양상이 서사적 소통 상황과 관련이 있다는 점에서 이에 대한 친숙함이 높아질수록 학습자는 윤리적 가치 위계를 보다 수월하게 탐구할 수 있다.[40] 반면 학습자가 지금껏 경험하지 못한 서사적 소통 상황에 직면하게 되면 가치 평가적 서술 행위를 분석하거나 윤리적 거리를 재구하는 일에 어려움을 겪을 가능성이 크다. 학습자들의 해석 텍스트를 살펴보면 낯선 서사적 소통 상황에서 상황 파악의 어려움을 호소하거나 참여 자체를 거부하는 모습을 확인할 수 있다.

> ㉮ 이 단편소설을 보자마자 느끼게 된 것은 글이 왜 이렇게 산만하냐라는 것이다. ㉠내가 본 책들 중에서는 이런 구성이 없었기 때문에 한 문장 한 문장 이해하기도 힘들었다. 동생이 말하면 언니가 대답하는 형식인 것 같은데 언니가 말하는 부분이 전혀 없어서 연결되지가 않았다. 심지어 문단마다 내용이 달라지기까지 해서 정말로 무슨 이야기를 하고 싶어 하는지 몰랐다. ㉡이런 글을 쓸 때는 작가는 아마 머리에 떠오르는 대로 쓸 것으로 생각되는데 그렇게 하면 작가 입장에서는 정말 편하지만 독자 입장에서는 괜히 난해한 글이 되는 것 같다.[소망-고S-3](기호와 밑줄은 인용자)

> ㉯ 채만식의 「소망」을 접한 뒤 필자는 '애매성' 이라는 단어가 제일 먼저 떠올랐다. ㉢소설이 대화체와 사투리를 많이 사용해서 그런지는 모

40 독자는 친숙화(familiarization)를 통해 문학 감상의 동기를 활성화할 수 있다. 작품에 대한 친숙화의 정도는 작품을 보다 주목하게 함으로써 인지적 활동을 강화하기 때문이다. 이에 대해서는 다음을 참고. 조하연(2010), 「문학 감상 교육 연구 – 고려속요를 중심으로」, 서울대학교 박사학위논문, pp. 144-146.

르겠으나 내용을 이해하기가 어려웠고 따라서 주제가 무엇인지 파악하기가 어려웠다. 즉, 쉽게 눈으로 읽히는 소설은 아니라는 생각이 들었다. (중략) 필자는 문학작품을 감상할 때 ㉣작가가 누구인지 집중을 하는 편인데 이번 소설 역시 채만식이라는 작가가 쓴 작품이라는 사실이 소설의 내용을 이해하는데 많은 도움이 되었다. 소설의 내용만을 가지고는 주제가 무엇인지, 작가가 무엇을 말하고자 하는지 파악하기 힘들었고 사실 맨 처음 소설을 접했을 때는 단순하게 남편이 비정상적인 인물이라고 해석을 했고 아내에게 공감이 갔다. 하지만 이 작품이 채만식이 쓴 작품이라는 점을 알게 되었을 때 작가의 특성상 이 소설은 풍자소설일 가능성이 높다고 판단하였고 다시 한 번 읽을 때는 남편의 생각과 말에 집중을 하며 읽었다. 남편의 말 중에서 미국은 1차 세계대전 때 2천만 명의 죽음을 대가로 번영하고 있다고 하는 부분이 있는데 그 대목에서 필자는 남편이 이러한 현실을 비판적으로 생각하고 있다는 것을 느꼈고 작품을 읽고 난 뒤 「소망」에 대해 조사를 해봤을 때 이것이 군국주의와 제국주의의 비판으로 연결되는 것임을 알았다.

작가에 대해 조금이나마 알고 보니 「소망」이 좀 더 작품성이 있는 소설로 보였다. 다시 말해 부정적 인물인 '나'가 긍정적 인물인 '남편'을 비판하게 하면서 부정적 인물의 어리석음과 비도덕성을 드러내고 비판하게 만드는 전체적인 소설의 내용 구조가 탄탄하게 느껴졌다.[소망-대M-4](기호, 밑줄, 중략은 인용자)

㉮와 ㉯는 〈소망〉을 읽고 쓴 고등학교와 대학교 학습자의 해석 텍스트이다. 〈소망〉의 서사적 소통 상황은 동종 서술자인 '나'가 피서술자인 언니에게 허구 세계의 사건을 서술하는 일인칭 서술 상황이다. 특이한 점은 동종 서술자인 '나'와 피서술자인 언니가 대화를 나누고 있되 언니의 발은 '나'의 서술

을 통해서 간접적으로 확인할 수 있다는 사실이다. 따라서 독자는 서사적 소통에서 언니의 역할을 맡으면서도 '나'의 서술 내용을 근거로 언니의 말이나 윤리적 가치에도 비판적 거리를 둘 수 있다.

이러한 상황은 일상생활에서는 대화나 수다처럼 익숙한 것이지만 소설에서는 서사적 소통 상황으로 자주 채택되는 것은 아니다. 이에 적지 않은 학습자가 ㉮과 ㉯의 해석 텍스트에서 확인할 수 있는 것처럼 상황 파악의 어려움을 호소한다. 어려움의 가장 큰 이유는 ㉮의 학습자가 ㉠에서 고백했듯이 '이런 상황'의 소설을 읽어 본 경험이 없거나 적다는 것이다.

문제는 경험의 부재가 윤리적 가치 위계의 탐구에 장애 요소로 작용한다는 사실이다. ㉮의 학습자는 낯선 서사적 소통 상황을 독자를 고려하지 않는 작가 위주의 상황으로 폄하한다(㉡). 학습자는 서사적 소통의 윤리적 가치 위계를 깊이 있게 탐구할 필요성을 느끼지 못한다. 반면 ㉯의 학습자는 '작품성 있는 소설'이라는 평가에서 볼 수 있듯이 새롭게 경험하는 서사적 소통 상황을 고평(高評)하면서 윤리적 가치 위계를 설명한다. 그런데 이러한 평가와 설명은 '채만식이 쓴 소설은 풍자소설'이라는 작가에 관한 단편적 지식에 기반을 둔 것이다. '애매성'이 느껴지는 서사적 소통 상황에 직면한 학습자는 서술자의 가치 평가적 서술을 분석하고 윤리적 거리를 재구하는 등의 탐구를 수행하기보다는 ㉣처럼 작가를 확인하고 자신이 알고 있는 지식에 맞춰 윤리적 가치 위계를 환원적으로 설명한 것이다.

윤리적 가치 중심의 소설 읽기 교육에서는 학습자가 비교하기를 통해 이러한 어려움을 극복할 수 있도록 해야 한다. 문학 교육의 방법 중 하나인 비교하기는 유사하거나 대비되는 속성을 공유한 작품들을 견줘 봄으로써 장르나 작품의 특질을 체계적으로 이해하는 활동이다.[41] 서사적 소통 상황에 친숙해진다는 것은 특정한 서사적 소통 상황을 반복해서 접함으로써 주목의 습관과 공감적 태도를 발전시키는 것이다.[42] 비교하기를 수행하는 학습자는 유사점과 차이점에 기반을 둔 일련의 소설 읽기를 통해 특정한 소통 상황을 풍부하게 경험할 수 있으며 이를 통해 긍정적인 선입견과 능동적 태도를 형성할 수 있다.

예를 들어, ㉮와 ㉯의 학습자는 선별된 일련의 소설 텍스트를 읽음으로써 〈소망〉과 같은 서사적 소통 상황을 풍부하게 경험할 수 있어야 한다. 동일 작가의 작품 중에는 〈같은 처지〉가 있으며 학습자들과 시공간적 거리가 가까운 박완서의 〈나의 가장 나종 지니인 것〉이나 하일지의 〈진술〉도 비교하며 읽을 수 있다. 학습자는 이들 작품에서 〈소망〉과 유사한 서사적 소통 상황을 경험하며 이러한 경험의 축적을 통해 친숙화의 수준도 높일 수 있다.[43]

한편 〈소망〉의 서사적 소통 상황은 일인칭 서술 상황이라는 점에서 독자는 서술자의 신빙성을 의심할 수 있다. 위에서 언급한 소설의 서술자들은 정도의 차이는 있지만 전체 또는 일부 서술에서 작가와 윤리적 거리가 멀어지는 신빙성 없는 서술자이다. 일인칭 서술 상황의 서술자는 허구 세계의 인물로 자신의 인식과 가치 판단을 지속적으로 초점화할 수 있다는 점에서 독자의 공감을 얻기 쉽다. 하지만 그 과정에서 개인적인 선입관이나 편견을 드러내기도 쉽다는 점에서 작가와의 윤리적 거리를 의심받기도 한다. 일인칭 서술 상황에서는 기본적으로 서술자의 이러한 특성이 혼재되어 나타나지만 독

41 비교하기는 블룸의 단계 중에는 지식과 이해 학습과 관련이 있고 문학 교육의 방법 원리 중 풍부화와 체계화와 관련이 있다. 비교하기에 대해서는 다음을 참고. 김대행 외(2000), 『문학교육원론』, 서울대학교 출판부, pp. 434-435.

42 고히연(2010), 앞의 글, p. 145.

43 이들 소설이 서사적 소통 상황의 구체적 맥락까지 동일한 것은 아니다. 〈소망〉이나 〈이런 처지〉에서 동종 서술자와 동종 피서술자는 직접 만나 대화하지만 〈나의 가장 나종 지니인 것〉에서는 전화 통화를 하며 〈진술〉에서는 피의자로서 형사에게 수사를 받는다. 하지만 이들 소설은 동종 서술자가 피서술자와 대화를 하면서도 피서술자의 말은 서술자의 서술을 통해서만 확인 가능하다는 상황의 구조를 공유한다.

자는 소설에 따라 서술자의 가치 호소에 공감하거나 비판적 거리를 둔다.

따라서 서사적 소통 상황의 이러한 특성에도 친숙해질 수 있도록 대비적인 소설을 비교하며 읽게 하는 것도 필요하다. 예를 들어, 학습자는《난장이가 쏘아올린 작은 공》중 〈난장이가 쏘아올린 작은 공〉과 〈내 그물로 오는 가시고기〉를 대비적으로 읽을 수 있다. 두 소설은 모두 일인칭 서술 상황이지만 각각의 서술자에 대한 독자의 태도는 상반된다. 일반적으로 독자는 전자의 서술자인 '영수', '영호', '영희'의 목소리에 공감하지만 후자의 서술자인 '경훈'의 목소리에 대해서는 작가와의 윤리적 거리를 의심하면서 신빙성 없는 서술자로 인식한다. 학습자는 비교하기를 통해 동일한 서사적 소통 상황임에도 불구하고 서술자에 대한 자신의 태도가 다른 이유를 탐구할 것이고 이를 통해 일인칭 서술 상황의 특성에 보다 친숙해질 수 있다.

(2) 가정하기를 통한 윤리적 가치 위계의 입체적 탐구

그간 문학 교실에서는 서사적 소통에 대한 교육 내용으로 주로 브룩스와 워렌(C. Brooks & R. P. Warren)이 제시한 시점 4분법을 가르쳤다. 학습자는 먼저 소설의 시점이 일인칭 주인공 시점, 일인칭 관찰자 시점, 삼인칭 전지적 시점, 삼인칭 관찰자 시점으로 나뉜다는 사실과 이를 나누는 기준을 학습한다. 그 후 제재로 주어진 소설들이 이들 시점 중 어디에 속하는가를 구분한다.[44]

문제는 이와 같은 접근이 소설 읽기의 방법론을 개선하는 데 거의 기여하지 못하였다는 사실이다. 소설 읽기는 독자가 인물 행동의 재현뿐만 아니

44 브룩스와 워렌의 시점 4분법이 소설 교육의 내용으로 정착하는 과정과 그 문제점에 대해서는 다음을 참고할 수 있다. 김동환(2009),「소설교육에서의 "시점" 개념에 대한 반성적 고찰」,『문학교육학』30, 한국문학교육학회, pp. 393-421.

라 서술자의 서술을 윤리적 가치의 형성화의 한 방식으로 고려할 수 있을 때 그 깊이를 담보할 수 있다. 소설 교육에서 시점이나 서술자에 대한 지식은 텍스트를 분류하는 명제적 지식이 아니라 소설 읽기의 방법적 지식으로 활용되어야 하는 것이다. 학습자가 소설을 읽는 과정에서 서술의 초점화와 목소리를 구분하는 한편 각각의 요소가 서사적 소통에서 기능하는 방식에 주목할 수 있도록 가르쳐야 한다는 논의가 최근 확산되는 것도 이러한 문제의식에 기반을 둔 것이다.[45]

그런데 시점이나 서술자 등 서사적 소통의 교육 내용에 대한 이상의 관심과는 달리 교육 방법에 대해서는 별다른 검토 없이 과거의 활동을 관행처럼 반복하고 있다. 대표적인 활동이 '서술자 바꿔 쓰기'이다. 이 활동은 주로 동종 서술자의 소설 텍스트를 제재로 다른 인물이 허구 세계를 서술하는 경우를 가정한 후 학습자가 이에 맞춰 소설의 일부 또는 전체를 다시 쓰게 하는 활동이다.[46] 교과서에서는 구체적으로 다음과 같이 서술자 바꿔 쓰기를 제시한다.

㉮ 1. 다음 글을 읽고 일인칭 주인공(어머니) 시점으로 바꾸어 써 보자.[47]

㉯ 1. 치숙의 서술자를 '아저씨'로 바꾼다고 가정하고, 그 차이를 알아

45 임경순(1997), 「초점화를 통한 소설교육 연구」, 『국어교육』 95, 한국어교육학회, pp. 109-129; 선주원(2004), 「이해와 표현을 위한 소설교육 – 초점화를 중심으로 – 」, 『문학교육학』 13, 한국문학교육학회, pp. 171-204; 박기범(2008), 「시점-서술 교육의 반성과 개선 방향」, 『국어교육학』 31, 서울대학교 국어교육연구소, pp. 323-356; 김성진(2009), 「서사 교육에서 맥락과 장르의 관계에 대한 연구」, 『문학교육학』 30, 한국문학교육학회, pp. 291-312; 서리(2012), 「시점을 통한 소설 해석 교육 연구」, 서울대학교 석사학위논문.

46 이 활동은 시점이 소설 교육의 내용으로 교육과정과 교과서에 처음 등장한 4차 교육과정기부터 활용되었다. 4차 교육과정의 중학 국어 교과서에서는 〈사랑손님과 어머니〉를 제재로 다음과 같은 학습 활동을 제시하였다. "(2) 위의 글 (나)에서 말하는 이는 등장인물인 '나'이다. '학마을 사람들'처럼 말하는 이를 작가로 바꾸어 보자."(문교부(1984), 《중학 국어 3-2》, 대한교과서주식회사, p. 122)

47 교육부(1997), 《중학교 국어 3-1》, 대한교과서주식회사, p. 88.

보자. (1) 본문의 일부를 서술자를 '아저씨'로 바꾸어 써 보고, 소설에 대한 느낌이 어떻게 달라지는지 말해 보자.[48]

㉰ [시점 바꿔 쓰기] 소설에서 이야기를 전개할 때 누구의 시점을 취하느냐에 따라 소설의 느낌이 달라진다. 다음은 앞에서 감상한 '치숙(痴叔)'의 앞부분이다. '나'의 시점을 '아주머니'의 시점으로 바꾸어 써 보자.[49]

㉱ 5. 다음 [보기]의 글을 3인칭 시점으로 고쳐 보고, 원래 글과 어떤 차이가 있는지 비교하여 발표해 보자.[50]

㉮는 6차 교육과정에 따른 중학 국어 교과서, ㉯와 ㉰는 7차 교육과정에 따른 고등학교 문학 교과서, ㉱는 2007 개정 교육과정에 따른 고등학교 문학 교과서에 제시된 학습 활동이다. 이처럼 서술자 바꿔 쓰기가 지속적으로 활용되는 이유는 크게 두 가지로 보인다. 하나는 학습자가 경험한 서사적 소통을 입체적으로 탐구함으로써 이에 대한 이해를 심화할 수 있기 때문이다. 다른 인물이 서술자를 맡은 것은 소설에서는 실제로 실현되지 않는 서사적 소통 상황이다. 그럼에도 이러한 상황을 가정함으로써 학습자는 실현된 서사적 소통과 실현되지 않는 서사적 소통들을 비교할 수 있고 이를 통해 전자가 지닌 특징과 효과를 이해할 수 있다. 다른 하나는 다른 인물이 서술을 맡은 서사적 소통 상황을 학습자가 직접 구성함으로써 관련된 지식을 자기화할 수 있기 때문이다. 학습자는 글쓰기를 통해 가정된 서사적 소통에 직접 참여하고 경험하며 이를 당사자적 지식(personal knowledge)으로 체화하는 것이다.

48 한철우 외(2003),《고등학교 문학(상)》, 문원각, p. 228.
49 최웅 외(2004),《고등학교 문학(상)》, 청문각, p. 205.
50 박종호 외(2012),《고등학교 문학 I》, 창비, p. 211.

이와 같은 의의에도 불구하고 그간 문학 교실에서 서사적 소통에 대한 학습자의 이해와 경험의 폭을 확장하는 방법으로 서술자 바꿔 쓰기가 적절히 활용되었는가에 대해서는 비판적 검토가 필요하다. 우선 이러한 활동은 비계(scaffolding)로서의 기능이 충분하게 고려되지 않고 제시됨으로써 학습자의 성장을 위한 발판이 되기보다는 인지적 부담으로 작용하였다. ㉮, ㉯, ㉰처럼 서술자를 다른 인물로 바꾸거나 ㉱처럼 인칭을 바꿔 쓰는 것은 다시 쓰기나 패러디 등 일종의 창작에 해당한다. 학습자는 소설 읽기를 통해 허구 세계에 대한 정보를 알고 있어 내용 생성의 부담은 적지만 그렇다고 선행 텍스트의 모든 내용을 그대로 활용할 수 있는 것은 아니다. 특히 ㉰의 '아주머니'처럼 선행 텍스트에서 서술 비중이 적은 부인물(副人物)이 서술하는 경우 학습자는 이 인물과 관련된 적지 않은 정보들을 추론하고 생성해야 한다. 따라서 위의 활동들처럼 사전 활동 없이 서술자 바꿔 쓰기를 수행할 경우 학습자의 인지적 부담은 상당하며 학습자의 수행 수준도 활동의 의의에 미치지 못할 수 있다.[51]

이러한 문제는 서술자 바꿔 쓰기를 왜 하는가에 대한 근본적인 검토가 필요함을 의미한다. ㉯, ㉰, ㉱에서 언급한 것처럼 이 활동은 원래의 서사적 소통과 가정된 서사적 소통을 비교하고 그 차이를 확인하는 것이다. 그런데

51 예를 들어 5차 교육과정에 따른 중학 국어 교과서에서는 "다음 글을 읽고, 일인칭 시점으로 바꾸어 고쳐 써 보자."라는 활동을 제시하고 예시 답안을 아래와 같이 소개하였다. 아래에서 확인할 수 있듯이 서술자를 바꿔 소설을 고쳐 쓴 결과는 '아들'이나 '그'라는 단어를 '나'로 바꾼 것뿐이다. 단지 인칭만 바꾼 것으로 학습자가 바꿔 쓰기를 통해 시점이나 서술자의 기능 등 서사적 소통에 대한 이해와 경험이 확장되었다고 평가하기 어렵다. 오히려 시점이 바뀌었음에도 서술된 내용에 전혀 차이가 없다는 점에서 시점이나 서술자에 대한 오개념을 습득할 수 있다. 이러한 현상은 일차적으로 시점에 대한 당시 학계나 교육계의 이해 수준에 기인한 것이다. 하지만 인칭만 바꿔 쓰는 소설 쓰기가 현재의 학습자에게도 반복적으로 나타난다는 점에서 방법이 섬세한 설계가 필요한 문제이기도 하다(교육부(1991), 《중학교 국어 3-1》, 대한교과서주식회사, pp. 79-80; 문교부(1991), 《중학교 국어 교사용 지도서 3-1》, 대한교과서주식회사, p. 60).

확인해야 할 차이가 무엇인지에 대해서는 밝히지 않거나 '느낌'처럼 불분명한 용어로 제시된다. 이로 인해 학습자는 가정된 서술자의 위치에서 허구 세계를 다시 서술하기 위해 무엇을 써야 하고 왜 써야 하는가를 분명하게 인식하지 못한 채 손쉽게 인칭만을 바꾸게 된다.

초점화나 서술자의 선택으로 구성되는 서사적 소통은 궁극적으로 윤리적 가치의 위계화와 관련된 문제이다. 허구 세계가 누구의 목소리로 말해지며 누구의 눈으로 인지되는가에 따라 독자에게 호소되거나 은폐되는 윤리적 가치가 달라진다. 지금까지 서술자 바꿔 쓰기는 시점의 분류나 기능을 이해하는 활동으로 제한되었다. 하지만 서술자와 윤리적 가치 위계의 관련성을 고려한다면 이러한 활동은 학습자가 서사적 소통을 윤리적 가치의 형상화 문제로 인식하고 윤리적 가치 위계를 차원적으로 사고할 수 있는 활동으로 확장되어야 한다.[52]

제시된 글	예시 답안
추운 겨울 장날 오후였다. 아들 금바우는 마지막 시간을 끝내고 눈이 녹다 말다 얼음판이 진 운동장에서 새끼로 둘둘 뭉친 새끼공을 동무들과 함께 차고 있었다. 운동장 가장자리로 굴러간 공을 주우려다가 문득 그의 눈길은 철조망 울타리 쪽으로 쏠렸다. 거기엔 어머니가 가시줄에 매달리다시피 하여 아들의 모습을 넋 없이 바라보고 있지 않는가? 아들과 눈이 마주치는 순간, 어머니는 오라는 손짓을 했다. 그는 어머니 쪽으로 뛰어갔다. 아들이 울타리 쪽으로 눈을 돌리기를 기다리느라 어머니는 오랫동안 추위 속에서 그대로 서 있었다는 것이다.	추운 겨울 장날 오후였다. 나는 마지막 시간을 끝내고 눈이 녹다 말다 얼음판이 진 운동장에서 새끼로 둘둘 뭉친 새끼공을 동무들과 함께 차고 있었다. 운동장 가장자리로 굴러간 공을 주우려다가 문득 나의 눈길은 철조망 울타리 쪽으로 쏠렸다. 거기엔 어머니가 가시줄에 매달리다시피 하여 나의 모습을 넋 없이 바라보고 있지 않는가? 나와 눈이 마주치는 순간, 어머니는 오라는 손짓을 했다. 나는 어머니 쪽으로 뛰어갔다. 내가 울타리 쪽으로 눈을 돌리기를 기다리느라 어머니는 오랫동안 추위 속에서 그대로 서 있었다는 것이다.

52 차원적 사고(dimensional thinking)는 원래 공간 지각과 관련하여 루트번스타인(R. Root-Bernstein & M. Root-Bernstein)이 제안한 사고방식으로 사고 대상을 이차원에서 삼차원, 사차원으로 높여 가며 관찰하는 것을 의미한다. 이는 대상을 다각도로 탐구할 때 깊이 있고 독창적인 생각이 가능하다는 점을 시사한다(R. Root-Bernstein & M. Root-Bernstein(1990), *Sparks of Genius*, 박종성 옮김(2007), 『생각의 탄생』, 에코의서재, pp. 265-292).

학습자의 차원적 사고를 활성화시키기 위해서는 학습자가 가정하기에 기반을 둔 바꿔 쓰기를 바로 수행하기보다는 수업을 위해 만든 예시 글들을 읽으며 실현된 서사적 소통과 실현되지 않은 서사적 소통을 비교할 기회를 갖는 것이 좋다. 바꿔 쓰기는 적절하게 설계되지 않을 경우 학습자에게 인지적 부담을 주며 수행의 효과 또한 높지 않다. 대신 학습자는 수업을 위해 정교하게 다시 쓴 텍스트들을 읽음으로써 원래의 서사적 소통이 윤리적 가치를 어떻게 위계화하는가를 검토할 수 있다.[53]

㉤ 그는 마누라를 시켜 벌써 출근했다고 거짓말을 하게 했다. ㉠ 누군지 모를 사내를 따돌리고 나서 그제야 생각해보니 화요일이 아닌가. 일요일도 아닌데 여태껏 출근하지 않고 빈둥거린 그 이유는 또 뭔가. 별안간 그는 깜짝 놀랐다. 그것은 의타심이었다. 자기도 깊이 관련된 일에 정작 자기는 뛰어들 의사가 없으면서도 남들의 힘으로 그 일이 성취되는 순간이 오기를 기다리는 기회주의의 자세였다. 그것은 여지없이 하나의 자각이면서 동시에 부끄러움의 확인이었다.[54] (기호와 밑줄은 인용자)

㉥ 나는 마누라를 시켜 벌써 출근했다고 거짓말을 하게 했다. 누군지 모를 사내를 따돌리고 나서 그제야 생각해보니 화요일이 아닌가. 일요일도 아닌데 여태껏 출근하지 않고 빈둥거린 그 이유는 또 뭔가. 별안간 나는 깜짝 놀랐다. 그것은 의타심이었다. 내 자신도 깊이 관련된 일에 정작 나는 뛰어들 의사가 없으면서도 남들의 힘으로 그 일이 성취되는

53 이러한 활동 구성은 초점화와 서술 행위의 특성을 설명하기 위해 한 작품의 초점화와 서술 층위를 다양하게 변주하여 제시한 박진의 논의를 참고한 것이다(박진(2005), 『서사학과 텍스트 이론』, 랜덤하우스중앙, pp. 162-168).

54 윤흥길(1997), 〈아홉 켤레의 구두로 남은 사내〉, 《아홉 켤레의 구두로 남은 사내》, 문학과지성사, p. 178.

순간이 오기를 기다리는 기회주의의 자세였다. 그것은 여지없이 하나의 자각이면서 동시에 부끄러움의 확인이었다.

㉳ 그는 마누라를 시켜 벌써 출근했다고 거짓말을 하게 했다고 한다. ㉡ 그가 거짓말을 한 이유는 무엇일까. 그 사내가 두려워서? 아니면 뭔가 다른 것을 원했기 때문에? 그는 그 이유를 의타심이라고 말했다. 그 자신이 깊이 관련된 일에 정작 자기는 뛰어들 의사가 없으면서도 남들의 힘으로 그 일이 성취되는 순간이 오기를 기다리는 기회주의의 자세였다는 것이다. 그는 그것이 하나의 자각이면서 동시에 부끄러움의 확인이었다고 말했다. ㉢ 하지만 그의 말을 계속 들으며 그러한 자각과 부끄러움이 진정성 있는 것인가에 대해서 의심이 들지 않을 수 없었다.

㉰는《아홉 켤레의 구두로 남은 사내》중 일부이며 ㉲와 ㉳는 연구자가 초점화와 서술자를 바꿔 다시 쓴 텍스트이다. ㉰는 서술자인 오 선생이 권기용이 경험한 사건을 서술하고 있다. 그런데 ㉠에서 확인할 수 있듯이 오 선생은 권기용을 초점화자로 삼아 초점 대상인 광주 대단지 사건을 서술한다. 이는 오 선생이 권기용의 인식과 판단에 밀착하고 있으며 이에 대한 독자의 공감을 호소하고 있는 것으로 평가할 수 있다.

이 점은 ㉲와 ㉳와의 비교를 통해 확인할 수 있다. 우선 ㉲는 서술자를 오 선생에서 권기용으로 바꾼 텍스트이다. ㉰에서 ㉲로의 다시 쓰기는 인칭의 변화를 통해 쉽게 수행할 수 있는데 이는 ㉰가 그만큼 권기용의 시각에 밀착하여 사건을 서술했음을 반증한다. 한편 ㉳는 서술자는 그대로 두되 초점화자를 권기용에서 서술자인 오 선생으로 바꾼 텍스트이다. ㉳는 서술자가 바뀌지 않았음에도 불구하고 서술 내용의 변화는 ㉲보다 크다. ㉳에서는 ㉡과 ㉢처럼 권기용의 말과 행동에 의문을 제기하고 의심하는 서술자 오 선생의 인식과 판단을 초점화하였기 때문이다. 학습자는 ㉮를 ㉯, ㉰와 함께 비교함으로써 ㉮의 초점화 양상을 다각적으로 검토할 수 있으며 이를 통해 초점화에 기반을 둔 서사적 소통이 윤리적 가치의 위계화에 어떻게 기여하는가를 깊이 있게 이해할 수 있다.

가정하기를 통한 본격적인 바꿔 쓰기는 이러한 이해를 전이하고 자기화하기 위한 활동으로 제시되어야 한다. 이때도 유념해야 할 점은 초점화나 서술자를 바꿔 쓰는 것이 단순히 초점화자나 서술 주체를 교체하는 기능적 문제가 아니라 서사적 소통의 윤리적 가치 위계를 재구성하는 활동임을 인식해야 한다는 점이다.[55] 따라서 학습자가 가정된 서사적 소통 상황을 충분히 탐색하고 이해할 수 있는 활동을 제시한 후 바꿔 쓰기를 수행하도록 해야 한다.[56] 예를 들어 위에서 소개한 ㉣의 활동과 관련하여, 교사는 다음과 같은 질문을 통해 가정된 서사적 소통의 윤리적 위계를 입체적으로 탐구하도록 도울 수 있다.

ⓐ 아주머니가 남편의 옥살이나 남편이 자신을 대하는 태도 또는 조카의 포부와 조카가 자신과 남편을 대하는 태도를 각각 어떻게 생각하고 있을지 상상해 보자.

ⓑ 〈치숙〉의 내용을 바탕으로 '아주머니'의 삶을 평가해 보자.

ⓒ ⓐ, ⓑ를 바탕으로 아주머니를 서술자로 바꿔 이 소설의 전체 또는

....

55 김상욱(1992), 「新批評과 小說敎育 方法의 再檢討」, 『국어교육』 79·80, 한국어교육학회, pp. 323-324.

56 다시 쓰기나 패러디는 독자가 선행 텍스트에서 자기화한 윤리적 가치를 적극적으로 투영함으로써 선행 텍스트의 이면(裏面)을 이면화(異面化)하여 표면화시키고 텍스트의 빈 곳을 채워가는 활동이다(이인화(2008), 「패러디 기법을 활용한 서사 표현 교육 연구」, 서울대학교 석사학위논문, pp. 60-65).

일부를 다시 써 보자.

ⓐ는 '나'와 아저씨에 대한 아주머니의 가치 평가적 서술을 구성하는 데 필요한 내용을 마련하는 활동이며 ⓑ는 서술자로 가정된 아주머니의 삶을 바꿔 쓰기의 주체인 학습자가 평가하게 함으로써 인물-서술자-작가 간의 윤리적 거리를 설정하는 활동이다. 이를 통해 학습자는 서사적 소통을 통한 윤리적 가치 위계를 입체적으로 탐구할 수 있으며 이와 유사한 또는 상이한 위계에 기반을 둔 바꿔 쓰기를 수행할 수 있다.

3) 윤리적 가치 전유의 대화적 반성

윤리적 가치 중심의 소설 읽기에서 학습자는 자신의 윤리적 가치 전유를 반성적으로 검토해야 한다. 학습자는 이러한 검토를 주체적으로 수행할 수 있지만 많은 경우 다른 독자의 윤리적 가치 전유를 경험할 때 그 필요성을 느낀다. 다른 독자는 윤리적 가치 전유의 주체이자 가치 교섭의 참여자로 윤리적 가치 전유를 공동체의 지평에서 함께 검토한다. 이는 학습자가 다른 독자를 지배하거나 그에게 복종하는 것이 아니라 양편 모두 일정하게 변화하지 않을 수 없는 상호 공진(共進)을 경험하는 과정이기도 하다.

구체적으로, 문학 교실에서 학습자와 다른 독자의 대화적 관계는 두 층위로 설정될 수 있다. 하나는 학습자와 교사, 학습자와 전문 독자의 대화처럼 수준의 차이를 전제로 한 종적 관계이고 다른 하나는 학습자와 다른 학습자의 대화처럼 동등한 수준을 전제로 한 횡적 관계이다.[57] 이 항에서는 학습

57 최미숙(2005), 「현대시 해석 교육에 대한 비판적 검토」, 『한국시학연구』 14, 한국시학회, pp. 68-70.

자의 윤리적 가치 전유가 심화되고 확장될 수 있도록 이 두 관계에 기반을 둔 교육 방법을 제안하고자 한다.

(1) 비계 텍스트의 설정을 통한 가치 전유의 심화

윤리적 가치 중심의 소설 읽기 교육에서 교사는 이중적인 위치에 있다. 우선 그 자신이 윤리적 가치 중심의 소설 읽기를 수행하는 독자이다. 그는 좋아하는 소설이나 문학 교실에서 가르쳐야 할 소설을 윤리적 가치 중심으로 읽으며 이를 통해 소설의 윤리적 가치를 전유하고 삶을 반성하며 기획한다. 동시에 그는 학습자가 윤리적 가치 중심으로 소설을 읽을 수 있도록 가르쳐야 하는 교수자이기도 하다. 윤리적 가치 중심의 소설 읽기가 무엇이며 어떻게 수행해야 하는가를 학습자가 이해할 수 있도록 조력해야 한다.

그런데 이 과정에서 문제가 되는 것이 교사가 소설의 윤리적 가치를 경험하고 전유한 내용이다. 교사가 가르쳐야 할 교육 내용은 주로 방법적 지식이다. 소설 읽기의 결과가 아니라 소설 읽기의 방법을 가르쳐야 하는 것이다. 하지만 문학 교실에서 학습자는 성장이 필요한 존재이고 그 성장을 조력할 일차적 주체는 상위 능력자인 교사라는 점에서 교사나 그가 선별한 전문 독자의 소설 읽기의 내용도 성장의 한 계기로 활용될 수 있다.[58]

그 구제적인 방법이 비계 텍스트를 설정하는 것이다. 비계란 '과제를 해결하기 위해 동료, 상관, 교사 등 상위의 능력자에게 도움을 받는 행위'를 의미한다.[59] 주목할 점은 이때의 도움이 과제의 해결 자체를 목적으로 하지 않

58 우한용은 문학에 대한 교사의 경험이 정규 교육과정의 내용은 아니지만 잠재적 교육과정의 차원에서 충분히 학습자 성장의 계기가 될 수 있음을 강조하였다(우한용(2009), 「생산론적 문학교육의 구상」, 『한어문교육』 20, 한국언어문학교육학회, pp. 14-15).

59 비계(scaffolding)라는 용어는 개별 지도를 구성하는 요소들의 판별을 연구하는 논자들에 의해 처음 사용되었다. 대표적인 학자가 우드(D. J. Wood), 브루너(J. S. Bruner), 로스(G. Ross) 등으

는다는 데 있다. 비계에서 도움은 해결하기 어려운 과제를 스스로 수행하거나 그 과제를 완성할 수 있도록 조력하는 것이다. 비계에 대한 이러한 관점은 교수·학습에도 적용될 수 있다. 학습자가 잘 알고 있던 내용이나 현재 수준에서는 도저히 알 수 없는 능력 밖의 내용을 가르치는 수업은 성공하기 어렵다. 학습의 효과는 학습자가 도전 가능한 교육 내용을 교사가 선별하여 가르칠 때 극대화될 수 있다.

학습자의 윤리적 가치 전유도 상위 능력자인 교사의 조력을 받아 심화될 수 있다. 이를 위해 교사는 윤리적 가치 전유를 기술한 자신의 해석 텍스트나 전문 독자의 해석 텍스트를 선별하여 학습자에게 제공해야 한다. 학습자는 제공된 해석 텍스트에 나타난 윤리적 가치 전유를 검토하며 자신의 가치 전유에서 부족한 부분이 무엇인지 또는 보다 발전시킬 수 있는 부분이 무엇인지 확인할 수 있다. 구체적으로, 학습자는 윤리적 가치 전유의 방식을 모방하거나 그 내용을 확장할 수 있고 타당성 판단을 통해 대안적인 가치 전유를 시도할 수도 있다.[60] 이처럼 교사나 전문 독자의 윤리적 가치 전유는 무조건적인 모방의 대상이 아니라 비계의 조력자로 활용될 때 학습자의 수행 수준을 높이는 데 기여할 수 있다.

....

로 그들은 비고츠키가 제안한 근접발달영역에서 교사들이 가르치는 특정한 방식을 설명하기 위해 이 용어를 제안하였다(D. Wood, J. S. Bruner & G. Ross(1976), The Role of Tutoring in Problem Solving, *Journal of Child Psychology and Psychiatry*, Vol. 17(2), pp. 89-100). 비계의 이론적 배경에 대해서는 다음을 참고. 송선희(2003), 「Vygotsky의 비계설정(scaffolding) 이론에 대한 고찰」, 『교육방법연구』 15, 한국교육방법학회, pp. 82-85; 이상수 외(2006), 「효과적인 비계설정을 위한 수업설계모형」, 『교육정보미디어연구』 12, 한국교육정보미디어학회, pp. 151-152.

60 문학 교육에서 비평을 비계로 활용한 읽기의 방법은 구체적으로 해석 방식의 모방, 해석 내용의 확장, 타당성 판단을 통한 대안적 해석 등이 있다. 이에 대해서는 다음을 참고. 강민규(2010), 「비평을 비계로 활용한 시 읽기 교육 연구」, 서울대학교 석사학위논문, p. 23-33.

㉮ 〈세월의 너울〉은 아주 짧다고 말할 수 없는 길이의 소설이었지만, 나는 약간 빠른 속도로 쉬지 않고 글을 읽어 나갔다. 소설에 몰입해서가 아니라, 소설을 읽어갈수록 가슴이 점점 답답해지는 느낌에 얼른 글을 읽는 것을 마무리 하고 싶었기 때문이었다. 답답함의 최고조에 이르러 마지막 장을 넘겼을 때 안도의 한숨을 내쉰 뒤, '과연 이 소설은 나에게 어떤 메시지를 전달하려고 한 것일까.'라고 한참을 생각해야만 했다. 나에게 이 소설은 〈치숙〉이나 〈태평천하〉와 같이 읽고 난 뒤 찜찜함을 남겨주기는 했으나, 서술자를 비판적으로 바라보는 〈치숙〉, 〈태평천하〉와는 달리 〈세월의 너울〉에서 김원일이 서술자를 어떠한 입장에서 바라보고 있는 것인지를 쉽게 파악하기 힘들었기 때문이다.

작가는 〈세월의 너울〉이라는 제목의 '너울'을 '파도 중에서, 직접적으로 일어난 파도가 아닌 바람에 일이난 물결'의 뜻으로 사용하였다. 소설의 마지막 부분에서 '그 그늘이 아니고서는 우리 십안은 물론 나라는 존재도 너울 센 바다에 떠도는 가랑잎이었으리라.'와 같이 표현한 것을 통해 알 수 있다. 소설의 '나'는 전근대적 유교 사상을 지독히도 따르고 있는 자신의 어머니의 가치관이 어떠하든지, 어머니는 자신에게 종교와 같이 절대적인 분이라 생각하고, 그녀의 생애를 아름답다고 생각한다. 어머니 덕에 자신이 모진 세월의 너울 속에서도 평강하게 지내왔다고 여기는 것이다.

하지만 이 '너울'의 뜻을 나는 다르게 받아들였다. (중략) 이렇게 소설의 제목에서부터 소설 속 '나'의 심중은 도대체 어떠한 것인지에 대해 이렇게 저렇게 뜯어보다 보니 혹시 나도 학창시절 교실에서 배웠던 〈치숙〉이나 〈태평천하〉의 너울을 쓰고 이 소설을 '반어적이다.'라고 내 방식대로 끌어다 해석한 것은 아닌지에 대한 의심이 든다. 우습게도 이 의심마저 나의 '세월의 너울'같은 기분이 든다. 나아가 〈세월의 너울〉을 읽은 직후엔 이 책이 나에게 답답함만을 주었다고 생각했는데, 답답함의 '너울'을 벗고 보니 작가는 나에게 '너울'의 존재를 알려주려 한 것 같다.[세월-대S-10](중략은 인용자)

㉮는 〈세월의 너울〉을 읽고 작성한 대학교 학습자의 해석 텍스트이다. 학습자는 작가가 호소하는 가치를 추론하는 것이 답답함을 느낄 만큼 어려웠다고 고백한다. 이러한 답답함은 작가와 서술자의 거리를 파악하기 위한 노력으로 이어지는데 제목의 어휘 중 하나인 '너울'을 새로운 시각에서 해석하거나 다른 작품의 서사적 소통 방식에 대한 학습 경험을 도입하는 것이 이에 해당한다. 문제는 "소설의 제목에서부터 소설 속 '나'의 심중은 도대체 어떠한 것인지에 대해 이렇게 저렇게 뜯어"보는 노력에도 불구하고 답답함이 해소될 만큼 작가의 호소 가치를 선명하게 추론하였는가에 있다. 학습자는 소설에서 작가와 서술자의 거리가 '반어적'이라는 판단이 학습 경험에 따른 오해일 가능성에 대해서 의심하지만 분명하게 확신하지 못한다. 이는 학습자가 소설의 윤리적 가치를 충분히 전유하지 못하는 원인이 된다.

이에 대해 교사는 학습자가 근접 발달 영역(zone of proximal development)에 진입할 수 있도록 적절한 해석 텍스트를 제공해야 한다. 근접 발달 영역이란 학습자가 도달하지 못했지만 학습을 통해 도달 가능한 수준의 영역을 의미한다. 이 영역의 시작점은 학습자가 현재 수행할 수 있는 실제적 발달 수준(the actual developmental level)이며 끝점은 상위 능력의 조력자의 도움으로 보다 진전된 수행을 보일 수 있는 잠재적 발달 수준(the potential developmental level)이다.[61]

61 L. S. Vygotsky(1978), 앞의 책, pp. 135-145.

㉮의 해석 텍스트에서 나타난 학습자의 수준, 즉 곁텍스트에 해당하는 제목까지 해석의 근거로 활용하는 것, 동종 서술자 '나'와 주된 초점 서술 대상인 어머니의 거리가 매우 가깝다는 것을 파악한 것, 기존의 읽기 경험과 학습 경험을 근거로 동종 서술자 '나'와 작가의 거리가 반어적이라고 할 만큼 멀 수 있음을 가정한 것 등은 실제적 발달 수준으로 평가할 수 있다. 반면 작가의 호소 가치를 추론하는 데 핵심적인 서사적 소통에 대한 분석은 거의 수행하지 못하고 있다. 이런 점에서 교사는 서사적 소통에 대한 분석을 통해 윤리적 가치의 위계를 탐구하는 과정이 분명하게 드러나는 해석 텍스트를 제공함으로써 학습자가 성취해야 할 잠재적 발달 수준을 설정할 수 있다.

이처럼 소설의 윤리적 가치에 대한 전문 독자 또는 교사의 경험과 전유가 드러난 해석 텍스트를 비계 텍스트로 제공함으로써 학습자가 윤리적 가치 전유를 심화하게 할 수 있다. 이러한 심화가 윤리적 가치 전유를 모방하는 것이 아니라 잠재력을 실현하는 것이 되기 위해서는 서로 상반된 전유 양상을 보이는 해석 텍스트를 복수(複數)로 제공하는 것이 필요하다. 학습자는 비슷한 양상을 보이는 비계 텍스트를 읽으면서 윤리적 가치 전유를 진전시킬 수 있는 해석 자원과 자신감을 얻을 수 있다. 반면 상반된 양상을 보이는 비계 텍스트를 읽으면서 학습자는 윤리적 가치 전유의 적절성을 검토하게 하는 차이점을 발견하고 이를 통합하고자 하는 도전 의식을 고취할 수 있다.[62]

(2) 문학 토의를 통한 가치 전유의 확장

윤리적 가치 중심의 소설 읽기 교육에서 윤리적 가치 전유의 주체는 학습자 자신이어야 한다. 하지만 그간 학습자는 소설 읽기의 주체, 윤리적 가치

62 그간 비계 설정에 대한 논의들은 주로 인지적 조력의 측면을 조명했지만 최근에는 흥미, 도전의식, 격려 등 정서적 자극의 측면에도 주목하고 있다(송선희(2003), 앞의 책, pp. 82-85).

전유의 주체로서 정당하게 인정받지 못했다. 교사는 특정한 전유 가치를 해당 소설의 윤리적 가치로 알려 주고 학습자는 이를 정답으로 수용해야 했다. 그런데 이때의 윤리적 가치마저 대부분 교사가 아닌 문학계의 권위적 독자가 전유한 것이라는 점에서 그간 문학 교실의 학습자에게 다른 독자는 교섭의 가능성 자체를 허락하지 않는 권위적인 절대자와 같았다.

> ㉮ 두 번째 읽었을 때 눈에 보인 남편의 말이 있었다. '천민! 속물! 세상이 곤두서는 데는 태평이면서, 옷 좀 거꾸로 입은 건 저대지 야단이 야.' 이 부분을 읽고 또 다시 읽었다. 그래서 채만식은 무엇을 풍자하고 싶었던 것일까?
> 정보의 바다에서 해답을 찾아낼 수 있었다. 이 소설이 쓰여진 시대적 배경은 1938년으로 일제치하의 상황이었다. 또한 채만식의 소설이 잘못된 시대 현실과 그것을 인식하지 못하는 사람들을 등장시켜 시대를 풍자한다는 점을 미루어 보았을 때 이러한 행위는 남편이 절박한 시대로부터 도피하기를 거부하고 시대적 의무와 고통을 감수하고자 한 것이라 볼 수 있다. 또한 더 나아가 동시에 세상이 잘못되어 가고 있음을 인식하고 이 사실을 알리고 이에 맞서려는 행동이라는 것을 이해하게 되었다. 이러한 해석을 읽었을 때 그제야 이해가 되었다. 채만식의 저작의도를.
> 해석을 읽으면서 내가 소설을 잘못 이해하고 있었다는 사실을 인정하게 되면서 한편으로는 서글펐다. '독후감'이란 내 감상을 쓰는 것인데, 왜 남의 해석을 듣고 인정하고 그것을 수긍하여 받아들여야만 하는 것인지. 세월의 너울을 읽고 독후감을 썼을 때와 너무도 다른 느낌으로 소망 독후감을 썼다. 답이 정해진 대로 써 내려가야 하는 느낌이었다. 그러면서 수긍하게 되었다. 이미 정해진 답이 있는데 내 느낌을 그 답과

다르다고 해서 숨겨도 되는 것일까?[소망-대M-2](밑줄은 인용자)

㉮는 〈소망〉을 읽고 작성한 대학교 학습자의 해석 텍스트이다. 여기에서 학습자는 서사적 소통을 통해 작가가 호소하는 윤리적 가치가 무엇인가에 대해 확신을 하지 못한다. 그래서 참고한 것이 '정보의 바다'인 인터넷이며 "해답"을 찾아낸다. 그리고 이를 통해 비로소 '채만식이 의도한 윤리적 가치가 무엇인지 이해했다'고 고백한다.

주목할 점은 학습자가 느끼고 있는 감정의 성격이다. 학습자는 자신의 윤리적 가치 전유를 '잘못 이해한 것'으로 간주하고 폐기해야 하는 상황에 '서글픔'을 느낀다고 고백한다. 학습자 개인의 윤리적 가치 전유도 '정답'만큼이나 가치 있을 수 있다고 생각하기 때문이다. 문제는 이 학습자가 타자의 윤리적 가치 전유를 정답으로 간주하는 인식적 습관이다. 학습자가 인터넷에서 관련 자료를 찾았을 때, 아무도 그의 읽기가 잘못된 것이며 다지의 읽기가 정답이라고 강요하지 않았지만 학습자는 스스로 그렇게 인식하고 '수긍'한다. 이는 외부로부터 부과된 '단 하나의 정답'에 비춰 윤리적 가치 전유의 적절성을 판단할 수 있다는 편견을 이전 교육의 경험을 통해 내면화한 결과로 보인다. 학습자는 '정답과 다르다고 해서 자신의 윤리적 가치 전유를 숨겨서는 안 된다'고 생각하지만 인터넷에서 확인한 설명도 다양한 해석 중 하나이며 그 자체로 비판과 논쟁의 대상이 될 수 있음을 인식하지 못하고 있다.

따라서 학습자는 독자마다 인물의 행동에 대한 윤리적 가치 판단이나 서술자의 서술 행위에서 추론할 수 있는 윤리적 가치가 다를 수 있음을 경험을 통해 학습해야 한다. 학습자가 전유의 다양성을 경험한다면 윤리적 가치 전유를 숨겨서는 안 된다는 소극적인 인식에서 나은 독자보다 더 적절하고 다양한 것임을 주장해야 한다는 적극적인 인식으로 나아갈 수 있다. 이를 위해 교사는 문학 교실의 학습자들이 참여하는 문학 토의를 교육 방법으로 활용할 수 있다.

문학 토의는 복수의 독자가 참여하여 문학 텍스트에 대한 해석, 평가, 가치 전유 등을 함께 검토함으로써 이를 확장하는 말하기 형식이다.[63] 문학 토의가 가지는 이점은 무엇보다 학습자가 다른 학습자와 동등한 위치에서 참여하기 때문에 소설에 대한 자신의 의견을 말할 수 있는 기회를 얻을 수 있으며 보다 협력적인 관계에서 타당성 있는 전유를 공동으로 모색할 수 있다는 점이다. 또한 문학 토의는 말하기-듣기의 형태로 이루어진다는 점에서 작품에 대한 다른 학습자의 의견을 다양하게 접할 수 있으며 자신의 윤리적 가치 전유에 대한 다른 독자의 반응도 즉각적으로 확인할 수 있는 이점이 있다.

이처럼 문학 토의에서 능동적인 참여를 보장받는 학습자는 다른 학습자의 발화를 들으며 윤리적 가치 전유의 다양성을 인식할 수 있으며, 서로 간의 공통점과 차이점을 확인함으로써 타당성을 함께 모색할 수 있다. 토의의 논제 설정, 해석의 권위, 발표 순서 등이 누구에 의해 어떻게 결정되는가에 따라 토의의 수준에 차이가 있을 수 있다.[64] 따라서 교육의 방법으로 문학 토의를 활용할 때는 누구보다 교사의 역할이 중요하다. 흔히 문학 토의에서는 학습

....

63 토의란, 공동의 관심사가 되는 어떤 문제의 가장 바람직한 해결 방안을 구하기 위해 여러 사람이 각자의 의견을 말하고 듣는 활동으로, 참여자들이 협동적으로 혹은 상호작용적으로 수행한다는 특징이 있다. 파커(F. W. Parker)가 토의를 학습을 위한 방법으로 제안한 이후 공동학습의 한 형태로서 꾸준하게 활용되어 왔다. 이에 대해서는 다음을 참고. 이성영 외(1998), 「국어과 토의·토론 학습의 수업 모형 개발 연구(1)」, 『선청어문』 26, 서울대학교 국어교육과, pp. 259-414.

한편 문학 교육에서는 문학 텍스트에 대해 학습자가 생성한 담화를 총칭하여 문학 토의 또는 문학 토론이라는 용어를 사용한다. 아직 이 두 용어를 엄밀하게 구분하여 사용하지는 않지만 문학 토의는 참여자들의 협력적인 관계에, 문학 토론은 참여자들 간의 경쟁적인 관계에 초점을 맞추고 있다. 이 연구에서 사용하는 문학 토의는 전자의 의미에 중점을 두되 후자의 관계를 포괄하는 의미로 사용하고자 한다. 이에 대해서는 다음을 참고. 김상욱(2009), 「문학능력 증진을 위한 문학토론의 방법」, 『한국초등국어교육』 41, 한국초등국어교육학회, p. 9.

64 위의 글, p. 14.

자들의 활동 권한과 범위가 확장된 만큼 교사의 역할은 제한적이라고 여겨진다. 문학 토의에서 교사는 토의를 지켜보는 관찰자이자 어려움에 봉착하였을 때 제한적으로 개입하는 보조적 참여자라는 것이다. 하지만 문학 토의가 방법으로서 의도한 효과를 거두기 위해서는 문학 토의를 준비하거나 마무리하는 단계에서 교사의 적극적인 역할이 필요하다.

교사는 토의에 참여할 학습자의 구성이나 논제의 설정에 개입해야 한다. ㉮의 경우처럼 다양성을 경험하고 인식할 필요가 있는 학습자라면 소설 읽기의 양상이나 윤리적 가치 전유가 서로 다른 학습자를 하나의 토의 집단으로 구성해야 한다. 각각의 학습자에게 발언의 기회를 충분히 보장함으로써 학습자가 스스로를 소설 읽기의 주체이며 다양한 독자로 구성된 해석 공동체의 구성원임을 인식하게 할 수 있다.

한편 교사의 적절한 논제 설정은 학습자 간 윤리적 가치 전유의 차이점을 뚜렷하게 부각함으로써 타당성에 대한 주장이나 공동 모색을 촉진할 수 있다. 토의가 말하기-듣기라는 구어 상황에서 이루어진다는 점을 고려하면 논제의 설정을 토의의 참여자인 학습자에게만 맡기는 것은 적절하지 못하다.[65] 문학 토의에 대한 교사의 설계는 학습자들이 쓴 해석 텍스트를 근거로 수행되어야 한다. 교사는 이를 바탕으로 인물의 행동에 대한 가치 판단이나 서술자와 작가 간의 윤리적 거리 등에 대한 상반된 견해들을 확인하고 이 중 윤리적 가치 전유에 있어 핵심적인 요소들을 선별하여 논제로 구성할 수 있다.

....

65 말로흐(B. Maloch)의 연구는 이러한 문제를 구체적으로 기술하고 있다. 그녀는 문학 교실에서 학습자의 주도적 참여를 강화한 문학 토의에서 교사의 역할이 미비할 때 학습자가 의견을 교환할 논제가 불분명해지며 대화의 양상 또한 치열한 논쟁 없이 의견 표명에만 그치는 '그냥 돌아가며 이야기하기'의 형태를 띤다고 보고한다(B. Maloch(2002), Scaffolding Student Talk: One Teacher's Role in Literature Discussion Groups, *Reading Research Quarterly*, 37(1), International Reading Association, pp. 94-112).

학습자는 이렇게 설정된 논제들에 대해 의견을 나누고 논쟁하는 과정에서 소설 읽기의 다양성을 경험하며 타당성 주장의 필요성을 실감할 수 있다. 또한 문학 토의의 과정과 결과를 정리하고 검토하는 과정을 통해 소설의 윤리적 가치를 경험하면서 문학 교실의 구성원들이 어떤 삶을 반성하였으며 앞으로 어떤 삶을 기획할 것인가에 대해서도 성찰할 수 있다.

| 더 읽어 보면 좋은 이론 |

학습자의 작품 읽기와 체험은 문학 현상이나 문학교육의 담론에서 중요하게 탐구하는 과제이다. 로젠블렛의 『탐구로서의 문학(*Literature as Exploration*)』(김혜리·엄해영 옮김, 한국문화사, 2006)과 월터 슬라토프의 『독자에 관하여(*With respect to readers*)』(Cornell University Press, 1970)는 시대를 앞선 통찰을 보여준다. 전자는 학습자의 체험을 작품과 독자의 상호 교통이란 구도로 설명한다. 후자는 학습자의 반응을 작품과 더불어 문학 교실에서 탐구, 분석, 재구성되어야 할 대상으로 천명한다. 라비노위츠와 스미스의 『독자에게 권한 주기(*Authorizing Readers*)』(Teachers College Press, 1998)는 소설 읽기에서 독자/학습자가 위치하는 곳과 경험하는 것을 서사론과 교육론 양편에서 조명한다.

소설교육에서는 학습자가 작품을 읽고 그 체험을 정리할 쓰기 양식으로 독후감, 감상문, 비평문, 반응 일지, 해석 텍스트 등을 제안해 왔다. 교수-학습이나 평가의 수단으로 인식되었던 이들 양식이 최근 그 자체로 경험할 가치가 있는 교육 내용으로 재평가되는 것은 문학교육 연구의 특기할 점이다. 김동환의 「비평적 에세이 쓰기」(『문학연구와 문학교육』, 한성대학교출판부, 2004)와 김성진의 「비평 활동 중심의 소설교육」(『문학비평과 소설교육』, 태학사, 2012)은 비평의 성격이나 전문 독자의 비평 활동을 근거로 학습자가 따라야 할 쓰기의 양식이나 원리를 제안한다. 양정실의 「해석 텍스트 쓰기의 서사교육 방법 연구」(서울대학교 박사학위논문, 2006)에서는 학습자의 해석 텍스트에 나타난 해석 논리의 구성 양상을 확인할 수 있다. 이 글은 학습자의 해석 텍스트와 전문 독자의 비평문의 차이를 수준의 차이가 아닌 장르의 차이로 바라봄으로써 학습자의 '읽고 쓰기'에 새로운 위상을 부여한다.

V

맺는말

인간은 윤리 지향적 존재라는 것. 소설은 그 지향 과정에서 위기에 몰린 인간이 실천적 지혜에 기대어 해결책을 모색하는 이야기라는 것. 소설 읽기는 좋은 삶을 성취하기 위해 입문해야 할 공동체의 실천 전통이라는 것. 이것이 우리가 소설을 읽고 쓰며 가르치는 가장 중요한 이유이며 이 연구의 출발점이기도 하다. 윤리적 가치 중심의 소설 읽기에서 학습자는 윤리적 가치를 중층적으로 경험하면서 삶을 반성하고 기획하는 즐거움을 누릴 수 있다. 그리고 윤리적 가치 중심의 소설 읽기 교육은 소설 교육이 신비평, 구조주의, 해체주의의 영향 아래 상실했던 소설과 삶, 소설과 윤리의 연관성을 회복하는 거멀못이 될 것이며 학습자의 삶을 좋은 삶으로 고양한다는 교육의 목적을 실현하는 일에도 기여할 것이다.

이 연구는 윤리적 가치 중심의 소설 읽기를 소설 교육의 내용으로 개발하고 교육적 실천 구도를 설계하는 것을 목적으로 삼았다. 이를 위해 이 연구에서는 '독자가 실천적 이해를 바탕으로 소설의 윤리적 가치를 중층적으로 경험하면서 삶을 반성하고 기획하는 읽기'를 윤리적 가치 중심의 소설 읽기로 규정한 후 이러한 소설 읽기의 개념, 특징, 원리를 밝히고 수행의 구조를 구명하였다.

윤리적 가치 중심의 소설 읽기는 '소설 읽기에서 윤리적 가치의 경험 방식'과 '소설 읽기의 윤리적 수행 과정'에 맞춰 수행된다. 전자는 '윤리적 가치 갈등의 체험', '윤리적 가치 위계의 서사적 소통', '윤리적 가치 전유의 반성적 검토'로 나뉘며 후자는 '세계의 상황 윤리적 인식', '주체 행위에 대한 윤리적 가치 판단', '행위 가능성의 허구적 탐구', '반성적 판단을 통한 윤리적 가치 성찰'로 나뉜다.

윤리적 가치 중심의 소설 읽기에서 수행 구조는 소설 읽기에서 윤리적 가치를 경험하는 방식에 따라 세 층위를 지닌다. 하나는 '허구 세계에서 윤리적 가치 갈등의 체험'이고 다른 하나는 '서사적 소통에서 윤리적 가치 위계의 탐구'이며 마지막으로 '해석 공동체에서 윤리적 가치 전유의 반성'이다.

허구 세계의 윤리적 가치 갈등을 체험하는 것은 '허구 세계에 인격적으로 참여'하고 '인물 행동을 공감적으로 가치 평가'하며 '사건 전개의 가치 갈등을 탐색'한 후 '체험된 세계의 전망을 모색'하는 것이다. 다음으로 서사적 소통에서 윤리적 가치 위계를 탐구하는 것은 '작가와의 대화적 관계를 인식'한 후 '서술자의 가치 평가적 서술을 분석'하고 '윤리적 거리의 재구를 통해 작가의 호소 가치를 추론'한 후 '창작 맥락을 탐색함으로써 성찰적으로 응답'하는 것이다. 마지막으로 해석 공동체에서 윤리적 가치 전유를 반성하는 것은 '윤리적 가치 전유의 공공성을 자각'하고 '타자의 가치 전유를 인격적으로 대상화'하고 '가상적 공론 구성을 통해 전유한 윤리적 가치를 교섭'한 후 '수용 맥락의 반성을 통해 독자와 해석 공동체의 정체성을 성찰'하는 것이다.

윤리적 가치 중심의 소설 읽기에 대한 이상의 고찰을 토대로 이 연구에서는 교육의 전제, 목표, 방법을 설계하였다. 먼저 윤리적 가치 중심의 소설 읽기 교육의 전제를 고찰하였다. 교육의 목적은 학습자의 좋은 삶을 증진하는 것이며 이를 달성하기 위해서는 수행 경험의 성장을 위한 구체적인 목표와 방법의 설정이 필요함을 논의하였다.

교육의 목표에서는 교육을 통해 학습자가 도달해야 하는 윤리적 가치 중심의 소설 읽기의 수준을 구체화하였다. 구체적으로, 윤리적 가치 갈등의 체험 단계에서 기본 목표는 '주요 인물 간의 윤리적 갈등 체험을 통한 전망의 모색'이고 심화 목표는 '부인물 지향의 윤리적 관계 체험을 통한 전망의 확장'이다. 윤리적 가치 위계의 서사적 소통 단계에서 기본 목표는 '독자의 경험에 기반을 둔 윤리적 가치 위계의 선택적 탐구'이고 심화 목표는 '작가의 호소 가치에 기반을 둔 윤리적 가치 위계의 종합적 탐구'이다. 윤리적 가치 전유의 반성적 검토 단계에서 기본 목표는 '미시적 해석 공동체에서 윤리적 가치 전유의 다양성 인식과 타당성 주장'이고 심화 목표는 '거시적 해석 공동체에서 윤리적 가치 전유의 전통성 인식과 정체성 성찰'이다.

교육의 방법에서는 실제 학습자의 수행 자료를 바탕으로 문제점을 검토하고 이를 개선할 수 있는 활동을 제시하였다. 구체적으로, 윤리적 가치 갈등의 체험을 활성화하기 위해 '윤리적 가치 갈등 상황의 맥락 탐구'와 '수용 맥락의 다변화'를 제안하였다. 그리고 윤리적 가치 위계의 서사적 소통을 정교화하기 위해 '비교하기를 통한 서사적 소통 상황의 친숙화'와 '가정하기를 통한 윤리적 가치 위계의 입체적 탐구'를 제안하였다. 마지막으로 윤리적 가치 전유를 대화적으로 검토하기 위해 '비계 텍스트의 설정을 통한 가치 전유의 심화'와 '문학 토의를 통한 가치 전유의 확장'을 제안하였다.

윤리적 가치 중심의 소설 읽기 교육의 내용과 방법을 구안한 이 연구는 다음과 같은 의의를 지닌다.

첫째, 이 연구는 윤리적 가치 중심의 소설 읽기에 대한 교육적 안내가 미미한 상황에서 소설의 윤리적 가치에 대한 경험 방식과 소설 읽기의 윤리적 수행 과정에 근거하여 정합적인 수행 구조를 구안하였다. 이를 통해 소설 읽기를 통해 삶을 반성하고 기획할 수 있는 교육 내용을 제안했다는 데 일차적 의의가 있다.

둘째, 소설의 윤리적 가치에 대한 경험을 허구 세계나 서사적 소통뿐만 아니라 해석 공동체로도 확장함으로써 윤리적 가치 전유의 다양성과 타당성을 아우르는 소설 읽기의 구도를 마련하였다. 독자의 실천적 이해에 따른 소설 읽기의 다양성을 인정하되 가치 교섭에 따른 타당성 주장과 정체성 성찰도 중시함으로써 독자 해석의 반성적 계기에 기반을 둔 소설 교육을 마련하였다.

셋째, 이 연구는 소설 텍스트뿐만 아니라 독자의 해석 텍스트를 분석함으로써 연구 대상과 연구 자료가 불일치하는 소설 교육 연구의 난점을 극복하였다. 그간 소설 이해 교육에 대한 연구는 소설 읽기를 대상으로 논의하면서도 연구 자료를 소설 텍스트로 한정하였다. 이로 인해 소설 읽기의 다양성과 역동성을 밝히는 데 한계를 보였다. 이 연구에서는 독자의 해석 텍스트를 연구 자료로 삼아 논의함으로써 이러한 난점을 극복할 수 있었다.

이와 같은 의의에도 불구하고 이 연구가 해결하지 못한 과제도 있다. 이를 정리하면 다음과 같다.

첫째, 윤리적 가치 중심의 소설 읽기를 수행할 때 학습자가 겪을 수 있는 어려움을 충분히 밝히지 못하였다. 이 연구의 주된 자료는 전문 독자의 해석 텍스트이다. 이 자료는 학습자가 따라야 할 체계적인 수행 구조를 구안하기에는 적절하지만 학습자가 수행 중에 겪는 어려움을 확인하기에는 충분하지 않다. 이 연구는 후자를 확인하고 교육 방법을 제안하기 위해 학습자의 해석 텍스트도 수집하고 분석하였다. 하지만 성별이나 학교급 등 학습자 요인을 고려한 체계적 수집이 이루어지지 못했으며 수집한 해석 텍스트도 소량(少量)이다. 이후 본격적인 학습자 연구를 진행함으로써 학습자 수행의 특성과 어려움을 밝히고 이에 근거한 교육의 방법도 보다 체계적으로 구안하고자 한다.

둘째, 이 연구는 윤리적 가치 중심의 소설 읽기 교육을 위한 평가 항목을 다루지 못하였다. 교사는 평가를 시행함으로써 학습자 수행의 수준을 진단하고 성장의 방법을 설계할 수 있다. 그런데 윤리적 가치 중심의 소설 읽기는 학습자의 문학 능력뿐만 아니라 실천적 이해 능력에 기반을 둔다는 점에서 평가의 원리나 요소를 설계하는 데 교과 협업적 접근이 필요하다. 국어 교육계와 윤리·도덕 교육계가 축적한 연구 성과를 융합한다면 보다 생산적인 논의가 가능할 것이다. 이러한 과제는 이후의 연구에서 해결하고자 한다.

참고문헌

1. 자료

소설

주요섭(1935), 〈사랑손님과 어머니〉, 《사랑손님과 어머니》, 범우사.

채만식(1938), 〈치숙〉, 전광용 외 편(1989), 《채만식전집》 7, 창작과비평사.

채만식(1938), 〈소망〉, 전광용 외 편(1989), 《채만식전집》 7, 창작과비평사.

김원일(1986), 〈세월의 너울〉, 《세월의 너울》, 솔.

윤흥길(1997), 《아홉 켤레의 구두로 남은 사내》, 문학과지성사.

조세희(1996), 《난장이가 쏘아올린 작은 공》, 문학과지성사.

해석 텍스트

고영진(2008), 「시대적 강박증과 나르시시즘의 변형적 접선」, 『구보학보』 3, 구보학회.

김구종(1996), 「사회 · 역사를 왜곡시키는 서술자 '나'의 담론 연구」, 『한남어문학』 21, 한남어문학회.

김병익(1979), 「대립적 세계관과 미학」, 『상황과 상상력』, 문학과지성사.

______(1994), 「병든 세상 혹은 왜곡된 역사의 퇴적」, 『숨은 진실과 문학』, 문학과지성사.

김성곤(2006), 「소외와 상실의 시대에 읽은 화해와 포용의 문학」, 『글로벌 시대의 문학』, 민음사.

김해옥(1992), 「치숙의 반어적 서술 상황과 담론의 특성 연구」, 『한국언어문화』 10, 한국언어문화학회.

김태환(1996), 「『광장』과 『난장이…』 읽기, 그리고 천천히 다시 읽기」, 『문학과사회』 35, 문학과지성사.

나병철(1995), 「이중적 풍자의 방법 – 치숙 –」, 『전환기의 근대문학』, 두레시대.

박숙자(2011), 「1970년대 타자의 윤리학과 '공감'의 서사」, 『대중서사연구』 25, 대중서사학회.

성민엽(1992), 「윤리적인 것과 역사적인 것」, 『문학과 사회』 겨울호, 문학과지성사.
______(1997), 「'아홉 켤레의 구두로 남은 사내' 연작의 현재적 의미」, 윤흥길, 『아홉 켤레의 구두로 남은 사내』, 문학과지성사.
송하섭(1985), 「사랑손님과 어머니論」, 『도솔어문』 1, 단국대학교 국어국문학과.
송현호(1992), 「치숙의 서사구조와 서술 방식 연구」, 『인문논총』 3, 아주대학교 인문과학연구소.
신동욱(1994), 「주요섭과 그의 작품들」, 주요섭 외, 『학원한국문학전집』 4, 학원출판공사.
신영미(2008), 「카타르시스로서의 이야기하기」, 『한국언어문학』 65, 한국언어문학회.
염무웅(1995), 「식민지 민족 현실과의 대결」, 『혼돈의 시대에 구상하는 문학의 논리』, 창작과비평사.
오생근(1997), 「개인과 사회의 역학」, 윤흥길, 『아홉 켤레의 구두로 남은 사내』, 문학과지성사.
우찬제(1997), 「대립의 초극미, 그 카오스모스의 시학」, 조세희, 《난장이가 쏘아올린 작은 공》, 문학과지성사.
이경호(1990), 「서정의 공간과 다성의 공간」, 『작가세계』 7, 세계사.
이남호(2001), 「사랑손님과 어머니」, 『교과서에 실린 문학작품을 어떻게 가르칠 것인가』, 현대문학.
이도연(2011), 『채만식 문학의 인식론적 지형도와 구성 원리』, 소명출판.
이동하(1998), 「김원일 후기 중 · 단편 연구」, 『전농어문연구』 10, 서울시립대학교 국어국문학과.
이선영(1999), 「창조적 주체와 반어의 미학」, 『민족문학사연구』 14, 민족문학사학회.
이재현(1983), 「문학의 노동화와 노동의 문학화」, 『실천문학』 4, 실천문학사.
임명진(1998), 「치숙의 서술 양식 재고」, 『현대문학이론연구』 9, 현대문학이론학회.
장사흠(1997), 「풍자문학의 수용과 효용에 대한 고찰」, 『현대소설연구』 6, 한국현대소설학회.
조명기(2008), 「1930년대 말 지식인의 현실 적응 양상 연구」, 『한국문학논총』 35, 한국문학회.
조회경(2006), 「서술자의 '신빙성'을 통해 본 김원일의 작가의식」, 『우리어문학연구』 20, 우리문학연구회.
최시한(2005), 「초점화와 '사랑손님과 어머니'」, 『소설의 해석과 교육』, 문학과지성사.
하응백(2002), 「장사(長士)의 소설, 소설의 장자(長者)」, 권오룡 엮음, 『김원일 깊이 읽기』, 문학과지성사.
한홍구(2008), 「난장이가 쏘아올린 작은 공이 떨어진 시대」, 권성우 엮음, 『침묵과 사랑』, 이성과힘.

학습자 해석 텍스트

경기도 G고등학교 고등학생 학습자 해석 텍스트 34편.

서울시 S고등학교 고등학생 학습자 해석 텍스트 56편.

서울시 S대학교 대학생 학습자 해석 텍스트 13편.

서울시 M대학교 대학생 학습자 해석 텍스트 32편.

교과서 및 교사용 지도서

교육부(1991),《중학교 국어 3-1》, 대한교과서 주식회사.

______(1997),《중학교 국어 3-1》, 대한교과서주식회사.

문교부(1984),《중학 국어 3-2》, 대한교과서주식회사.

______(1991),《중학교 국어 교사용 지도서 3-1》, 대한교과서주식회사.

박종호 외(2012),《고등학교 문학 I》, 창비.

최웅 외(2004),《고등학교 문학(상)》, 청문각.

한철우 외(2003),《고등학교 문학(상)》, 문원각.

2. 국내 문헌

강민규(2010),「비평을 비계로 활용한 시 읽기 교육 연구」, 서울대학교 석사학위논문.

강선보(2003),『'만남'의 교육 철학』, 원미사.

강영안(2005),『타인의 얼굴: 레비나스의 철학』, 문학과지성사.

교육부 편(2000),『초 · 중 · 고등학교 국어과 · 한문과 교육과정 기준』, 선명인쇄주식회사.

구인환 외(2001),『문학교육론』, 삼지원.

권영민(1983),「연작 소설의 새로운 가능성」,『소설의 시대를 위하여』, 이우출판사.

김현(1988),『분석과 해석』, 문학과지성사.

______(1992),『사회와 윤리』, 문학과지성사.

김근호(2009),「허구 서사 창작 교육 연구」, 서울대학교 박사학위논문.

김남두 외(2004), 아리스토텔레스『니코마코스 윤리학』, 서울대학교 철학사상연구소.

김남희(2007),「현대시의 서정적 체험 교육 연구」, 서울대학교 박사학위논문.

김대행 외(2000),『문학교육원론』, 서울대학교 출판부.

김도남(2006),「해석 공동체의 개념 탐구」,『국어교육학연구』 26, 서울대학교 국어교육연구소, pp. 277-309.

김동국(2007),「진리경험으로서의 예술경험에 대한 연구」, 서울대학교 석사학위논문.

김동환(2009),「소설교육에서의 "시점" 개념에 대한 반성적 고찰」,『문학교육학』 30, 한국문학교육학회, pp. 393-421.

김상욱(1992),「新批評과 小說敎育 方法의 再檢討」,『국어교육』 79·80, 한국어교육학회, pp. 311-327.

_____(2003),『문학교육의 길찾기』, 나라말.

김상호(1989),「정서교육의 탐색적 연구(I): 정서의 개념정의」,『한국교육문제연구』 5, 중앙대학교 한국교육문제연구소, pp. 121-131.

김성진(2009),「서사 교육에서 맥락과 장르의 관계에 대한 연구」,『문학교육학』 30, 한국문학교육학회, pp. 291-312.

_____(2010),「진정성의 서사 윤리와 소설 교육」,『국어교육』 132, 한국어교육학회, pp. 203-225.

_____(2012),「애도의 서사 윤리와 문학치료」,『문학교육학』 37, 한국문학교육학회, pp. 63-85.

김우창(1991),「문학의 즐거움과 쓰임」, 김우창 외,『문학의 지평』, 고려대학교 출판부.

김정현(2006),「왜 서사인가?: 서사윤리학 입문」,『해석학연구』 17, 한국해석학회, pp. 213-245.

김지미(2001),「1970년대 연작 소설의 서사구조 연구」, 서울대학교 석사학위논문.

김창원(1992),「문학교육과정 설계의 절차와 원리」,『국어교육』 77, 한국어교육학회, pp. 343-362.

김천혜(1991),『소설 구조의 이론』, 문학과지성사.

김한식(2008),「텍스트, 욕망, 즐거움 – 소설의 지평구조와 카타르시스」,『불어불문학연구』 74, 한국불어불문학회, pp. 93-136.

_____(2009),「미메시스의 해석학을 위하여」,『불어불문학연구』 79, 한국불어불문학회, pp. 149-189.

_____(2011),「미메시스, 재현의 시학에서 재현의 윤리학으로」,『불어불문학연구』 88, 한국

불어불문학회, pp. 231-272.
김홍중(2009),「진정성의 기원과 구조」,『한국사회학』 43, 한국사회학회, pp. 1-29.
김화영(2005),「송하춘, 윤후명」,『한국 문학의 사생활』, 문학동네.
김희봉(2001),「잘삶 이론에 기초한 교육목적 연구」, 전남대학교 박사학위논문.
나병철(1998),『소설의 이해』, 문예출판사.
남민우(2006),「텍스트 가치평가 활동을 위한 시교육 연구」, 서울대학교 박사학위논문.
미학대계간행회 편(2007),『미학의 문제와 방법』, 서울대학교 출판문화원.
박진(2003),「문화와 예술: 칸트에게서 자연과 자유의 매개로서의 미」,『칸트연구』 11, 한국칸트학회, pp. 163-196.
______(2005),『서사학과 텍스트 이론』, 랜덤하우스중앙.
박기범(2008),「시점-서술 교육의 반성과 개선 방향」,『국어교육학』 31, 서울대학교 국어교육연구소, pp. 323-356.
박병기 · 추병완(2007),『윤리학과 도덕교육 1』, 인간사랑.
박이문(1990),『慈悲의 윤리학』, 철학과현실사.
박인기(1994),「문학 독서 방법의 상위적 이해」,『국어교육연구』 1, 서울대학교 국어교육연구소.
백미숙(2006),「의사소통적-치료적 관점에서 듣기와 공감적 경청의 의미」,『독일언어문학』 34, 한국독일언어문학회, pp. 35-55.
서리(2012),「시점을 통한 소설 해석 교육 연구」, 서울대학교 석사학위논문.
서울대학교 교육연구소 엮음(1999),『교육학대백과사전 1』, 하우동설.
서유경(2010),「사씨남정기의 정서 읽기 교육 연구」,『고전문학과 교육』 20, 한국고전문학교육학회, pp. 67-99.
선주원(2004),「이해와 표현을 위한 소설교육 – 초점화를 중심으로 –」,『문학교육학』 13, 한국문학교육학회, pp. 171-204.
송선희(2003),「Vygotsky의 비계설정(scaffolding) 이론에 대한 고찰」,『교육방법연구』 15, 한국교육방법학회, pp. 77-93.
신득렬(1990),「정서교육」,『교육철학』 8, 한국교육철학회, pp. 32-61.
신진욱(2009),「삶의 역사성과 추체험 – 딜타이의 의미 이론과 해석학적 재구성 방법론」,『담론201』 12, 한국사회역사학회, pp. 105-131.
양정실(2006),「해석 텍스트 쓰기의 소설 교육 방법 연구」, 서울대학교 박사학위논문.

염무웅(1995), 「식민지 민족 현실과의 대결」, 『혼돈의 시대에 구상하는 문학의 논리』, 창작과 비평사.

예정민(2004), 「서사윤리학의 도덕교육적 함의」, 『윤리교육연구』 6, 한국윤리교육학회, pp. 105-125.

오미영 · 정인숙(2005), 『커뮤니케이션 핵심이론』, 커뮤니케이션북스.

오혜정(2001), 「가능 세계 이론을 통한 허구성 탐구」, 서울대학교 석사학위논문.

우신영(2009), 「서사수용에서 공감의 조정 교육 연구」, 서울대학교 석사학위논문.

______(2010), 「가치탐구활동으로서의 소설교육」, 『새국어교육』 86, 한국국어교육학회, pp. 229-256.

우한용(1996), 『한국현대소설담론연구』, 삼지원.

______(1997a), 「문학교육의 윤리적 연관성에 대한 연구」, 『사대논총』 55, 서울대학교 사범대학.

______(1997b), 「채만식의 탁류론」, 『탁류』, 서울대학교 출판부.

______(1998), 『문학교육과 문화론』, 서울대학교 출판부.

______(2004), 「문학교육과 도덕성 발달의 의미망」, 『문학교육학』 14, 한국문학교육학회, pp. 11-40.

______(2006), 「문학교육과 문학에 대한 관점의 전환」, 『국어교육연구』 40, 국어교육학회, pp. 137-160.

______(2009), 「생산론적 문학교육의 구상」, 『한어문교육』 20, 한국언어문학교육학회a, pp. 5-31.

______(2009), 『채만식 소설의 언어미학』, 제이앤씨b.

______(2011), 『소설 장르의 역동학』, 서울대학교 출판부.

______(2013), 「서사의 구조, 문화, 윤리 그리고 교육」, 우한용 외, 『근대, 삶 그리고 서사교육』, 한국문화사.

우한용 · 우신영(2012), 「소설의 담론구조와 윤리의 교육적 상관성에 대한 고찰」, 『국어교육연구』 29, 서울대학교 국어교육연구소, pp. 359-388.

유재봉(2003), 「듀이와 후기 허스트의 교육관 비교」, 『아시아교육연구』 4, 서울대학교 교육연구소, pp. 193-213.

______(2006), 「허스트의 실천적 이성과 교육」, 『교육철학』 36, 교육철학회, pp. 65-82.

윤여탁(1996), 「현대시 해석과 교육의 수용적 측면에 대한 연구」, 『국어교육』 92, 한국어교육학회, pp. 413-432.

이돈희 편역(1992), 『존듀이 – 교육론』, 서울대학교 출판부.

이상수 외(2006), 「효과적인 비계설정을 위한 수업설계모형」, 『교육정보미디어연구』 12, 한국교육정보미디어학회, pp. 149-175.

이성영 외(1998), 「국어과 토의 · 토론 학습의 수업모형 개발 연구 (1)」, 『선청어문』 26, 서울대학교 국어교육과, pp. 259-414.

이윤성(2000), 「평행선 위의 두 담론: 불온한 문학과 윤리적 비평」, 『안과 밖』 8, 영미문학연구회, pp. 45-63.

이인화(2008), 「패러디 기법을 활용한 서사 표현 교육 연구」, 서울대학교 석사학위논문.

______(2013), 「문학토론에서 소설 해석의 양상에 관한 연구」, 『새국어교육』 94, 한국국어교육학회, pp. 249-280.

이종형(2006), 「호프만의 공감에 기초를 둔 정의에 관한 연구」, 『윤리교육연구』 9, 한국윤리교육학회, pp. 177-199.

임경순(1997), 「초점화를 통한 소설교육의 연구」, 『국어교육』 95, 한국어교육학회, pp. 109-129.

______(1998), 「소설의 담론윤리적 특성에 대한 연구」, 『문학교육학』 2, 한국문학교육학회, pp. 345-365.

정진석(2011), 「소설 이해로서 서술자의 신빙성 평가에 대한 연구」, 『국어교육학연구』 42, 국어교육학회, pp. 627-667.

______(2012), 「소설 주제 교육의 변천에 대한 비판적 고찰」, 『국어교육』 138, 한국어교육학회, pp. 331-378.

조남현(2004), 『소설신론』, 서울대학교 출판부.

조하연(2010), 「문학 감상 교육 연구 – 고려속요를 중심으로」, 서울대학교 박사학위논문.

진정석(1995), 「단편 소설의 미학을 위한 모색」, 『한국소설문학대계 22』, 동아출판사.

최미숙(2005), 「현대시 해석 교육에 대한 비판적 검토」, 『한국시학연구』 14, 한국시학회, pp. 51-74.

최인자(2005), 「대화적 서사의 진정성 윤리와 서사 문화 교육」, 『국어국문학』 141, 국어국문학회, pp. 407-428.

______(2008), 「문학 독서의 사회 · 문학적 모델과 "맥락" 중심 문학교육의 원리」, 『문학교육

학』 25, 한국문학교육학회, pp. 427-449.
______(2009), 「타자 지향의 서사 윤리와 소설교육」, 『독서연구』 22, 한국독서학회, pp. 279-310.
______(2011), 「소설 화자의 맥락적 이해와 윤리적 반응 형성을 위한 소설 교육」, 『독서연구』 25, 한국독서학회, pp. 107-131.
최재천(2011), 『통섭의 식탁』, 명진출판.
최지현(2007), 「문학 독서의 원리와 방법」, 『독서연구』 17, 한국독서학회, pp. 63-82.
최태연(2008), 「서양철학에서 본 공공성」, 『기독교철학연구』 9, 기독교철학연구소, pp. 25-44.
편상범(2009), 『윤리학』, 민음인.
홍은숙(2004), 「"입문으로서의 교육"의 재음미」, 『교육과학연구』 35, 이화여자대학교 교육과학연구소, pp. 253-271.
______(2006), 「후기 허스트의 도덕교육론 고찰」, 『도덕교육연구』 17(2), 한국도덕교육학회, pp. 163-186.
______(2007), 「실천전통 교육관의 성격」, 『교육철학』 40, 교육철학회, pp. 223-248.
황혜진(2006), 「가치경험을 위한 소설교육내용 연구」, 서울대학교 박사학위논문.
황희종(2000), 「소설텍스트의 윤리적 이해 방법에 대한 연구」, 서울대학교 석사학위논문.

3. 국외 문헌

Abbott, H. P.(2008), *The Cambridge Introduction to Narrative*, 우찬제 외 옮김(2010), 『서사학 강의』, 문학과지성사.
Arendt, H.(1982), *Lectures on Kant's Political Philosophy*, 김선욱 옮김(2002), 『칸트 정치철학 강의』, 푸른숲.
Aristotle, *Ethica Nicomachea*, 이창우 외 옮김(2006), 『니코마코스 윤리학』, 이제이북스.
___, *Poétique*, 김한식 옮김(2010), 『시학』, 펭귄클래식코리아.
Bakhtin, M. M.(1975), *Voprosy literatury i esktetiki*, 전승희 옮김(1988), 『장편소설과 민중언어』, 창작과비평사.
Bal, M.(1980), *Theorie van vertellen en verhalen*, 한용환 · 강덕화 옮김(1999), 『서사란 무

엇인가』, 문예출판사.

Booth, W. C.(1961), *The Rhetoric of Fiction*, 최상규 옮김(1999), 『소설의 수사학』, 예림기획.

Bridgeman, T., Time and Space, Herman, D.(ed.)(2007), *The Cambridge Companion to Narrative*, Cambridge University Press.

Brooks, C. & Warren, R. P.(1960), *The Scope of Fiction*, 안동림 옮김(1997), 『소설의 분석』, 현암사.

Chatman, S. B.(1978), *Story and Discourse: Narrative Structure in Fiction and Film*, 한용환 옮김(2003), 『이야기와 담론』, 푸른사상사.

______(1990), *The Rhetoric of Narrative in Fiction and Film*, 한용환 · 강덕화 옮김(2001), 『영화와 소설의 수사학』, 동국대학교출판부.

Dewey, J.(1916), *Democracy and Education*, 김성숙 · 이귀학 옮김(2008), 『민주주의와 교육/철학의 개조』, 동서문화사.

______(1934), *Art as Experience*, 이재언 옮김(2003), 『경험으로서의 예술』, 책세상.

Fish, S. E.(1980), *Is There a Text in This Class?: The Authority of Interpretive Communities*, Harvard University Press.

Fletcher, J.(1966), *Situation Ethics*, 이희숙 옮김(1989), 『상황윤리』, 종로서점.

Freund, E.(1987), *The Return of the Reader*, 신명아 옮김(2005), 『독자로 돌아가기』, 인간사랑.

Gadamer, H. G.(1960), Wahrheit und methode, Pöggeler, O.(ed.), *Hermeneutische philosophie*, 박순영 옮김(1993), 『해석학의 철학』, 서광사.

Genette, G.(1972), *Discours du récit*, 권택영 옮김(1992), 『서사 담론』, 교보문고.

Gibson, A.(1999), *Postmodernity, Ethics, and the Novel*, Routledge.

Goldmann, L.(1965), *Pour une sociologie de roman*, 조경숙 옮김(1982), 『소설사회학을 위하여』, 청하.

Goodman, N.(1976), *Languages of Art*, 김혜숙 · 김혜련 옮김(2002), 『예술의 언어들』, 이화여자대학교 출판부.

Habermas, J.(1962), *Strukturwandel der öffentlickeit*, 한승완 옮김(2004), 『공론장의 구조변동』, 나남출판.

Herman, L. & Vervaeck, B.(2007), Ideology, Herman, D.(ed.), *The Cambridge Com-*

panion to Narrative, Cambridge University Press.

Hessen, J.(1959), *Lehrbuch der philosophie*, B.2: Wertlehre, 진교훈 옮김(1992), 『가치론』, 서광사.

Hirst, P.(1999), The Nature of Educational Aims. Marples, R.(ed.). *The Aims of Education*, Routledge.

Holland, N. N.(1975), *Unity/Identity/Text/Self*, 박찬부 옮김(1992), 「통일성/아이덴티티/텍스트/자아」, 『외국문학』 32, 열음사, pp. 57-78.

Johnson, M.(1993), *Moral Imagination*, 노양진 옮김(2008), 『도덕적 상상력』, 서광사.

Kant, I.(1954), *Kritik der Urteilskraft*, 이석윤 옮김(2005), 『판단력비판』, 박영사.

Lamarque, P. & Olsen, S. H.(1994), *Truth, Fiction and Literature*, Oxford University Press.

Leavis, Q.(1979), *Fiction and the Reading Public*, Penguin Book, p. 51.

Liesbeth K. A.(2005), Ethical Turn, Herman, D., Jahn, M. & Ryan, M. L.(eds.), *Routledge Encyclopedia of Narrative Theory*, Routledge.

Lukács, G.(1962), *Die Theorie des Romans*, 반성완 옮김(1998), 『소설의 이론』, 심설당.

______, *Wider den missverstandenen Realismus*, 황석찬 옮김(1986), 『현대리얼리즘론』, 열음사.

Luscher, R. M.(1989), The Short Story Sequence: An Open Book, Lohafer, S. & Clarey, J. E.(eds.), *Short Story Theory at a Crossroads*, Louisiana State University Press.

MacIntyre, A. C.(1981), *After Virtue*, 이진우 옮김(1997), 『덕의 상실』, 문예출판사.

Maloch, B.(2002), Scaffolding Student Talk: One Teacher's Role in Literature Discussion Groups, *Reading Research Quarterly*, 37(1), International Reading Association, pp. 94-112.

Martin, K.(2005), Narrative Turn in The Humanities, D. Herman, M. Jahn & M. L. Ryan(eds.), *Routledge Encyclopedia of Narrative Theory*, Routledge, pp. 377-302.

Morson, G. & Emerson, C.(1990), *Mikhail Bakhtin: Creation of a Prosaics*, 오문석 외 옮김(2006), 『바흐친의 산문학』, 책세상.

Murray, T. H.(1997), What Do We Mean by "Narrative Ethics", Nelson, H. L.(ed.), *Sto-*

ries and Their Limits, Routledge.
Newton, A. Z.(1995), *Narrative Ethics*, Harvard University Press.
______(2010), Ethics, Herman, D., McHale, B. & Phelan, J.(eds.), *Teaching Narrative Theory*, Modern Language Association of America.
Nünning, A. F.(1997), But Why "Will" You Say That I am Mad?", *Arbeiten aus Anglistik und Amerikanistik*, 22.
______(2005a), Reconceptualizing Unreliable Narration, Phelan, J. & Rabinowitz, P. J.(eds.), *A Companion to Narrative Theory*, Blackwell Pub.
______(2005b), Reliability, Herman, D., Jahn, M. & Ryan, M. L.(eds.), *Routledge Encyclopedia of Narrative Theory*, Routledge.
Nussbaum(1990), M. C., *Love's Knowledge*, Oxford University Press.
Peters, R. S.(1966), *Ethics and Education*, 이홍우·조영태 옮김(2003), 『윤리학과 교육』, 교육과학사.
Phelan, J.(2005), *Living to Tell about It*, University Press.
______(2005), Distance, Herman, D., Jahn, M. & Ryan, M. L.(eds.), *Routledge Encyclopedia of Narrative Theory*, Routledge.
Platon, *Politeia*, 박종현 옮김(1997), 『국가』, 서광사.
Rabinowitz, P. J. & Smith, M. W.(1998), *Authorizing Readers*, Teachers College Press.
Rest, J. R.(1980), *Moral Development*, 문용린 외 옮김(2008), 『도덕발달 이론과 연구』, 학지사.
Ricoeur, P.(1976), *Interpretation Theory*, 김윤성 외 옮김(1994), 『해석 이론』, 서광사.
______(1981), *Hermeneutics and the Human Science*, 윤철호 옮김(2003), 『해석학과 인문사회과학』, 서광사.
______(1983), *Temps et récit I*, 김한식·이경래 옮김(1999), 『시간과 이야기 1』, 문학과지성사.
______(1984), *Temps et récit II*, 김한식 옮김(2000), 『시간과 이야기 2』, 문학과지성사.
______(1985), *Temps et récit III*, 김한식 옮김(2004), 『시간과 이야기 3』, 문학과지성사.
______(1986), *Du texte à l'action*, 박병수·남기영 옮김(2002), 『텍스트에서 행동으로』, 아카넷.
______(1990), *Soi-même comme un autre*, 김웅권 옮김(2006), 『타자로서 자기 자신』, 동문선.
Rimmon-Kenan, S.(1983), *Narrative Fiction*, 최상규 옮김(1999), 『소설의 현대 시학』, 예림

기획.

Root-Bernstein, R. & Root-Bernstein, M.(1990), *Sparks of Genius*, 박종성 옮김(2007), 『생각의 탄생』, 에코의서재.

Sarte, J. P.(1948), *Qu'est-ce que la littérature*, 정명환 옮김(1998), 『문학이란 무엇인가』, 민음사.

Scholes, R. E., Kellogg, R. L. & Phelan, J.(2006), *The Nature of Narrative: Revised and Expanded*, 임병권 옮김(2007), 『서사문학의 본질』, 예림기획.

Schwarz, D. R.(2001), A Humanistic Ethics of Reading, Davis, T. F. & Womack, K.(eds.), *Mapping The Ethical Turn*, University Press of Virginia.

Simms, K.(2003), *Paul Ricoeur*, 김창환 옮김(2009), 『폴 리쾨르』, 앨피.

Slatoff, W. J.(1970), *With Respect to Readers: Dimensions of Literary Response*, Cornell University Press.

Stecker, R.(1997), *Artwork*, Pennsylvania State University Press.

Vygotsky, L. S.(1978), *Mind in Society*, 조희숙 옮김(2000), 『사회 속의 정신: 고등심리과정의 발달』, 양서원.

Walton, K L.(1990), *Mimesis as Make-believe: on the Foundations of the Representational Arts*, Harvard University Press.

Warnke, G.(1987), *Gadamer: Hermeneutics, Tradition, and Reason*, 이한우 옮김(1999), 『가다머』, 민음사.

White, J.(1990), *Education and the Good Life*, 이지헌 · 김희봉 옮김(2002), 『교육목적론』, 학지사.

Wood, D., Bruner, J. S. & Ross, G.(1976), The Role of Tutoring in Problem Solving, *Journal of Child Psychology and Psychiatry*, 17(2), pp. 89-100.

1. 〈세월의 너울〉에 대한 해석 텍스트

1) '고G-33'의 해석 텍스트

새로운 문학 작품을 보고 처음 한 생각은 어떻게 다 읽어?라는 것이었다. B4용지(?)에다가 양면 인쇄라니……. 게다가 글씨는 어찌나 작은지. 진짜 끔찍했다. 전 작품인 〈소망〉은 내용이 어렵기는 했지만 분량이 많지는 않아서 몇 번은 읽을 수 있었다. 그러나 이건 한 번 읽기도 벅찼다. 게다가 난 속독하는 편이 아니어서 이틀 동안 야자 시간을 할애해서야 간신히 읽었다.

〈세월의 너울〉은 이해하기 어려운 작품이었다. 정확히 말하자면 의미를 모르겠다고나 할까? 굳이 작가가 쓴 방향대로 이해하려 하지 않고, 내 스스로 의미를 찾으면서 읽으려고 해도 도저히 의미를 찾을 수가 없었다. 독후감을 쓰고 있는 지금도 마찬가지이다.

책의 서술자인 '나'는 아들 셋(한명은 죽었으니 사실은 둘)을 두고 있고, 손자도 있다. 초반에 가족 관계가 나오는데 이 사실을 알고는 엄청 놀랐었다. 보통 소설의 서술자, 주인공은 나이가 이 정도로 많지도 않고, 아들이면 몰라도 손자까지 두고 있지는 않았다. 그런데 이 서술자는 대가족의 일원이었고, 아들, 손자, 며느리도 있었다. 내가 평소에 읽던 책의 영향을 받지 않고 봤었어도 서술자의 나이가 이 정도로 많은 줄은 상상도 못했을 것이다. 문체나 어투가 전혀 그렇게 느껴지지 않았기 때문이다. 그리고 또 하나, 이 집안은 엄청난 부자라는 점에 놀랐다. '나' 역시 할아버지의 유산을 물려받아 학교 이사장이라는 직책을 가지고 있고, 직접 차린 제약회사를 가지고 있기도 했다. 역시나 대개 소설의 주인공은 엄청 가난하거나 평범한 중산층의 사람이다. 그러나 '나'의 집안은 운전사, 가정부를 두고 있다. 엄청난 부자인 것이다. 초반에는 그 내용이 나오지 않기 때문에 이 사실을 알고 왠지 모를 배신감이 들었다.

물론 배신감뿐 아니라 부러운 마음도 들었지만 그것은 이내 사라졌다. 왜냐하면 '나'의 가정사는 남이 부러워할 게 못 되었기 때문이다. '나'의 맏아들은 사랑 때문에 자살을 했고, 둘째 건모의 아들 완이는 자폐증이고, 그를 치료하기 위해 건모 가족은 미국으로 이민을 갔다. '나'는 첫째, 둘째 아들을 다시는 볼 수 없게 된 것이다. 또한 나의 막내 동생 '청식'의 딸은 감옥에 갔고 둘째 일식과 이복동생 숙이는 월북을 했다. 후반에 나오는 증조할머니와 할아버지의 이야기를 들으니 부러운 마음이 아주 싹 가셨다. 나는 돈뿐만 아니라 근심 걱정도 많은 집안이라면 돈이 많아도 행복하지 않을 거라고 생각한다. 돈이 많으면 뭐하나? 돈보다 더 소중한 것, 가족의 행복이 없는데.

위에서 언급한 할아버지와 증조할머니 이야기는 솔직히 좀 짠했다. 이야기 자체라기보다 어머니가 어떤 마음으로 그것을 꾸며냈을 지를 생각하면 말이다. '나'의 막내아들 '건욱'이 '나'의 어머니의 이야기를 듣고 그것을 각색해 단막극으로 만들었다. 단막극은 솔직하게 말하면 이 책 내용 중에서 제일 재미있는 내용이었다. 단막극의 삼례가 길대가 단순히 어머니 친정의 종 이야기라고 생각했을 때 즉, 어머니가 꾸며낸 이야기대로 생각했을 때는 아무렇지도 않았다. 그러나 이 이야기가 사실은 증조할머니와 할아버지의 얘기라는 것을 알자 측은했다. 가문의 위신을 지키기 위해 실제 이야기의 대상을 숨겨야만 했던 어머니의 처지가 불쌍하기도 했다. 이 사실을 '나'에게 얘기한 '건욱'의 행동을 보면서 괜한 주책이라는 생각을 했다. '나'의 어머니가 자신을 위해서가 아니라 가족을 위해 한 일을 그렇게 사실대로 밝혀야만 했는지…… 만일 내가 '건욱'이었다면 물론 조사는 했을 것이다. 나도 호기심이 없지는 않기 때문이다. 다만 그 사실을 가족의 누군가에게 말하지는 않았을 것이다. 사실을 알고 할머니가 이런 생각으로 거짓말을 하셨겠구나……라는 생각을 하고 조용히 알고만 있었을 것이다.

세월의 너울은 '나'가 어머니에 대해 생각하며 끝나는데 뒷이야기가 더 있었다면 나는 '건욱'의 행동으로 인한 가족 간의 갈등 내용일 것이라고 생각한다. 낮말은 새가 듣고 밤 말은 쥐가 듣는다고 하지 않는가? 이 속담처럼 '건욱'이 한 말은 누군가에게 퍼져나가고 그런 식으로 집안사람에게 퍼져나갈 것이 분명하기 때문이다. 그렇다면 아마 이 소설은 일명 슬픈 결말로 끝나지 않을까?

2) '대S-5'의 해석 텍스트

2008년, 집안 사정으로 인해 휴학을 했다. 그리고 2009년에 다시 학교에 돌아왔을 때, 학교는 많은 것이 달라져 있었다. ○○과 과방이 바뀐 것부터 시작하여, 내가 신입생 때 살았던 기숙사 구관이 사라졌다. 그리고 한 번도 보지 못했던 ○○ 및 ○○ 학번 후배들이 과방에 앉아 있었다. 이에 나는 변화에 쉽사리 적응하지 못하고 겉을 떠도는 '복학생'이 되었다. 2007년 과장으로서 과의 중심이었던 나로서는 큰 충격이었다. 이때가 아마도 내가 세월의 흐름을 처음으로 인지한 때였을 것이다.

〈세월의 너울〉에서는 2009년의 나와 같이 세월의 흐름 속에서 살아가는 가족을 그리고 있다. 서술자인 '나'의 아버지의 제사를 지내기 위해 모인 나와 형제들, 나의 아버지와 어머니, 할아버지, 아들들과 손자 등의 4대에 걸친 가족들을 통해 세월의 흐름을 알 수 있다. 이러한 가족들의 모습에서 가장 두드러지게 나타나는 것은 신구(新舊) 가치관의 충돌이다. 소설의 서두에서 집안 어른들의 기제사나 생일은 음력을 따르지만, 아래 사람들의 생일과 결혼기념일은 양력으로 바뀌는 것에서부터, 유교적 전통에 따라 자정을 넘겨 제사를 지내는 것을 바꾸어 기일 저녁에 제사를 지내자고 하는 아들 내외, 나의 말을 듣지 않고 텔레비전 만화영화를 보고 있는 나의 손자들 등에서 세대 간 가치관의 충돌이 나타난다.

나의 집안은 나를 비롯한 세 명의 형제가 모두 높은 사회적 지위를 누리고 있으며, 일 년에 기제사만 5번을 지낼 정도로 조상 모시기를 열심히 하는 뼈대 있는 명문 집안처럼 보인다. 하지만 그 내부를 살펴보면 반드시 그렇지만은 않다. 월북한 나의 동생인 일식이와 그의 이복 여동생 숙이, 실연의 아픔에 자살해버린 나의 큰 아들, 자폐증을 앓고 있는 완이를 위해 미국으로 이민을 가버린 나의 둘째 아들, 청식이의 가장 큰 고민이자 열렬한 운동가이며, 현재 투옥되어 있는 청식이의 딸 건옥이 등 나의 집안은 여러 가지 문제점을 지니고 있다.

이러한 상황에서 집안의 중심이 되는 힘은 나의 어머니이다. 명문 양반 집안 출신인 어머니는 고된 시집살이와 남편의 외도에도 불구하고 유교의 도리에 따라 행동하여 집안의 인정을 받았다. 그리고 시집살이를 통해 익히 유교적 사상과 관습을 토대로 현재의 집안을 지탱하고 있다. 특히 소설의 마지막 부분에서 집안의 비밀이 드러났을 때, 어머니의 존재는 더욱 부각된다. 나의 증조할머니가 양반집 딸이 아닌 노비 출신이었음에도 불구하고 양반 출신인 어머니는 묵묵히 가문을 이끌어온 것이다. 이에 나는 어머니의 삶과 집안에서의 큰 존재가치에 대해 통감하게 된다.

나는 소설 속의 가족과 어머니를 통해 전통의 가치에 대해 생각해볼 수 있었다. 소설 속에서는 신구 가치관이 충돌하지만 결국 가문을 지탱하는 것은 전통적 가치관을 가진 어머니이다. 분명 현재를 사는 나에게 어머니의 모든 가치관이 바람직하게 보이는 것은 아니다. 여성의 희생을 강조하거니, 가문의 명예를 지나치게 중요시하는 유교적 가치관에 거부감이 드는 것도 사실이다. 아마도 나의 아버지는 운식의 말처럼 그러한 가치관을 견디지 못해 풍운아적인 삶을 살았을 것이다. 그럼에도 불구하고 어머니가 가진 전통적 가치관은 현재 나의 가문을 만들었으며, 그 후손들이 현재의 삶을 누릴 수 있는 여건을 만들어 주었다.

이는 전통적 가치관이든, 현재의 가치관이든 인간이 바람직한 삶을 사는 데 필요한 절대적 가치를 지니고 있기 때문일 것이다. 소설 속의 유교적 가치관에는 현재의 관점에서 옳지 못한 것도 있지만, 부모에 대한 효, 가족에 대한 사랑, 근검절약, 성실 등 현재에도 소중한 가치로 평가받고 있는 내용을 가지고 있다. 이러한 점 때문에 전통적 가치로 현재의 가문을 이끌 수 있는 것이라고 생각된다.

앞에서도 말했듯이 2009년 복학 당시에 나는 많은 변화에 힘들어 했다. '○○역'과 '○○○'가 '○○'과 '○○'가 된 작은 변화에서부터 선후배, 교수님과 제자 간의 관계의 변화까지 나에게는 세대차를 느끼게 만드는 것이었다. 하지만 이렇게 변화된 상황 속에서도 나는 곧 후배들과 친하게 지낼 수 있었고, 후배들은 나를 선배로서 따랐다. 이는 아마 서로가 가진 가치관에는 차이가 있지만 궁극적으로는 같은 가치를 지향하기 때문에 가능한 일이였을 것이다.

급격한 변화를 겪고 있는 지금, 우리는 전통에 대해 다소 부정적인 생각을 가지고 있는 듯하다. 오죽했으면 온라인 커뮤니티에서 윗사람에게 고개를 숙여 인사하는 것을 조폭문화라고 주장하는 댓글이 있었을까. 하지만 과거의 것이든 현재의 것이든, 모든 가치관에는 인간으로서 추구해야 할 절대적인 가치가 포함되어 있기 마련이다. 그리고 이러한 가치는 우리가 현재의 삶 그리고 미래의 삶을 살아가는 데 큰 도움이 될 것이다. 이제 전통에 대해, 세월의 흐름 속에서도 변하지 않는 가치에 대해 다시 한 번 생각해볼 때인 것 같다.

3) '대S-10'의 해석 텍스트

〈세월의 너울〉은 아주 짧다고 말할 수 없는 길이의 소설이었지만, 나는 약간 빠른 속도로 쉬지 않고 글을 읽어 나갔다. 소설에 몰입해서가 아니라, 소설을 읽어갈수록 가슴이 점점 답답해지는 느낌에 얼른 글을 읽는 것을 마무리 하고 싶었기 때문이었다. 답답함의 최고조에 이르러 마지막 장을 넘겼을 때 안도의 한숨을 내쉰 뒤, '과연 이 소설은 나에게 어떤 메시지를 전달하려고 한 것일까.'라고 한참을 생각해야만 했다. 나에게 이 소설은 〈치숙〉이나 〈태평천하〉와 같이 읽고 난 뒤 찜찜함을 남겨주기는 했으나, 서술자를 비판적으로 바라보는 〈치숙〉, 〈태평천하〉와는 달리 〈세월의 너울〉에서 김원일이 서술자를 어떠한 입장에서 바라보고 있는 것인지를 쉽게 파악하기 힘들었기 때문이다.

작가는 〈세월의 너울〉이라는 제목의 '너울'을 '파도 중에서, 직접적으로 일어난 파도가 아닌 바람에 일어난 물결'의 뜻으로 사용하였다. 소설의 마지막 부분에서 '그 그늘이 아니고서는 우리 집안은 물론 나라는 존재도 너울 센 바다에 떠도는 가랑잎이었으리라.'와 같이 표현한 것을 통해 알 수 있다. 소설의 '나'는 전근대적 유교 사상을 지독히도 따르고 있는 자신의 어머니의 가치관이 어떠하든지, 어머니는 자신에게 종교와 같이 절대적인 분이라 생각하고, 그녀의 생애를 아름답다고 생각한다. 어머니 덕에 자신이 모진 세월의 너울 속에서도 평강하게 지내왔다고 여기는 것이다.

하지만 이 '너울'의 뜻을 나는 다르게 받아들였다. 이 소설이 발표될 즈음에 태어난 나는 이후의 사회를 살아온 연유인지, 자신(여성)의 순종을 미덕으로 여기고 살아온 소설 속의 '어머니'의 삶이 부정적으로 여겨진다. 그렇기에 나는 소설의 제목의 '너울'이 '조선 조부터 궁중 양식, 양반집 양식으로 상류계급에서 사용한 부녀자의 내외용 쓰개'의 뜻으로 해석하고 싶다. 순종의 미덕을 제일 윗길로 치고 고생을 낙으로 삼은 시집살이를 겪은 어머니의 세월이, 시간의 흐름에 맞지 않는 유교적 전통의 고집이라는 '너울'이 되어 어머니뿐만 아니라 집안 식구들 전체, 나아가 당시 사회 전체에 '너울'로 덮여진 것과 같기 때문이다. 그 '너울'을 벗어 던지기 위해 '아버님'은 집 밖으로 나돌게 되고, 둘째 '건모'는 이민을 가고, '건옥'은 이념 운동을 하고, 마지막에는 '건옥'마저 할머니가 자신의 가계를 '너울'로 덮어 감싼 것이 아니냐는 의심을 하게 된다. 소설은 '내'가 '어머니'의 삶을 아름답게 여긴다며 조용하게 끝이 났지만, 만약 소설이 계속 되었다면 결국 그 '너울'은 벗겨졌을 것이고, 벗겨져야만 마땅한 것이었다.

비록 내가 소설 속 '어머니'의 삶의 방식과 가치관에 대해 반감을 가지고 있기는 하지만, '어머니'라는 인간을 이해하지 못하는 것은 아니다. '어머니' 스스로 그 '너울'을 만든 것이 아니라, 그녀 자체도 자신의 어머니나 아버지, 또는 사회 속에서 '너울' 씌워진 것이기 때문이다. 다만 어머니가 자신의 '너울'을 벗고 변화하는 세상과 소통하는 삶을 살지 않고, 자신의 '너울'을 자신의 가계 전체에 넓게 덮으려 하는 것은 잘못된 것이었다.

이렇게 소설의 제목에서부터 소설 속 '나'의 심중은 도대체 어떠한 것인지에 대해 이렇게 저렇게 뜯어보다 보니 혹시 나도 학창시절 교실에서 배웠던 〈치숙〉이나 〈태평천하〉의 너울을 쓰고 이 소설을 '반어적이다'라고 내 방식대로 끌어다 해석한 것은 아닌지에 대한 의심이 든다. 우습게도 이 의심마저 나의 '세월의 너울'같은 기분이 든다. 나아가 〈세월의 너울〉을 읽은 직후엔 이 책이 나에게 답답함만을 주었다고 생각했는데, 답답함의 '너울'을 벗고 보니 작가는 나에게 '너울'의 존재를 알려주려 한 것 같다.

2. 〈소망〉에 대한 해석 텍스트

1) '고G-19'의 해석 텍스트

이번 문학 동아리 시간에는 채만식의 소망(少妄)을 읽게 되었다. 이 소설은 내용을 파악하는데 꽤 오랜 시간이 걸렸다. 그 이유 중 첫 번째는 제목의 올바른 뜻을 확인하지 않았기 때문이다. 제목의 의미를 한글로만 볼 때와, 한문과 같이 의미를 볼 때는 전혀 다른 의미를 지니고 있었다. 한글로만 제목을 파악했을 때는 어떤 일을 바란다는 의미를 지닌 소망(所望)인 줄 알았다. 그래서 내용이 굉장히 밝고 따뜻한 분위기의 작품인 줄 알았었다. 하지만 남편에 대한 걱정을 털어놓는 내용으로 시작하는 첫 페이지를 읽고 내가 의미를 잘못 파악하고 있다는 것을 알게 되었다. 원래 제목의 의미는 적을 소에 망명할 망, 즉은 넓은 나이에 정신이 흐려져 말이나 행동이 정상을 벗어났다는 의미였다. 제목의 의미를 잘못 파악한 것 외에 두 번째는 글의 진행 방식을 잘 이해하지 못한 것에도 이유가 있었다. 이 소설은 주인공과 그의 언니의 대화로 진행된다. 하지만 언니의 대답은 서술되지 않았고, 동생인 주인공의 대답만 서술되었다.

이렇게 소설의 분위기를 제대로 파악하고 나니, 그 후 이야기는 쉽고 재미있게 이해되었다. 이야기는 주인공이 갑자기 미쳐버린 남편을 걱정하며 언니에게 신경과 전문의를 소개해 달라 부탁하며 시작한다. 나는 나보다 2살 어린 여동생이 한 명 있다. 내가 언니라는 점이 소설과 약간 다르지만 자매라는 공통점이 있기 때문에 등장인물의 입장이 되어 소설을 이해할 수 있었다. 소설에선 남편을 원망하는 동생은 데려기 손에 물 한 방울 묻히지 않아도 부족할 판에, 동생이 이런 고심과 거성에 쌓여 매일 스트레스를 받는다고 생각하면 절대 가만히 있지 못했을 것이다. 차라리 나의 상황도 동생과 같이 좋지 않았더라면 같이 공감하여 이야기를 할 수 있을 텐데, 소설과 같이 동생의 나의 상황에 부러움을 표한다면 말로 설명할 수 없을 정도로 마음이 아플 것 같다. 하지만, 동생의 남편이 왜 회사를 그만두고 이런 상황까지 오게 되었는가 생각해보니 그가 불쌍하기도 했다. 인터넷으로 검색해보니 채만식은 당시 지식인 사회의 고민과 약점을 풍자하고 사회 부조리와 갈등을 사실적으로 묘사하는 소설을 주로 다루었다. 이점을 참고해서 생각해보니 소설 속에서 남편이 사회의 부조리한 측면을 강하게 비판하고 있던 것이 그이유와 관련이 있는 것 같았다. 내 추측으로는 과거 언론직에 종사하여 남편은 사회의 부조리한 면과 갈등을 빚게 되었고 그 충격으로 미치게 되지 않았나하고 생각한다.

이렇게 이상 깊었던 소설 속 인물들에 대해서 생각해 보는 것도 재밌었지만, 그때 당시의 물가에 관한 서술된 장면도 인상 깊었다. 퇴직금으로 300원을 받고, 광산을 파았더라면 10,000원 정도 받았을 것이라 서술되는 장면을 보고 지금과 물가가 상당히 다르다는 점이 신기했다. 물론 그때의 300원과 지금의 300원의 가치는 하늘과 땅의 차이지만, 지금 내 용돈을 들고 과거로 돌아간다면 이게 얼마정도의 가치를 지닐지 상상해보는 것도 재미있었다.

평소에 문학은 수필이 주는 감동과 자기반성보다 얻어지는 이득이 적다고 느꼈기 때문에 문학은 잘 읽지 않고 주로 자기 개발 도서나 수필을 주로 읽었었다. 하지만 오늘 채만식의 소망을 읽고 지금까지 내가 생각해 온 것들이 잘못된 생각이었고, 문학에서도 다양한 즐거움과 이득을 얻을 수 있다는 것을 깨닫게 되었다.

2) '고S-14'의 해석 텍스트

처음 읽을 때, 앞부분을 볼 때는 이게 뭔 소린지 왜 이런 소설을 읽어야 하는지 몰랐다. 뭐 그렇다고 지금 그게 잘 이해되는 건 아니다. 아내가 미친 자신의 남편에 대해 언니(?)와 이야기를 하며 뒷담 까는 소설을 읽어야 하는 이유는 무엇일까? 그런 생각을 갖고 읽어나가면서 여러 가지 생각이 들었다. 예를 들어 저 아내와 말하는 언니라는 사람이 뭐라고 말하는지, 남편의 행동이 무엇이었는지, 남편이 진짜 미쳤는지, 미치지 않았는데 왜 그런 행동을 하는지……. 제목인 소망의 의미는 무얼까? 말 그대로 젊은 나이에 미친 남자?

돈 빌려놓고 시골 갔다고 한 것. 겨울, 두터운 양복을 입고 종로에 갔다 오는 것. 아내와 남편 간의 대화. 좋은 직장에서 갑자기 나와 몇 달간 집안 방구석에 처박혀……. 뭘 하는 건지 모르겠다.

신문기자를 하다가 접고 왔다는 대목에서 남편이 미치지 않았다면…… 어떤 회의를 느꼈거나 세상의 어떤 면을 봤다고…… 또 그래서 아내와 같이 생각 없이 휘둘려지며 사는 사람들을 하등동물이라고 비유한 것일지도 모른다. 하등 동물. 속물. 돼지. 죽는다. 개죽음. 아메리카 너석들의 번영. 귀곡성이 이천만. 생때 같던 장정 이천만 명! 더위와의 싸움? 해방. 해방은 유쾌한 거야. 왜 갑자기 해방이란 말은 나왔는지. 왜 여기에서 언급했을까?

언뜻 무슨 말이 하고 싶은지 알 것 같으면서도 뭔가 하얀 뿌연 안개 같은 것에 가려 잘 모르겠다. 확실한 점은 저 미친 남편이 실제로는 미치지 않았다는 점. 마치 다른 사람들보다 먼저, 그리고 조금 더 알고 깨달은 사람으로 세상에 대해서 조금 다른 인식을 가진다는 점. 화동 서씨도 그렇다면 이와 비슷한 부류의 사람일 것이다.

하루하루만을 보고 살아가는 더위에 지친 사람들. 자신을 미쳤다고만 생각하는 아내. 모두다 현실을 직시하지 못하는 하등 동물에 속물에 돼지같이 살아간다고 한다. 내일 도살될지도 모른 체 오늘 주는 밥만을 맛있게 퍼먹고 퍼질러 자는 돼지처럼.

3) '고G-11'의 해석 텍스트

처음의 책 제목 소망(少妄)을 보고 어? 소망은 원래 소망(所望)인데? 라는 생각을 했다. 뭐지? '적은 망령'이라는 뜻인가? 이렇게 생각하며, 의아했다. 그리고 책을 읽기 시작하는데, 점차 몰입이 되었다. 아내의 엄청난 희생!! 1년 동안 백수인 남편의 걱정과 자식의 양육을 담담하게 서술하고 있었다. 물론 이 시기에는 남녀는 평등하지 않다는 사회적 인식이 있었겠지만, 나라면, 당장 짐 싸 들고 부모님한테로 갔을 것이다. 아내의 사랑은, 아내의 희생은 마치 몽당연필 같다고나 할까……. 자신의 몸을 희생하면서, 묵묵히 일하는? 나에게는 엄청난 희생이라고 느껴졌다. 하지만 토론을 하고서 나는 꽤나 견해 차이로 충격을 받았다.

일제강점기, 사회적 부조리, 저항정신……어려운 용어와 지식들이 와르르르 친구들 입 속에서 쏟아지는데……. 친구들은 나처럼 오직 글 속에서의 내용을 보고 감상한 것이 아니고, 글쓴이가 처한 상황 속에서 일어났던 일을, 글쓴이가 전달해주기 위해서 적었다는 생각으로 감상한 것이다. 똑같은 글을 보아도 이런 견해들이 생기다니! 놀랍다. 공감이 되기도 한다. 하지만 내 의견은 이렇다. 이 글에서는 내 행동을 반성하게 하는 숨겨진 교훈이 있다는 것이다. 이 글을 읽고 나자마자 계속 생각한 것인데…… 정말 가족 구성원 중 한 명이라도 자신의 임무를 충실히 하지 못한다면, 이렇게 가정이 화목하지 못하게 되는 것이다. 이와 관련하여 내가 생각한 예가 있다. 만약 내가 가출 청소년이 되어 집을 나간다면, 우리 부모님은 걱정하고 우리 오빠는 공부에 집중하지 못하고 우리 가정이 엉망이 되겠지. 하지만, 내가 성실히 모든 일에 열심히 해서 좋은 결과가 나와서 우리 집에 웃음이 떠나지 않게 된다면, 나의 임무는 성실히 수행하게 될 것이다. 이렇게 생각을 하게 되니, 처음 가진 제목의 의문이 풀렸다. 소망…… 少妄. 나의 개인적 견해는, 조금이라도 미치면(가족의 한 일원으로서 임무를 충실히 하지 못하면) 소망(所望)을 이루기가 힘들고 불행해진다……라는 생각을 해봤다. 책 내용도 재미있고, 토론도 재미있었다.

4) '고S-3'의 해석 텍스트

이 단편소설을 보자마자 느끼게 된 것은 글이 왜 이렇게 산만하냐라는 것이다. 내가 본 책들 중에서는 이런 구성이 없었기 때문에 한 문장 한 문장 이해하기도 힘들었다. 동생이 말하면 언니가 대답하는 형식인 것 같은데 언니가 말하는 부분이 전혀 없어서 연결되지가 않았다. 심지어 문단마다 내용이 달라지기까지 해서 정말로 무슨 이야기를 하고 싶어 하는지 몰랐다. 이런 글을 쓸 때는 작가는 아마 머리에 떠오르는 대로 쓸 것으로 생각되는데 그렇게 하면 작가 입장에서는 정말 편하지만 독자 입장에서는 괜히 난해한 글이 되는 것 같다.

내용을 보면 아내가 남편 욕을 하는 부분인데 잘 읽어보면 힘든 사회상황이 반영된 것으로 보인다. 남편은 일본에서 대학을 나와서 신문사에 취직을 했는데 사임을 하고 나오더니 갑자기 미친 행동을 보인다. 이를 보고 답답한 아내는 욕을 하면서도 남편을 걱정한다. 이런 것을 보면 부부라는 게 서로를 위하는 마음은 큰 것 같다. 어쨌든 그렇게 그렇게 지내다가 남편이 갑자기 떡하니 겨울 양복을 입고 종로 거리로 나갔다가 온다. 왜 그런 미친짓을 하는지 모르겠다고 푸념을 하는 아내. 그 뒤 돌아온 남편은 나는 더위에 지지 않았다며 뿌듯해하고 통쾌해 한다. 말 그대로 미친 것이다.

이에 대한 언니의 반응을 상상하는 것도 꽤 재미있다. 돌아가는 상황을 보면 언니는 아마도 '그 사람 왜 그러니?', '집안에 문제가 있는거 아니야?' '하긴 그렇지.' 등과 같은 반응을 보였을 것으로 추측된다. 이런 구성의 묘미는 아마도 그런 것에 있는 것 같다

이런 현대 소설을 읽을 때마다 느낀 것은 요즘 글에 비해서 양식이 다양하고 그 당시 상황을 잘 반영하고 있다는 것이다. 그렇기 때문인지 주제도 한정적이게 되는데 주로 일제 강점기하의 소시민들의 힘든 삶에 대한 이야기이다. 그래도 이 소설을 독창적인 구성으로 깊은 인상을 주었다.

5) '대M-4'의 해석 텍스트

채만식의 〈소망〉을 접한 뒤 필자는 '애매성' 이라는 단어가 제일 먼저 떠올랐다. 소설이 대화체와 사투리를 많이 사용해서 그런지는 모르겠으나 내용을 이해하기가 어려웠고 따라서 주제가 무엇인지 파악하기가 어려웠다. 즉, 쉽게 눈으로 읽히는 소설은 아니라는 생각이 들었다. 그래서 필자는 교생 실습을 하면서 시간이 날 때마다 틈틈이 2번을 읽었다. 그러면서 역시 처음 읽을 때와 두 번째 읽을 때의 소설 내용에 관한 이해력이나 소설을 보는 시각이 조금은 달라짐을 느꼈는데, 우선 「소망」의 줄거리는 다음과 같다.

주인공인 '나'는 동경에서 대학에 다니던 남편과 7년 전 결혼을 한 뒤 남편이 대학을 다니는 3년 동안 남편 없는 시댁에서 살았다. 대학을 졸업한 남편은 서울에서 신문사에 취직을 하게 되어 5년 후 시댁에서 나와 현재까지 남편과 함께 2년 동안 살고 있다. 하지만 신문사에서 일하기가 힘들다고 하던 남편을 결국 작년 초가을 신문사를 그만두게 된다. 신문사에서는 남편에서 다시 나오라고 여러 번 제의를 하지만 남편은 그러한 신문사 측의 제의를 거절한다.

신문사를 그만둔 뒤 남편은 건넌방에서 책, 신문, 잡지 읽기에 전념한다. '나'가 말을 걸면 항상 남편은 하등동물 취급을 하면서 웅변조로 호통을 치듯 말한다. 이러한 남편도 가끔씩은 화동 서씨를 찾아가곤 하는데 유월 쯤 남편이 쌀가게에서 봄부터 밀린 외상값을 갚겠다고 거짓말을 한다. 그 후 남편은 쌀가게 앞을 피하여 화동 서씨 집에 갔다.

초여름에 '나'의 친정 어머니가 그곳 해변에 와서 쉬라고 편지를 해서 남편에게 친정에 가자고 졸랐으나 남편은 서울을 떠날 수 없다고 거절해 버린다. 내가 남편에게 서울을 왜 떠나지 못하겠느냐고 묻자 남편은 또 다시 '나'를 하등 동물 취급을 하며 그 이유를 말하여도 이해하지 못할 것이라고 호언장담을 한다. 남편은 지금 세상이 무너지고 있고 세상이 옛이야기 같다고 말한다.

얼마 전 '나'는 남편에게 아들 태호를 데리고 수영장에 가서 몸을 식히고, 시원한 솔밭에서 독서하며 사람들과 어울리라고 말했으나 남편은 '나'에게 속물이라고 욕하며 속물들과 돼지처럼 지낼 수 없다고 말한다. 얼마 후 '나'는 다시 남편에게 안양에 가서 재밌게 놀다 오자고 말하지만 남편은 '나'의 재미를 위해서 자신이 고통받을 수는 없다고 딱 잘라 말한다. '나'는 남편에서 아내와 자식을 하루만 즐겁게 해 달라고 말했지만 남편은 그것이 천하의 일을 도모하는 일이 아니기에 할 수 없다고 말하고 '나'는 최후의 수단으로 죽어버리겠다고 말하지만 남편은 인간의 목숨이 소중하다는 말이 전설 같다고 말하며 눈 하나 깜짝하지 않는다. 나는 남편이 성가시지 않게 죽겠다고 말하지만 남편은 남을 위해서 죽는 것이 개죽음이라고 말하고, 남편은 오늘날 미국이 1차 세계 전쟁 때 2천만 명의 죽음의 대가로 번영하고 있다고 말한다. '나'는 남편에게 무더운 건넌방에서 나와 시원한 마루나 안방에 누우라고 말하지만 남편은 나에게 또 하등 동물이라고 욕하며 자기를 괴롭히는 더위와 싸운다고 말한다.

'나'는 닭과 칼국수를 사러 시장에 갔다가 돌아온 뒤 그것들을 삶고 있으니 남편이 겨울 양복과 겨울 모자를 쓰고 들어온다. 남편에게 어디 갔다 오느냐고 묻자 남편은 종로에서 당당하고 통쾌하게 서 있다가 저속한 곤충들이 웃거나 멍하게 쳐다보는걸 보다가 쌀가게 앞을 유쾌하게 지나며 해방감을 느꼈다고 한다. 남편이 닭국수 한 그릇 반을 먹는다. 언니가 나에게 남편을 이해하지 못한다고 말하고 의사인 형부가 들어와서 '나'는 남편의 정신병 치료에 관해 형부와 의논하려 하는 것으로 이야기는 마무리된다.

필자는 문학작품을 감상할 때 작가가 누구인지 집중을 하는 편인데 이번 소설 역시 채만식이라는 작가가 쓴 작품이라는 사실이 소설의 내용을 이해하는 데 많은 도움이 되었다. 소설의 내용만을 가지고는 주제가 무엇인지, 작가가 무엇을 말하고자 하는지 파악하기 힘들었고 사실 맨 처음 소설을 접했을 때는 단순하게 남편이 비정상적인 인물이라고 해석을 했고 아내에게 공감이 갔다. 하지만 이 작품이 채만식이 쓴 작품이라는 점을 알게 되었을 때 작가의 특성상 이 소설은 풍자소설일 가능성이 높다고 판단하였고 다시 한 번 읽을 때는 남편의 생각과 말에 집중을 하며 읽었다. 남편의 말 중에서 미국은 1차 세계대전 때 2천만 명의 죽음을 대가로 번영하고 있다고 하는 부분이 있는데 그 대목에서 필자는 남편이 이러한 현실을 비판적으로 생각하고 있다는 것을 느꼈고 작품을 읽고 난 뒤 〈소망〉에 대해 조사를 해봤을 때 이것이 군국주의와 제국주의의 비판으로 연결되는 것임을 알았다.

작가에 대해 조금이나마 알고 보니 〈소망〉이 좀 더 작품성이 있는 소설로 보였다. 다시 말해 부정적 인물인 '나'가 긍정적 인물인 '남편'을 비판하게 하면서 부정적 인물의 어리석음과 비도덕성을 드러내고 비판하게 만드는 전체적인 소설의 내용 구조가 탄탄하게 느껴졌다.

또한 소설을 읽으면서 내내 현재의 '나'와 언니와의 대화 속에서 과거의 사건들이 시간적 순서와 관계없이 무질서하게 나열되어 있는 것이 내용을 이해하는데 더 큰 어려움을 주었는데 작품에 관한 해설을 보다 보니까 이는 서술자의 초조, 불안 당황의 감정이 독자에게 생생하게 전달되는 기능을 한다고 되어 있었다. 실제로 필자도 소설을 읽으면서 무더위에 겨울 양복과 겨울 모자를 쓰고 종로를 누비는 등 비정상적인 행동을 하는 남편을 바라보는 '나'

가 얼마나 당황스럽고 불안할까 하는 생각이 들었고 잘 전달이 되었다. 이렇듯 작품을 구성하는 방법이나 장치들이 불러오는 효과가 무시할 수 없는 것임을 느꼈다.

〈소망〉을 읽고 이 소설에 관련된 해설을 읽어 보기도 하고 생각을 한 번 더 해보면서 대체 왜 교수님께서는 독후감으로 〈소망〉을 제시하셨을까 하는 의문이 들었다. 지금 오늘날 우리가 살고 있는 이 시대가 잘못되어 있음을 깨닫길 바라는 의도였을까? 아니면 채만식이라는 작가의 작품이 문학사적으로 의의가 있기 때문이었을까?

필자의 소견으로는 〈소망〉이 단순히 문학사적 의의가 있기 때문만은 아니었다고 생각한다. MB정권으로 인해 세계적으로 국가 인지도는 올라갔을지 모르지만 국민들이 체감하는 경제는 바닥을 치고 있고, 청년 실업률은 높아져만 가고, 중·고등학생들의 청소년 문제는 봇물 터지 듯 넘쳐흐르고 있는 등 빛 좋은 개살구가 되어 가고 있는 대한민국의 현실을 비판적으로 바라보는 시간이 되었으면 하는 바람은 아니셨을까? 〈소망〉의 시대적 현실과 오늘날의 현실을 비교해 보길 바라는 마음에 이 작품을 선정하신 것은 아니었을까 하는 생각을 마지막으로 해보았다.

6) '대M-2'의 해석 텍스트

치숙, 태평천하, 논 이야기, 등 채만식의 작품은 중고등학교시절부터 익히 들어왔었고 교과서에서도 접해본 적이 있었다. '채만식'하면 '풍자'가 떠오른다. 그렇기 때문에 이 작품 역시 시대를 풍자한 작품이겠거니 했다. 그런데 제목부터 심상치 않았다 '소망' 처음엔 그 소망을 hope의 뜻으로 받아들여 반어법을 사용한 것인가? 하는 생각이 들었다. 작은 책으로 19쪽밖에 되지 않는 이 소설을 세월의 너울과는 다르게 단숨에 읽어갔다. 그러나 책을 읽어도 '소망'이라는 제목을 붙인 채만식의 의도를 파악해 내지 못하였다. '남편이 정상으로 돌아오길 바라는 마음을 표현하여 소망으로 한 건가?'라는 억지스러운 생각도 해보았다. 하지만 영 찜찜하였다. 내가 생각해도 너무나 억지스러웠기 때문에. 혹시나 인터넷에서는 그 의도를 알고 있을까 싶어 검색을 해 보았다. 역시나 정보의 바다라 불리는 인터넷은 내 의문을 해결해 주었다. 의문을 해결함으로써 얻은 명쾌한 기분과 함께 부끄러움도 얻었다. 소설의 맨 앞에 적혀 있는 '少妄' 이라는 글자를 보고도 해석해내지 못한 나의 짧은 지식이 탄로나버린 것 같은 기분이랄까. 인터넷에서 말해주었다. 少妄이란 젊은 나이에 미친 사람처럼 행동한다는 뜻이라고. 그제서야 명쾌하게 해결이 되었다. 少妄이란 순우리말의 소망의 뜻이 아니라는 것을. 이 소설의 '남편' 을 지칭하고 있음을.

이 소설의 첫 페이지까지는 두 여인이 대화를 하고 있는 것으로 생각하며 문단을 나누는 것이 각자 한 명씩 얘기한다고 생각하고 소설을 읽어나갔다. 그런데 두 페이지를 넘어가는 순간 이상한 느낌이 들었다. 잘 이해가 되지 않는 것이다. 그래서 다시 처음으로 되돌아갔다. 두 사람이 아니라 세 사람이 얘기하고 있는 것인가? 라는 의문을 품으며. 세 여인이 대화를 나눈다는 가정 아래 읽어 내려갔다. 그러나 그것도 잠시. 다시 이해가 잘 되지 않았다. 다시 처음으로 되돌아갔다. 이번엔 어떠한 생각 없이 쭉 읽어보기로 하고 읽어 내려갔다. 여섯 페이지쯤 도달하였을 때 깨달았다. 한 여인이 언니라는 대상에게 이야기하고 있는 것을. 대화체로 보이지만 독백에 가까운 표현이었음을. 마치 전화하는 장면을 보고 있는 것 같았다. 한 여인이 언니에게 전화를 걸어 하소연을 하고 있는 모습을. 그렇게 첫 페이지를 서너번 읽어가며 힘겹게 이해를 하기 시작하였다.

이 소설은 흔히 볼 수 있는 여자들의 수다로 이루어져 있다. 그 내용 면에서도 '남편'에 대한 흉 그리고 걱정이라는 점에서 어느 여성들의 대화에서 찾아볼 수 있는 내용이다. 필자 또한 여자로 흔히 그러하듯 스트레스를 받으면 친구와 통화로 풀곤 한다. 그렇기 때문에 이 글 속의 여자의 마음을 이해할 수 있었다. 남편의 아내를 무시하는 태도에 감정이입이 되어 화가 나기도 하였다. 여자이고 자신보다 못 배웠다는 이유로 무시하는 남편이야말로 풍자의 대상이라고 생각이 들었다. 미친 남편과 그래도 함께 살아가는 여인이 불쌍하게 느껴지기도 하였고 무엇보다 그들의 어린 아들이 가장 불쌍하였다. 그러나 읽는 내내 찜찜한 기분을 지울 수 없었다. 아내가 불쌍하기도 하였으나 한편으로는 왜 이렇게 언니에게 하소연만 하는 걸까라는 생각이 들었다. 물론 여자들이 하소연을 하며 수다를 떨며 스트레스를 푼다는 것은 알고 있지만 아내의 징징대는 모습이 불편하였다. 왠지 모를 찜찜함을 남긴 채로 소망을 한번 정독하여 보았다. 이것이 처음 소망을 읽었을 때 나의 느낌이었다.

앞서 말했듯 채만식하면 자동기술적으로 '풍자'가 떠오른다. 그렇기 때문에 채만식의 단편소설인 소망도 풍자적 기법을 사용했을 것이란 생각이 들었다. 어떠한 것을 풍자했을지 생각해보며 다시 한 번 읽어 보았다. 이 소설에서 남편은 비정상적인 시대에 현실 상황을 모르고 하루하루 개인적 만족이나 즐거움을 위해 살아가는 사람들을 하등동물이나 벌레라고 경멸한다. 뜨거운 방에서 꼼짝 않지를 않나, 무더운 한낮에 겨울 옷을 입고 여러 사람 앞에 나서는 등 비정상적인 행동을 한다. 처음 한번 읽었을 적엔 남편의 이러한 행동이 아내의 말처럼 정신병에 의한 행동들이라고 생각하였다. 그러나 두 번째 읽었을 때 눈에 보인 남편의 말이 있었다. '천민! 속물! 세상이 곤두서는 데는 태평이면서, 옷 좀 거꾸로 입은 건 저대지 야단이 야.' 이 부분을 읽고 또 다시 읽었다. 그래서 채만식은 무엇을 풍자하고 싶었던 것일까?

정보의 바다에서 해답을 찾아낼 수 있었다. 이 소설이 쓰여진 시대적 배경은 1938년으로 일제치하의 상황이었다. 또한 채만식의 소설이 잘못된 시대 현실과 그것을 인식하지 못하는 사람들을 등장시켜 시대를 풍자한다는 점을 미루어 보았을 때 이러한 행위는 남편이 절박한 시대로부터 도피하기를 거부하고 시대적 의무와 고통을 감수하고자 한 것이라 볼 수 있다. 또한 더 나아가 동시에 세상이 잘못되어 가고 있음을 인식하고 이 사실을 알리고 이에 맞서려는 행동이라는 것을 이해하게 되었다. 이러한 해석을 읽었을 때 그제야 이해가 되었다. 채만식의 저작의도를.

해석을 읽으면서 내가 소설을 잘못 이해하고 있었다는 사실을 인정하게 되면서 한편으로는 서글펐다. '독후감'이란 내 감상을 쓰는 것인데, 왜 남의 해석을 듣고 인정하고 그것을 수긍하여 받아들여야만 하는 것인지. 세월의 너울을 읽고 독후감을 썼을 때와 너무도 다른 느낌으로 소망 독후감을 썼다. 답이 정해진 대로 써 내려가야 하는 느낌이었다. 그러면서 수긍하게 되었다. 이미 정해진 답이 있는데 내 느낌을 그 답과 다르다고 해서 숨겨도 되는 것일까? 우리 문학교육은 '다르다'는 것을 '틀리다'로 받아들이는 때가 너무 많다. 그 예로 오지선다형 문학수업의 평가이다. '가장' 옳은 것(혹은 옳지 않은 것)을 고르시오라는 문항이 많았다. 그러나 문학수업은 감상 위주로 수업이 이루어져야 하는 것이 아닐까? 문학수업에서 '정답'이 있을 수 있을까? 의문이 든다. '옳은 것'은 무엇이고 '옳지 않은 것'은 무엇일까. 문득 고등학교 시절 문학수업이 떠올랐다. 사실 문학수업도 아니였다. 형식상으로는 '독서' 수업이였다. 그러나 문학교과서를 갖고 수업을 했었다. 그 수업에서는 선생님께서 선생님이 불러주시는 내용을 밑줄 치고 받아 적는 시간이었다. 역시 오지선다형으로 평가를 내렸고 위에서 말한 '옳은 것'은 자습서의 내용에 실린 것이었다.

만약 채만식의 소망을 지문으로 싣고 '이 글에 대한 감상으로 적절하지 않은 것은?'이란 질문에 '내 첫 번째 감상이였던 자신보다 못 배웠다는 이유로 무시하는 남편이야말로 풍자의 대상이다.'라는 선택지는 자습서에 나와있지 않기 때문에 적절하지 않으므로 정답이 되는 것일까? 질문 자체에 오류가 있다고 생각한다. 각자 고유한 사고와 경험을 지니고 있기 때문에 그에 기반하여 형성되는 문학작품의 감상평은 각자의 개성만큼 다르다. 그런데 감상에 있어 적절한 것이 있고 적절하지 않은 것이 있을까? 사실이 아닌 생각에 시비를 가리는 것이 타당할까.

독후감을 쓰면서 더 많은 것을 깨닫게 되었다. 문학수업이 어떻게 이루어져야 하는가. 또한 반성하게 되었다. 책을 읽기 전 두려움부터 갖고 낯선 책에 대한 배경지식을 쌓겠다며 인터넷으로 해석을 읽어보는 나의 모습부터 고쳐야겠다. 문학에 정답은 없다. 학생들의 사고 그 자체로 가치가 있다는 점을 교단에 섰을 때도 잊지 않아야겠다.

연구참여자용 설명서 및 동의서

연구 과제명 : 윤리적 가치 중심의 소설 읽기 연구

연구 책임자명 : 정진석(서울대학교, 박사)

이 연구는 윤리적 가치 중심의 소설 읽기를 위한 교육 연구입니다. 귀하는 고등학교/대학교 학습자로서 소설 읽기 활동에 참여한 적이 있기 때문에 이 연구에 참여하도록 권유받았습니다. 이 연구는 자발적으로 참여 의사를 밝히신 분에 한하여 수행되며, 귀하께서는 참여 의사를 결정하기 전에 본 연구가 왜 수행되는지 그리고 연구의 내용이 무엇과 관련 있는지 이해하는 것이 중요합니다. 다음 내용을 신중히 읽어보신 후 참여 의사를 밝혀 주시길 바라며, 필요하다면 가족이나 친구들과 의논해 보십시오. 만일 어떠한 질문이 있다면 담당 연구원이 자세하게 설명해 줄 것입니다.

1. 이 연구는 왜 실시합니까?

이 연구의 목적은 학습자가 쓴 소설 해석 텍스트에서 윤리적 가치 중심의 소설 읽기 양상을 살피고 교육적 접근 방법을 도출하기 위함입니다.

2. 얼마나 많은 사람이 참여합니까?

소설 해석 텍스트를 쓴 고등학교 학습자 90명, 대학교 학습자 45명이 참여하여 이 중 10여 명의 글이 분석 대상으로 연구에 인용될 것입니다.

3. 만일 연구에 참여하면 어떤 과정이 진행됩니까?

1) 귀하가 작성한 소설 감상문을 연구의 대상으로 삼아 분석할 것입니다.

2) 분석 과정 중에서 소설에 대한 이해와 반응과 관련된 질문지에 대한 작성을 요청받을 수 있습니다.

4. 연구 참여 기간은 얼마나 됩니까?

약 1일이 소요될 것입니다.

5. 참여 도중 그만두어도 됩니까?

예, 귀하는 언제든지 어떠한 불이익 없이 참여 도중에 그만둘 수 있습니다. 만일 귀하가 연구에 참여하는 것을 그만두고 싶다면 담당 연구원이나 연구 책임자에게 즉시 말씀해 주십시오.

6. 부작용이나 위험요소는 없습니까?

예, 연구 참여에 따른 부작용이나 위험요소는 없습니다.

7. 이 연구에 참여시 참여자에게 이득이 있습니까?

귀하가 이 연구에 참여하는 데 있어서 직접적인 이득은 없습니다. 그러나 귀하가 제공하는 정보는 학습자의 소설 읽기 양상 및 교육적 접근 방법에 대한 이해를 증진하는 데 도움이 될 것입니다.

8. 만일 이 연구에 참여하지 않는다면 불이익이 있습니까?

귀하는 본 연구에 참여하지 않을 자유가 있습니다. 또한, 귀하가 본 연구에 참여하지 않아도 귀하에게는 어떠한 불이익도 없습니다.

9. 연구에서 얻은 모든 개인 정보의 비밀은 보장됩니까?

저희는 이 연구를 통해 얻은 모든 개인 정보의 비밀 보장을 위해 최선을 다할 것입니다. 이 연구에서 얻어진 개인 정보가 학회지나 학회에 공개될 때 귀하의 이름과 다른 개인 정보는 사용되지 않을 것입니다. 그러나 만일 법이 요구하면 귀하의 개인정보는 제공될 수도 있습니다. 또한 모니터 요원, 점검 요원, 생명윤리심의위원회는 연구 참여자의 개인 정보에 대한 비밀 보장을 침해하지 않고 관련규정이 정하는 범위 안에서 본 연구의 실시 절차와 자료의 신뢰성을 검증하기 위해 연구 결과를 직접 열람할 수 있습니다. 귀하가 본 동의서에 서명하는 것은, 이러한 사항에 대하여 사전에 알고 있었으며 이를 허용한다는 동의로 간주될 것입니다.

10. 이 연구에 참가하면 댓가가 지급됩니까?

귀하의 연구 참여시 감사의 뜻으로 일만 원 정도 되는 작은 기념품이 증정될 것입니다.

11. 연구에 대한 문의는 어떻게 해야 됩니까?

본 연구에 대해 질문이 있거나 연구 중간에 문제가 생길 시 다음 연구 담당자에게 연락하십시오.

이름: 정진석　　　전화번호: ________________

만일 어느 때라도 연구참여자로서 귀하의 권리에 대한 질문이 있다면 다음의 서울대학교 생명윤리심의위원회에 연락하십시오.

서울대학교 생명윤리심의위원회(SNUIRB)　　　전화번호: 02-880-5153

동 의 서

1. 나는 이 설명서를 읽었으며 담당 연구원과 이에 대하여 의논하였습니다.
2. 나는 위험과 이득에 관하여 들었으며 나의 질문에 만족할 만한 답변을 얻었습니다.
3. 나는 이 연구에 참여하는 것에 대하여 자발적으로 동의합니다.
4. 나는 이 연구에서 얻어진 나에 대한 정보를 현행 법률과 생명윤리심의위원회 규정이 허용하는 범위 내에서 연구자가 수집하고 처리하는 데 동의합니다.
5. 나는 담당 연구자나 위임 받은 대리인이 연구를 진행하거나 결과 관리를 하는 경우와 보건 당국, 학교 당국 및 서울대학교 생명윤리심의위원회가 실태 조사를 하는 경우에는 비밀로 유지되는 나의 개인 신상 정보를 직접적으로 열람하는 것에 동의합니다.
6. 나는 언제라도 이 연구의 참여를 철회할 수 있고 이러한 결정이 나에게 어떠한 해도 되지 않을 것이라는 것을 압니다.
7. 나의 서명은 이 동의서의 사본을 받았다는 것을 뜻하며 연구 참여가 끝날 때까지 사본을 보관하겠습니다.

____________	________	____________
연구참여자 성명	서 명	날짜(년/월/일)
____________	________	____________
동의서 받은 연구원 성명	서 명	날짜(년/월/일)

찾아보기